本书获二〇一九年贵州省出版传媒事业发展专项资金资助
本书获贵州省孔学堂发展基金会资助
本书为『国家高层次人才特殊支持计划（万人计划）』项目成果
本书为『文化名家』暨『四个一批人才』项目成果

生态文明与儒家生态哲学之思

乔清举 著

孔學堂書局

本书获2019年贵州省出版传媒事业发展专项资金资助
本书获贵州省孔学堂发展基金会资助

图书在版编目（CIP）数据

生态文明与儒家生态哲学之思 / 乔清举著.—贵阳：孔学堂书局，2022.10
（孔学堂文库 / 郭齐勇主编）
ISBN 978-7-80770-385-3

Ⅰ.①生… Ⅱ.①乔… Ⅲ.①儒家—生态伦理学—哲学思想—研究 Ⅳ.①B222.05②B82—058

中国版本图书馆CIP数据核字（2022）第148116号

孔学堂文库　郭齐勇　主编

生态文明与儒家生态哲学之思　乔清举　著

SHENGTAI WENMING YU RUJIA SHENGTAI ZHEXUE ZHISI

策　　划：张发贤
责任编辑：张基强　黄文华
责任印制：张　莹

出　　品：贵州日报当代融媒体集团
出版发行：孔学堂书局
地　　址：贵阳市乌当区大坡路26号
印　　制：深圳市泰和精品印刷有限公司
开　　本：787mm×1092mm 1/16
字　　数：447千字
印　　张：23.5
版　　次：2022年10月第1版
印　　次：2022年10月第1次
书　　号：ISBN 978-7-80770-385-3
定　　价：78.00元

献给一生以勤劳和智慧养育家庭、深爱家人的父亲

自序

本书收录了我十多年来研究儒家生态哲学的文章33篇，其中论文24篇，短文和对谈9篇。

我研究儒家生态哲学，始于2004年。起初，我读博士时，研究方向是宋明理学，导师是朱伯崑先生，论文做的是湛若水哲学研究，采用了与概念范畴分析法不同的本体、功夫、境界论框架，这在当时是比较新颖的。这个框架是我体会出来的，感觉用它整理材料能够恰如其分地呈现甘泉哲学的内容；同时也希望通过这个框架使宋明理学研究的方法论在范畴范式的基础上再有突破。

20世纪90年代初，国内中国哲学史界正处于从“两个对子”模式到“范畴研究”转型的后期。范畴研究比之两个对子是一个巨大的进步，更贴近中国哲学的实际，但我在阅读湛若水的文集以及《宋元学案》《明儒学案》时，感到从本体、功夫、境界三个层面来把握宋明理学更为贴切，也更顺手，遂采用这个框架。论文答辩时，张岱年先生任答辩委员会主席。他对这个框架不甚赞同，认为分析不够深入，港台学者的影响过浓。张先生的话有道理。1989年10月到1991年5月期间，我在早稻田大学留学，托台湾的同学购买了牟宗三先生的《心体与性体》《才性与玄理》《佛性与般若》《从陆象山到刘蕺山》，唐君毅先生的《中国哲学原论》以及罗光、劳思光等先生的著作。这些书我都认真看过，博士论文的确受了一些影响。不过，本体功夫境界这个框架却是我自己琢磨出来的，论文也没有同意牟先生的“三系说”等。我原计划毕业后接着写“心性的张力”，以心性关系为主线整理宋明理学，但经过张先生这么一批评，也感觉自己的设想中仍有牟先生的影子。想在概念分析法的基础上再往前推进一步固然不错，可是由此陷入牟先生的“套路”也未必对；同时，对于本体、功夫、境界，的确也还需要进行更为深入的分析。概念分析法和境界论究竟该如何统一？我很困惑。毕业后我放弃了写“心性的张力”的想法，转而研究了一段现代哲学，对冯友兰先生、金岳霖先生、梁漱溟先生都写过书或文章。

1992年，我国确立社会主义市场经济体制。那时全社会现代化水平还很低，经济发展的任务很重，所以“污染是发展的代价”“先污染后治理”“边污染边治理”一类认识顺理成章地成为主流。我因为亲身感受过中外发展的落差，所以也是受这种认识影响的一员。1995年，我撰写《新儒学与儒学的现代转化》（《战略与管理》1995年第5期）一文，认为新儒学是没有经过现代化辩证否定的早熟思潮，对于用“天人合一”救治环境问题的观点颇不以为然；直到1999年发表《天人关系：中国古代人学的本体基础》（《文史哲》1999年第4期），我仍持这种态度。可是，我也耳闻目睹了不少触目惊心的污染现象，深感随着全社会现代化进程的深入，环境压力必将与日俱增，以污染环境为代价的粗放式发展模式不可持续，于是，我的想法渐有所变，开始有意识地了解国外环境伦理、生态哲学研究的情况，对于“天人合一”“仁民爱物”“民胞物与”的思想也能够给予一些同情的理解了。

1986年，我在北大哲学系读中西哲学比较博士研究生班时，汤一介先生主持过一套“北大校长与中国文化”丛书，安排我研究胡适。在读过胡适以及同时代其他西化派的著作后，我对胡适所说的我们“百不如人”“古人所谓好生之德是不存在的”一类说法印象颇为深刻。当时我也研读了冯先生的著作，读到他关于近代以来我们对于中西文化差异的认识经历了东方与西方、古代与现代、不同文化类型三个阶段的论述，但感受不深。直到2002年前后，经过十年的观察，我深感“可持续发展”“科学发展”“生态文明”才是中国现代化发展的方向。但我并没有走到单纯地研究环境伦理、生态哲学的路子上，因为内心深处仍然纠结着宋明理学研究的方法论以及传统文化的现代发展问题。恰好那几年成中英、杜维明诸位先生常来大陆，中国社会科学院等单位召开过几次传统生态思想的会议，我大都幸运地躬逢其盛，了解到美国的中国哲学学界对于中国生态思想的研究，这促使我把生态哲学作为切入中国文化的路径，从生态的角度研究中国哲学。而我真正完全走上这条路，则还有两个重要契机，一是对河流的文化生命的研究，一是对儒家生态文化的研究。

“河流的文化生命”是水利部黄河水利委员会的一个委托项目，可谓“命题作文”。黄河水利委员会是水利部所属的黄河治理机构，多年来，我们的治河理念一直是征服自然，控制自然；工作是修坝筑堤，防洪抗涝。可是，进入20世纪70年代以后，由于水量减少和沿途生产生活污水的排入，黄河遭遇了前所未有的断流和污染问题。最长一次断流，地点从开封开始，整个下游无水期长达一百多天。断流意味着河流的消失、“死亡”。黄河是中华民族的母亲河、中华文明的摇篮，她的死亡不仅会对中华民族的文化心理产生严重冲击，也会对河南尤其是山东的生产生活造成实实在在的影响。如何让她存活下来，维持河流的健康生命，做到人与自然和谐共存？实践已经提出了这样的问题，要求理论来回答。

2004年，黄河水利委员会提出“河流伦理学”研究课题，主旨是转变治河理念，做到与自然共存；进而把河流作为有生命的对象，用伦理的态度对待它。我参与了课题设计工作，把它分为“河流的文化生命”“河流的自然生命”“河流伦理的哲学基础”等七个子课题，并承担了“河流的文化生命”课题，完成了《河流的文化生命》一书。在书中，我首次定义了“河流的文化生命”概念，梳理了中国文化及哲学与水及河流的关系，发掘出“川，气之导也”“国主山川”“河竭国亡”等重要命题。这项研究扩展了我对于中国文化中天人关系，具体地说是人与自然的关系，再具体地说是人与河流及水的关系的认识，为后来进行中国生态哲学研究找到了一个切实的开端。“河流伦理学”课题的现实意义是巨大的，它推动了全国治河理念的转型，发出了我国生态文明建设的先声。我就河流的文化生命问题与当代著名生态哲学家霍尔姆斯•罗尔斯顿（Holmes Rolston Ⅲ）进行过联系，他在回信中说：“我对你的研究计划的核心——河流的伦理维度尤其感兴趣。中国的河流在中国人的生活中具有十分重要的意义，因为它们总是易于泛滥，也因为它们由于水土流失，有时是由于植被减少而具有的高侵蚀性。美国的河流同样也很重要，也易于泛滥。如果不是密西西比河的各个支流使美国广大中部地区的迁徙成为可能，也许根本不可能产生一个从东海岸到西海岸的统一国家。但是，中国的河流跟美国的河流相比，似乎更易于发生灾难性的洪水。部分原因是人口密度过高，还有气候和土壤的影响。中美两国都有一个在河上建坝的问题。我想，在这方面的比较研究将会是非常有益的，不仅对于中国而言，对于整个国际环境伦理学界来说，都是如此。”目前，包括河流的文化生命在内的河流伦理学研究在国际学术界都处于前沿，产生了积极的国际影响。现在国际河流学会召开全球河流会议，标语就是“维持河流的健康生命”。

“儒家生态文化”研究同样也是一个“命题作文”。2008年，中国孔子基金会拟出版一套儒家文化丛书，其中有一本是《儒家生态文化》。基金会邀请蒙培元先生撰写，但蒙先生当时身体欠佳，不能久坐，遂向孔子基金会推荐了我。接到任务后，我发现这是一块难啃的骨头，麻烦在于没东西写。孔子基金会要求书的篇幅是12万字左右。那一时期关于儒家生态哲学与环境伦理的文章已经不少，史料基本上是以“四书”为基础的“仁民爱物”“民胞物与”以及《荀子》《礼记•月令》的一些材料，靠这些东西写一篇较长的文章是没问题的，可是要写一本书则远远不够。正在彷徨之时，我读到Journal of Chinese Philosophy（《中国哲学季刊》）上唐纳德•N•布拉克雷（Donald N. Blakeley）先生的“Listening to the Animal: The Confucian View ofAnimal Welfare”（《倾听动物——儒家的动物福利观》）一文，看到他关于孔子以及儒家对于动物的认识的论述，顿觉“潮平两岸阔”“极目楚天舒”。关于河流与水我已做过一些研究了，那么，能否进一步扩展到动物、植物、土地、山脉呢？照此设想，我在阅读资料时有意地突破“四书”，延伸到“五经”“二十四史”以及历代文人文集等。结果发现，儒家生态文化、生态哲学的材料岂止是有，简直就是漫山遍野，俯拾即是！而且还条理秩然，逻辑严密！按说，古人的书并没有变，为什么这些材料过去就没有看到呢？其实并不是没有看到，而是现代性的眼光把它屏蔽掉了；现在发现它，只是因为换了一个超越现代性的生态视角。可见，方法论决定材料的来源。从生态的视角研究儒家哲学以及中国哲学，起初学界一些朋友并不认同，我内心也不是那么坚定无疑，但现在可以斩钉截铁地说：儒家哲学不仅有生态的维度，而且它本质上就是生态哲学；只是它的主题并不全在于此。“天人合一”要求人与自然和谐，把人与自然的和谐作为与他人、与社会、与自我心灵和谐的基础，这就是生态性质的思想。

现在来看，两个“命题作文”其实反映了社会对于生态文化、生态哲学的需求，而学术界对这种需求的反应未免滞后了。最终，通过生态的维度我找到了一条理解中国文化的新路径，走出了博士毕业时陷入的方法论困境，使自己能够在冯友兰先生、张岱年先生尤其是导师朱伯崑先生的北大学术传统和私淑诸人的熊十力、牟宗三等先生的学术传统之间穿越思考，并陆续发表了一些还称得上有新意的文章，将部分成果汇集成这本论文集。

这本论文集略分为三部分。第1—13篇为儒家生态哲学总论，第14—21篇为河流文化与伦理研究，第22—33篇为儒家生态哲学对生态文明建设以及人类文明未来发展的启示。

《建立基于中国哲学原则的环境伦理学》《儒家生态文化的思想与实践》于我可谓儒家生态哲学研究的总纲，后来的研究大体是按照这两篇论文的思路进行的。《儒家生态哲学的基本原则与理论维度》系统整理了儒家在宗教、道德、政治三个维度上对于动物、植物、土地、山脉、河流的生态性认识，构建了儒家生态哲学的基本框架。《论儒家生态哲学的范畴体系》说明了气、通、和、生、时、道、仁等儒家生态哲学范畴。《儒家生态哲学的元理论体系建构及其意义》提出了天人关系论、生态本体论、生态功夫论、生态境界论、生态实践论、生态范畴论等儒家生态哲学史的元理论体系。《论〈易传〉的"生生"思想及其生态意义》《论儒家自然哲学的天道时序观及其生态意义——以〈易传〉为中心》《论儒家自然哲学的"通"的思想及其生态意义》《"天人合一"论的生态哲学进路》《论"仁"的生态意义》《儒家乐理论的生态意义》《论儒家的祭祀文化及其生态意义》《二程"仁者浑然与物同体"的生态哲学思想》等文分别论述了气、生生、天道、通、天人合一、仁、乐理论的生态意蕴、祭祀和二程的生态哲学思想。

《论河流的文化生命》《论河流的文化生命及其对河流伦理学的意义》《论新生命观和水与河流的自然生命》《八卦还是七卦、九卦——关于坎、兑二卦的几点初步思考》一组文章实证性地论述了中国哲学与水的关系，在中外学术史上首次定义了"河流的文化生命"概念，说明了与水的交往对中华民族哲学思维的影响。《八卦还是七卦、九卦——关于坎、兑二卦的几点初步思考》一文分析了八卦为什么含有"坎""兑"两个与水相关的卦及其对于中国文化的意义。《论引水与用水的伦理原则》简要论证了跨地区引水的伦理原则及其哲学基础。这篇短文是联合国教科文组织"亚太地区气候和伦理变化"课题组第十四组的结项报告，原来是用英文写的，收入Water Ethics and Water Resources Management（《水伦理与水资源管理》，曼谷：联合国教科文组织，2009年出版），这次由我的博士研究生朱舒然译……

《儒家文化与生态文明》及最后七篇是发表在《光明日报》等报刊上的两三千字的短文，算不上论文，但其中也包含了一些论文中没有谈到的思考。《顺木之天，以致其性》从生态扩展到对待人才，《生意场里有"仁"意》从仁作为"生意"扩展到企业经营管理，《同一个地球、同一个未来：厚重责任体现中国大国风范——写在习近平总书记参加气候变化巴黎大会之际》说明了中国在世界上的生态责任和民主世界生态秩序建构问题。《儒家生态伦理与情感观念》是我跟白奚教授的对谈，信马由缰地讨论了中国生态哲学、中国哲学以及西方哲学的一些问题，探讨了中国生态哲学研究的意义。

这本论文集算是交给社会的一份不甚圆满的儒家生态哲学研究答卷。接下来几年拟开展儒家生态哲学史、中国生态哲学史的研究。逝者如斯，时不我待；今我不黾，日月其迈！聊以为序，贻笑大方！

乔清举

2020年4月28日

目录

儒家生态哲学总论

河流文化与伦理研究

儒家生态哲学对生态文明建设以及人类文明未来发展的启示

儒家生态哲学总论

儒家生态哲学有完整的体系、内在的逻辑和发展的历史。

儒家把自然分为动物、植物、土地、山脉、河流五种现象，分别从宗教、道德、政治和法律三个维度提出对这些现象的生态性认识、伦理性对待和政策法律性质的保护措施。气、通、和、生、时、道、仁构成儒家生态哲学的范畴体系。『气』是形成宇宙万物也包括人的最基本的元素或质料；『通』是气在不同事物之间的流通、循环，是物质、能量和信息的交换；『和』是阴阳二气运行能够产生生命的状态和万物之间相互关系的应然状态；『生』或『生生』是宇宙的合目的性；『时』是宇宙及宇宙间万物产生、发展和变化的节奏、节律与阶段性；『道』是万物运行的总体过程与规律。天人关系论、生态本体论、生态功夫论、生态境界论、生态实践论、生态范畴论构成儒家生态哲学的元理论体系。生态本体论是对于世界的生生本质的认识，生态德性论是对人的生态本质的认识，二者在儒家哲学中是统一的。这是天人合一的深刻含义所在。生态功夫也是生态实践。人通过生态实践帮助天地万物实现其本质，从而实现人自身的本质。

从五种对象、三个维度、范畴体系、元理论体系出发，可以整理出一个具有内在逻辑联系的儒家生态哲学史。从生态的维度看，『仁』具有本体意义，『通』是人与外部世界联系的方式，『天人合一』具有事实与价值、本体与功夫、知识与境界六种含义，儒家乐理论、祭祀理论中都包含着丰富的生态意蕴。

建立基于中国哲学原则的环境伦理学

一、问题的提出

关于环境伦理及其哲学基础，目前国外研究较多，已经在突破西方近代以来极端发展的人类中心主义（anthropocentrism）[①]的基础上，形成了“弱人类中心主义”“非人类中心主义”等理论，后者又包括“动物解放——权利论”“生物中心论”“生态中心论”“深层生态学”“大地伦理学”等理论。其中所涉及的较为深层的哲学问题，一是道德共同体的范围问题，即道德这个在历史上一直属于人类的事情能否扩展到动物、植物甚至没有生命的山河大地等，也即它们是不是也是道德共同体的成员。二是生命的范围有多大，山河大地是不是都具有生命。三是价值是不是仅仅和生命同一，无机存在物有没有价值。如果有，该如何判定其价值。判定价值的哲学基础是什么。四是当对人的义务和对自然的义务发生冲突时，应该根据什么原则来化解与调和。

中国古代创立了丰富的生态文明思想。过去，由于环境问题还不甚严重，人们往往不能理解这些思想，而冠之以“农业文明”“有机主义”“主客不分”“主客体的原始同一”，甚至“神秘主义”“原始思维”等加以贬斥，要求用现代主体意识、主客体对立的思想来批判和取代它。现在看来，这种态度恐怕更多地表现了现代人主体意识的盲目性和片面性，不一定可取。西方近代以来的主体意识对于导致威胁人类生存的生态危机负有不可推卸的责任，当代环境伦理学正是鉴于此，并受中国哲学的影响而产生新的哲学思潮。但是，由于西方学者并不能深入到中国文化的核心来理解中国文化，所以部分人表现出拒绝中国哲学的倾向，如当代环境哲学

---

①据笔者所知，在我国，最早明确对人类中心主义观念提出质疑的可能是现代著名哲学家金岳霖。他在写成于1940年的《知识论》中，较为详细地说明了人类中心观及其极端形式——自我中心观在哲学、知识论、自然演化等方面的缺陷，但他还没有十分明确地从环境的角度谈这个问题。参见金岳霖：《知识论》（第2章），金岳霖学术基金会学术委员会编：《金岳霖文集》（第3卷），甘肃人民出版社1995年版，第74页。

家帕斯莫尔等人担心中国以及印第安人的思想会危及西方的科学技术文明。这其实是完全没有必要的。中国古代独特的环境思想和哲学理念，对于解决当代所面临的生态环境问题，探索人类未来的文明模式，建立基于中国哲学的现代环境伦理有重要的价值，值得进一步研究。在这方面，我们既要排除“百不如人”的文化自卑心理，也要防止“三十年河东三十年河西”的浅薄的现成主义倾向。关键是要有问题意识，对人类所共同面对的困境和难题有深入的认识和思考，寻找传统思想和现代问题的结合点，提出自己的解答，由此使中国哲学真正走进世界舞台。

二、方法论的自觉：关于中国环境哲学思想资源的“从根源出发”的处理方式

如何处理中国传统环境哲学的思想资源，可以有两种方式，一种是“冯友兰式”，一种是“从根源出发式”。前者是笔者对冯友兰编写的《中国哲学史》的一种总结。冯友兰在编写《中国哲学史》时说：“哲学本一西洋名词。今欲讲中国哲学史，其主要工作之一，即就中国历史上各种学问中，将其可以西洋所谓哲学名之者，选出而叙述之。”[①]所以，中国哲学史学科的成立，即是按照西方哲学的概念对中国哲学的史料进行整理解释的过程。这种做法在当时有其必然性和必要性，也有其价值，因为哲学史在西方已经是一个相当成熟的学科，非如此则不能名之为哲学史，不能与西方进行学科交流。但是，这样做的局限性也是很明显的。第一，这种做法之下的中国哲学史，是在打乱中国思想的固有体系之后将具有哲学性质的碎片组合起来的，破坏了中国哲学固有的体系性和完整性。第二，中国哲学的中心问题被割舍掉了，中国哲学被非中心化和边缘化了，中心自然是西方哲学。这样的哲学史，虽说是“中国”哲学史，实质上却仍不能避免西方“哲学”在中国的色彩。第三，造成了中国哲学价值的矮化。因为材料取舍、观点评价的标准都来自西方，西方自然是权威，中国哲学则作为被“宰割的鱼肉”，其价值当然在西方哲学之下。这是将中国哲学自身的命题、观念置于西方的评价之下所带来的必然结果。后

①冯友兰：《中国哲学史》（上册），《三松堂全集》（第2卷），河南人民出版社1988年版，第5页。

来冯友兰先生写《贞元六书》的时候，情况有了很大的改变，他不再“照着讲”，而是“接着讲”。但是，严格地说，“照着讲”所照的也可能不是古人，而是西方人，最后造成了中国哲学发展的中断。按照这种方法撰写中国哲学史，造成中断也属必然。因为已经有了形态更为完善的西方哲学或“哲学”自身，那些不完善的哲学自然可以退出历史舞台了。

鉴于上述做法的种种缺陷，在当今环境伦理、环境哲学或生态哲学还处于探索过程而尚未定于一尊的情况下，尤其是中国传统哲学中环境伦理资源十分丰富，不需要过度诠释的情况下，我们不必采取打成碎片重新串起的做法，而应采取“从根源出发”的方式，即从中国哲学固有的理念出发，对困扰当代环境伦理哲学的基本问题提出基于中国哲学传统的论证和解决方案。[①]这是在当今全球化格局下，打破西方话语霸权，确立中国文化在世界的地位的一个机遇，也是打破近代以来潜在于国人心中的文化自卑的一个机遇。

三、生态伦理的中国哲学原则及其实践

（一）宇宙的生命原则和生命的普遍性的确认

确立宇宙的生命原则是环境伦理学能够成立的一个非常关键的哲学基础，也可以说是一个必要条件。如果说自然界万物都是一片死寂，不存在任何形式的生命，那也就无须建立所谓的环境伦理学。中国古代哲学认为，天地万物是一个和合的生命总像，如“天地之大德曰生”（《周易·系辞下传》），“生生之谓易”

①德国特里尔大学汉学家卜松山（Karl-Heinz Pohl）认为，并不是西方对于当代中国的理论或看法不感兴趣，而是因为当代中国确实没有什么具体的值得汉学家介绍到西方的成果。所以，他指出：“中国人应以新颖的手法坚守他们的立场，这不仅会给无知的西方人提供——经过创造性诠释的——丰富的中国文化遗产，还会为纯粹以西方为中心的文化讨论增添全新的维度，从而对世界文化做出贡献。”卜松山：《在跨文化语境中对理论的反思——元理论浅探》，《中国大学学术讲演录（2003卷A辑）》，广西师范大学出版社2003年版，第20页。

（《周易·系辞上传》）等。所谓生，就是生命；“生生”，亦即传统所谓“好生之德”，就是使生命能够以其所应有的形态存在和延续。这里的“生命”要作广义的理解，不仅是狭隘的人的生命、动植物的生命等，也包含人类的生命、瓦石泥土等无机界的生命、生态系统的生命在内。其次，生命又具有自为和为他的性质。所谓自为，就是说一切生命形式都具有为自己存在的特性，具有独立的性质和独自的内在价值；所谓为他，是说任何单个生命都有利于其他相关生命存在和生长的性质。人作为具有生命物的一种，禀承天地的“生生”性质而生，所以，对“生命”的维持和维护，即成为人的道德责任和义务。古人对于万物的生命有深切的体验。据说宋代哲学家周敦颐窗前草不除，为的就是观察万物的“生意”；又据记载，程颢爱观察鸡雏，也是觉得小鸡生意盎然，通过小鸡进而体会天地之生意、天地生物之心等。所谓“生意”，就是万物由小到大、由少到多、由弱到强的发展和增长的过程。我们现在说经商为“做生意”，其“生意”二字，仍包含着生长、增加的意思。企业也是有生命的，一个企业没有了“生意”，也就近乎倒闭了。研究企业管理的人把这叫作企业的成长性、生长性。程颐把中国古代哲学的重要范畴“仁”解释为“生意”，“心譬如谷种，生之性便是仁也”[①]。种子必然包含生意，谷种包含着将来生根发芽开花结果重新成为种子而生生不息的整个过程。现代汉语仍然保留着这种用法，果实的种子大都叫作“××仁”，如“核桃仁”“花生仁”“玉米仁”之类，这里的“仁”就是作为生意的“仁”。

从传统“生生”的观点看，把生命延伸到物种、生态系统、山河大地是一个非常自然的过渡，是在全球面临生态危机的状态下的普遍性发展。把各个物种和生态系统都看作具有自在、自为的本体生命的事物，是确立人类对于它们的伦理义务的必要条件。作为对各种形态的生命价值的尊重，人们应该对维持和保障物种和生态系统的稳态生命承担义务。

（二）生命的贯通原则和生命的相关性的确立

万物如何得生？辩证唯物主义认为，事物内部的矛盾是推动事物发展的动力。恩格斯在《自然辩证法》中指出，生命是生与死的辩证统一，细胞的新陈代谢构成

---

①〔宋〕程颢、〔宋〕程颐：《河南程氏遗书》卷十八，《二程集》，王孝鱼点校，中华书局1981年版，第184页。

了生命过程。中国古代哲学认为，包括人在内的天地万物都是由一气构成的，一气又分为阴阳二气，各类生命都是阴阳二气和合而成；二气的和合是事物生命的基础。老子说："万物负阴而抱阳，冲气以为和。"（《老子》第四十二章）此处的"冲气"，就是阴阳二气的和合。《周易·系辞下传》说："天地细缊，万物化醇；男女构精，万物化生。"荀子尤其明确地指出，"万物各得其和以生"（《荀子·天论》），这里的"和"是阴阳二气的和谐。和谐也可以说是矛盾的诸多表现形态之一。

气在中国传统哲学中具有细微、变化和流通的特点。中国哲学认为，气可以在人与天地万物之间流通，构成人的气也可以转而构成物。庄子说："子来有病，喘喘然将死。其妻子环而泣之。子犁往问之，曰：'叱！避！无怛化！'倚其户与之语曰：'伟哉造化！又将奚以汝为？将奚以汝适？以汝为鼠肝乎？以汝为虫臂乎？'"（《庄子·大宗师》）这里，子犁说子来死后，构成他的气还可以再去构成鼠肝、虫臂等等，正是气的流行的思想。其实，构成子来的气不光会变为鼠肝虫臂，也会变为泥土，或被烧成瓦器，或被植物吸收利用，又复被人或动物所消化吸收。总之，气在天地之间一刻也不停息地流行着，使人与天地万物构成一个统一体。这是天然的大循环。这在中国传统哲学里是一个基本事实，是人与天地万物为一体的物理学基础。人不仅要认识到与天地万物为一体的基本事实，还必须做到与天地万物为一体，这是人在价值方面的努力。前者是起点，后者是终点。并不是人人都能认识到，更不是人人都能做到的，因而，与天地万物为一体在中国传统哲学中是一个很高的境界。程颢说："仁者，以天地万物为一体。"[①]由于气的流行，所以在传统中国哲学看来，各个生命之间不是孤立的、互不相干的，相反是相互贯通、密切相关的。这就是说，人与自己生活于其中的周边环境、自然、生态圈的生命都是密切相关的，人必须意识到与万物生命的相关性，主动和自觉地对万物承担相应的义务，才能成为完整的人。生命的相关性原则，也是人对自然承担义务的必要条件。

（三）灵而不主的原则与道德共同体的扩展

庄子从一气流行，进一步推论到"道通为一"（《庄子·齐物论》），即人、

①〔宋〕程颢、〔宋〕程颐：《河南程氏遗书》卷二上，《二程集》，王孝鱼点校，第15页。

物在价值上并无差异，人不高贵于物，物不低贱于人。“以道观之，物无贵贱；以物观之，自贵而相贱；以俗观之，贵贱不在己。”（《庄子·秋水》）这种冷峻的语言是对人类中心主义的强烈冲击、彻底颠覆和深刻解构，可以作为现代深层生态学的核心论据之一。

但是，人毕竟与物有所不同。人类并不是与自然无关的独化的自我循环之物，而是自然进化的结果之一。如果说，自然的进化具有天然的合理性，那么，作为其结果的人及其类的存在，也是有其天然合理性的。如果说，自然进化过程中产生的各种事物都有其存在的权利和必然性，那么，人及其类的存在也都是有一定的权利和必然性的。当然，从宗教之上帝造人的角度讲，人的存在的合理性就更不容置疑了。从进化链条上看，人处于进化的顶端，也是一个不争的事实。所以，庄子的纯自然主义的说法还是有一定的局限性，与自然进化的事实并不能完全融洽。

儒家则与庄子不同，在承认天地万物的价值的同时，又特意指出人有超越万物的部分，人是天地万物之间有理性的存在者，是高贵、灵明的存在者，与物不同。荀子较早明确表达了这种意思，他说：“水火有气而无生，草木有生而无知，禽兽有知而无义，人有气、有生、有知，亦且有义，故最为天下贵也。”（《荀子·王制》）《孝经·圣治》说：“天地之性，人为贵。”张载说：“天地之塞，吾其体；天地之帅，吾其性。”①统帅和充塞是有根本区别的，充塞是就物质构成材料而言，统帅则是就此材料的根本而言。儒家所谓灵与贵，不同于近代以来西方意义上的主宰。唐玄宗对“贵”的解释是“其异于万物也”②。传统儒家哲学中没有西方近代意义上的人作为主体征服作为客体的外物的思想，而毋宁说人应体会和服从天地的意愿，把天地生养万物的职能作为自己的职责。“天地之心”乃是“生生之理”，“天地之心惟是生物”③。朱熹说：“天地万物以生物为心，人以天地生物之心为心。”④但是，宋儒也曾明确指出，“天本无心，及其生成万物，则须归功于天”⑤，“天无心，心都在人之心”⑥。这实际上是人要“替天行道”，即人要完

---

①〔宋〕张载：《正蒙·乾称》，《张载集》，章锡琛点校，中华书局1978年版，第62页。

②〔唐〕李隆基注，〔宋〕邢昺疏：《孝经注疏》卷五，〔清〕阮元校刻：《十三经注疏》，中华书局1980年版，第2553页。

③〔宋〕张载：《横渠易说·复》，《张载集》，章锡琛点校，第113页。

④〔宋〕朱熹：《仁说》，《朱子文集》卷十三，中华书局1985年版，第466页。

⑤〔宋〕张载：《经学理窟》，《张载集》，章锡琛点校，第266页。

⑥〔宋〕张载：《经学理窟》，《张载集》，章锡琛点校，第256页。

成天的职能的意思，不过还不太明确。明代王阳明进一步明确和强化了人为天地之心的思想。

> 夫人者，天地之心。天地万物，本吾一体者也。①
>
> 朱本思问："人有虚灵，方有良知。若草木瓦石之类，亦有良知否？"先生曰："人的良知，就是草木瓦石的良知。若草木瓦石无人的良知，不可以为草木瓦石矣。岂惟草木瓦石为然，天地无人的良知，亦不可为天地矣。盖天地万物与人原是一体，其发窍之最精处，是人心一点灵明。风、雨、露、雷、日、月、星、辰、禽、兽、草、木、山、川、土、石，与人原只一体。故五谷禽兽之类，皆可以养人；药石之类，皆可以疗疾：只为同此一气，故能相通耳。"②

王阳明的说法比张载、朱熹更为积极，其实是让人承担了天地的职责。也即把天地生物的功能作为人的道德职责。人既然承担了天地生物的职能，要"替天行道"，那么，把道德行为的范围"推"及、扩展到自然界其他物种、生态圈、山河大地及无机界等，对它们承担相应的道德义务，不仅是顺理成章的，而且也是非如此不可的，否则就不能说是完整地完成了自己的使命。整个自然界内的事物，都是道德共同体的成员，宇宙内事即己分内事。

显然，儒家思想既不属于强人类中心主义，也不属于弱人类中心主义。用当代西方生态哲学的概念强行归类是不合适的，也没有必要。这些思想完全可以作为环境伦理的中国类别存在。

（四）各尽其性的原则与参赞化育的道德职责建立

如上所述，从儒家的观点来看，人对于万物是有道德责任的，也应该尽这些责任。人如何尽自己的道德责任？这就是儒家的"尽性"学说与"参赞化育"的道德职责理论所要完成的任务。

---

①〔明〕王守仁：《语录二·传习录中》，《王阳明全集》卷二，吴光等编校，上海古籍出版社1992年版，第79页。
②〔明〕王守仁：《语录三·传习录下》，《王阳明全集》卷三，吴光等编校，第107页。

万物不仅有生，亦且有性。何谓物性？《周易·系辞上传》说："一阴一阳之谓道，继之者善也，成之者性也。"可见，物性的本体基础是万物内部阴阳二气的和合，其进一步的延伸，则是以此性为基础顺利完成或圆满实现其生命的权利。在传统哲学看来，人、物各有其性。就人而言，仁义礼智、忠孝节义等，都是人性的内容。告子说过"食色，性也"（《孟子·告子上》），《礼记·礼运》讲"饮食男女，人之大欲存焉"，可见食色也是人性的内容。人性要得到圆满完成，就不仅要得到正常的食色供养，完成其物质生命，也还要做到仁义礼智等。孟子认为，前者是人的"小体"，后者才是人的"大体"，不能做到后者，就与禽兽无异。其实，传统儒家哲学所说的尽性，主要还是尽人的道德属性。人当尽己之性，尽人之性，尽物之性，参赞天地万物之化育。尽己的道德之性中就包含了尽他人和尽万物之性的要求。尽物之性是人尽己的道德之性的内涵之一，这是传统儒家哲学的特点。所谓"尽物之性"，就是要让万物按照自身的性质发展，不伤害其固有的性质。唯有如此，人才能参与和帮助天地之化育，人才是真正的人，才能够与天地并立。中国哲学的观念认为，天地生物，本欲其完成正常的生命，不欲其中途夭折而死；人当随顺天地，不当逆戕万物之生。《周易·坤卦·象传》所谓"君子以厚德载物"也，载物即包容，允许万物遂性发展。孟子讲"仁民而爱物"（《孟子·尽心上》），《周易·系辞上传》所谓"范围天地之化而不过，曲成万物而不遗"，张载讲"民胞物与"[①]，都是这个意思。举例说，什么是土地之性？如何尽土地之性？荒原、森林是各种植物的生长地、昆虫鸟兽的栖息地，草原是牛羊畜类的生长地，沃野是粮食蔬菜的生长地等。总括起来，大地之性就是生养万物，尽大地之性，就是充分发挥它的生养作用。过度砍伐、荒漠化、污染等造成动植物无法生长，甚至死亡，恰是戕害了土地之性，妨碍了它发挥生养万物的功能。对于河流、生态圈等，我们也可以此观之。

关于尽性参赞化育的方法，儒家还提出了不少说明，如诚的方法、感或感应的方法。"诚"的概念出自《孟子》《中庸》。

《孟子·离娄上》云：

> 诚者，天之道也；思诚者，人之道也。

---

①〔宋〕张载：《正蒙·乾称》，《张载集》，章锡琛点校，第62页。

《中庸》云：

诚者，天之道也。诚之者，人之道也。

诚者，非自成己而已也，所以成物也。成己，仁也；成物，知也。性之德也，合外内之道也，故时措之宜也。

唯天下至诚，为能尽其性。能尽其性，则能尽人之性。能尽人之性，则能尽物之性。能尽物之性，则可以赞天地之化育。可以赞天地之化育，则可以与天地参矣。

《中庸》认为天地的本质是诚，人应努力做到诚（诚之），从而做到尽人之性、尽物之性。需要强调的是，从逻辑上说，尽己之性是尽他人、尽外物之性的必要条件；尽他人之性、外物之性，必待己性之尽。这体现了中国哲学的人的主体性和主观能动性的思想，其具体内涵是帮助他人、外物各尽其性，而不是为了人自身的目的，单方面征服和改造自然。

荀子对于“参”的解释，也颇有可取之处，他明确地提出了以政治参与天地万物之化育的思想。他说：“天有其时，地有其财，人有其治，夫是之谓能参。舍其所以参，而愿其所参，则惑矣。”（《荀子·天论》）荀子的说法，抛弃了老庄过分倚重于天然而忽略了人事之功的纯粹自然主义色彩。“参”比“人法地，地法天，天法道，道法自然”（《老子》第二十五章）的“法”更为积极主动。没有人的主动参与而达到的和谐只是被动的适应，还称不上真正的和谐。荀子批评道家“蔽于天而不知人”（《荀子·解蔽》）是有道理的。

“感”或“感应”也是尽物之性的一个方法。“感”的概念最先出现在《周易·咸卦·彖传》：“天地感而万物化生，圣人感人心而天下和平，观其所感，而天地万物之情可见矣。”其内涵是阴阳双方的交流、沟通与相互影响。就人而言，“感”或“感应”还有对事物做出及时、恰当、应有的反应的含义。由此言之，董仲舒的“天人感应”有一定的科学基础，但他对“感”的强调超出了科学的限度，陷入了片面性。北宋时程颢借助于医家的“麻痹”说法，对于人不能感应进行了批评，认为这就是“不仁”。现代汉语还保留了“麻木不仁”的成语。程颢的说法明确地把感应和道德联系在一起了，在他看来，缺乏灵敏的感应，其实就是缺乏应有的道德感。他说：“医书言手足痿痹为不仁，此言最善名状。仁者，以天地万物为一体，莫非己也。认得为己，何所不至？若不有诸己，自不与己相干。如手足不仁，气已不贯，皆不属己。”[①]王阳明进一步提出了“感应之几”的概念，《传习录》记载：

> 问：“人心与物同体，如吾身原是血气流通的，所以谓之同体。若于人便异体了，禽兽草木益远矣，而何谓之同体？”先生曰：“你只在感应之几上看，岂但禽兽草木，虽天地也与我同体的，鬼神也与我同体的。”请问。先生曰：“你看这个天地中间，甚么是天地的心？”对曰：“尝闻人是天地的心。”曰：“人又甚么教做心？”对曰：“只是一个灵明。”“可知充天塞地中间，只有这个灵明，人只为形体自间隔了。我的灵明，便是天地鬼神的主宰。天没有我的灵明，谁去仰他高？地没有我的灵明，谁去俯他深？鬼神没有我的灵明，谁去辩他吉凶灾祥？天地鬼神万物离却我的灵明，便没有天地鬼神万物了。我的灵明离却天地鬼神万物，亦没有我的灵明。如此，便是一气流通的，如何与他间隔得！”又问：“天地鬼神万物，千古见在，何没了我的灵明，便俱无了？”曰：“今看死的人，他这些精灵游散了，他的天地万物尚在何处？”[②]

此处王阳明也谈到了“主宰”，但这与近代西方的人为天地万物的主宰的“主宰”有实质差异。王阳明的“主宰”不表现为征服万物，而是仰天之高、俯地之深、辨鬼神之吉凶，是一种感应和体认关系，不是征服关系。张载提出过“为天地立心”[③]的说法，与人类中心主义的“为自然立法”也有很大差异。为天地立心的人，并不是在自然之外、之上，并与自然相对立的另一极，而是与天地万物为一体的“天人合一”的人；所立的“心”，也不是从人的需要出发征服自然的范畴或者规律，而是天地的好生之德的仁心。王阳明与张载有一致之处。明末王夫之提出的“延天以佑人”[④]，即以人之能延长或补充自然之能，以满足人类的需要，恰当地表达了儒家对于自然的态度与分寸。

王阳明进一步解释了人心之仁如何与天地万物为一体。他说：

---

①〔宋〕程颢、〔宋〕程颐：《河南程氏遗书》卷二上，《二程集》，王孝鱼点校，第15页。
②〔明〕王守仁：《语录三·传习录下》，《王阳明全集》卷三，吴光等编校，第124页。
③〔宋〕张载：《拾遗·近思录拾遗》，《张载集》，章锡琛点校，第376页。
④〔明〕王夫之：《周易外传·系辞上传》，《船山全书》（第1册），岳麓书社1988年版，第993页。

大人者，以天地万物为一体者也。……是故见孺子之入井，而必有怵惕恻隐之心焉，是其仁之与孺子而为一体也；孺子犹同类者也，见鸟兽之哀鸣觳觫，而必有不忍之心焉，是其仁之与鸟兽而为一体也；鸟兽犹有知觉者也，见草木之摧折而必有悯恤之心焉，是其仁之与草木而为一体也；草木犹有生意者也，见瓦石之毁坏而必有顾惜之心焉，是其仁之与瓦石而为一体也。[①]

怵惕恻隐、不忍、怜悯、顾惜都是人心之仁的表现，也是“感应之几”的具体内涵，人通过这些感应活动与万物形成一体。

（五）并育不害的原则和“天人合一”境界的高扬

《中庸》的三尽性之说强调最终应达到“万物并育而不相害，道并行而不相悖”的境界，荀子也希望达到“万物皆得其宜，六畜皆得其长，群生皆得其命”（《荀子·王制》）的和谐境界。这种思想是“与天地万物为一体”[②]。不过，这里的一体，不是仅仅从一气贯通的角度所讲的初始的、物理学的、静态的存在意义的一体，而是经过人的积极主动参与的、在参赞化育基础上的一体，包含着人的能动作用。一气贯通是一体的本体基础，但是，没有人积极参与的一体，就只能是原始状态的天人不分或自在的被动适应，还达不到自觉、自为的水平。经过人的努力所实现的并育不害和天人一体，是在自在的本体之一体基础上的更高的一体，达到了人的自觉与自由。但这种一体又不是主体性的过度的、片面的高扬，不是极端人类中心主义的征服自然、戕天害物。如前所述，尽己之性是尽人、尽物之性的必要条件。如果说，这也是一种主体性，那么，中国传统哲学的这种主体性，是与西方近代以来建立在主客体对立和二分基础上的片面的主体性截然不同的。前述荀子的主体性思想与西方相比就有自己的特点。认为中国哲学没有主体性，或者力图证明中国哲学有主体性（近代西方意义的）的观点，都是片面的。

所谓并育不害，其实也就是“天人合一”“天人合德”。“大人者，与天地合其德，与日月合其明，与四时合其序，与鬼神合其吉凶。”（《周易·乾卦·文

---

①〔明〕王守仁：《续编一·大学问》，《王阳明全集》卷二十六，吴光等编校，第968页。

②〔宋〕朱熹：《性理三·仁义礼智等名义》，〔宋〕黎靖德编：《朱子语类》卷六，王星贤点校，中华书局1986年版，第117页。

言》）张载对于“天人合一”的思想做了较为全面的论述：

> 乾称父，坤称母，予兹藐焉，乃混然中处。故天地之塞，吾其体；天地之帅，吾其性。民吾同胞，物吾与也。①
>
> 惟大人为能尽其道，是故立必俱立，知必周知，爱必兼爱，成不独成。②
>
> 儒者则因明致诚，因诚致明，故天人合一。③

关于儒家的“天人合一”观念，从现代生态伦理的角度看，还有一个重要问题需要澄清。传统儒家讲究“理一分殊”“爱有差等”，这种观念对于儒家的环境伦理思想有什么影响？所谓对于自然的义务，究竟是对人的义务，还是对物的义务？当对人的义务和对物的义务发生冲突时，如何解决？

“理一分殊”和“爱有差等”的确是儒家哲学中十分牢固的核心观念。孟子曾经批评墨子的兼爱观念，认为是“无父”。程颐认为张载的《西铭》也体现了“理一分殊”的精神。《孟子·尽心上》云：“君子之于物也，爱之而弗仁；于民也，仁之而弗亲。亲亲而仁民，仁民而爱物。”爱、仁、亲分别表明，这里形成了一个以人为中心的爱的递减的多圈圆图像：个人对于双亲、他人、自然物的爱的程度，依次递减。就孟子的论述来看，这个递减并不至于无，更不会倒过来发展为恨。当然，在儒家看来，在对于自然物的爱和对于人的爱发生冲突时，对于自然的爱应该让位于对于人的爱。这种递减，王阳明认为是“良知上自然的条理”：

> 问：“大人与物同体，如何《大学》又说个厚薄？”先生曰：“惟是道理，自有厚薄。比如身是一体，把手足捍头目，岂是偏要薄手足，其道理合如此。禽兽与草木同是爱的，把草木去养禽兽，又忍得。人与禽兽同是爱的，宰禽兽以养亲，与供祭祀，燕宾客，心又忍得。至亲与路人同是爱的，如箪食豆羹，得则生，不得则死，不能两全，宁救至亲，不救路人，心又忍得。这是道理合该如此。及至吾身与至亲，更不得分别彼此厚薄。盖以仁民爱物，皆从此出；此处可忍，更无所不忍矣。《大学》所谓厚薄，是良知上自然的条理，不

---

①〔宋〕张载：《正蒙·乾称》，《张载集》，章锡琛点校，第62页。
②〔宋〕张载：《正蒙·诚明》，《张载集》，章锡琛点校，第21页。
③〔宋〕张载：《正蒙·乾称》，《张载集》，章锡琛点校，第65页。

可逾越，此便谓之义；顺这个条理，便谓之礼；知此条理，便谓之智；终始是这条理，便谓之信。”①

如前所述，人处于自然进化链条的顶端。人为了生存，必须消耗植物和其他动物的肉体，这其中也有一定的必然性和合理性。既然自然进化产生了人，既然人的存在也是进化的结果，那么，人在一定程度上消耗自然当是必然的，不可避免的，也是可以接受的。为了植物、动物的生存而牺牲人类的生存，恐怕也不符合自然进化的规律。同样，人对双亲的爱比对他人的爱要多一些，也都是可以理解的。

人对物，也有一个善恶判断取舍问题。在王阳明看来，人可以以自己的价值观为标准，对物进行取舍。《传习录》载：

侃去花间草。因曰："天地间何善难培，恶难去？"先生曰："未培未去耳。"少间，曰："此等看善恶，皆从躯壳起念，便会错。"侃未达。曰："天地生意，花草一般，何曾有善恶之分？子欲观花，则以花为善，以草为恶；如欲用草时，复以草为善矣。此等善恶，皆由汝心好恶所生，故知是错。"曰："然则无善无恶乎？"曰："无善无恶者理之静，有善有恶者气之动。不动于气，即无善无恶，是谓至善。"……曰："草既非恶，即草不宜去矣？"曰："如此却是佛、老意见。草若有碍，何妨汝去？"曰："如此又是作好作恶？"曰："不作好恶，非是全无好恶，却是无知觉的人。谓之不作者，只是好恶一循于理，不去又着一分意思。如此，即是不曾好恶一般。"曰："去草如何是一循于理，不着意思？"曰："草有妨碍，理亦宜去，去之而已。偶未即去，亦不累心。若着了一分意思，即心体便有贻累，便有许多动气处。"曰："然则善恶全不在物？"曰："只在汝心循理便是善，动气便是恶。"曰："毕竟物无善恶。"曰："在心如此，在物亦然……"曰："'如好好色，如恶恶臭'，则如何？"曰："此正是一循于理；是天理合如此，本无私意作好作恶。"曰："'如好好色，如恶恶臭'，安得非意？"曰："却是诚意，不是私意。诚意只是循天理。虽是循天理，亦着不得一分意，故有所忿懥好乐则不得其正，须是廓然大公，方是心之本体。知此即知未发之中。"伯生曰："先生云：'草有妨碍，理亦宜去'。缘何又是躯壳

①〔明〕王守仁：《语录三·传习录下》，《王阳明全集》卷三，吴光等编校，第108页。

起念？”曰：“此须汝心自体当。汝要去草，是甚么心？周茂叔窗前草不除，是甚么心？”[①]

从自然演化来看，自然之物并无善恶；只是相对于人的各种目的与评价，才会有善恶之分。人的评价是以人为中心的，有相当的局限性，花草的善恶可以易位是人的局限性的具体表现。显然，王阳明认识到了这个局限性，所以，他一方面承认，从天理的角度看，大化本身即含有生死的过程，故从个体善恶评价的角度除草，是可以接受的；另一方面又要求用天理来校正和克服人的有限性，要求“循天理”“诚意”“去私意”“不着”，即克服人的局限性。所谓天理，也可以说是大化的规律；向天理接近，就是要尽量减少自己主观任意的好恶，一同于大化之理。由于天人是一体的、合一的，所以从某种意义上说，在儒家哲学中，对人的义务就是对物的义务，对物的义务就是对人的义务，两者也是统一的、合一的。这是就一般原则而论。不过，就当今社会来说，仅仅有这个一般原则是不够的，无法进行具体操作。要操作，还必须在人与人、人与物之间画出一条底线，比如，对于父母的爱，不能演化为对于别人的恨，至多是同情的遗憾；对于自然物的取用，不能导致物种的灭亡，比如，吃濒危动物之类。只有划出底线，才能在操作层面上实现与自然的和谐相处。这是对古代环境伦理的一个发展，也是我们现代面临环境难题时，针对这一问题的新思路。

古人的环境伦理或生态文明思想并不仅仅停留于思想，官府设有管理自然的官员，国家也有保护环境的政策与律令。此类内容颇多，此处不再赘述。

四、建立环境伦理的中国哲学范畴体系

一门学科的建立，必须有自己的范畴体系。环境伦理也应有自己的范畴体系。笔者认为，中国哲学的以下范畴，可以作为环境伦理学的基本范畴。[②]

---

①〔明〕王守仁：《语录一·传习录上》，《王阳明全集》卷一，吴光等编校，第29—30页。
②这是一个初步的研究，范畴的数目可能不止这些，其详细论证也有待进一步深入研究。

第一类：关于自然本身。（1）生：生命、生意、生长、使……生长。由于生命的普遍性原则，所以自然物都是有内在价值的。生和“生生”的概念可以帮助确立价值的来源和标准，确立生物、非生物的尊严的来源。（2）性：人性、物性。通过物性的概念，可以重新确立万物的权利的范围和界限，重新定义权利概念。（3）一体：初始的、物理学的自在意义上的一体，是确立道德共同体的范围、人对于万物的义务范围的本体基础。

第二类：关于人及其所当为。（1）仁、诚、敬。（2）感、感应、感应之几。（3）因：因类、因循、因民、因物、因性。（4）时：惟时、以时、用时、失时、悖时等。（5）参：与、参赞化育。（6）尽：尽性。（7）推：推己及人、及物。

第三类：关于人与自然的关系。（1）合：合体、合德、合一、一体；道德共同体即是与天地万物为一体。（2）和：和谐、和睦、和解、并存。

此一类范畴体系也可以吸收当代西方哲学的一些理论和范畴。如，在对待自然方面，可以引入后现代哲学的“稳态”概念，即在一定基础上的平衡，包括“循环”在内。在处理人与自然的关系方面，可以引入当代德国哲学家哈贝马斯的“交往”和“主体间性”的概念，以便在与他人和外物的交往中确立共在的主体性；当然，也可以取消主体性的概念，以后现代哲学的“代理”和“顾客”的概念代替主体性概念之下的主客体关系。总之，吸收的方式应以中国哲学范畴为主，在中国哲学的基础上整合当代西方哲学的概念，由此建立基于中国哲学的环境伦理学范畴体系。

（原载《中国哲学史》2005年第3期）

儒家生态文化的思想与实践

一、合法性问题——从生态的角度看儒学

生态学是“研究生物及其环境间的交互关系，以及研究生物彼此间的交互关系的一门科学”[①]。把这种交互关系放到哲学的高度进行思考，就形成生态哲学。系统的、自觉的生态伦理与哲学是进入20世纪后随着全球性生态危机的加剧，首先产生于发达国家的学问。中国传统哲学没有关于“环境”“生态”概念的定义，遑论这门学科了。在《老子》中，“自然”是一个形容词，不是作为实体的自然界。直到魏晋时期，作为自然界的“自然”概念才产生。但是，这并不意味着中国没有生态意识和思想。中国哲学中“天”的概念近似于自然和环境。按照冯友兰先生的解释，天有五义，分别是与地相对的“物质之天”，有人格的“主宰之天”即天、帝，“运命之天”，“自然之天”和作为“宇宙之最高原理”的“义理之天”。[②]在这五种含义中的“物质之天”和“自然之天”，都是今天的“自然”。在语言学上，词义并不是截然地分割开来使用的，而是一个流动的整体，所以，后三种含义包含和统摄自然意义的天。儒家文化提倡的“天人之际、合而为一”[③]，天人感应、天人合一包含人与自然的关系，正是生态学的内容。由此，儒家文化就与现代生态哲学接轨了。本文认为，儒家生态文化至少具有理念论、良知论和实践论三方面的内容。

---

①中美联合编审委员会编译：《简明不列颠百科全书》（第7卷），中国大百科全书出版社1986年版，第168页。

②冯友兰：《中国哲学史》（上册），《三松堂全集》（第2卷），第43页。

③〔汉〕董仲舒：《深察名号》，〔清〕苏舆：《春秋繁露义证》，钟哲点校，中华书局1992年版，第288页。

二、生态理念论

（一）生态“天人合一”论

儒家的“天人合一”说具有本体论、价值论、功夫论、境界论四种意义。本体论的“天人合一”在儒学中是一个基本事实。儒家认为人和万物都是由一气构成的，形成一个统一的、连续的整体。[①]价值论的“天人合一”是说人的价值来自天，即《中庸》所谓的“天命之谓性”。功夫论的“天人合一”是说人的天赋人性由于被蒙蔽或污染而丧失，需要通过道德实践恢复先天的本性。境界论的“天人合一”是人通过功夫达到天人合一后所获得的对于存在的价值和意义的体会。第一种意义直接属于生态理念；第二、三、四种含义中的“天”首先是义理之天，属于儒家道德哲学，还不直接就是生态哲学，但由于词义的连续性，这三种意义中的“天”也包含自然或环境，所以也具有生态意义。“天所赋予人的是人的性”表明了人性和天性的同一，这是对人性的一个最强的生态意义断定。从这个意义上来看，讲和谐都多余。正像程颢所说的那样，天人本来就不是两回事，不必讲“合”。[②]

常见的对于“天人合一”的批评是认为它混淆人与自然，取消了人的主体性。其实，“分”有区别、差异和从空间上分成两部分两种含义。从语言学上看，既然有“天”、有“人”，那么两者就不是混淆不分的。历史文献表明，儒家对于天人的差异是十分清楚的，儒家把这种差异看作是两者“职分”的不同。《荀子·天论》中说天所具有的是时令，人能做的是政事，两者类型不同。刘禹锡把天和人分别解释为天然状态和文明状态。由此言之，在儒家文化中，天人无疑是“分”的。但是，儒家并不把天、人分为空间的两个孤立部分，进而使人成为主体，自然成为客体。这种主客分离的主体性，是近代西方意义上的主体性。这种主体性的确是儒

①Tu Wei-ming, “The Continuity of Being: Chinese Visions of Nature,” in Confucianism and Ecology: The Interrelation of Heaven, Earth, and Humans, eds. Mary Evelyn Tucker and John Berthrong (Cambridge, MA: Harvard University Press, 1998), 105 — 123.

②参见〔宋〕程颢、〔宋〕程颐：《河南程氏遗书》卷六，《二程集》，王孝鱼点校，中华书局1981年版，第81页。

家所没有的，道家也没有。儒家生态文化强调的是人参与、协助自然完成生养万物的功能。

儒家的“天人合一”是动态的，不是静态；气的循环运动构成人与自然的统一。气的循环在《国语》中叫作“导气”。山川具有导气功能。《国语·周语下》说：“川，气之导也。”《礼记·孔子闲居》说“山川出云”，云也是气的一种。《易传》把“导气”进一步总结为阴阳二气的屈伸往来和相互推引，即是道（“一阴一阳之谓道”）。天和人由气的沟通形成一个统一的生命整体，这就是《易传》所说的天地的伟大的德性是孕育和产生生命，生命不停地相续就是变易的含义，这些是儒家生态文化的核心理念。这个生命整体中，没有主客体之分。根据“一阴一阳之谓道”的原则，可以提出“生态主体间性”概念。把不包括人的纯粹自然作为自然I，把人作为自然II，人和纯粹自然作为自然全体或宇宙的自然III。自然I、II都不是宇宙的中心，而是它的两个焦点，两者处于一种相互理解、相互诠释、相互适应、相互作用的关系中。整个自然III是一个整体的生态圈。在这里，人和自然的关系成为主体间性关系；人对自然承担道德责任，形成一种责任伦理，生态圈由此也成为一个道德共同体。“天人合一”成为生态哲学的道德共同体的一条重要的规范性原则。这样，当代西方生态哲学中的要么人类中心、要么生态中心的排他性“主义”就会自然被放弃。

图1

（二）生态良知论

在儒家哲学中，人与自然合一的责任伦理是通过功夫论实现的。功夫论的主体基础是生态良知论。生态良知也是一种德性，德性伦理和责任伦理在儒家那里是统一的。儒家的生态良知开始于孔子的“仁”。仁是爱，爱他人，爱自然。《论语·雍也》记载，孔子只钓鱼而不用大网，不射归巢的鸟。这很能表达他对于自然的珍爱之情。这种对于动植物的珍爱在孟子那里发展为“恻隐之心”，即对万物的同情。《孟子·尽心上》说：“亲亲而仁民，仁民而爱物。”《中庸》提出了实现人和万物的本性（“尽性”）和“参天地之化育”的思想。每个人要实现自己的本性，也应让他人、万物都实现他们各自的本性。万物和人的本性其实也是他们的权利的基础。让每种事物实现自己的本性或者说实现自己的权利是人实现自己的权利的必要条件，或者说是人的一项必要义务。人只有做到了这一点，才能参与天地万物的大化过程。董仲舒的“天人感应”的“感应”，张载的“体”，程颢的“觉”，程颐、朱熹的“生”，王阳明的“感应之几”，谭嗣同的“通”，都是生态良知。现代新儒家冯友兰最初用“觉解”说明天地境界中人与自然的关系，晚年他改用“志”和“直觉”。他对于程颢《识仁篇》的说明体现了这一特点。他指出，“仁”是宇宙间的普遍现象，不是一个理智的概念；“识”也不是理智的认识，而是“体认”。在《中国哲学史新编》第七册第八十一章，他指出，“浑然与物同体”是直觉。①金岳霖在《道、自然与人》中提出了“普遍同情”，明确地反对人类中心主义。②他认为，自然的重要意义即“存在于人处于其中而且很难与之分开的相互关联的模式之中”。人和人之间形成一种密切关系，个人把自己投射到他人那里，通过这种投射而成为自己。人和天地万物相互渗透。可以说，“普遍同情”“相互渗透”是生态良知的新发展。

（三）生态境界论

境界是功夫纯熟后达到的一种结果，是人对客观世界对于自己的意义的体认。儒家的境界说具有超道德、超宗教的意义。

孔子发现了自然的道德意义和超道德的天道意义。他说：“骥不称其力，称其德也。”（《论语·宪问》）又说：“岁寒然后知松柏之后凋也。”（《论语·子罕》）说的是自然的道德意义。《易传》说阴阳的往来推移就是道，继承这种道的叫作善，完成这种善于自身就是万物的本性，也是就这种道德意义而言的。与此不同，“子在川上曰：‘逝者如斯夫，不舍昼夜’”（《论语·子罕》）则是对道体的体悟。“知者乐水，仁者乐山”（《论语·雍也》）表现了热爱自然，与山水、与道为一体的快乐。这种境界又被孔子表达为“吾与点也”（《论语·先进》）。《中庸》的“鸢飞鱼跃”“并行不悖”，是人经过“参赞化育”所获得的对于自然

---

①冯友兰：《中国哲学史》（第7卷），台湾蓝灯文化事业股份有限公司1991年版，第201页。
②金岳霖：《道、自然与人》，金岳霖学术基金会学术委员会编：《金岳霖文集》（第2卷），甘肃人民出版社1995年版，第630、636—637页。

的最高和谐的体悟，也是万物各得尽性以后所达到的状态。如前所述，人也成为自然和谐的一个因素，甚至不必再说合为一体。这种境界在程颢那里是“仁者浑然与物同体”[①]，在张载那里是“民胞物与”[②]；它的关键是“浑然”。王阳明把这叫作大人是与天地万物构成一个整体的。在朱熹那里，生态境界表现为与天地一样共同流动。金岳霖以人与自然的关系为线索，提出了朴素、英雄、圣人三境界说。其中，圣人境界是人通过“修养”达到的“天人合一”，是人与物、他人相互渗透的“共存的民主”。[③]他指出，人必须在这种共存的民主中履行自己的本质所要求的“真挚的和真实的职责”，达到“主体实在和客体实在的和谐”。

三、生态实践论

此处所谓实践，是指把生态理念灌注到政令、习俗和百姓日常生活中。生态实践可分为规范、政令、习俗以及生态批判等内容。生态规范是把生态理论变为实践规范，这又包括理论性规范和法律规范两类。《礼记·月令》《逸周书》《管子》《吕氏春秋》《荀子·王制》都有关于林木、动物保护的理论性规范。其中关于动物的规定又分为对待孕期动物及其幼虫、对待水产和狩猎三类规定。关于林木保护的规定，以《礼记·月令》为例，孟春之月，禁止伐木；仲春之月，不准焚烧山林；季春之月，不准砍伐桑柘；孟夏之月，不准砍伐大树；季夏之月，树木正是生长旺盛时期，命令山虞官查看树木的生长情况，不得斩伐树木。这就是说，整个春季和夏季都是不能砍伐树木的。可以砍伐树木的季节是晚秋和冬季。季秋之月，草木黄落，可以伐薪烧炭；季冬之月，命令四监，征收薪柴，供郊庙、祭祀之用。《礼记·月令》规定春夏不能砍伐树木，是为了顺应阳气滋长万物。这些规定是符合生态科学的。

《礼记·月令》中关于动物的规定也十分符合生态科学、规律。如孟春之月，

---

①〔宋〕程颢、〔宋〕程颐：《河南程氏遗书》卷二上，《二程集》，王孝鱼点校，第16页。
②〔宋〕张载：《正蒙·乾称》，《张载集》，章锡琛点校，中华书局1978年版，第62页。
③金岳霖：《道、自然与人》，金岳霖学术基金会学术委员会编：《金岳霖文集》（第2卷），第722页。

应该祭祀山林川泽。祭祀不能用母牛，不得倾覆鸟的巢穴，不准杀戮动物幼虫、怀胎的动物，不准夭杀刚会飞的幼鸟，不准捕捉幼鹿，不准取鸟卵。郑玄在注中认为，祭祀不能用母牛是为了不影响动物怀孕生育，不准杀戮幼鸟是为了不伤萌幼。关于狩猎，《礼记·月令》规定，孟夏之月可以驱赶野兽，不使它们破坏农作物，但不能“大田猎”。《礼记·曲礼下》又规定，国君春天田猎不采取合围的方式，大夫打猎不能把兽群一网打尽，士不能取鹿和其他动物的幼仔，不能取鸟卵。这些都被视为仁政或仁心、仁德的表现。据《史记·殷本纪》记载，商汤出游时，见有人四面张网捕鸟，祈祷说，让天下的鸟都入我的网中吧。商汤认为这太过分，就撤去三面网，祈祷说，想往左的往左，想往右的往右，就让那些不听命令的落入网中吧！诸侯听到此事后，都认为商汤有很高的道德，能够惠及禽兽。德及禽兽、草木是中国古代自然保护的一个思想基础，是儒家仁的思想的扩展。《后汉书·鲁恭传》记载了一个“三异”的故事。据说后汉建初七年发生蝗灾，中牟令鲁恭有仁德，蝗虫唯独不入中牟。肥亲前往查实，鲁恭陪同。两人坐在桑树下歇息，有一只野鸡停在身旁，而他们身旁有一名儿童。肥亲问儿童为什么不去捉野鸡，儿童说，野鸡马上要孵小鸡了。肥亲肃然起敬说，自己见到三异，“虫不犯境，化及鸟兽，竖子有仁心”。从生物链的观点看，蝗虫不入境可能正是因为这里有啄食蝗虫的野鸡。德政保护了野鸡，也使当地免除了蝗灾。又据《后汉书·法雄传》记载，法雄任官南郡时虎患严重，但他仍下令禁止“妄捕”。儒家这种仁爱及动物的思想在当今中国社会民俗中仍有表现。比如不准弄死胎鸟，否则会被认为是“坏性命”；春天不准扳树枝；不准砍伐大树，认为树上住有神仙，说是神仙告诫人们：“你砍我树我不语，我要你命你难逃。”

关于水产，《礼记·月令》规定：仲春之月，不准把川泽、池塘的水放干，竭泽而渔；季夏之月，命令渔师伐蛟，收取鼍、龟、鼋等水产；孟冬之月，命令水虞渔师，收水泉池泽之赋，不得侵扰百姓，为天子取怨于下；季冬之月，命渔师开始捕鱼。《大戴礼记·曾子大孝》记载，孔子提出按照时节伐草木、杀野兽；不遵照时令，即使是砍一棵树，杀一只野兽，都是不孝的。

至少从周代以来，政府就设有山川管理的官员，如《周礼》《礼记》《国语》等书中记载的“野虞”（掌管关于鸟兽的禁令）、“山虞”（执掌山林政令，为之守禁，保护林木不被砍伐）、“林衡”（看管平原地区的林木）、“川衡”（掌握山川的远近和物产）、“泽虞”（掌管湖泽的大小及物产）、“水虞”（掌管川泽禁令的渔师）等，这些官吏都担负自然保护的职责。

秦汉以后，自然保护的规范进一步演变为法律、法令。《秦律·田律》中就有山林保护的条文，大意是：春二月，不准到山林中砍伐木材，不准堵塞水道。不到夏季，不准烧草作为肥料，不准采取刚发芽的植物，或捉取幼兽、鸟卵和幼鸟，不准毒杀鱼鳖，不准设置捕捉鸟兽的陷阱和网罟，到七月解除禁令。只有因有死亡而需伐木制造棺椁的，不受季节限制。居邑靠近养牛马的皂和其他禁苑的，幼兽繁殖时不准带着狗去狩猎。百姓的狗进入禁苑而没有追兽和捕兽的，不准打死；如追兽和捕兽，则要打死。在专门设置警戒的地区打死的狗，都要完整地上缴官府；其他禁苑打死的，可以吃掉狗肉而上缴狗皮。[①]汉宣帝曾下过这样的诏令："令三辅毋得以春夏擿巢探卵，弹射飞鸟。"（《汉书·宣帝纪》）近年来，在甘肃敦煌悬泉置汉代遗址出土的泥墙墨书《使者和中所督察诏书四时月令五十条》中，也有关于生态保护的政府法令。

儒家生态文化的另一个思想基础是对于生物间的相互依赖和对自然循环的科学性认识，儒家用祭祀山川的办法表示对自然的这一神性功能的敬意。《礼记·孔子闲居》说"山川出云"。《春秋公羊传·僖公三十一年》说："山川有能润于百里者，天子秩而祭之。"郑玄说，名山大川是众河的源头，能够兴起云雨的，都要祭祀。[②]这种对于自然的敬畏是建立在对自然的水汽循环的正确认识的基础上的。古人也认识到了森林植被对于气候的作用。据《左传·昭公十六年》记载，郑国大旱，有官员为了祭祀，砍掉了桑山的树林。子产认为所谓的"有事于山"，是植树造林。现在不去植树，反而毁林，罪过太大了。《汉书·贡禹传》记载，御史大夫贡禹上奏批评汉家为了铸钱，开山取铜铁，破坏了植被，损害了大地所含的阴气，使山不能"含气出云"，造成水旱之灾。这些可以说是较早的生态批评。

（原载《孔子研究》2008年第6期）

---

①睡虎地秦墓竹简整理小组编：《睡虎地秦墓竹简》，文物出版社1978年版，第27页。

②〔清〕朱彬：《礼记训纂》卷六，饶钦农点校，中华书局1996年版，第247页。

儒家生态哲学的基本原则与理论维度

“生态学”研究的是生物及其环境间以及生物彼此间的相互关系。在天然状态下，生态系统总是动态地趋于和谐，故生态思想史家把生态学定义为一门在自然界中发现和谐、“专门研究和谐的科学”。由此，“生态”遂具有超出事实描述的价值意义，“它为一个更有生机的、协调和谐的人类共同体提供了一种模式”。[①]生态即意味着和谐，意味着人类应然的存在状态。儒家“天人合一”的价值观与生态的价值性含义是一致的，因而在本质上可视为生态哲学。其理论结构有宗教、道德、政治三个维度，每个维度上皆有对动物、植物、土地、山川四种对象的生态性认识和保护措施。

一、“天人合一”：儒家生态哲学的基本原则

“天人合一”是儒家生态哲学的基本原则。其中的“天”乃是宇宙生生不息的“合目的性”。“合目的性”的概念来自康德的《判断力批判》，本文把它作为具有本体意义的概念来使用。所谓宇宙的“合目的性”，是指自然在其过去、现在、未来发展的总过程中呈现出来的趋向于完美、和谐的趋势。“合目的性”在此具有本体意义，反映了世界运行的可期待性，是事实也是价值。《周易·系辞》所说“天地之大德曰生”“生生之谓易”，“复”其见天地“生物”之心等，都是“合目的性”的表述。生态学家约翰·布鲁克纳（John Bruckner）提出的自然中的“有机动力”[②]，霍尔姆斯·罗尔斯顿III（Holmes Rolston III）说的“在我们所生存的这个进化中的生态系统中，确实有着美丽、稳定与完整。这个世界有一种自然的、

---

①［美］唐纳德·沃斯特：《自然的经济体系——生态思想史》，侯文蕙译，商务印书馆1999年版，第219—420页。

②［美］唐纳德·沃斯特：《自然的经济体系——生态思想史》，侯文蕙译，第72页。

现实的朝向生命的趋势”[①]，亦可谓“生生”的“合目的性”。“生生”不是抽象的同一性，其中包含死亡，是辩证的具体性。儒家哲学中，以“合目的性”呈现而作为本体的“生生”“仁”和人心三者是同一的；自然的本体也是人的本体，反之亦然。[②]朱熹说：“天地以生物为心，而所生之物因各得夫天地生物之心以为心。”[③]王阳明说：“人的良知，就是草木瓦石的良知。”[④]这些论述与《礼记·礼运》“人者，天地之心也”的说法一致。对于人何以成为天地之心，罗尔斯顿提出了一个基于科学的论证。他指出：“生物进化产生出人类是自然唤醒了心智；同样，从个体的发育来看，个体意识到自己的存在也是自然唤醒了心智……生态的刺激使人类的主体‘我’诞生了。大地的景物以我来对它进行沉思，我就是它的意识。”[⑤]

儒家生态哲学要求人主动地实现与天地相贯通的本体，做到“为天地立心”[⑥]，使万物尽性，如同《宋史·道学传》所说：“盈覆载之间，无一民一物不被是道之泽，以遂其性。”[⑦]“尽性说”表述了人的生态责任。《中庸》说：

> 唯天下至诚，为能尽其性；能尽其性，则能尽人之性；能尽人之性，则能尽物之性；能尽物之性，则可以赞天地之化育；可以赞天地之化育，则可以与天地参矣。

这段话有五个要点。第一，人、物各有其本性。第二，人、物皆应“尽性”，

---

①［美］霍尔姆斯·罗尔斯顿III：《哲学走向荒野》，刘耳、叶平译，吉林人民出版社2000年版，第77页。

②关于“生生”的辩证具体性、自然本体与人的本体的一致性，参见乔清举：《论〈易传〉的生生思想及其生态意义》，《南开学报（哲学社会科学版）》2011年第6期；乔清举：《论“仁”的生态意义》，《中国哲学史》2011年第3期。

③〔宋〕朱熹：《孟子集注》，《四书章句集注》，中华书局1983年版，第237页。关于朱子的仁、天地生物之心的进一步讨论，见陈来：《中国近世思想史研究》，商务印书馆2003年版，第89—95页。

④〔明〕王守仁：《语录三·传习录下》，《王阳明全集》卷三，吴光等编校，上海古籍出版社1992年版，第107页。

⑤［美］霍尔姆斯·罗尔斯顿III：《哲学走向荒野》，刘耳、叶平译，第409页。

⑥〔宋〕张载：《拾遗·近思录拾遗》，《张载集》，章锡琛点校，中华书局1978年版，第376页。

⑦〔元〕脱脱等：《道学传》，《宋史》卷四百二十七，中华书局1977年版，第12709页。

即实现其本性，或充分展开其发展的可能性。这表明尽性是个普遍概念，不限于人，因而有了生态意义。第三，人应该帮助他人、万物实现其本性，即参赞化育。这是人的本性的规定性。第四，只有“至诚”的人才能做到尽己之性、尽人之性、尽物之性。第五，“尽己之性”是尽人之性和尽物之性的前提。“为天地立心”，使万物尽性，最终达到的是“民胞物与”“与天地万物为一体”的精神境界。

当代深生态学的“自我实现”说与《中庸》“尽性”思想十分接近。深生态学认为，人的自我不是一个孤立的肉体的小我，而是与大自然融为一体的大我。由于自我包含着他人和天地万物，所以，自我的本性是由人与他人、自然界中的其他存在物的关系所决定的。自我的实现包含着让其他存在物实现自己的本性：“一个教养性的非支配性的社会能够帮助我们实现完整的人格的‘真正工作’。这个‘真正工作’可以符号化地总结为‘自我中的自我’的实现。这里的‘自我’代表有机整体性。自我的完全展开过程可以用这样一句短语来总结：‘在所有都得救之前，没有哪个能够得救’。这里的‘哪个’不仅包括我，一个独立的个人，也包括所有的人、鲸鱼、灰熊，整个的热带雨林生态系统，山脉和河流，土壤中最微不足道的微生物等。”[①]

在儒家的尽性说中，对于动植物等有生命物要求尊重其生命和内在价值，为其生长提供适宜的条件，让其实现本性，完成生命周期。即顺应春生夏长，秋收冬藏的自然规律，在秋冬季节进行猎杀和砍伐。这叫作“时限”“时禁”或“以时禁发”。“时禁”对狩猎的要求是限制次数和控制时间。按照《周礼》记载，天子、诸侯一年有四次田猎活动，分别是春“蒐”、夏“苗”、秋“狝”、冬“狩”。《礼记》的记载是三次。对于狩猎的时间，儒家也有规定。如仲春之前鸟兽孕育期间禁止田猎，郑玄注：“取物必顺时候。”[②]

关于植物，《礼记·王制》说：“木不中伐，不粥于市。”这是要求树木完成自己的生命周期。《逸周书·大聚解》指出，“春三月山林不登斧，以成草木之长；夏三月川泽不入网罟，以成鱼鳖之长”；唯有做到“夫然则有土而不失其宜，万物不失其性，人不失其事。天不失其时，以成万材”[③]，才是“正德”。“伐木

① Bill Devall and George Sessions, *Deep Ecology* (Layton, Utah: Gibbs M. Smith,1985), 66.
②〔清〕朱彬：《礼记训纂》卷五，饶钦农点校，中华书局1996年版，第180页。
③黄怀信：《逸周书校补注译》，三秦出版社2006年版，第191页。

必因杀气”[①]，即在秋冬进行。《毛诗》明确地说：“草木不折，不操斧斤，不入山林。”[②]《周礼·地官司徒》提到儒家还有一项规定是“仲冬斩阳木，仲夏斩阴木”，其含义是在树木进入新的生长周期之前进行砍伐。据《礼记·祭义》记载，“曾子曰：‘树木以时伐焉，禽兽以时杀焉。’夫子曰：‘断一树，杀一兽，不以其时，非孝也。’”在此，砍伐“以时”被上升到了对于天地之孝的道德高度。

对于土地，儒家重视的是它生养万物的本性。儒家把土地分为土、地、壤、田四个层次。许慎解释道：“土，地之吐生万物者也，‘二’象地之上、地之中，‘丨’，物出形也。”[③]郑玄说：“能吐生万物者曰土。”[④]关于地，《白虎通义》指出：“地者，易也。言养万物怀任，交易变化也。”[⑤]“壤”是无板结的“柔土”，段玉裁指出：“以万物自生言则言土”“以人所耕而树艺言则言壤”。[⑥]田是经过人工培育，有阡陌沟渠等设施的土地。《说文解字》说“树谷曰田”，田是个象形字，“口十，阡陌之制”[⑦]。郑玄也说：“据人功作力竞得而田之，则谓之田。”[⑧]儒家辨析土地的目的在于认识土地的生长本性，促使土地实现其本性。

关于河流，儒家认为其本性是“导气”、滋润大地。《国语·周语下》说：“川，气之导也；泽，水之钟也。夫天地成而聚于高，归物于下。疏为川谷，以导其气。”此说把河流与自然的其他部分视为一个统一的有机整体。所谓“导气”，用科学语言来说是气的循环。罗尔斯顿指出：“生态学教导我们，应该大大地扩展我们对于‘循环’一词的理解。人类生命是浮于以光合作用和食物链为基础的生物生命之上面而向前流动的，而生物生命又依赖于水文、气象和地质循环。”[⑨]罗尔斯顿所说的水文、气象、地质的循环，都可以包含在“导气”的概念之内。“水曰

---

①〔汉〕郑玄注，〔唐〕孔颖达疏：《礼记正义》卷十七，〔清〕阮元校刻：《十三经注疏》，中华书局1980年版，第1380页。

②〔汉〕郑玄注，〔唐〕贾公彦疏：《毛诗正义》卷九，〔清〕阮元校刻：《十三经注疏》，中华书局1980年版，第418页。

③〔汉〕许慎撰，〔清〕段玉裁注：《说文解字注》，上海古籍出版社1981年版，第682页。

④〔汉〕孔安国撰，〔唐〕孔颖达疏：《尚书正义》卷六，〔清〕阮元校刻：《十三经注疏》，中华书局1980年版，第147页。

⑤〔汉〕班固：《白虎通义》，吴人整理，朱维铮审阅，上海书店出版社2012年版，第322页。

⑥〔汉〕许慎撰，〔清〕段玉裁注：《说文解字注》，第683页。

⑦〔汉〕许慎撰，〔清〕段玉裁注：《说文解字注》，第694页。

⑧〔汉〕孔安国撰，〔唐〕孔颖达疏：《尚书正义》卷六，〔清〕阮元校刻：《十三经注疏》，第147页。

⑨［美］霍尔姆斯·罗尔斯顿III：《哲学走向荒野》，刘耳、叶平译，2001年版，第104页。

润下”（《尚书·周书·洪范》）说明了河流滋润大地的性质。据《国语·周语上》记载，伯阳父说“夫水土演而民用也”。这里的“演”为“润”；伯阳父认为，若“水土无所演”，则“民乏财用”，国家灭亡。所以，古人自觉地反对壅川，避免“河竭国亡”。这是非常值得深思的生态学认识。

在现代科学中，山脉是惰性自然现象；而在儒家哲学中，山属于地，地属于土，是五行之一，故山脉是一个活生生的自然现象。它是气的凝聚、大化的一个站点；同时又作为自然的一个环节，与河流一样起着导气的作用。杜维明曾提出“存有的连续性”，指出在中国哲学中，人类与“石头、树木和动物有机相连”，[①]诚然。《周易·说卦》说“山泽通气”。朱子解释道：“泽气升于山，为云，为雨，是山通泽之气；山之泉脉流于泽，为泉，为水，是泽通山之气。是两个之气相通。”[②]《礼记·孔子闲居》说“天降时雨，山川出云”，又认为山川是天地通气的“孔窍”，即《礼记·礼运》所说：“天秉阳，垂日星，地秉阴，窍于山川，播五行于四时。”这是说，山脉具有含藏阴阳之气的性能，气挥发出来，即可出云致雨。

二、儒家生态哲学的宗教维度

此处所谓“宗教”，不是典型意义的宗教，而是指儒家对于自然现象的超自然的认识。儒家哲学未曾发生过对自然的祛魅，它肯定自然的神性、神意或曰“魅”，保持着对自然的宗教性的敬畏态度，祭祀自然。这种态度我们称为“宗教维度”。[③]

---

①［美］杜维明：《杜维明文集》（第5卷），郭齐勇、郑文龙编，武汉出版社2002年版，第336页。

②〔宋〕朱熹：《易十三·说卦》，〔宋〕黎靖德编：《朱子语类》卷七十七，王星贤点校，第1971页。

③关于儒家祭祀文化的一般性论述，参见乔清举：《论儒家的祭祀文化及其生态意义》，《现代哲学》2012年第4期。

（一）“报本反始”：儒家自然祭祀的原则

《左传·成公十三年》上说：“国之大事，在祀与戎。”这表明了祭祀在传统社会中的重要性。儒家认为，万物源自天地，人源自父母。天子把天地作为父母，祭祀天地、祭祀祖先，报答天地、祖先的生养之恩，表达对父母的孝与敬，这叫“报本反始”，即“万物本乎天，人本乎祖，此所以配上帝也。郊之祭也，大报本反始也。”（《礼记·郊特牲》）“报本反始”是把人置于天道之下，使其服从天道，其价值在天道中得以确定和实现，这种生态态度可谓儒家自然祭祀的原则。

（二）对于动物的神秘认识和祭祀

儒家文化认为，一些动物具有神异性，如龟、龙、麟、凤被看作“四灵”。《大戴礼记·易本命》说：

> 有羽之虫三百六十，而凤凰为之长；有毛之虫三百六十，而麒麟为之长；有甲之虫三百六十，而神龟为之长；有鳞之虫三百六十，而蛟龙为之长；劳之虫三百六十，而圣人为之长①

麟据《说文解字》的解释乃仁兽，是圣王兴起的瑞应。在儒家文化中，孔子与麒麟的联系较多。如孔子编辑《春秋》，绝笔于“西狩获麟”，后人认为此中寓意深刻。“有凤来仪”被认为是圣王出世的瑞应。据说舜时演奏“《箫韶》九成，有凤来仪”②，文王时曾有凤凰鸣于岐山。还有一些动物，儒家认为它们有部分的亲情和仁义的德性，如《礼记·月令》说“獭祭鱼”，就是认为獭有一定程度的仁慈之心。对于有功于农事的动物，比如虎、猫、昆虫等，儒家文化也要求祭祀。

儒家认为，灵异动物出现是一个社会政治和谐、民风淳厚、环境优美，人们心地善良的象征和体现。四灵作为动物的统帅和代表，都是感受到人们的仁义态度才

---

①〔魏〕何晏集解，〔宋〕邢昺疏：《论语注疏》卷九，〔清〕阮元校刻：《十三经注疏》，中华书局1980年版，第2490页。

②〔清〕孙星衍：《尚书今古文注疏》（上册），陈抗、盛冬铃点校，中华书局1986年版，第131页。

出现的，“德至鸟兽而凤凰来”[①]。照《礼记·礼运》的设想，在理想的“大同”社会，“天降膏露，地出醴泉，山出器车，河出马图，凤凰麒麟皆在郊棷，龟龙在宫沼，其余鸟兽之卵胎，皆可俯而窥也”。这叫作“功成而太平，阴阳气和，而致象物”[②]。这显然是一个尊重动物生命、与之和平共处的社会。儒家关于动物的神秘认识的生态意义，促使中国人形成了对于动物的慈爱态度。在现代哲学中，边沁率先把动物放进了道德关怀的范围，认为动物能感受痛苦，所以也应属于道德关怀的对象。他说：“问题并非它们能否做理性思考，亦非能否交谈，而是它们能否忍受。”[③]彼得·辛格等当代动物权利论者主张动物应得到道德关怀。生物中心主义认为，人对所有的生命都负有道德义务。儒家较早即把动物纳入道德共同体的范围，其态度类似于生物中心主义。

（三）对于植物的神秘认识与祭祀

对于一些植物，儒家文化同样保持着神秘的认识，要求祭祀它们。此种神秘认识有三个方面。首先是移情，即把人的德性和植物相类比。孔子说：“岁寒，然后知松柏之后凋”[④]，就是把人刚直的德性和松柏相类比。其次，儒家认为，存在灵芝瑞草一类的瑞应植物。《孝经援神契》中说：“德及于地，嘉禾生，蓂荚起，秬鬯出。德至八极，则景星见。德至草木，则朱草生，木连理。”[⑤]此处的嘉禾、蓂荚、秬鬯、朱草、连理木，都是儒家文化中的神异草木。儒家认为，瑞物之为瑞物，乃“起和气而生，生于常类之中，而有诡异之性”。[⑥]“和气”其实是良好的生态环境；珍禽异兽、奇花异草只在美好环境中出现，是符合生态学原理的。再次，儒家还认为，社稷中的树木之类具有神意。“有木者土，主生万物，万物莫善

---

①〔魏〕何晏集解，〔宋〕邢昺疏：《论语注疏》卷九，〔清〕阮元校刻：《十三经注疏》，中华书局1980年版，第2490页。

②〔汉〕郑玄注，〔唐〕孔颖达疏：《礼记正义》卷二十四，〔清〕阮元校刻：《十三经注疏》，第1440页。

③［英］边沁：《道德与立法原理导论》，时殷弘译，商务印书馆2000年版，第349页。

④〔汉〕王符著，〔清〕汪继培笺：《交际》，《潜夫论笺》卷八，中华书局1979年版，第338页。

⑤〔汉〕郑玄注，〔唐〕孔颖达疏：《礼记正义》卷二十二，〔清〕阮元校刻：《十三经注疏》，第1427页。

⑥黄晖：《论衡校释》，中华书局1990年版，第730页。

于木，故树木也。”[①]参天的社树实际上是一种象征，代表着一个政权与天地之气以及与天帝之意的沟通。这反映了古人对于树木连通天地的生态意义和沟通人神的神秘意义的双重认识。

山林在儒家文化中属于祭祀的对象。《周礼》中大宗伯主持的祭祀活动，有一项就是祭祀山林。为什么要祭祀山林？照《礼记·祭法》所说：“山林、川谷、丘陵能出云，为风雨，见怪物，皆曰神。有天下者祭百神。”这里的“神”不是有形象的人格神，而指自然的知其然而不知其所以然的神奇、神妙或神秘的作用。山林有维持生态平衡的作用。古人已了解到了这一点，限于科学水平，没有把它归结为一种自然现象，而归结为“神”。他们用祭祀来表达对“神”的敬畏之情和感激之情。

（四）对土地、山川的神秘认识与祭祀

在儒家思想中，土地山川也是重要的祭祀对象，儒家通过祭祀来表达对它们的敬畏。中国自古以来就有设社稷坛祭祀土地的习惯，这在世界各大文明中是十分特别的。在儒家文化中，土可以代表一个政权；土的作用是稼穑，决定人们的生存。在作为世界的联系模式的五行中，土的方位为中央，居于最重要的位置；时间为中夏，即一年的中间；土的性质为中和。在《礼记·月令》中，土的神为后土；帝为黄帝——中华民族的人文初祖；律为黄钟，数为五，色为黄。这些都显示了土的重要意义。关于祭社的意义，照《礼记·郊特牲》所说：

> 社，所以神地之道也。地载万物，天垂象，取财于地，取法于天，是以尊天而亲地也，故教民美报焉。家主中溜而国主社，示本也。唯为社事，单出里；唯为社田，国人毕作；唯社，丘乘共粢盛，所以报本反始也。

立社是为了显示土地的神性，教导百姓报答天地，“报本反始”。《尚书·虞书·舜典》提出“禋于六宗，望于山川，徧于群神”。“禋”是“洁祀”，即不用肉类牺牲。六宗，古文《尚书》解释为天宗三，日、月、星辰；地宗三，岱山、河、海。日、月分别为阳、阴之宗，北辰为星宗，岱为山宗，河为水宗，海为泽

---

①〔北齐〕魏收：《魏书》卷五十五，中华书局1974年版，第1226页。

宗。《礼记》指出，行政是君主的藏身之所。君主行政须以天为根本出发点，效法天的阴阳使万物各得其所，效法地的高低使尊卑各有其序，效法祖庙以行仁施义，效法山川而创立制度。这里所说的土地山川不单是物质，也是神意得以展示自身的场所。《礼记》又说，天地之祭是以下事上，它的规定性是“伦”，即“顺从”。社稷山川之事，鬼神之祭是“体”。“社稷山川为天地之别体，鬼神是人之别体”。[①]天地、宗庙、父子、君臣、社稷、山川都是相通的，所以天子一定要事奉、祭祀山川。

三、儒家生态哲学的道德维度

当代生态哲学认为，人类的良知是不断进化的。达尔文在《人类的由来》中描述了道德意识发展的历史，指出：“良知的增长是人的‘社会性本能和同情心’的对象的不断扩展的过程。”[②]迈克尔·凯尔顿（Michael C. Kalton）认为，人类的“心”是“生命在其30亿年的进化中设计出来的最灵敏而富有弹性的适应系统”。[③]罗尔斯顿描绘了良知关爱的范围不断扩展的线索，指出“首先是家庭和部落，之后同胞、种族、动物”。他进一步指出，“如果我们的良知能演进到能包容整个生态系统，那一定会是非常高尚的”。[④]儒家的道德共同体包括整个自然界，具有整体主义的特点。这是儒家生态哲学的道德维度。其特点从人的方面说，是要求用仁、恻隐之心对待自然界；从自然的方面说，则是承认自然的本性，尊重其价值，维护其权利，使其“尽性”。儒家哲学把这种道德态度表述为“德及禽兽”“恩至禽兽，泽及草木”“化及鸟兽”“顺物性命”“恩及于土”“恩至于水”“恩及于金石”等。

---

①〔汉〕郑玄注，〔唐〕孔颖达疏：《礼记正义》卷二十三，阮元校刻：《十三经注疏》，第1431页。

②［美］霍尔姆斯·罗尔斯顿III：《哲学走向荒野》，刘耳、叶平译，第34页。

③［美］安乐哲等编：《儒家与生态》，彭国翔译，江苏教育出版社2008年版，第98页。

④［美］霍尔姆斯·罗尔斯顿III：《哲学走向荒野》，刘耳、叶平译，第35页。

（一）“德及禽兽”

“德及禽兽”出自《史记·殷本纪》。据载：

> 汤出，见野张网四面，祝曰：“自天下四方皆入吾网。”汤曰：“嘻，尽之矣！”乃去其三面，祝曰：“欲左，左。欲右，右。不用命，乃入吾网。”诸侯闻之，曰：“汤德至矣，及禽兽。”①

与此类似的还有“鲁恭三异”的记载。据《汉书》，中牟县令鲁恭有令闻，前来考察的官员赞为“三异”：“虫不犯境，此一异也；化及鸟兽，此二异也；竖子有仁心，此三异也。”（《后汉书·鲁恭传》）这表明，仁义地对待鸟兽，在当时已深入人心。又据《后汉书·法雄传》记载，法雄赴南郡任长官时，当地虎患严重。他却一反前任的做法，发出禁捕公告：“凡虎狼之在山林，犹人之居城市。古者至化之世，猛兽不扰，皆由恩信宽泽，仁及飞走。太守虽不德，敢忘斯义。记到，其毁坏槛阱，不得妄捕山林。”这也体现了仁义地对待猛兽的道德态度。

尊重动物生命，也表现为对于已死动物的哀悯和掩藏。据《礼记·檀弓下》记载：

> 仲尼之畜狗死，使子贡埋之，曰：“吾闻之也，敝帷不弃，为埋马也。敝盖不弃，为埋狗也。丘也贫，无盖；于其封也，亦予之席，毋使其首陷焉。”

《礼记·月令》要求“掩骼埋胔”，郑众注为“谓死气逆生也”。高诱认为，这是“顺木德而尚仁恩”。②后者表现了对于已死动物的怜悯之情。董仲舒在《春秋繁露》中提出了善待动物的主张。

> 恩及鳞虫，则鱼大为，鲸不见，如人君出入不时，……咎及鳞虫，则鱼不为，群龙深藏，鲸出见。
>
> 恩及羽虫，则飞鸟大为，黄鹄出见，凤凰翔。……咎及羽虫，则飞鸟不

---

①〔汉〕司马迁：《殷本纪第三》，《史记》（第1册），中华书局1959年版，第95页。
②〔清〕朱彬：《礼记训纂》卷六，第225页。

为，冬应不来，枭鸱群鸣。

恩及于毛虫，则走兽大为，麒麟至。……焚林而猎，咎及毛虫，则走兽不为，白虎妄搏，麒麟远去。

恩及介虫，则鼋鼍大为，……咎及介虫，则龟深藏，鼋鼍呴。[①]

儒家尊重动物生命，反对过度猎杀。对于猎杀动物，除了前述时间的限制外，还有数量的限制。《礼记·曲礼》上规定："国君春田不围泽，大夫不掩群，士不取麛卵。"因为春天幼兽要成长，卵要成鸟，所以不能猎取，所谓"生乳之时，重伤其类"[②]也。田猎名称中的"苗""狩""蒐"都是择猎未孕之兽。《礼记·王制》要求"天子不合围，诸侯不掩群"。古人说"夫兽三为群"（《国语·周语上》），由此可见古人对于猎取动物的数量限制之严格。《礼记·王制》还规定"天子杀则下大绥，诸侯杀则下小绥"。这种仪式表达了对于动物生命的尊重。《论语·述而》记载孔子"钓而不纲，弋不射宿"，与商汤的态度和周代的礼制是一致的。

（二）"泽及草木"

儒家对于植物的道德态度为"泽及草木"。《诗经·大雅·生民之什》云："敦彼行苇，牛羊勿践履。方苞方体，维叶泥泥。"《毛诗》认为，此章表现了周族祖先"仁及草木"的忠厚仁德。贾公彦说："《行苇》诗美成王云'敦彼行苇，牛羊勿践履'，是爱人及于苇。"[③]《尚书·周书·洪范》提出，一个社会有六种不好的现象，第一种是"凶短折"。照古人的一种解释，草木死亡叫作"折"。武王伐纣后，抨击商纣王"暴殄天物"，即不止人，连鸟兽草木亦皆暴绝之。可见，不能虐待草木，也是一项政治要求。董仲舒说："恩及草木，则树木华美，而朱草生""咎及于木，则茂木枯槁"。[④]晁错说："德上及飞鸟，下至水虫草木诸产，

① 〔汉〕董仲舒：《五行顺逆》，〔清〕苏舆：《春秋繁露义证》，钟哲点校，中华书局1992年版，第380—381页。

② 〔清〕朱彬：《礼记训纂》卷二，饶钦农点校，第58页。

③ 〔汉〕郑玄注，〔唐〕贾公彦疏：《周礼注疏》卷十，〔清〕阮元校刻：《十三经注疏》，第707页。

④ 〔汉〕董仲舒：《五行顺逆》，〔清〕苏舆：《春秋繁露义证》，钟哲点校，第372页。

皆被其泽。然后阴阳调，四时节，日月光，风雨时。”（《汉书·晁错传》）这些都表明，植物属于儒家道德哲学关爱的范围。

（三）恩至大地山川

英国科学家詹姆斯·洛夫洛克（James Lovelock）提出过“盖娅假说”，认为地球是“一个活的生物，自行调控其环境，使其适合生命的生长”[①]。这也是儒家哲学固有的观点。在儒家看来，土地由气形成，又以气为媒介与环境的其他部分发生有机联系；土地亦有其生命力和本性。其本性一言以蔽之，就是生养万物，“生物不测”。《礼记·月令》要求遵循天地之气的运动从事活动，不能妨碍气的运动。如孟春之月，“天气下降，地气上腾，天地和同，草木萌动”，君王要发布农事政令，田官居住在国都东郊，迎接春气的到来；修饬田野疆界，整理水利设施，辨别不同土质，指导百姓耕种。《礼记·月令》强调仲冬之月不能兴“土事”。因为此月阳气凝藏于土地之中，如果大兴土木，就会把阳气泄露出来，造成蛰虫死亡、百姓疾疫的后果。董仲舒提出了道德地对待土地的命题。他说：“恩及于土，则五谷成，而嘉禾兴”“咎及于土，则五谷不成”。[②]美国哲学家奥尔多·利奥波德（Aldo Leopold）提出了“健康的土地”“土地伦理”等概念。《礼记·月令》和董仲舒的态度，都是维持土地的健康的态度。

对于河流，儒家同样也要求用生态的、道德的态度对待它们。儒家从“导气”的角度出发，强调确保气在山川之间运行的通畅，禁止“壅川”，阻断气的流行。董仲舒指出：“恩及于水，则醴泉出……如人君简宗庙，不祷祀，废祭祀，执法不顺，逆天时，则民病流肿，水张，痿痺，孔窍不通。咎及于水，雾气冥冥，必有大水，水为民害。”[③]《孝经援神契》也说：“德至深泉，则黄龙见，醴泉涌，河出龙图，洛出龟书。”[④]

儒家认为，山脉具有储气的作用，开山毁林会导致地气外泄，引发生态灾难。

---

①［比利时］克里斯蒂安·德迪夫：《生机勃勃的尘埃——地球生命的起源和进化》，王玉山等译，上海科技教育出版社1999年版，第286页。

②〔汉〕董仲舒：《五行顺逆》，〔清〕苏舆：《春秋繁露义证》，钟哲点校，第375页。

③〔汉〕董仲舒：《五行顺逆》，〔清〕苏舆：《春秋繁露义证》，钟哲点校，第380—381页。

④〔汉〕郑玄注，〔唐〕孔颖达疏：《礼记正义》卷二十二，〔清〕阮元校刻：《十三经注疏》，第1427页。

据《汉书·贡禹传》记载，御史大夫贡禹批评汉家王朝为了铸钱："攻山取铜铁……凿地数百丈，销阴气之精，地臧空虚，不能含气出云，斩伐林木亡有时禁，水旱之灾未必不由此也。"董仲舒要求道德地对待山脉与矿产，他说："恩及于金石，则凉风出……咎及于金，则铸化凝滞，冻坚不成。"[①]与此相似，《孝经援神契》说："德至山陵，则景云出。"所谓凉风出、景云出，都是善待自然而产生的良好的气候效果，而"冻坚不成"则是气候乖张的表现。

四、儒家生态哲学的政治维度

儒家生态哲学的政治维度表现为政府设立自然管理部门和官职，颁布政令法律保护动植物，把生态保护具体地落实到政治活动中。

（一）动、植物的保护机构

历代政府都十分重视山林川泽的管理，设置各类官职从事这项工作。最早的山林保护官职当是《尚书·虞书·舜典》中的"虞"官。照郑玄的解释，"虞"有测度的意思，虞官要知道山的大小及其物产。据《尚书·虞书·舜典》记载，舜帝问"畴若予上下草木鸟兽"，即谁能顺从草木鸟兽的特点管理之。大家推荐伯益，舜于是任命伯益作"虞"。这里值得注意的是，舜要求"顺从草木鸟兽的特点"来进行管理。孔颖达认为，所谓顺从其特点，是按照对草木鸟兽来说适宜的方法进行管理，"取之有时，用之有节"。[②]虞的官职得到了继承，《周礼》中有"山虞""泽虞"。虞官负责监督，按照时限砍伐林木，对于盗伐林木的人实施刑罚，在祭祀山林时，代表山林之神受祭。与山虞相近的还有"衡"，"衡，平也，平林麓之大小及所生者"[③]。"林衡"是专职管理平地和山麓林木的官吏。《周礼》中

---

①〔汉〕董仲舒：《五行顺逆》，〔清〕苏舆：《春秋繁露义证》，钟哲点校，第376页。
②〔清〕孙星衍：《尚书今古文注疏》（上册），第67页。
③〔汉〕郑玄注，〔唐〕贾公彦疏：《周礼注疏》卷九，〔清〕阮元校刻：《十三经注疏》，第700页。

还有一个与保护山林有关的官职是“山师”。按照《礼记·王制》所说，名山大泽不封，天子设立山师掌管远方山林，这在一定意义上保护了自然环境。大司徒也有林木保护的职责。照《周礼》所说，大司徒掌管全国的地图、人民的数量，辨知各地的地域范围和那里的山林、川泽、丘陵、坟衍、湿地的著名物产。指导各地因其所宜之木而建立社稷，对百姓进行道德教化；辨别各地土壤的物产，帮助百姓选择住宅，以繁衍人口；繁殖鸟兽，培育草木，发挥土地的作用；辨别12种土壤的不同特点，教导百姓因地制宜地耕种和植树。《周礼》对历代产生过重要影响，其中的生态思想是值得重视的。

（二）动物保护的政令与法律

在《逸周书》《礼记》等典籍中，动物保护的政令与法律甚多，其中最为系统的是《礼记·月令》。如孟春之月“牺牲毋用牝。毋覆巢，毋杀孩虫、胎、夭、飞鸟，毋麛，毋卵”。郑玄认为，这是为了防止“伤萌幼之类”[①]。与此相同的规定还出现在《吕氏春秋》中，这表明动物保护的思想在当时已经相当普遍。

目前发现的最早的动物保护法律出现在睡虎地出土的《秦律十八种·田律》中，如“不夏月，毋敢……麛（卵）彀，毋□□□□□□毒鱼鳖，置罔（网），到七月而纵之”[②]。西汉时期汉宣帝曾下令说：“前年夏，神爵集雍，今春，五色鸟以万数飞过属县，翱翔而舞，欲集未下。其令三辅毋得以春夏擿巢探卵，弹射飞鸟。具为令。”（《汉书·宣帝纪》）近年考古学界在甘肃省敦煌悬泉置汉代遗址发现的泥墙墨书《使者和中所督察诏书四时月令五十条》中，也有不少保护动物的法令及对法令的解释，如孟春月令：

·毋摘剿。　·谓剿空实皆不得摘也。空剿尽夏，实者四时常禁。
·毋杀□虫。·谓幼少之虫、不为人害者也，尽九[月]。
·毋杀㸒。　·谓禽兽、六畜怀任有胎者也。尽十二月常禁。

---

①〔汉〕郑玄注，〔唐〕孔颖达疏：《礼记正义》卷十五，〔清〕阮元校刻：《十三经注疏》，第1365页。
②睡虎地秦墓竹简整理小组编：《睡虎地秦墓竹简》，文物出版社1978年版，第27页。

·毋夭蜚鸟。·谓夭蜚鸟不得使长大也，尽十二月常禁。①

（三）林木保护的政令与法律

林木保护的政令，仍以《礼记·月令》最为系统。其内容鉴于时贤研究多所提及，故不再引用。受儒家文化的影响，除了政令外，历代还有一些保护林木的法律。我们挑出以下几种。

1.《秦律十八种·田律》

现存最早的林木保护法律，仍是前述睡虎地《秦律十八种》，其中的《田律》规定：

春二月，毋敢伐材木山林及雍（壅）堤水。不夏月，毋敢夜草为灰，取生荔……到七月而纵之。唯不幸死而伐绾（棺）享（椁）者，是不用时。②

《秦律十八种·田律》与《逸周书·大聚解》《礼记·月令》《吕氏春秋》的内容相近而更为严密细致，说明其中的行为规范是在吸收《逸周书》《礼记·月令》的基础上逐步完善的。

2.《使者和中所督察诏书四时月令五十条》

孟春月令："禁止伐木。谓大小之木皆不得伐也，尽八月。草木零落，乃得伐其当伐者。"

仲春月令："毋焚山林。谓烧山林田猎，伤害禽兽□虫草木……[正]月尽。"③

3.居延汉简

（1）"制诏纳言其□官伐林木取竹箭。始建国天凤□年二月戊寅下。"

这条记录有缺字，其详已不得而知。《礼记·月令》有十一月"日短至，则伐木取竹箭"的规定。汉简的此项规定应与《礼记》差别不大。据汉郑玄的解释，竹箭在秋冬之时坚韧，宜伐取。

---

①中国文物研究所、甘肃省文物考古研究所编：《敦煌悬泉月令诏条》，中华书局2001年版，第4页。

②睡虎地秦墓竹简整理小组编：《睡虎地秦墓竹简》，第27页。

③胡平生、张德芳：《敦煌悬泉汉简释粹》，上海古籍出版社2001年版，第192、194页。

（2）关于生态保护禁令的执行情况，居延汉简还有“吏民毋得伐树木有无四时言”“吏民毋犯四时禁有无四时言”的规定。据研究，当时有对“吏民毋犯四时禁”“吏民毋得伐树木”的执行情况进行严格检查，责任吏员定时具名上报存档的制度。①

4. 据《晋书·刑法志》记载，曹魏政权曾经“改定刑制”，陈群等依照汉律，制定魏《新律》十八篇。《新律序》回顾汉律内容说，《贼律》有惩罚伐木之贼的规定。

（四）土地管理机构与政令

儒家十分重视土地的生态性管理。《周礼》记载了大司徒、小司徒等许多土地管理官职。大司徒职责前已述及。小司徒的职责是熟知百姓和土地的数量，把土地分为上中下三等，分配给百姓。此外还有“遂人”“土均”“土训”“均人”等官职。《周礼·地官司徒》还记载有“土宜之法”“土会之法”等。“土宜之法”是辨别12个地方的不同物产，帮助和教导人民定居、繁衍并从事农业和种植树木，促使鸟兽繁殖，草木繁荣，从而充分地发挥土地的作用；“土会之法”是把地貌、地质分为山林、川泽、丘陵、坟衍、原隰五类，辨别各种地质的物产和那里的人民的特点。辨土也是一项十分普及的技术。《礼记·月令》孟春之月有“善相丘陵、阪险、原隰、土地所宜，五谷所殖，以教道民”的记载。《左传·襄公二十五年》中有“书土田”的记录，内容是“度山林，鸠薮泽，辨京陵，表淳卤，数疆潦，规偃猪，町原防，牧隰皋，井衍沃”。《荀子·儒效》说：“相高下，视墝肥，序五种，君子不如农人。”关于农田水利设施，据《周礼》的记载，田间有遂、径、沟、畛、洫、涂、浍等；还有“遂人”一职，专门负责水利设施。除了排水设施外，还有大型的引河灌溉设施。《周礼》也有肥田或“土化之法”的记载，其方法是用草木灰改良土壤，确定适宜种植的植物。“草人”负责这项工作。

休耕是中国古代保持土地肥力的一项重要措施。据《周礼·地官司徒·大司徒》记载，官府授田给百姓，“不易之地，家百亩。一易之地，家二百亩。再易之地，家三百亩”。“不易之地”不需要休耕，“一易之地”休、耕间隔一年，“再易之地”休二耕一。休耕也叫作“爰田”“辕田”等。据说商鞅在秦国变法，就实

①王子今：《秦汉时期生态环境研究》，北京大学出版社2007年版，第384—392页。

行了爰田制。又据《左传》记载，晋国也实行了爰田制。《汉书·食货志》有古代实行休耕的记录。休耕、换田易居是科学的。《周礼》还有保留荒野的措施。《周礼·地官司徒·遂人》说：

辨其野之土，上地、中地、下地，以颁田里。上地夫一廛，田百亩，莱五十亩，余夫亦如之；中地夫一廛，田百亩，莱百亩，余夫亦如之；下地夫一廛，田百亩，莱二百亩，余夫亦如之。

“莱”，郑玄解释为“休不耕者。郊内谓之易，郊外谓之莱”[①]。可耕地已有休耕制，这个“休不耕者”显然指保留未垦土地休而不耕，即不开辟草地为农田。贾公彦认为草莱是荒而不耕的草地。保留荒野对于维持生态平衡仍然有其积极意义。

（五）河流、山脉的管理机构与法令

中国古代很早就设立了管理水域的官职。据《周礼》记载，管理湖泽的官吏叫作“泽虞”，管理河流的叫“川衡”。泽虞的职责是“度知泽之大小及物之所出”，川衡的职责是“平知川之远近宽狭及物之所出”。[②]川衡有掌握川泽禁令的职能，泽虞也有掌握“泽之禁令”，处罚犯禁者的职能。在《周礼》中，与水相关的职位还有“司险”“川师”“雍氏”“萍氏”等。在《管子》中，防止水害是和工程联系在一起的，管理水的官职是司空。《荀子》的记载与此相同。历代关于水的官职还有很多，如《庄子·外物》中有“监河侯”一职，“河”是黄河，可见黄河当时已有管理官吏。

《礼记·月令》等典籍记载了一些关于水域管理的政策和法令，反映了当时人们对于保护水域的认识。《礼记·月令》上有“毋竭川泽，毋漉陂池”的记载。睡虎地秦简《秦律十八种·田律》中也有“春二月，毋敢……雍（壅）堤水”的条

---

①〔汉〕郑玄注，〔唐〕贾公彦疏：《周礼注疏》卷十，〔清〕阮元校刻：《十三经注疏》，第705页。
②〔汉〕郑玄注，〔唐〕贾公彦疏：《周礼注疏》卷九，〔清〕阮元校刻：《十三经注疏》，第700页。

文。后者说明，在秦代，水源保护已经成为法律。这种对水资源进行管理、保护的措施在汉代得到了继承。《汉书·百官公卿表上》记载有“奉常”一职，属员有“均官、都水两长丞”。颜师古引用如淳语注解说，都水的职责是管理渠堤水门。《三辅黄图》上说，三辅皆有都水也。又据《汉书·百官公卿表上》的记载，治粟内史、少府、水衡都尉、内史、主爵中尉属下都有“都水”之职。《汉书·刘向传》记载，刘向就曾经担任中郎，领护三辅都水的官职。据颜师古注引苏林语云，三辅地区多灌溉渠，全由三辅都水主管，所以这个官职叫作“都水”。又据《汉书·儿宽传》记载，左内史儿宽在管理水利设施时，制定过渠水分配措施——“水令”，提出合理分配水源，扩大灌溉面积，这可能是中国历史上首个灌溉用水管理制度。

古代从事山脉的系统保护工作的官职是“山虞”。《周礼·地官司徒·矿人》记载有矿人一职，是管理矿产资源的官吏。他的职责是“掌金锡石之地，而为之厉禁以守之”。矿人取矿产供冬官制作器物，供君王使用，百姓不得染指。矿人厉守资源地，具有垄断的性质，这在客观上维护了山林的生态平衡。

五、余论

（一）儒家生态哲学的定位

儒家哲学本质上是生态的。不过，儒家生态哲学并非鉴于严重的生态危机而提出的，而是基于农业经验而产生的顺应自然的生态自觉。在体系的反思性、论证的逻辑性和概念范畴的严密性方面，它不及基于“哲学”传统的当代西方生态哲学。比如，关于尽性，儒家对于其主客观可能性与条件，就未做出说明。其次，儒家哲学不是为解决生态危机而建立体系的，其主题不是生态，理论和现实存在脱节，不能把它的全部丰富内容单纯地归约为生态哲学；“斧斤以时入山林”（《孟子·梁惠王上》）在儒家首先是一项仁政措施。再次，从思维发展的规律来看，逐渐淡化自然话题而专注于精神是中外哲学发展的趋势。“与天地万物为一体”在宋明理学根本上属于精神境界，而不局限于人与自然的和谐。但须强调的是，在儒家哲学中，与自然和谐不仅是仁政的基础，也是“与天地万物为一体”的精神境界的前提；没有对于自然的关爱，是达不到较高的精神境界的。

（二）儒家生态哲学的意义

生态哲学是一种认识，是人类对自身存在的认知的深化；又是一种具有根本性的世界观；更深入地说，它还表示一种存在方式。如果把人类的存在看作函数，就会发现，根本地决定人类存在方式的参数只有两种：一种是文化的，包括各种观念和社会组织结构等；一种是生态的。任何一种关于人类存在的学说，倘若认识不到生态参数的制约，就很难说是完善的，也不会是深刻的。人类如果还要在这个星球上生存下去，其生存必须是生态性的；生态地存在是人类根本的存在方式。在历史上，中华文明之所以能够贞下起元，历久弥新，保持较高的水平，一个重要的因素就是儒家生态意识维持了中华民族生存地区的自然环境。因此，发掘传统生态智慧，贡献于当今中国和世界的生态文明建设，是研究儒家生态哲学的意义所在。

（原载《哲学研究》2013年第6期）

论儒家生态哲学的范畴体系

关于自然的运行，儒家生态哲学有一个由“气”“通”“和”“生生”“时”“道”构成的较为完整的范畴体系。这六个范畴既是对自然界的整体性、合目的性、联系性和有机性等特点的说明，又含有规范人类行为的特性，是价值性范畴。深入研究儒家生态哲学范畴，有利于深化对中国哲学与文化的认识，对积极推进生态文明建设也具有重要意义。

一、“气”：宇宙的基本构成元素

在儒家生态哲学中，自然的构成元素有阴阳、五行和气等概念。从逻辑程序看，气是最为基础的概念。从气到阴阳再到五行，构成了儒家对自然的全面深入而又系统化的认识。不过就现有材料来看，气的概念却似乎是在阴阳、五行概念之后才出现的，五行最初与气和阴阳也没有关系。阴、阳起初是一对表示方位的概念。《周易·系辞上传》用阴阳的原理解释六十四卦，提出“一阴一阳之谓道，继之者善也，成之者性也”。这是一个普遍命题，它把中国文化的阴阳观提到了新的高度，在中国思想史上具有里程碑意义。该命题提出以后，关于事物和阴阳的关系问题得到了根本性解决。把气和阴阳结合起来，较早见于医和的“六气”说和伯阳父关于地震的解释。医和所说的阴阳和气都不是普遍概念，阴阳也不是后来所说的气的两种性质。相比之下，伯阳父用来解释地震的“天地之气”只是一种气，不与晦明、阴阳并列，具有抽象概念的形态；他又把天地之气进一步分为阴阳两个方面或两种性质，认为地震是由于阴阳失序造成的。这样，气和阴阳就上升为抽象的普遍概念，包括人在内的天地万物和阴阳、气的关系便十分清楚了。庄子进一步提出“通天下一气”（《庄子·知北游》）的思想，把“气”上升为万物的本原。应当指出，在先秦，万物都由气构成、气分为阴阳两种性质、二气的运行有一定的秩序等思想，是儒家和道家共同的主张，可谓中国文化的基本观念。中国哲学的“气”

与西方哲学的“物质”概念至少有三点不同。第一，在中国哲学中，气是不停地运动着的，气和运动是内在地统一的；运动的动力源就在于气本身。在西方哲学中，物质和运动是各自独立的，物质没有内在动力源，不能自己运动，需要外力的推动才能进入运动状态。亚里士多德的“四因说”，其中的“动力因”就是解释物质运动的动力源的。第二，在中国哲学中，气不是“死”的而是“活”的，它具有生命力，能够产生生命。在儒家道家哲学中，生命归根结底是运动着的气。气的这层含义，陈荣捷先生翻译为“vital force”[①]，汉语意思是有生命的力量。第三，在中国哲学中，物质和精神之间是一个连续性的无间断的过渡，气填充着这个过渡的过程，是物质和精神的统一。这层含义，陈荣捷译作“物质力量”（material force），指出它包含物质和能量，是“与血和呼吸相连的心理——生理力量”[②]。杜维明先生提出“存有的连续性”，与此义大致相同。关于气的哲学与生态哲学的关系，玛丽•塔克（Mary E. Tucker）提出，把物质和精神二分，把精神作为“先验实体”，排除“物质”，是西方哲学消除对于自然的敬畏的关键，也是导致文化和精神危机的原因，自然由此沦落为“资源”，而不是应该得到尊重的生命的“来源”[③]。

“五行化”是儒家文化以至于中国文化的一种思维方式，其特点是把“五行”作为范畴，对自然和人文世界进行分类，根据五行的生克关系来说明世界的联系。五行化的生态意义在于它一是说明了世界的生态性联系，二是把生态措施整合进了联系的框架中，使这些措施具有生态规范的意义。此外，世界的五行化还说明了世界的整体性和内在性。所谓整体性，是说包括人在内的天地万物构成一个有机联系的统一整体，天人合一。在儒家文化中，人与世界同属于一个整体，人是这个整体的一个构件，两者不是在时空上可以分离的主体与客体关系，而是同一整体的部分之间的关系，这是一个基本事实。董仲舒对于五行化的思想进行了新的发展，他用气的概念把天、地、人、政治、历史统合为一个统一的、联系的整体，又继承了《中庸》中“至诚如神”、《孟子》中“至诚动天”的内在关系思想，形成了“天

---

①Wing-tsit Chan, *A Source Book in Chinese Philosophy* (Princeton, NJ: Princeton University Press, 1963), 784.

②Wing-tsit Chan, *A Source Book in Chinese Philosophy*, 784.

③Mary Evelyn Tucker, “The Philosophy of *Ch'i* as an Ecological Cosmology, Confucianism and Ecology,” in *Confucianism and Ecology: The Interrelation of Heaven, Earth, and Humans,* eds. Mary Evelyn Tucker and John Berthrong (Cambridge, MA: Harvard University Press, 1998), 189.

人感应”的理论。天人感应是一种内在关系说。内在关系说的特点是关系项之间可以相互决定，某一项发生改变，其他项也会相应发生改变。天人感应表明人和自然是一个相互影响的有机统一体，两者之间存在内在关系。

二、“通”：不同实体之间的物质循环

在儒家自然哲学中，气既是实体，也是运动，是实体性和运动性的统一。气的运动的特征之一是在不同物质之间、人与物质之间、人与人之间循环与流动、交换，这是世界能够存在并且产生生命的基础。所谓“通”，本质上是气在不同实体之间的流动和交换。这是传统西方哲学没有的范畴。儒家学者把五行的“行”解释为气的运动。五行是五种基本物质，也是五种类别的物质。五行的根本性质在于运动、流行，并与其他事物相沟通、交换、影响、排斥、结合，由此形成世界的存在、变化与发展。五行的这种意义也可以叫作气的循环与流通，即“通气”。中国古代有很多表达“通”的范畴，如《周易·说卦》中的“山泽通气”，《国语·周语下》中的“川，气之导也”，都是气的流通的表述，也都是“行”。“川，气之导也”是把河流视作整个大自然的气的循环的一个环节，这是对于河流的深刻认识。《礼记》还把山川称为鬼神，以说明其通气的作用。张载说：“鬼神者，二气之良能也。”[①]按照古人的解释，鬼者归也，是气的运行的回归、凝聚状态；神者伸也，是气的运行的扩张、发散的状态。鬼神即气的屈伸往来。山川是不能动的。鬼神作为气的运动形式，它以屈伸往来的运动帮助山川实现沟通、通气。在儒家自然哲学中，山川不仅与天地通气构成循环，也与人通气构成循环。人、山川以至于整个自然，都是一气贯通的。因此，在古人那里，人和自然之间存在一种正相关的沟通和感应关系。自然的运行会产生灵气，人得自然之灵气，即可成为出类拔萃的卓越人才。这也是作为肉体人的圣贤的生理学基础。所谓“钟灵毓秀”，表达的就是这个意思。

通气也是支配人的身体的原则，人应当遵循。气在身体的运行必须畅通，否则

①〔宋〕张载：《正蒙·太和》，《张载集》，章锡琛点校，第9页。

就会产生疾病。《黄帝内经》具体说明了气与器官的相通，指出平旦之气必须得到涵养，才能畅通。这种气，无论其性质是精神的还是生理的，它的“修”和“通”都是符合通气原则的。董仲舒把通气的思想引申为反对“滞郁”。“社”具有“通气”的意义，社的形式其实是土地，就其代表神而言为社。社只有墙垣，没有房屋。之所以如此，据《白虎通》引《礼记·郊特牲》的解释，是为了能够经受霜露风雨，以达天地之气。这也就是“通气”。与此相反，新兴政权一般会为亡国政权的“社”加上屋顶，表示其与天地隔绝了。社稷是政权的象征，与天地隔绝表示这个政权失去了天命。在此，神秘性的不可见的天命通过可见的经验性的气的运行发生联系。这种联系的一个结果是引起人们对气的正常运行的重视，由此达到了尊重自然循环的生态效果。当然，自然循环也是会出现差错的。在古人看来，日月之食、水涝旱魃都是自然运行出了差错。古人对这类问题的解决方法之一是在社中进行调和阴阳的活动。与“导气”“通气”相同的还有“宣气”“助气”等观念。《白虎通》把时令气候的正常运转称为“宣气”。《汉书·货殖列传》也提出了“宣气”的说法。在中国文化中，通气、宣气是天地运行的规律和原则，“助通气”、反对阻气则是人的职责。这种职责也具有生态意义。

三、“和”：气的生命状态

“和”是气的运行的一种状态。“一阴一阳之谓道”（《周易·系辞上传》），“和”是阴阳之气在往来、屈伸、相摩、相荡、相感、相应、吸引、排斥的过程中达到的和谐、协调的状态，是天地之气不可见的适当配合，由此达成万物生生不息的生态效果。此即《周易·系辞上传》所讲的“生生之谓易”。在儒家哲学中，阴阳之气在“和”的状态下运行是宇宙中生命产生和持续的根本条件。荀子指出，万物都是在构成它们的阴阳之气的和谐运行的状态下产生的，都是在得到合适的滋养后最终形成的。这就是天的不可见的神功。“和”是儒家自然哲学的最高范畴。《周易·乾卦·彖传》提出，“乾道变化，各正性命，保合太和，乃利贞”。这就是说，在天道变化的过程中，各种事物都得到自己的性和命的规定性，达到“太和”的境界，这才是“利贞”。张载指出，“太和所谓道”[①]；太和作为道，包含气的运动“浮沉、升降、动静、相感”的性质，细缊、相荡、胜负、屈伸的过程，由此形成统一的道。儒家自然哲学对于气的运动方式有很多说明。摩、荡、交、感、推移、运化是比较典型的几种。另外《周易》的释卦体例有乘、承、比、应、得位、当位、不当位、一卦之内的刚柔升降等，也都是阴阳的运行方式或者静态地说是两者的关系。通常来说，无论是阴还是阳，得中位则常常能带来吉利的结果。“中”是儒家的价值观和基本原则，中也是和。中庸、时中、中正在儒家哲学中都是根本性原则。此外，儒家自然哲学认为，“乐”包括现代意义的音乐和歌舞等活动的本体性根源是气的运行，举行乐的活动的目的应服从于并致力于气的运行的“和”以及天地的“和”。乐通过气与自然发生联系。乐不仅效法阳气，而且还因为它的作用是“和同”、促生，即调和气的运行，促进万物化育，所以它又是天地之气交合所产生的“和气”的象征；进而言之，乐能促进天地之和。乐和，天地遂和[②]，故而儒家乐文化天然地包含了生态维度。另外，儒家哲学对于阴阳运行的失衡与不和也提出了很多认识。在儒家的自然哲学中，阴阳不和的一种表现状态是阴阳不交、天地不通，比如冬天。客观地说，中国文化的发祥地中原地区属于北温带，四季截然分明，没有冬季是不可能的，否则自然周期就不完善。从这种意义上说，春夏秋冬四季在价值上是相等的。不过，儒家自然哲学的视野是广阔的、长远的，它从宇宙发展的总过程来看问题，认为“生生”是宇宙发展的总趋势，是宇宙的合目的性，在价值观上更重要，从而更多地肯定春夏而否定秋冬，或者对秋冬赋予一定的负面价值。如阴阳不交就是负面价值的一种表现。

四、“生生”：宇宙演化的“合目的性”

“生”和“生生”的概念出自《周易》。《周易·系辞》说：“天地之大德曰

---

①〔宋〕张载：《正蒙·太和》，《张载集》，章锡琛点校，第7页。
②〔魏〕王弼注，〔唐〕孔颖达疏：《周易正义》卷一，〔清〕阮元校刻：《十三经注疏》，第14页。

生”“生生之谓易”。如前所述，气是儒家自然哲学的基础概念。这两个概念都与气有关，是气的运行产生生命，并且生命不断完善和提升、代代相续的状态。具体地说，“生”的含义十分丰富，包括自然界产生生命、出生、生长、生养、成熟以及更新、完善、恒定、进化等具体内容。出生指各类生物的诞生，生养指其得到滋养、养育，生长指使生物成长壮大，完善指生长中的改变与更新，使事物呈现出崭新的面貌，这符合进化论的思想。生长、更新、完善、进化，恒常等，都是易的内在含义。照郑玄所说，“易”一名而三义，变易、简易、不易。不易是事物发展过程中的稳定性和规律性。《周易》认为，自然的运行是处于不停的变易过程中的，但这种变易并不是简单的随意性，而是呈现出一定的规律性，如春夏秋冬四季周而复始地运行，期间也会出现反常现象，但以长远的目光看，春生、夏长、秋收、冬藏的运行节律基本上是稳定的、可预期的。生长、恒常、进化等，本质上都是生命的表现。所以《周易・系辞下传》说“天地之大德曰生”，就是说，天地的根本性质就是生命性。儒家文化是重视、尊重和维护生命的文化，它认为，世界是一个生命体，自然界就是生命，生命就是自然界，两者相统一；整个自然界则是一个生生不息的过程。对于这个过程，儒家有许多不同说法。最为著名的是从太极说起。在汉唐人的易学思想中，太极是元气，整个宇宙演化过程是太极生两仪——天地或阴阳，两仪生四象——春夏秋冬或太阴、太阳、少阴、少阳，四象生八卦。周敦颐提出了一种新的宇宙生生的模式：太极—阴阳—五行—四时—人与万物。《周易・系辞》还有一个著名的说法是，天高地下，天阳地阴，这就是乾和坤。天阳动，地阴静，两者各有一定的常度。动而有常为刚，静而有常为柔。物以类聚，人以群分，这样就产生了吉和凶。在天上形成日月星辰的形象，在地上形成丘陵山川的形状，变化就从其中表现出来。阴和阳相互摩擦，八卦相互震荡，雷电鼓动、风雨滋润、日月运行、寒暑交替，这样就产生了万物及人类。

需要指出的是，“生”和“生生”不同。“生生”是包含死亡在内的辩证统一的生。儒家的生态思想包含死亡观。自然界有生也有死，死亡和生命是同样显著的事实。就具体的四季来说，春生夏长是生，秋收冬藏便是死亡。有生就有死，没有生就没有死。同样，没有死也没有生。在这层意义上讲，生死是等价的，死亡的存在具有必然性。“一阴一阳之谓道”，阳是生，阴是死。没有阴或阳和没有死亡或生命一样，都不能构成一个完善的“一阴一阳之谓道”的过程。儒家不会也不能对此熟视无睹。儒家所说的“生生”是一个具有广阔而长远视野的概念，它是无数个春生夏长，秋收冬藏的过程所呈现出来的自然的总趋势，是无数个具体的生死之上的总方向。“生生”是把自然的生命和死亡都包含在内的自然过程，死亡是其中的一个否定性规定。如果说“天地之大德曰生”重在说明自然界生命的共时性，“生生之谓易”则说明了自然界生命的代际更替、发展和演化的过程性，是生命的连续性和辩证统一性。现代错综论认为，宇宙演化是一个在无序和有序交织变换基础上的总的有序过程，这个过程也就是我们所说的“生生”，它是一种辩证统一性。在《周易》中，生命的代代延续构成宇宙演化过程的合目的性和本质。在儒家哲学以至于整个中国哲学中，“生生”不仅是事实，也是一种价值，是宇宙的合目的性。其中，“合目的性”是康德美学的一个概念，在这里也具有本体意义。

五、“时”：自然运行的节奏与人的行为规范体系

“时”也是儒家生态哲学的重要范畴，这与牛顿时空观不尽相同而略近于爱因斯坦相对论的时空观。牛顿时间观是一种线性地匀速流逝的抽象时间，它只是一种与空间和物质分布无关的计时方式。爱因斯坦相对论的时间则与物质分布及其运动状态密切相关。在物质运动的方向上，时间会变慢，长度会变短。这样，引力场不同，“事件”的存在样态也就不同。儒家生态哲学的时间与相对论的时间的相似之处在于，它不是单纯的线性流逝，而是天道运行所表现出来的节奏、节律、顺序、时序，以及由这种节律所决定的机遇和应该采取的行动。所谓行动，就是“事件”，它是时间、空间以及五行生克关系所决定的活动的统一体。这样，时间就不是简单的“刻度”或者抽象的流逝，而是一种“有质的规定性”的时空节点，是时序、情景、场合、机会、机遇等。时间不只是天道，也包括人道，具有综合的特点。儒家的“时”比相对论的时间内涵更为丰富的地方在于它还包括甚至说主要落脚于人事。“时”就是“几”。《尚书·虞书·益稷》中说“惟时惟几”，《周易》常说“××之时义大矣哉”，其中“时”，都是天道和人道的结合点。广义地说，《周易》就是对于“时”的推测与把握。

“时”是根据自然运行的节律对天道进行的阶段性划分，它的生态意义在于它对于每个节律阶段的人类活动做出了符合生态原则的规定。“时”既是天道，也是人道。作为天道，它是“时序”，是以四季循环为原型而变化发展的过程，天道借助于四季的更替来表现。众所周知，中国很早就进入了农业文明，准确地确定四季以及各个节气对农业有十分重要的意义，据《尚书》的记载，尧帝命令羲氏、和

氏按照日月星辰的运动确定了四时的节气、月份的大小、日的甲乙，颁布历法等。应当说，这是对天道较早的把握。“时序”是天道的规律性和阶段性。时序有量和质两个方面。量是对连续运转的时间的抽象分割，质则是对于时序的特点或规定性的说明。年月的划分、二十四节气的确立、天干地支纪时方法的制定等，都是量的分割。质的时间有多层含义。其一，天地的运行是不会出现差失的，“四时不忒”《周易·豫卦·彖传》。其二，时序是一个保合太和与生生不息的过程。其三，天干地支、季节等时间因素及方向、方位空间因素和五行生克性质相配，这样，具有抽象特点的时间便自动获得了与之相应的五行的性质。由此，任何时间都是有规定性的，它规定了人们应该做的活动和禁忌。所以，“时”在儒家自然哲学中既是计时方法，也是行为规范体系，预示和规定了人们应该采取的行动。这种规范体系的生态意义在于其中包含有利于生态的措施。“因时”的观念在中国文化中具有普遍性。《周易·乾卦》强调“与时偕行”“不失时”，《礼记·月令》对每个月份的政治活动都做了符合生态的规定，《管子·宙兮》主张“因于时”。既然“时”是自然的存在形式，是天道本身，那么，“因时”就是人适应自然，切入运行着的自然，与之交往的手段。自然在这里就不是一个“在手边”的东西，而是“上手”的东西。人和自然在交往中形成自身。

六、“道”：宇宙运行总过程与总规律

“天道”是天地万物运行的总过程和总规律。儒家所说的天地变化基本上是一气、二阴阳、三五行、四万物这样一个过程。《周易》是儒家描述天道的典籍。“易”作为对天地万物运行过程的描述就是天道。《周易·系辞上传》说：“易与天地准”，其简易、变易、不易三义同时也是天道的规定性。变易是宇宙运行的基本特质，是阴阳二气交错运行的结果。宇宙无时无刻不在变化之中。潮起潮落、月隐日升；天地万物生生不息，四时代谢赓续不已。《中庸》说：“万物并育而不相害，道并行而不相悖。”变易中也有永恒不变的内容，这就是不易。比如，四季变化的稳定性就是易的不易。所谓简易，首先指天道生生的变化过程只需阴阳两种元素，不必更多；其次指阴阳二气和合生成天地万物是一个自然的过程，不需神灵操控，也不必圣人来干预。这表明自然是一个自我圆满的系统，不需要外力的推动。

《周易·系辞上传》的“阴阳不测之谓神”，是说阴阳相互推移的不可测度性叫作“神”。在儒家自然哲学或生态哲学中，“神”首先是自然变化呈现出来的特点，没有外力因素；其次是一种没有方所，不落形体的作用；最后是阴阳变化的微妙极致、不可测度、难以把握的特性。

儒家天道观的根本特点是有机性。首先，天道具有整体性的特点。从生态哲学的视野来看，儒家认为土地、山脉、河流、动物、植物以及作为万物之灵的人类构成一个整体。其次，这个整体的各个要素不是杂多的堆积，而是以气的运行为媒介联结为一体的。在儒家生态哲学中，所有的存在统一于气，任何实体之间都正在而且应该通气，并形成相互影响。这样，自然实体间的联系就呈现为有机的联系，儒家的自然观是一种有机的自然观。再次，这种有机联系的运动方向是生命的出现和完善。由于实体间联系的有机性，对于部分的破坏一定会影响到整体的有机性、生命的圆满性和流畅性的实现。比如，大而言之，如果全部自然的各部分相互间不再通气，那么自然的循环也就终止了，自然也就随之死亡了。小而言之，如果一个局部地区的通气受到人为干扰，那么这个地区的气候、物候都会失调，需要进行较大范围和较长时间的自我调整和适应。如果这个调整过程超过了自然自我调整的周期，那就意味着这个局部地区从生态学上说是死亡了。

如前所述，自然运动的过程是有方向性的，那就是生命的诞生和完善。同样，自然本身也是一个有生命的整体。自然、生态都可以死亡，这种看法不仅深化了我们对于自然的认识，也可以扩展我们对于生命的广泛性和层级性的认识。对自然的破坏可能在当时还看不到后果，但从较长的时间跨度来看，对于自然的任何破坏都是会产生内在性后果的。

道有规律的意义，天道是自然运行的规律。儒家肯定自然运行存在着规律。《荀子·天论》的“天行有常”、《周易·豫卦·彖传》的“四时不忒”等说法表述的都是天道的规律性。不过，儒家的规律是一种生态性规律，与近代科学的自然规律相比特点不同。第一，儒家自然哲学的规律是一种稳定性，而不是一种绝对必然性。它允许出现例外以及一定程度的紊乱，而且紊乱的存在也具有必然性。第二，更为重要的是，近代科学规律具有超出人为控制的必然性，而儒家所认识的规律或稳定性则会因为人为干预而发生错乱甚至毁灭。儒家认为，人能够参天地、赞化育，也会破坏自然的稳定性，造成“水不润下”之类的生态灾难。《汉书·五行志上》说：“简宗庙，不祷祠，废祭祀，逆天时，则水不润下。”“以类合之，天人一也”[1]的说法在现代科学看来可能是荒谬的，但如果把人类活动作为自然规律发生作用的一个参数，并且把时间尺度放宽，那么自然规律也就转变为生态规律。生态及其规律的实现都会因为人的错误行为而遭到破坏，无疑是一个正确而又深刻的认识，它促使我们按照自然的本性对待自然。

总之，在儒家生态哲学体系中，“气”作为基本材料构成宇宙的整体性。与西方哲学的惰性物质不同，“气”是运动的、具有生命力的。“气”的“通”使宇宙呈现有机性特点，使整个自然界摆脱死寂混沌状态而趋向和谐有序的创造。“和”“生”“生生”都是气运行的结果。从“通”到“生”的宇宙演化模式，既包含宇宙的合目的性的“生生”，又包含促成这一目的的条件的“和”。人与自然万物的关系是“生”之后产生的，而其根源性联系却可以追溯至“生”之前。人类对自然界的认识首先表现在对“时”的把握上，“时”所标示的对象虽是自然界，但其产生却是人与自然界互动的结果。“道”是儒家对宇宙起源及运动规律的总体概括，它综合地含有宇宙的整体性、有机性、有序性、联系性、合目的性等。有序和谐、生生不息的道是自然界的事实，也是自然界成员应该遵守的规则和价值。在儒家生态哲学中，“气”“通”“和”“生”“时”“道”是人通过与自然互动而形成的对自然界的认识，同时也是人类行为的规范。这些范畴包含人与自然的互动关系，这是其生态意义所在、价值所在，值得我们认真体会和研究。

（原载《道德与文明》2016年第4期）

---

①〔汉〕董仲舒：《阴阳义》，〔清〕苏舆：《春秋繁露义证》，钟哲点校，第341页。

儒家生态哲学的元理论体系建构及其意义

人类与环境的关系，从生态科学的角度来看是能量交换关系，从生态哲学的角度来看则是“道德”关系。[①]生态哲学是人类重究天人之际，再探群己权界，重新定义自己相对于自然的权利的边界，确立对于自然界的道德责任的一种哲学思考；其实质在于把自然和人类作为平等的主体，尊重自然的价值，确定人对于对自然的义务，[②]探讨两者和谐共生的主体间性关系。由此言之，生态哲学的发展是人类思维方式和存在方式的根本转变。

一、儒家生态哲学的定位

儒家哲学本质上是生态哲学。“究天人之际”是儒家哲学以至于整个中国哲学的内容。儒家哲学对于人与外部世界的关系的认识表现在思维结构上，早期是天、地、人不相分离的三重结构，如《周易》的“三才之道”。三重结构进一步演化为天人关系的二重结构，核心命题是“天人合一”[③]，其要点是把人置于自然，使人从属于自然，服从自然的总规律，使自然成为人的思维和行动，一言以蔽之，即人类存在的规范性参数或内在限制。天人合一是一种人寓居于自然的结构，表明了人和自然具有同一性，人性来源于天性及自然的规定就是人的规定的理念。这正是《中庸》“天命之谓性”、《易传》“继善成性”的含义。儒家哲学对于人与自然关系的认识本质上符合当代生态哲学原则。

---

①［美］戴斯·贾丁斯：《环境伦理学——环境哲学导论》，林官明、杨爱民译，北京大学出版社2002年版，第12页。

②何怀宏主编：《生态伦理——精神资源与哲学基础》，河北大学出版社2002年版，第294—295页。

③笔者认为，“天人合一”是先民在与水的交往实践中产生的“根源性智慧”，具有跨越儒道不同派别的普遍性。

西方哲学也承认人和天地万物一样是由物质构成的，但在西方哲学看来，人还有超出自然的理性。理性与自然对立。人依靠理性的自我立法而进入道德领域，这是人作为人的价值所在。如果把人等同于其物质构成，就抹杀了人的价值；如果认为自然也能对人的行为提供启示或者原则，就混淆了事实和价值、“是”和“应该”的区别，犯了“自然主义谬误”。从这个意义上说，天人是不能合一的，认为人和自然具有同一性，人的价值来源于天并且天然地和天（自然）一致是不可接受的。其实，中国哲学也认识到了人和自然或者说价值与事实的区别。《孝经·圣治》有“天地之性人为贵”的论述，《荀子·王制》自觉而又明确地论述到人和水火、草木、禽兽相比，“有气、有生、有知，亦且有义，故最为天下贵也”。“贵”就是价值。“天命之谓性”的“天”本身即有价值的意义，“性”也随之而有价值意义。从北宋张载开始，儒家强调天地之性与气质之性、天理与人欲的区别，这些也都是价值与事实的区别。在中国哲学史上，天人合一的内涵有一个不断丰富和深化的演变历程，是在肯定价值和事实、“是”和“应该”相区别的基础上的更高级的统一。

当然，对于儒家哲学是生态哲学这一命题还须进行一些限制。生态的维度并不是中国哲学的唯一维度，也未必是哲学家考虑问题的出发点或落脚点。孟子所讲牛山之木因遭砍伐和放牧不能生长，并不是论述生态哲学，而是把林木被毁作为一个论据来类比论证人性之善。他要求“斧斤以时入山林”（《孟子·梁惠王上》）也不直接是为了生态，而是把它作为一项仁政措施。他和管子等其他哲学家一样，有自觉的生态认识，也提出了相应的措施；但由于还没有遭遇大规模的深刻的生态危机，所以他们并不把生态思考作为哲学的主题。同时，从思维发展的规律来看，逐渐淡化自然话题而专注于精神领域同样是中国哲学的发展趋势。“天命之谓性”到宋明时期更多地落脚于精神境界的提升，所以也不能把儒家哲学尤其是宋明理学简单地归约为生态哲学。我们说儒家哲学本质上是生态哲学，是说这种哲学的基调与生态哲学一致，而不意味着儒家哲学的内容仅限于生态的思考，或者说儒家是出于生态思考而提出命题或构造体系的。

二、儒家生态哲学的基本框架

儒家生态哲学的基本框架可分为天人关系论、生态共同体论、生态本体论、生态德性论、生态功夫论、生态境界论、生态范畴论等内容。

（一）天人关系论

“天人合一”作为儒家天人关系论的普遍原则，表达了中国人根植于自然，与自然和谐相处、协同发展的生态性存在方式。当代生态哲学和生态科学正从不同侧面向这一古老原则回归。在中国哲学史上，天人合一有一个不断丰富发展的过程。从生态哲学的视域看，天人合一有物理与价值、本体与功夫、境界与知识多重含义。天人合一的物理意义或事实意义是说从泥土瓦石到一草一木，从飞禽走兽到常人圣贤，世界万物都是由气构成的，一气贯通、万物一体。天人合一作为一种事实，对于人来讲是一种必然、必须。必然蕴含应该，这意味着自然对于人具有道德引导作用。所以，天人合一也是人应该做到的价值要求。天人合一的本体意义是天地万物具有一定的同一性。《中庸》说“天命之谓性”；《周易·系辞上传》提出“一阴一阳之谓道，继之者善也，成之者性也”，（《周易·乾卦·彖传》）又说“乾道变化，各正性命”。天人合一作为价值观，是人的道德实践要求，人应该做到天人合一。人主动地合于天的实践努力便是天人合一的功夫论的题中之意。张载说：“儒者则因明致诚，因诚致明，故天人合一。”[①]人经过功夫修养后，达到“与天地参”（《中庸》）、“民胞物与”[②]、“与天地万物为一体”[③]的境界，这是天人合一的境界意义。人应该遵循自然规律，可以说是天人合一最为浅显的表述，所以，天人合一也是一种可以用科学的方法去把握的知识。

---

①〔宋〕张载：《正蒙·乾称》，《张载集》，章锡琛点校，第65页。
②〔宋〕张载：《正蒙·乾称》，《张载集》，章锡琛点校，第62页。
③〔宋〕朱熹：《性理三·仁义礼智等名义》，〔宋〕黎靖德编：《朱子语类》卷六，王星贤点校，第117页。

（二）生态共同体论

生态共同体是人类可以道德地对待的对象。儒家哲学中，仁是德性，其对象不仅有人，也包括外部世界。儒家对于动物、植物、土地、山脉、河流等自然存在都持关爱的态度，提出了“仁，爱人以及物”“仁者内善于心，外及于物”，[①]“德及禽兽”[②]，“恩至禽兽，泽及草木”（《汉书·严助传》），“恩及于土”“恩及于水”“恩及于金石”[③]，“化及鸟兽”“顺物性命”（《后汉书·鲁恭传》）等命题。这些命题与西方哲学相比非常独特，表明儒家生态共同体的范围是整个的自然界。

（三）生态本体论

本体是万物之根、价值之源。生态本体论探索的是万物生成的根源。在儒家哲学中，仁是贯穿天地人物的本体。

《周易·系辞上传》说：“天地之大德曰生”“生生之谓易”。在这里，“天地”即自然，“生”包括给予生命、出生、生养、生长以及变化、更新、进化等。二程认为，“生生”或“生意”是“易”，是天道。他们说：“‘生生之谓易’，是天之所以为道也。天只是以生为道，继此生理者，即是善也。”[④]朱子强调，生意普遍地表现于一年四季：“春为仁，有个生意；在夏，则见其有个亨通意；在秋则见其有个诚实意；在冬则见其有个贞固意。在夏秋冬，生意何尝息！本虽凋零，生意则常存。大抵天地间只一理，随其到处，分许多名字出来。”[⑤]这表明，元、亨、利、贞或春、夏、秋、冬都不过是生理的不同说法而已。《周易·复卦·彖传》说“复，其见天地之心”。理学家认为，天地的生意或者生理也就是天地的

---

①〔汉〕郑玄注，〔唐〕贾公彦疏：《周礼注疏》卷十，〔清〕阮元校刻：《十三经注疏》，第707页。
②〔汉〕司马迁：《夏本纪第二》卷二，《史记》（第1册），第59页。
③〔汉〕董仲舒：《五行顺逆》，〔清〕苏舆：《春秋繁露义证》，钟哲点校，第375、381、376页。
④〔宋〕程颢、〔宋〕程颐：《河南程氏遗书》卷二上，《二程集》，王孝鱼点校，第29页。
⑤〔宋〕朱熹：《性理三·仁义礼智等名义》，〔宋〕黎靖德编：《朱子语类》卷六，王星贤点校，第105页。

生物之心；[①]“天地以生物为心”[②]，万物都得到天地之心作为自己的心。程子说：“万物之生意最可观，此元者善之长也，斯所谓仁也。”[③]“天地以此心普及万物，人得之遂为人之心，物得之遂为物之心，草木禽兽接着遂为草木禽兽之心，只是一个天地之心尔。”[④]生生之德即是“天地之仁”。“仁者，生生之德也。”[⑤]这样，到宋明时期，仁就具有了本体的意义；同时仁又是“本心之全德”[⑥]，所以成为贯通人与自然的本体。

（四）生态德性论

儒家哲学具有德性伦理的特点，仁、义、礼、智、信、忠、孝、慈、俭、恕都是德性条目。以往的研究因受西方近代以来主客对立和人类中心主义的影响，仅仅把这些德目看作人与人之间的道德范畴，事实上，它们同时也可作为自然的德性范畴。比如仁，在董仲舒、郑玄那里就有针对自然的维度。董仲舒说：“泛爱群生，不以喜怒赏罚，所以为仁也。”[⑦]又说：“质于爱民，以下至于鸟兽昆虫莫不爱。不爱，奚足谓仁？”[⑧]礼也有针对自然的意义，比如，狩猎的“三驱之礼”（《后汉书·列传·杨震列传》）就包含了对自然的慈爱态度。又比如，孝中也包含了生态意义。《礼记·祭义》记载：

> 曾子曰：“树木以时伐焉，禽兽以时杀焉。夫子曰：‘断一树，杀一兽，不以其时，非孝也。’”

此条也见于《孝经》。深入探讨这些德性概念，对于我们理解儒家哲学的生态

---

①〔宋〕朱熹：《孟子三·公孙丑上之下》，〔宋〕黎靖德编：《朱子语类》卷五十三，王星贤点校，第1280页。
②〔宋〕朱熹：《孟子集注》卷六，《四书章句集注》，第237页。
③〔宋〕程颢、〔宋〕程颐：《河南程氏遗书》卷十一，《二程集》，王孝鱼点校，第120页。
④〔宋〕朱熹：《理气上·太极天地上》，〔宋〕黎靖德编：《朱子语类》卷一，王星贤点校，第5页。
⑤〔清〕戴震：《孟子字义疏证》，何文光整理，中华书局1961年版，第48页。
⑥〔宋〕朱熹：《论语集注》卷六，《四书章句集注》，第131页。
⑦〔汉〕董仲舒：《离合根》，〔清〕苏舆：《春秋繁露义证》，钟哲点校，第165页。
⑧〔汉〕董仲舒：《仁义法》，〔清〕苏舆：《春秋繁露义证》，钟哲点校，第251页。

特点，深化对儒家哲学以至中国哲学与文化的理解，具有重要意义。

（五）生态哲学功夫论

功夫论是中西哲学的根本不同之一。所谓功夫论是指使某种道理成为自己的理性、德性甚至身体的一部分，使自己能够无所迟疑、不假思虑、不存计较、自然而然地按照这种道理应物处事的一种修养或实践活动。换言之，功夫使某种哲学理念与自己的心灵或主体达到统一，从而使自己时时处处将这种理念自觉地运用于日常生活。孟子的“实有诸己”可视为功夫论的实质性概括。程朱的“主敬”“格物穷理”，王守仁的“事上磨炼”“致良知”和湛若水的“随处体认天理”，都是功夫论的具体方法。因为天人合一的根本性思维方式决定了人和自然的统一，所以这些功夫论条目也同时具有生态意义。朱熹指出：“物理即道理，天下初无二理。”[①] 他的格物说就包含着从了解事物的物理到明白做人的道理的“豁然贯通”的飞跃，这是事实与价值的统一。

> 所谓致知在格物者，言欲致吾之知，在即物而穷其理也。盖人心之灵莫不有知，而天下之物莫不有理，惟于理有未穷，故其知有不尽也。是以大学始教，必使学者即凡天下之物，莫不因其已知之理而益穷之，以求至乎其极。至于用力之久，而一旦豁然贯通焉，则众物之表里精粗无不到，而吾心之全体大用无不明矣。此谓物格，此谓知之至也。[②]

儒家的人与西方近代哲学的人存在根本差异。在近代西方哲学中，人是主体，自然是客体，二者是征服和被征服、占有和被占有的关系。而在儒家哲学中，自然是生生不息的合目的性，人是促使自然实现这一目的的责任主体，担负着对自然的生态责任。责任的实现过程就是一个功夫的践履过程。“与天地参”“与天地合其德”“与天地万物为一体”都是这一责任的说明。

---

①〔宋〕朱熹：《大学二·经下》，〔宋〕黎靖德编：《朱子语类》卷十五，王星贤点校，第294页。

②〔宋〕朱熹：《大学章句》，《四书章句集注》，第6—7页。

（六）生态哲学境界论

境界论是冯友兰的人生哲学思想，指人对于自己和世界的关系的觉解所构成的精神层次。他提出了人生四种境界说，依次为自然、功利、道德、天地。其中的道德、天地两种具有生态意义。天是宇宙。天地境界的人知道自己是宇宙的一分子，从宇宙的角度看万物，达到与天地万物为一体的生态境界。大程（程颢）说："仁者，浑然与物同体。"[①]又说："仁者，以天地万物为一体，莫非己也。"[②]《论语》中有"恕"，是推己及人。张载说："推己及人，乃其方也。"[③]推是道德心的扩展，也是达到天人一体的一种功夫。孟子在论述仁政时说到把仁心推及至行政上。大程用感通、王阳明用恻隐来做到与天地万物为一体。小程强调"诚敬"存心的功夫。朱子则进一步主张"无私""克己复礼"，他指出，人只有去掉因为躯壳而与天地万物形成的隔阂，达到无私，才能做到仁；做到仁，才能做到"与天地万物为一体"。天地境界中的参天地、赞化育，与天地万物为一体，要求达到自己和宇宙的同一，其核心则是主客体的审美性统一，具有深刻的生态意蕴。值得注意的是，朱熹、王阳明都主张与天地万物为一体的生态境界论，这是以前主客对立思维方式下未能发现的结论。

（七）生态哲学范畴论

儒家生态哲学具有一个较为完整的概念范畴体系，由气、通、和、生、生生、时、几、道、乐、合、参、一、心、性、感、应、体等概念构成。这一范畴体系与西方生态哲学的生命、权力、价值、人类中心主义等概念体系不同，具有自己的特点。"气"是宇宙万物的基本构成元素。"通"是气在不同物质实体之间、人与物质实体之间、人与人之间的流通、循环，是物质、能量和信息的交换。"和"是阴阳二气的运行能够产生生命的状态和万物之间相互关系的应然状态。《荀子·天论》说："万物各得其和以生。""生生"是宇宙万物的存在状态、机能和发展趋势，是一种包含死亡在内的辩证统一性。"时"是宇宙运行，万物产生、发展和变

---

①〔宋〕程颢、〔宋〕程颐：《河南程氏遗书》卷二上，《二程集》，王孝鱼点校，第16页。
②〔宋〕程颢、〔宋〕程颐：《河南程氏遗书》卷二上，《二程集》，王孝鱼点校，第15页。
③〔宋〕张载：《正蒙·至当》，《张载集》，章锡琛点校，第34页。

化的节奏、节律。“道”是对宇宙起源及运动规律的总体概括，它综合地含有宇宙的整体性、有机性、有序性、联系性、合目的性等。有序和谐、生生不息的道是自然界的事实，也是自然界成员应该遵守的规则。感、参都是人与自然的生态性联系。

三、儒家生态哲学的史料与研究方法

儒家生态哲学研究的基本方法是从史料出发。与传统儒家哲学研究有所不同，儒家生态哲学研究的史料范围更为广泛。过去研究儒家哲学，史料范围一般是《周易》经传、四书系统以及历代哲学家文集等。研究儒家生态哲学，史料范围必须扩展到《尚书》《左传》《国语》《周礼》《仪礼》《礼记》及《春秋》三传、二十四史，还有近年来出土的文献如《马王堆帛书》《上海博物馆藏战国楚竹书》《清华大学藏战国竹简》等；两汉时期除董仲舒、王充外还须扩展到郑玄经学、何休春秋公羊学、《白虎通》等；魏晋时期还须研究王弼、韩康伯的《周易》学，何晏、皇侃的《论语》学，杜预、范宁的《春秋》学等；对于宋明时期哲学家如周敦颐、二程、张载、朱熹、王阳明、黄宗羲、王夫之等，则还须从生态的视角做出新的理解，如前所述，朱熹的“豁然贯通”说就不止是过去一般认为的神秘主义直觉，而是生态视角下对人与自然、物理与人心的联系性的领悟。

作为一门学科，中国哲学受西方“哲学”范式的制约，后者对中国哲学具有“预言”作用，即采用哪种西方哲学作为方法论，哪种西方哲学的结论就会在中国哲学中被“发现”。采用生态范式的研究如何避免这种现象，使得儒家生态哲学具有“中国”特点，与当代西方生态哲学展开深度对话，成为中国生态哲学研究的方法论难题。为此，须采取“从根源出发的语境还原法”“视界移置融合的诠释法”两种新方法。

“从根源出发的语境还原法”的目标是显示概念、命题或思想在原语境状态下的意义，从而回归到儒家哲学本身，即从根源出发，确立儒家生态哲学的话语体系。这种方法要求尽量摆脱各种方法论框架的影响，以呈现研究对象的本来面目，凸显儒家生态哲学的特点，为建立生态哲学的中国话语体系奠定基础。迄今为止，中国哲学研究大体是采用笛卡尔以后主客对立的思维框架。生态哲学研究应对这一框架保持足够清醒，把材料置于固有的语境之下进行理解。以朱熹生态哲学为例来说，可采用这样的步骤逐步还原其原貌：由哲学至理学（狭义的）、由理学至道学（包括心学）、由道学至经学、由经学至儒学，这样可以不失其特点地展示朱子哲学的内容。前述“豁然贯通”就是语境还原的结论。

诠释学在西方一直存在，海德格尔、伽达默尔对其进行了新的发展。伽达默尔继承海德格尔的本体论思想，认为“理解”也是“对话”，是理解者与被理解者之间的“视界融合”，真理即产生于这一融合过程。诠释学对中国生态哲学研究的方法论意义是“视界的移置融合”。古人有生态体会，但其关注的重心或者说他们的“视界”并不一定就在生态。孟子以牛山之木容易被毁来说明人心善性培养的不易，他的“视界”在性善论。可是，他借用的例子表明他对于林木的生态性生长也有一定的认识。我们可以让“视界”离开性善论，而注视于生态论，从而发现孟子的生态思想。这便是“视界”的移置融合。

四、儒家生态哲学研究的意义

基于材料范围的扩展，新方法的运用，可以发现儒家生态哲学是一个具有内在逻辑联系的统一整体，“儒家生态哲学史”“儒家生态哲学话语体系”都是可以成立的；从生态的角度切入儒家哲学，可以带来对中国哲学的新认识。

如前所述，天人合一是中国哲学“究天人之际”（《汉书·司马迁传》）的经典结论。然而，中国哲学史学科自确立以来，由于受西方主客二分思维方式的影响而存在三个缺陷。第一，忽略了“究天人之际”的本来意义，而是把天和人分割开来，采取主客二分的研究方式，遗失了“合一”的精义。第二，由于自觉或不自觉地、主动或被动地把主客二分作为现成的结论带入中国哲学，造成了主体性内涵中所包含的客体性内涵遗失，以及对自然的关爱态度亦即生态维度遗失。仁本身包含有生态性维度，而且具有本体化的趋势。可是，国内外中国哲学研究往往只把仁作为一个表示人际关系的道德概念。第三，主客二分的研究也得出了中国哲学史研究中的一些未必正确的结论，如朱子的“所当然”和“所以然”所指称的对象同时包含了人和物，在他那里事实与价值是统一的，可是通常的结论却认为两者一个指自然之理，一个指人文之理。牟宗三的宋明理学研究在价值观上与冯友兰截然对立，而事实上，他关于朱熹哲学的结论与冯友兰是一致的，只是评价相反而已。之所以出现这种情况，是因为他利用的仍是冯先生的主客对立范式。摆脱先验的主客对立范式以后，还可以看出朱子和王阳明是基本一致性，他们都重视“生生”“与天地万物为一体”等。这就促使我们对理学与心学，进而对儒家哲学形成新的认识。从生态的视角看，儒道佛哲学在根底上具有一致性。中国佛学受儒道天人关系思想的影响，无论在存在论还是在境界论上均突出人与环境万物的一体性，强调人与环境万物的相互感通，强调对能所二分的消融。儒家生态哲学中的仁、义、性、理、道、德等概念，尤其是德性修养的功夫论、境界论内容是西方哲学没有的，通过对比性研究可以展现中国哲学的普遍意义，深化两者间的对话，从而在生态文明时代确立中国哲学的国际话语权，进而形成对世界哲学的第二次启蒙。

（原载《中共中央党校学报》2018年第2期，《新华文摘》2018年第16期全文转载）

论《易传》的“生生”思想及其生态意义

一、当代生态科学理论的发展

究竟该如何认识外部世界，是一个永恒的课题。古希腊有阿卡狄亚式的田园主义自然观，“倡导人们过一种简单和谐的生活，目的在于使他们恢复到一种与其它有机体和平共存的状态”[①]。近代以后的西欧社会中，基督教观念和科学技术相结合，形成了以弗朗西斯·培根、牛顿、卡洛勒斯·林奈以及林奈学派等为代表的机械论自然观，要求“通过理性的实践和艰苦的劳动建立人对自然的统治”[②]。鉴于这种自然观带来了严重的生态问题，现当代学术界提出了不少替代性理论。怀特海等人提倡有机论，主张恢复自然研究的道德价值，倡导人与自然相互依赖，和谐共存，促使人们“点燃了重建人与人和人与自然的共同体的希望”[③]。1925年，怀特海写道，还原论和物理科学的无可争辩的权威性已经过去，人类的自然观念“将是一个有机论的时代。因此，科学家们要重视过程创造性、无限性，‘一个整体的有机体统一性’”[④]。在有机论之后出现了盖然性理论，认为自然界的变化不是线性必然的，而是不确定的。在盖然性理论之后出现的是混沌论，它用数学把秩序与混沌当作自然界表现自身的两个形式或样态，其中混沌不是完全的无序或者不确定性，而是“不规则中的规则”[⑤]。生态科学的最新理论是“错综论”，它认为，“绝不能把生态系统想象成镌刻在地球表面上的永久性实体，而只能看作是时常翻新、时常不同的、永远变动着的可变模型”[⑥]。这意味着生态是一个永恒的由平衡和不平衡相交织而终归平衡的变易过程。“在自然界中基本上倾向于平衡的思想受

---

①［美］唐纳德·沃斯特：《自然的经济体系——生态思想史》，侯文蕙译，商务印书馆1999年版，第19页。

②［美］唐纳德·沃斯特：《自然的经济体系——生态思想史》，侯文蕙译，第20页。

③［美］唐纳德·沃斯特：《自然的经济体系——生态思想史》，侯文蕙译，第304页。

④［美］唐纳德·沃斯特：《自然的经济体系——生态思想史》，侯文蕙译，第370页。

⑤［美］唐纳德·沃斯特：《自然的经济体系——生态思想史》，侯文蕙译，第474页。

⑥［美］唐纳德·沃斯特：《自然的经济体系——生态思想史》，侯文蕙译，第474—475页。

到挑战并被科学家们抛弃，不平衡成为实际存在的一种更真实的状态。然后，平衡又开始作为自然界内存在的需要解释的广泛可能性而重新出现。最新的理论发展又把科学带回到古老的认识，特别是长期被忽视的观点：自然界中存在着种种无法解决的矛盾，但不知怎么地它们又融合成一种统一的运动。”①

生态科学的最新发展可以使我们对《周易》的自然哲学的内容和意义产生新的认识，即世界是一个在阴阳两种矛盾力量的失衡与平衡交替而又终归平衡的动态循环运动中形成的以生生不息为目的的进化过程。

二、“天地之大德曰生”：宇宙的“合目的性”

在易学自然哲学中，自然是一个以生生不息为目的的过程。“生”“生生”“复”“天地之心”等，所表达的都是宇宙的“合目的性”。“合目的”是康德在《判断力批判》中提出的一个概念，这个概念具有本体论意义，反映了世界运行的可期待的结果，既是事实，也是价值。易学自然哲学对生生的合目的过程的认识，表现为以下几个方面。

（一）“生生之谓易”

气是儒家自然哲学的基础范畴，它的存在与运动状态是通与和，这种运动的结果是自然界出现了生命，并且生命生生不息地延续、发展和进化着。这是《易传·系辞传》所说的“天地之大德曰生”“生生之谓易”的含义。在《周易》中，整个自然界被看作是一个生生不息的过程。关于这个过程，有许多不同说法，其中最为著名的说法是：“易有太极，是生两仪。两仪生四象，四象生八卦。八卦定吉凶。吉凶生大业。”（《周易·系辞上传》）在汉唐人的易学思想中，太极是天地未分、万物未生之前的元气，也叫“太初”或者“太一”。整个宇宙过程即是太极元气生出两仪——天地或阴阳，两仪生出四象，四象生出八卦。四象，照孔颖达的解释，是金、木、水、火。这与五行相比缺土。孔氏认为，土主导四季，四象又是

① [美] 唐纳德·沃斯特：《自然的经济体系——生态思想史》，侯文蕙译，第475页。

大地上四种显著的物质，所以不必再把土单独区别出来。关于“四象生八卦”，孔颖达说，四象为《震》木、《离》火、《兑》金、《坎》水四卦，其中《巽》卦与《震》木相同，《乾》卦与《兑》金相同，再加上作为土的《坤》《艮》即为八卦。八卦决定了天地间万物的吉凶。上述太极、两仪、四象、八卦的说法也是一种占筮方法。易的语言具有说明天地运行和占筮两重性。[①]关于自然界的生生过程，《周易·系辞上传》说：

> 天尊地卑，乾坤定矣。卑高以陈，贵贱位矣。动静有常，刚柔断矣。方以类聚，物以群分，吉凶生矣。在天成象，在地成形，变化见矣。是故刚柔相摩，八卦相荡。鼓之以雷霆，润之以风雨。日月运行，一寒一暑。乾道成男，坤道成女。乾知大始，坤作成物。

这是从阴阳的相互作用来说明天地、季节、日月、寒暑、万物以及人类的产生。这种说明与自然科学的认识相比还十分粗略，但其基本精神是正确的。《颐卦·彖传》说“天地养万物”，《坤卦·文言》也说“天地变化，草木蕃”，讲的都是天地生养万物，草木茂盛的景象。这里的“天地”是自然的总名。《易传·系辞下传》说“天地之大德曰生”，“生”的含义很丰富，包括给予生命、出生、生养、生长以及变化、更新、恒常、进化等内容。恒常也是易的内在含义。《周易》认为，事物在变化之中有其稳定性和规律性，并非单纯的随机性。四季周而复始的运行虽然可能出现反常，但长远地看，春生夏长、秋收冬藏的趋势总是稳定的。这属于易的三义之一的“不易”的内涵之一。生长、恒常、进化等本质上属于生命的各种表现，所以，天地的德性就是生命性，也就是现代错综论所说的最终融合为一的统一性。

如果说，“天地之大德曰生”重在说明自然界生命的共时性，那么，“生生之谓易”则进一步说明了自然界生命的代际更替、发展、演化的过程性，是生命的连续性和历时性。万物恒生是发展，代际更替是改易、变易。恰如谷子开花结果又长成谷子，这就是《易传》所说的“日新之谓盛德性”。《易传·序卦传》把六十四卦的顺序说成是自然界万物生成的顺序。它说：

---

①朱伯崑：《易学哲学史》（上册），北京大学出版社1986年版，第52页。

有天地然后万物生焉。盈天地之间者唯万物，故受之以《屯》；屯者盈也，屯者物之始生也。物生必蒙，故受之以《蒙》；蒙者蒙也，物之稚也。物稚不可不养也，故受之以《需》；需者饮食之道也。

六十四卦最后几卦是《小过》《既济》《未济》。《序卦》说，事物有过则能完成，所以《小过》后是《既济》。但事物不能总是处于完成状态，所以接下来是《未济》：

故受之以《小过》。有过物者必济，故受之以《既济》。物不可穷也，故受之以《未济》终焉。

六十四卦最后一卦是《未济》，表明天地生生的过程要永远进行下去，没有完成的时候，这也是生生不息、生生之谓易的含义所在。

（二）“复”其见天地“生物”之心

《复卦·彖传》有“复，其见天地之心乎”一句。复是复生。《复》的卦象是一阳爻在五阴爻之下，其内卦是震，为雷、为动，外卦是坤，为地、为静。这是一阳复生于地下的卦象。儒家哲学认为，四季的循环是一阴一阳相互推移运动的结果。冬季阴气主导，但在阴气达到顶点的时候，阳气即复生了。阳是主生的，所以儒家自然哲学认为，天地之心是生养万物的。《中庸》说：“天地之道，可一言而尽也：其为物不贰，则其生物不测。”朱子认为，天地以生物为心，人、物又得此心作为自己的心。他说：

“天地以生物为心”。天包着地，别无所作为，只是生物而已。亘古亘今，生生不穷。人物则得此生物之心以为心，所以个个肖他……[①]

朱子关于天地生物之心的认识，有三点值得注意。

---

①〔宋〕朱熹：《孟子三·公孙丑上之下》，〔宋〕黎靖德编：《朱子语类》卷五十三，王星贤点校，第1280页。标点有改动。

其一，天地生物之心没有片刻止息，阳气的运行也没有须臾灭绝。即使是秋冬天气肃杀、草木摇落时，此心也是存在着的，此气也是运行着的。《复卦》的一阳复生，在时间上是冬至。但这并不是说，此前配《坤卦》的十月就只有阴气而没有阳气，《复卦》的一阳是突然完整地生出的。朱子指出，一个月三十日，把《复卦》的一阳分为三十份，那么，十月中从小雪以后阳气便每天生出一分，到十一月半，一阳便生成了，由此可见天地的运行没有止息。至于说到天地之理，更是一刻也没有停止过流行。所以，朱子赞成程颐的动为天地之心的说法，不赞成王弼的静为天地之心的说法。

其二，天地之心只是在复时见得亲切。因为万物未生时，只有一个天地之心昭然在那里，所以容易看得见。春夏万物繁茂的时候，反而不易体会它的存在。他说：

> 盖万物生时，此心非不见也。但天地之心悉已布散丛杂，无非此理呈露，倒多了难见。若会看者，能于此观之，则所见无非天地之心矣。惟是复时万物皆未生，只有一个天地之心昭然着著见在这里，所以易看也。[①]

其三，《复》只是可见天地之心的一卦，并不是说天地之心只在此卦上，寻常表露于万物的，都是天地之心。

> 寻常吐露见于万物者，尽是天地心。只是冬尽时，物已成性，又动而将发生，此乃可见处。[②]

朱子进一步指出，六十四卦都是天地之心。表明了天地生物的普遍性。

> 圣人赞易而曰："复见天地之心。"今人多言惟是复卦可以见天地之心，非也。六十四卦尤非天地之心，但于复卦忽见一阳来复，故即此而赞之尔。[③]

---

①〔宋〕朱熹：《易七·复》，〔宋〕黎靖德编：《朱子语类》卷七十一，王星贤点校，第1790页。
②〔宋〕朱熹：《易七·复》，〔宋〕黎靖德编：《朱子语类》卷七十一，王星贤点校，第1791页。
③〔宋〕朱熹：《易七·复》，〔宋〕黎靖德编：《朱子语类》卷七十一，王星贤点校，第1795页。

（三）天地之心即“生意”

宋明时期儒家用“生意”来表达天地的生物之心和自然界的盎然生机。“生意”可谓天地生物之心的外在表露。程颢说：“万物之生意最可观，此元者善之长也，斯所谓仁也。”[①]二程还用谷种作比喻来帮助理解天地的生意。他们认为，谷子的生意、从而天地的生意都寓于谷粒之中。朱子继承了这些观点，他强调：“元者生意；在亨则生意之长，在利则生意之遂，在贞则生意之成。若言仁，便是这意思。”[②]二程、朱子都把生意内化为人心之仁。

（四）元、亨、利、贞

元、亨、利、贞原是《乾》卦的卦辞，义为大享、利占。《易》本是卜筮之书，《易传》把它变成了修德之书。《乾卦・文言》解释说：“元者，善之长也；亨者，嘉之会也；利者，义之和也；贞者，事之干也。”这是说，元是最高的善，亨是美好事物的汇集，利是义的和谐，贞是事物的完成。这样，元亨利贞就成了对于生生的生态过程的现象性描述。后代对此又做了进一步的生态性解释，孔颖达《周易正义》引庄氏如下的解说，使得生态性成为易学哲学以至于中国哲学的本质内涵。

> “元者善之长”者，谓天之体性，生养万物，善之大者，莫善施生，元为施生之宗，故言“元者善之长”也。“亨者嘉之会”者，嘉，美也。言天能通畅万物，使物嘉美之会聚，故云“嘉之会”也。“利者义之和”者，言天能利益庶物，使物各得其宜而和同也。“贞者事之干”者，言天能以中正之气，成就万物，使物皆得干济。[③]

孔颖达认为，从季节上看，“元”是万物的开始，属于春。“亨”是万物的通畅，属于夏。“利”为义的和谐，属于秋；秋天万物长成，各得其宜。冬主收藏；

---

①〔宋〕程颢、〔宋〕程颐：《河南程氏遗书》卷十一，《二程集》，王孝鱼点校，第120页。

②〔宋〕朱熹：《易四・乾上》，〔宋〕黎靖德编：《朱子语类》卷六十八，王星贤点校，第1691页。

③〔宋〕朱熹：《易四・乾上》，〔宋〕黎靖德编：《朱子语类》卷六十八，王星贤点校，第1691页。

“贞”是事物的最终完成，属于冬。土则分主四季，四气之行，非土不载。[①]孔氏对元亨利贞之性的解释被程朱继承，从而使得生态性成为易学哲学以至于中国哲学的本质内涵。

（五）继善成性

《易传·系辞上传》说：“一阴一阳之谓道，继之者善也，成之者性也。”此即继善成性之说：这是就阴阳的运行和万物及其性质的形成而言。“继”是一阴一阳接续不已的流行，“善”是阴阳运行的必然依据，是理；“成性”是阴阳之理形成于事物中，事物获得自己的本性。或者说，“继之者善” 是天理流行之初，乾元开始形成而尚未形成万物；“成之者性”是气的流行结成一物，事物在乾道运行的过程中得到自己的规定性。继善成性之说确立了天地万物与道的同一性。如朱子所言：

> 继是接续绵绵不息之意；成，是凝成有主之意。[②]
>
> “继之者善”，方是天理流行之初，人物所资以始。“成之者性”，则此理各自有个安顿处，故为人为物，或昏或明，方是定。

（六）“生生”：宇宙的“合目的性”

在西方语系中，“自然”同样有“生生”的含义。“自然”的希腊文写法为“*φυσıs*”，拉丁文写法为“*physis*”“*phuein*”，它的本来含义是“起源”“诞生”或“生长”、本性等。亚里士多德对“自然”进行了较为详尽的分析，提出了它的六种含义：（1）“生物的创造”；（2）“一生物的内在部分，其生长由此发动而进行”；（3）“每一自然事物由彼得于自然者，开始其最初活动。那些事物由于与其他事物接触或有机结合而得到增益者，此之谓生长”；（4）“任何事物

---

①〔宋〕朱熹：《易四·乾上》，〔宋〕黎靖德编：《朱子语类》卷六十八，王星贤点校，第1691页。

②〔宋〕朱熹：《易十·上系上》，〔宋〕黎靖德编：《朱子语类》卷七十四，王星贤点校，第1897页。

所赖以组成的原始材料”；（5）“自然事物的本质”“创生过程的终极目的”；（6）事物的“怎是”。总之，“本性就是自然事物的动变渊源”。①从这些解释可以看出，自然的主要含义是生长和变动的源泉。所以，有的学者说亚里士多德的自然不是它所是，“而是它将会成为什么，是一种可能性”②，这是有道理的。在亚里士多德哲学中，一个事物的自然就是它的目的——“telos”，这意味着事物的生长是朝向自身目的进展的过程。

把“天地之大德曰生”“生生之谓易”与希腊语、拉丁语的“自然”进行对比会发现，两者的本义是相同的。这并不是什么偶然，而是人类对于自然的共同体认，反映了人类存在的原初的或本真的状态。“生生”是原初的存在，是宇宙过程的真实意义和深层本质；也是儒道所说的天地之道，儒家哲学所说的“天地之心”；是宇宙的“合目的性”（Zweckmaessigkeit/purposiveness）。生态学家约翰·布鲁克纳认为，自然中有一种“有机动力”，“这种动力不大容易容纳在相应的物种中和林奈的生态系统的永恒的物质圈子里。贯穿在自然中的活的能量创造着一个极不稳定的混合体。它是‘一个有着稀奇构造的网络，是用柔软的，不牢固的，易碎的材料制成的，按照它的建造和意图把一切都结合成令人惊奇的一片’”。③罗尔斯顿说：“进化的生态系统中存在着一种创造性，它以我们还没有充分理解的机制，形成一切生物物种与生命过程。”④他又说：“在漫长的进化过程中，个体追求优势的努力不断地产生系统整体的进步。荒野通过亿万年的时间，使生命日益向上。”⑤他还说：“在我们所生存的这个进化中的生态系统中，确实有着美丽、稳定与完整。这个世界有一种自然的、现实的朝向生命的趋势。尽管我们不能把这作为一条普遍规律。”布鲁克纳的“有机动力”、罗尔斯顿的“创造性”“朝向生命的趋势”，都是生生之谓易的“生生”，也是自然的合目的性。在《周易》中，生命及其代代延续，构成了宇宙演化过程的合目的性和本质。天地之心或合目的性是由整个自然演化过程呈现出来的，而不局限于某时、某地、某物。

---

①［古希腊］亚里士多德：《形而上学》卷五，吴寿彭译，商务印书馆1959年版，第87—89页。
②［美］詹姆斯·奥康纳：《自然的理由——生态学马克思主义研究》，唐正东、臧佩洪译，南京大学出版社2003年版，第34页。
③［美］唐纳德·沃斯特：《自然的经济体系——生态思想史》，侯文蕙译，第72页。
④［美］霍尔姆斯·罗尔斯顿III：《哲学走向荒野》，刘耳、叶平译，第331页。
⑤［美］霍尔姆斯·罗尔斯顿III：《哲学走向荒野》，刘耳、叶平译，第77页。

三、“生生”的内在机制

（一）阴、阳在生生过程中的不同作用

《周易》所描述的宇宙是一个由阴阳二气的运动所完成的生生过程，在这个过程中，阴阳各有其发挥作用的方式和机制。《易》以《乾》《坤》二卦开始，此二卦的基本含义是阳、阴二气，又分别取象为天地、君臣、夫妇等。照《说卦》的解释，《乾》《坤》为父母卦，《震》《巽》为长男、长女，《坎》《离》为中男、中女，《艮》《兑》为少男、少女。从阴阳上说，《乾》《坤》为纯阳、纯阴卦，其他卦都是阴阳二气相交的产物。这就是说，在八卦中，《乾》《坤》具有基础性地位。同样，在六十四卦中，《乾》《坤》也具有基础性地位，一如阴阳在天地万物间的基础性地位。对于《乾》《坤》的基础性地位，《易传》有不同的说法。其一，《易传·系辞下传》说：“乾、坤，其《易》之门邪？”这个“易”既是《周易》，也是自然的变化过程。其二，《易传·系辞上传》说：“乾坤，其《易》之缊邪？乾坤成列，而《易》立乎其中矣；乾坤毁，则无以见《易》；《易》不可见，则乾坤或几乎息矣。”这是说卦象，也是说自然。从自然来说，没有阴阳二气，也就没有万事万物的形成与变易。从卦象上说，天地阴阳的变化，都是由《乾》《坤》二卦变易过来的，如果没有这两个卦，也就没有《易》对于自然的描述，没有《周易》本身了。

关于乾坤运动的样态，《易传·系辞上传》提出：“夫乾，其静也专，其动也直，是以大生焉；夫坤，其静也翕，其动也辟，是以广生焉。”所谓静专动直，是说阳气的性质具有普遍性，无所偏颇，它在安静的时候是专一的，在运动的时候则使四时的运行无所差失，所以，它能够“大生”，即壮大万物的生命。阴的性质是柔，主闭藏收敛。它静止的时候是翕，即关闭、收敛；运动起来时是辟，即开辟，所以它能够“广生”，即拓展万物的生命。[①]

---

①〔魏〕王弼注，〔唐〕孔颖达疏：《周易正义》卷七，〔清〕阮元校刻：《十三经注疏》，第78—79页。次出“专”采用的是孔颖达的解释。“大生”“广生”，周振甫解释为生“大”、生“广”。参见周振甫：《周易译注》，中华书局1991年版，第235页。

阴阳在宇宙变易的过程中的不同作用，可以表述为以下五个方面。

其一，阳生阴成。《易传·系辞上传》说："乾知大始，坤作成物。""知"为主导。乾使万物生出，坤使万物形成。此正是阳生阴成的道理。孔颖达说，万物"初禀其气谓之始，成形谓之生"[①]。又，乾是天，天生万物；坤是地，地成万物。乾的特点是"易知"，阳气自然流行，万物随之而生。坤的特点是"简能"，顺从阳气，简省凝静，无所营为。天地运行的道理就是易简，任物自生[②]。《易传·乾卦·彖传》说："大哉乾元！万物资始，乃统天。"《易传·坤卦·彖传》说："至哉坤元！万物资生，乃顺承大，坤厚载物，德合无疆。"元乃是根本性，乾元和坤元都是赞叹乾和坤生成万物的根本作用。乾元的伟大在于肇始万物，坤元的伟大在于使万物获得生命。乾元属于天，天是可见的有形的事物，它的德性是健。天属阳气，阳气浩大，万物都取资于阳气而得到生命；天行云施雨，万物得以顺遂地生长。乾的德性能够彰明天地万物之道，驾驭阳气，统御天体，使万物不失其时。在乾道变化的过程中，万物各自得到它们性命的规定性亦即它们的同一性而相互和谐。[③]万物取资于地，获得生命。坤的德性在于以其阴柔和顺，广远厚重，顺承于天，承载万物；坤内敛、宏大，在坤的原则下，各类事物皆得亨通，所以，坤德是无疆的。[④]"万物资始"和"万物资生"进一步说明了乾始坤成的道理。宋代周敦颐指出："天以阳生万物，以阴成万物。生，仁也；成，义也。"[⑤]

必须指出，阳使万物出生，阴使万物最终形成，只是说阴阳在生生过程中的不同作用，而不是说阴阳是两个截然分开的阶段：一个是生，一个是成；生时只有阳，成时只有阴。照《周易》的观点，根本地说，阴和阳必须相遇、相交才能产生万物。这意味着即使在万物出生的一刹那，也是阴阳具备的，而不是独阳；同理，万物死亡的时候也不是独阴。因为一阴一阳之谓道，自然界总是处于阴阳并存且相

---

①〔魏〕王弼注，〔唐〕孔颖达疏：《周易正义》卷一，〔清〕阮元校刻：《十三经注疏》，第18页。

②〔魏〕王弼注，〔唐〕孔颖达疏：《周易正义》卷八，〔清〕阮元校刻：《十三经注疏》，第89页。

③〔魏〕王弼注，〔唐〕孔颖达疏：《周易正义》卷一，〔清〕阮元校刻：《十三经注疏》，第14页。

④〔魏〕王弼注，〔唐〕孔颖达疏：《周易正义》卷一，〔清〕阮元校刻：《十三经注疏》，第18页。

⑤〔宋〕朱熹：《通书注》，朱杰人等主编：《朱子全书》（第13册），上海古籍出版社2002年版，第108页。

交之中，所以阳生阴成和天地交而万物生二者之间并不矛盾。

其二，阳主阴助。这是说，在宇宙变化的过程中，阳处于主导地位，阴处于辅助地位。阳始阴成已经表明，阴阳在万物变化的过程中具有不同的功能，阳肇始，阴辅助；阳主动，阴顺承。如前所述，《易传·坤卦·彖传》已经明确地说“至哉坤元！万物资生，乃顺承天”。

其三，阳生阴杀。这是说，阳主导万物的生命过程，阴则使这一过程终止，使万物死亡。儒家自然哲学主张春生夏长，秋收冬藏。前两个季节以阳气为主导，后两个季节则以阴气为主导。收，是成熟，万物完成了自己的生命周期，同时也是死亡。在此，成熟就是死亡。万物是在阴气主宰下完成自己的生命周期的，所以说阳生阴杀。

其四，阴阳循环，递相为主。这是就一个具体周期而言的。比如四季的运行、某个植物的生命的完成等。春夏为阳气主导，秋冬为阴气主导。阴阳各有自己主导的过程或阶段，不得取消，亦不得缩短，更不得相反，否则世界就会陷入紊乱。

其五，阳尊阴卑。在《周易》中，在世界的实际运动过程中，阴和阳都不是两个对等的力量。就四季的运行来看，阴阳的运行几乎从来没对等的阶段，只有春分、秋分的子亥之交的那一刻，二者才对等。惟其如此才有分明的四季，多彩的自然。如果强求阴阳对等，那么世界就停滞了，就没有生命了，《周易》也就不“周”亦不“易”了。可见，在儒家自然哲学中，“和”不是对等，而是在时间上各得其所，在份额上各得其宜，是一种基于比例配置和时间分布的适量。这是就事实上说。就性质来说，阴和阳也不是对等的。如果说宇宙是一个生生不息的过程，那么，主导生的阳当然在整个宇宙中处于主导地位，否则宇宙就不是“生生”的过程了。这意味着具体的阴阳对立形成了一种超然的“生生”。在这个超然的层次上永远是阳主导。这个“生生”是由无数个具体的阴阳推移过程所体现出来的总体趋势。这是从整体的角度、全面地把握所有具体的生生过程所得出的结论，也是康德的“合目的性”、鲁克纳的“有机动力”和罗尔斯顿的“创造性”。从总体上说，阳总是居于主导，只有这样，世界才能生生不息地开展下去。如果我们承认世界处于生命的发生发展和进化的过程中，而不是相反，那么，把阳作为价值是有道理的。作为价值意义的阳总是处于尊的地位，阴则总是处于卑的地位。这是中国哲学中阳尊阴卑的意义。朱子说：

> 阴阳者，造化之本，所不能无，但有淑慝之分。盖阳淑而阴慝，阳好而阴不好也。犹有昼必有夜，有暑必有寒，有春夏必有秋冬。人有少必有老，其消

长有常，人亦不能损益也。但圣人参天地，赞化育，于此必有道。故观“履霜坚冰至”之象，必有谨微之意，所以扶阳而抑阴也。[①]

可以说，阳尊阴卑首先是一种自然观，然后才可以说是一种伦理观。过去有一种观点认为，中国哲学的本体论是伦理的本体化。现在看来，这种观点是不准确的。

（二）阴阳的相感与生生

生生的条件是阴阳二气的感通。关于此，《周易》有很多说法，如感、遇、通、睽、絪缊等。这些都是说万物感气之变化而万物生化不息。“感”出现于《咸卦・彖传》。《咸》的卦象是艮下兑上，艮为山、为阳，兑为泽、为阴。这个卦的卦象的意义是柔上刚下，阴阳二气的运行是阳升阴降，所以此卦为阴阳二气已感之象。《易传・咸卦・彖传》说：“天地感而万物化生，圣人感人心而天下和平：观其所感，而天地万物之情可见矣！”其所以能够如此，照孔颖达所说，是天地万物都是以气相感的缘故。[②]《姤卦》的卦象为巽下乾上，其《彖传》说“天地相遇，品物咸章也”，就是说，阴阳二气相交，万物得以生长。《归妹》的卦象为兑下震上，是雷出于泽；又，震为长难，兑为少女，古此卦有男女结合之象。《归妹・彖传》说“天地不交，而万物不兴”，归妹是天地之义。《归妹》是阴阳既合，少长已交，表达了天地交合，万物蕃兴的道理。[③]《易传・系辞下传》又有“天地絪缊，万物化醇，男女构精，万物化生”的说法，是说阴阳二气相互交往、附着、合会，万物感气之变化而万物生化不息。

关于阴阳的运动，朱子提出了“对待”与“流行”或“交易”与“变易”两种形式：“‘易’有两义：一是变易，便是流行底；一是交易，便是对待底。”[④]对待包括定位、局定、交易等，是说阴阳各有其相对固定的位置，是在时空上间断、分离的对立，如天地、上下、左右、四方、春夏秋冬、“分阴分阳，两仪立

---

①〔宋〕朱熹：《易五・坤》，〔宋〕黎靖德编：《朱子语类》卷六十九，王星贤点校，第1735页。

②〔魏〕王弼注，〔唐〕孔颖达疏：《周易正义》卷四，〔清〕阮元校刻：《十三经注疏》，第46页。

③〔魏〕王弼注，〔唐〕孔颖达疏：《周易正义》卷五，〔清〕阮元校刻：《十三经注疏》，第64页。

④〔宋〕朱熹：《易一・纲领上之上》，〔宋〕黎靖德编：《朱子语类》卷六十五，王星贤点校，第1602—1603页。

焉”等。但是，这种“对立”在朱子那里不是隔绝不通，而是有沟通，相互“交易”“博易”。也就是说，对待中包含阴阳二气的交往，或者说“对待”的规定性中包含阴阳双方的相互补充。这些交往和补充形式朱子定义为“交易”“博易”。“交易是阳交于阴，阴交于阳，是卦图上底。如‘天地定位，山泽通气’云云者是也。”①

变易是阴阳在一个过程中的主导地位的改变，是阳变为阴或阴变为阳。“变易是阳变阴，阴变阳，老阳变为少阴，老阴变为少阳，此是占筮之法。如昼夜寒暑，屈伸往来者是也。”②变易的联系过程叫作“流行”，是连续过程中的阴阳互变。 阴阳一动一静，互为其根是流行；昼夜寒暑，屈伸往来也是流行。朱子又称此包含博易的变易过程为“错综”，认为谈易必须兼谈这两个方面“对待底是体，流行底是用。”③朱子指出：阴阳就其流行而言，只是一气；就其相互对待而言，则是二气。阴阳，论推行底，只是一个；对峙底，则是两个。如日月水火之类是两个。④

四、死亡——生生过程的内在否定性

在自然界，死亡和生命一样是一个显著的事实，儒家自然哲学是不是一种没有正视死亡的肤浅的乐观主义呢？显然不是这样的。儒家自然哲学包含死亡观。儒家对死亡问题的理解，归本于气的流行，一阴一阳之谓道，阳是生，阴是死，没有死，一阴一阳之道便不完备。由此言之，死亡不仅是儒家生态观的一个内容，而且是一个具有必然性的组成部分。儒家哲学的“生生”是把自然的生命和死亡都包含

①〔宋〕朱熹：《易一・纲领上之上》，〔宋〕黎靖德编：《朱子语类》卷六十五，王星贤点校，第1605页。

②〔宋〕朱熹：《易一・纲领上之上》，〔宋〕黎靖德编：《朱子语类》卷六十五，王星贤点校，第1605—1606页。

③〔宋〕朱熹：《易一・纲领上之上》，〔宋〕黎靖德编：《朱子语类》卷六十五，王星贤点校，第1615页。

④〔宋〕朱熹：《易一・纲领上之上》，〔宋〕黎靖德编：《朱子语类》卷六十五，王星贤点校，第1602—1603页。

在内的价值观，死亡是其中的一个否定性规定，儒家生态观对于死亡的认识表现为以下几个方面。

（一）生命包含死亡

《易传·系辞上传》说："原始反终，故知死生之说；精气为物，游魂为变，是故知鬼神之情状。"张载说过，"鬼神者，二气之良能也"。朱子也以气的聚散来说明鬼神，指出气聚而为物是神，散而为变是鬼。精属阴，气属阳。死是魂魄之气分散，魂气上升，魄气下降。这样，单只人身就包含了鬼神的道理，"生便带着个死底道理"。[①]所谓生死，不过是气的聚和散。这种生死观来自《庄子·知北游》。张载继承了这种生死观，他说，有形的气聚而为物，事物的形体溃散后又返回为气，这就是游魂的变化。变不过是聚散存亡而已。就人而言，"生而不离、死而游散者谓魂；聚成形质，虽死而不散者谓魄"[②]。不存在所谓久生不死，因为太虚是气，气不能不聚而为万物，万物又不能不消散为气，并回归到太虚中。气与事物的这种运动是有必然性的。"太虚不能无气，气不能不聚而为万物，万物不能不散而为太虚。循是出入，是皆不得已而然也。"[③]

（二）死亡是生生过程的一个必然组成部分

此点可从四季运行上得到理解。春夏秋冬每一季都是四季的一个必然部分。既然秋冬为杀、为死，则显然死亡是整体的生生过程的必然部分。在朱子看来，春夏秋冬是具有内在必然联系的过程："屈伸相感，而利生焉"者，有昼必有夜，设使长长为昼而不夜，则何以息？夜而不昼，安得有此光明？春气固是和好，只有春夏而无秋冬，则物何以成？一向秋冬而无春夏，又何以生？屈伸往来之理，所以必待迭相为用，而后利所由生。春秋冬夏，只是一个感应，所应复为感，所感复为应

---

①〔宋〕朱熹：《易十·上系上》，〔宋〕黎靖德编：《朱子语类》卷七十四，王星贤点校，第1891—1892页。

②〔宋〕张载：《正蒙·动物》，《张载集》，章锡琛点校，第19页

③〔宋〕张载：《正蒙·太和》，《张载集》，章锡琛点校，第7页。

也。[①]屈伸往来之理，一定迭相为用才能产生利益；四季互为感应，自然才能周而复始、生生不息地运行下去，这一说法表明了死亡对于生生的必然意义。

（三）死亡的积极意义：完成并孕育生

在儒家哲学看来，死对于生、秋冬对于春夏还有积极的意义：其一，死完成生，其二，死孕育生。比如，一粒谷种，先变为谷苗，再长成谷穗，最后又变为谷子。变为谷苗是谷种的死，但其实又是它的生，由此实现生生不息的过程。朱子说："'元亨利贞'，譬诸谷可见，谷之生，萌芽是元，苗是亨，穟是利，成实是贞。谷之实又复能生，循环无穷。"[②]又说："梅蕊初生为元，开花为亨，结子为利，成熟为贞。物生为元，长为亨，成而未全为利，成熟为贞。"[③]就此二例，我们可以说，谷、梅是以死的形式获得了生，死就是生。谷子是谷苗的死，也是它的生；最后的谷子同样是起初谷种的死而复生。这里存在着生死同一的辩证法。这个辩证法也适用于贞下起元的过程。春夏是生，秋冬是死。成熟和收敛是四季运行不可或缺的两个阶段，肃杀也是完成、帮助生，是配合阳完成它自身，没有肃杀就没有四季周而复始的循环。所以，朱子说元是万物的开始，贞是万物的完成。

如前所述，在说到为什么复见天地之心时，朱子指出，冬尽时，"物已成性"，较容易见到天地生物之心。所谓"物已成性"，是万物完成了自己的完整的生命。他还说：

> 元亨是发用处，利贞是收敛归本体处。体却在下，用却在上。盖春便生，夏便长茂条达，秋便有个收敛撮聚意思，直到冬方成。
>
> 伊川易传解四德，便只就物上说："元者万物之始，亨者万物之长，利者万物之遂，贞者万物之成。"解得"遂"字最好。《通书》曰："元亨诚之

① 〔宋〕朱熹：《易八·咸》，〔宋〕黎靖德编：《朱子语类》卷七十二，王星贤点校，第1815—1816页。

② 〔宋〕朱熹：《易四·乾上》，〔宋〕黎靖德编：《朱子语类》卷六十八，王星贤点校，第1689页。

③ 〔宋〕朱熹：《易四·乾上》，〔宋〕黎靖德编：《朱子语类》卷六十八，王星贤点校，第1688页。

通，利贞诚之复。”通即发用，复即本体也。[①]

由朱子的论述可知，肃杀不仅在时间上、经验上与生长连续，也帮助作为价值的生生形成。生以死的方式展开自己，运行着的死就是生。这是肃杀的积极意义。这样看来，死亡只是生生过程的一个内在的否定性规定。如果谷种没有通过“死亡”而变身为谷苗，那么，生生的过程也就中断了，整个自然界也就死亡了。现代生态哲学也认识到了这一点。关于自然中的死亡，罗尔斯顿说：“我会注意到，我能有这高级的生命，也依赖自然有杀害生命和使之腐朽，从而形成资源的再循环，使之沿食物链金字塔被利用的能力。自然首先和最重要的不是带来疾病和死亡，而是带来生命。在这里，我们触及了‘自然’一词的拉丁文词根‘natus’。当自然杀害生灵时，她只是把她所给的生命取走，而谋杀者却不是这样的。而且当她把生命取走的时候，是通过繁殖，通过重新安排有机和遗传物质而从这生命又产生了新的生命。”[②]他又指出：“在荒野中，生命体会被降解，但在这永恒的毁灭中，自然又能极其有序地自我聚集成新的生命体。大地杀死自己的孩子，这似乎是一个极大的负价值，但她每年又生长出一轮新的生命，用以替代被杀者。大地这维护生命的发展力，既是最具野性、最惊人的奇迹，也是最有价值的奇迹。”[③]总之，在他看来，“生态系统对生命的阻力能刺激生命向前发展，在这一点上它不亚于生命的助力所起的作用”。[④]约翰·布鲁克纳也指出，自然中的残暴屠杀和“万物幸福”是协调的。自然是“一个‘持续不断的生命网’——一个充实的、活生生的生命里的集合体，它全然不顾秩序和经济体系的理性观点”[⑤]。这些认识与儒家思想一致。

关于死孕育生，朱子指出，天地只是以生物为心。如一棵树，春天开花，夏天生长，秋天结果，到冬天长成。不经过冬天，果实便长不成。这是因为果实需要在冬天积蓄足够的生气，来年才能生长，才能生生不息。果实无论大小，都蕴藏着生意、生理。人们常常认为冬天树木没有生意了，其实它的生意是在底下收敛凝聚着的：

---

①〔宋〕朱熹：《易五·乾下》，〔宋〕黎靖德编：《朱子语类》卷六十九，王星贤点校，第1710页。
②［美］霍尔姆斯·罗尔斯顿III：《哲学走向荒野》，刘耳、叶平译，第75页。
③［美］霍尔姆斯·罗尔斯顿III：《哲学走向荒野》，刘耳、叶平译，第227页。
④［美］霍尔姆斯·罗尔斯顿III：《哲学走向荒野》，刘耳、叶平译，第92页。
⑤［美］唐纳德·沃斯特：《自然的经济体系——生态思想史》，侯文蕙译，第71页。

天地之心，别尤可做，“大德曰生”，只是生物而已。谓如一树，春荣夏敷，至秋乃实，至冬乃成。虽曰成实，若未经冬，便种不成。直是受得气足，便是将欲相离之时，却将千实来种，便成千树，如“硕果不食”是也。方其自小而大，各有生意。到冬时，疑若树无生意矣，不知却自收敛在下，每实各具生理，更见生生不穷之意。这个道理直是自然，全不是安排得。①

当代生态哲学家在肯定肃杀孕育生的同时也指出，死亡改善和提高生命，促进生命的进化，朱子未认识到此。同时朱子所说的生死一般来说限于同一物种，当代生态哲学家所说则包括不同物种之间的生死。罗尔斯顿说，荒野的野性“不住地毁灭生命，却又不住地让被毁灭的生命重组。它将不适者清除，从而让生命不断进化”。②又说：“自然对任何一特定的个体都只给予短暂的生命，但是生命却是在时间长河中延展的一道波。价值是存在于个体中，但同时也储蓄在一条溪流里。即使物种也不时地生灭，一般是存活500—5000万年。有的物种灭绝后没留下什么后代，但自然长远的趋势，是将一些物种加以改造，使下一地质时代的物种更为繁富。”③

（四）死生的本质统一性与相互转化

从气的层次上看，生与死是气的凝聚和消散。这意味着两者本质上是同一的，用庄子的话说是“死生为徒”，而且死生也是可以相互转化的。就是说：构成人、物的气在消散以后还可以作为材料再去构成其他事物，这是气的循环。儒家继承了生死本质上是气的聚散的观点。张载多次强调气聚而为物，散而为太虚的观点。朱子也是这种观点，他在解释“原始反终，故知生死之说”时说：“人之生死，亦只是阴阳二气屈伸往来耳。”④又说，始终死生是从气的循环来说的，精气鬼神是从气

---

①〔宋〕朱熹：《易五·乾下》，〔宋〕黎靖德编：《朱子语类》卷六十九，王星贤点校，第1729页。

②［美］霍尔姆斯·罗尔斯顿III：《哲学走向荒野》，刘耳、叶平译，第425页。

③〔宋〕朱熹：《易五·乾下》，〔宋〕黎靖德编：《朱子语类》卷六十九，王星贤点校，第229—230页。

④〔宋〕朱熹：《易四·乾上》，〔宋〕黎靖德编：《朱子语类》卷六十八，王星贤点校，第1687页。

的聚散来说的，“其实不过阴阳两端而已”。[①]关于物质的构成结构，现代科学已经认识到粒子、夸克，这些都是中国传统所不及的。但是，以气的贯通和循环为基础的中国哲学生命观的基本原理并不过时，它奠定了人与宇宙万物为一体的哲学基础。

儒家的生死观吸收了道家思想，但与道家亦有三点不同。首先，程颐反对同一气可以循环地构成万物，认为构成一物的气在那一物消散之后就衰弊了，不能再构成其他事物了。天地生生，不断有新气产生出来。其次，在气的运行与贯通的背后，朱子强调理。他的观点是，死亡的过程是气，而天地阴阳之理仍然生生不穷，没有什么消散。“气聚则为人，散则为鬼。然其气虽已散，这个天地阴阳之理生生而不穷。”[②]他的观点的关键是一理贯通，而不是一气贯通。“天地、阴阳、生死、昼夜、鬼神是一个道理。”最后，儒家的价值观与道家不同。在庄子那里万物是平等的，在价值上是齐一的，无分贵贱。儒家反对此点，从生生的宇宙过程出发，在价值上重生轻死、重阳轻阴。如前所述，朱子就明确地说过阳淑阴慝。

儒家把死亡作为“生生”的一个内在规定，使我们能够更加全面地认识宇宙中的生命现象及其生生过程，客观冷静地对待宇宙的演化过程和其中的生命的丧失，获得一种理性的生态生命观。当代生态哲学中动物保护主义者反对肉食，主张保护一切动物、包括家禽的生命。从儒家的生命观来看，人为了生存，消耗其他动物的肉体，这其中可能有一定的必然性和合理性。既然自然的进化产生了人，那么，人在一定程度上消耗其他动物当是不可避免的，也是可以接受的。当然，消耗要有限度。人类的消耗首先不能导致动植物物种的灭绝，其次不能给动物带来额外的痛苦。这或许也就是王阳明所说的“好恶一循于理”[③]，人类应该使自己的行为符合自然运行的规律，使自己成为宇宙生生过程中的一个分子，而不是超出这个过程的异物。

总之，儒家的生生观念对于当代生态哲学的建立和人类存在方式的重新认识，仍然有重要价值。

（原载《南开学报》2011年第6期，《新华文摘》2012年第7期摘要转载）

---

①〔宋〕朱熹：《易十·上系上》，〔宋〕黎靖德编：《朱子语类》卷七十四，王星贤点校，第1890页。

②〔宋〕朱熹：《鬼神》，〔宋〕黎靖德编：《朱子语类》卷三，王星贤点校，第46页。

③〔明〕王守仁：《语录一·传习录上》，《王阳明全集》卷一，吴光等编校，第29—30页。

论儒家自然哲学的天道时序观及其生态意义
——以《易传》为中心

儒家的“天道”是天地万物运行的总体过程、性质和规律。儒家自然哲学的天道观在《易传》中得到了系统的表达，内容十分丰富。“一阴一阳之谓道”（《周易·系辞上传》）和“通”是对天道的运行机制的说明；“和”是对阴阳二气的运行状态的描述；“生生”是对这一过程的总体性质的描述，是宇宙的合目的性。本文以《周易》经传为线索，利用历代对《周易》的解释，尤其是朱子的解释，着重从总体性和时间性两个方面说明儒家的天道观，以发掘其生态哲学意义。

一、天道及其性质种种

（一）万物的演化与道体的流行

关于天地万物的演化，《周易·系辞上传》提出了“太极生两仪，两仪生四象，四象生八卦”的过程。孔颖达解释说：

> 太极谓天地未分之前，元气混而为一，即是太初、太一也。故《老子》云：“道生一。”即此太极是也。又谓混元既分，即有天地，故曰“太极生两仪”，即《老子》云“一生二”也。不言天地而言两仪者，指其物体，下与四象相对，故曰两仪，谓两体容仪也。“两仪生四象”者，谓金木水火，禀天地而有，故云“两仪生四象”，土则分王四季，又地中之别，故唯云四象也。“四象生八卦”者，若谓震木、离火、兑金、坎水，各主一时，又巽同震木，

乾同兑金，加以坤、艮之土为八卦也。[①]

可见，照孔颖达的解释，太极是天地未分之前混而为一的元气。元气既分，则为天、地，这是两仪。四象是金、木、水、火四种物质，比五行少“土”。孔颖达解释说，这是因为土是五行中最为根本的元素，分主四季，所以不必单独说。四象生八卦，震卦属东、木，离卦属南、火，兑卦属西、金，坎卦属北、水，孔颖达说，四卦分主春夏秋冬四季。巽卦同震木、乾卦同兑金，坤、艮属于土，这样合为八卦。

孔颖达的解释未免繁琐。董仲舒曾经对天道的变化过程做了一个类似于横截面分析的简洁说明。他说：“天地之气，合而为一，分为阴阳，判为四时，列为五行。”[②]宋初周敦颐在《太极图说》中提出了“无极而太极”的生化过程。儒家所说的天地变化过程基本上是一气、二气（阴阳）、五行、万物这样一个过程。程朱提出“道体”的概念来说明天道的总体过程。《论语・子罕》记载：“子在川上，曰：‘逝者如斯夫’。”程子认为，孔子这是感叹道体流行不已。他说：

此道体也。天运而不已，日往则月来，寒往则暑来，水流而不息，物生而不穷，皆与道为体，运乎昼夜，未尝已也。是以君子法之，自强不息。及其至也，纯亦不已焉。[③]

朱子赞同程子的看法，认为天地大化流行，往者过，来者续，没有一刻止息，这是“道体的本然”：

天地之化，往者过，来者续，无一息之停，乃道体之本然也。然其可指而易见者，莫如川流。[④]

程子、朱子所说，可谓至当之论。

---

①〔魏〕王弼注，〔唐〕孔颖达疏：《周易正义》卷七，〔清〕阮元校刻：《十三经注疏》，第82页。
②〔汉〕董仲舒：《五行相生》，〔清〕苏舆：《春秋繁露义证》，钟哲点校，第362页。
③〔宋〕朱熹：《论语集注》卷五，《四书章句集注》，第113页。
④〔宋〕朱熹：《论语集注》卷五，《四书章句集注》，第113页。

（二）“变易”“不易”与“简易”

《易传》是描述天道的儒家典籍。“易”既指《易传》此书，也指天地万物的变化过程。《易传》中的语言具有两重意义，一是描述天地万物的变化，一是说明筮法。“易”作为对天地万物运行过程的描述就是天道。郑玄说：“易一名而含三义，易简，一也；变易，二也；不易，三也。”[①]孔颖达也说：“易一名而含三义，所谓易也，变易也，不易也。”[②]简易、变易、不易同时也是天道的规定性。变易是宇宙过程的基本内容。诚如孔颖达所说：“夫‘易’者，变化之总名，改换之殊称。……谓之为‘易’，取变化之义。”[③]变易是阴阳二气运行的结果。宇宙无时无刻不处于变化之中。天地万物生生不息，四时代谢更续不已。《易纬·乾凿度》说：

> “变易”者，其气也。天地不变，不能通气。五行迭终，四时更废，君臣取象，变节相移，能消者息，必专者败，此其“变易”也。[④]

郑玄采用《易传》的说法，具体说明了变易的内容。他说：

> 《易》之为书也不可远，为道也屡迁，变动不居，周流六虚，上下无常，刚柔相易，不可为典要，唯变所适。此言顺时变易，出入移动者也。[⑤]

变易中也有永恒不变的，此即“不易”。郑玄以《周易·系辞上传》的“天尊地卑，乾坤定矣。卑高以陈，贵贱位矣。动静有常，刚柔断矣”来说明此。《易纬·乾凿度》说：“不易也者，其位也：天在上，地在下；君南面，臣北面；父坐子伏，此其不易也。”[⑥]这是用参与变易的元素的地位的固定来说明不易。其实，在我们看来，易的过程中的稳定性、恒常性也是变易中的不易。比如，春夏秋冬四

① 〔魏〕王弼注，〔唐〕孔颖达疏：《周易正义》卷首，〔清〕阮元校刻：《十三经注疏》，第7页。
② 〔魏〕王弼注，〔唐〕孔颖达疏：《周易正义》卷首，〔清〕阮元校刻：《十三经注疏》，第7页。
③ 〔魏〕王弼注，〔唐〕孔颖达疏：《周易正义》卷首，〔清〕阮元校刻：《十三经注疏》，第7页。
④ 〔魏〕王弼注，〔唐〕孔颖达疏：《周易正义》卷首，〔清〕阮元校刻：《十三经注疏》，第7页。
⑤ 〔魏〕王弼注，〔唐〕孔颖达疏：《周易正义》卷首，〔清〕阮元校刻：《十三经注疏》，第7页。
⑥ 〔魏〕王弼注，〔唐〕孔颖达疏：《周易正义》卷首，〔清〕阮元校刻：《十三经注疏》，第7页。

季的交替是变易，但四季都有其稳定性，不会错乱，不会出现春季之后就是冬季。四季变化的稳定性也是《周易》的不易。孔颖达引周子语指出，“不易者，常体之名。有常有体，无常无体”。[①]

所谓简易，有两方面内容，首先是指天道生生的变化过程仅需阴阳二气两种元素，不必更多；万物都在气的运行过程中获得自己的规定性或同一性。其次是指阴阳二气和合生成天地万物，是一个自然的过程，不需要神灵，也不必圣人干预。这些都是天地万物运行过程的简易。简易是天下万物的道理。“易简”来自《周易》本身。《周易·系辞》说：“夫乾，确然示人易矣。夫坤，隤然示人简矣”“易则易知，简则易从”。郑玄认为，“此言其易简之法则也”。[②]对于易的简易性质，《易纬·乾凿度》说：

> 易者，以言其德也，通情无门，藏神无内也。光明四通，效易立节。天地烂明，日月星辰布设，……不烦不忧，淡泊不失，此其易也。

根据郑玄的注释，“通情无门，藏神无内”是说“天下之性，莫不自得也”[③]。“光明四通，效易立节”是说易“寂然无为”[④]。这同于《周易·系辞上传》所说的“易无思也，无为也，寂然不动，感而遂通天下之故”。“效易”，郑玄注释为“无为”。关于“不烦不忧，淡泊不失”，郑玄解释说“未始有得，夫何失哉”[⑤]。孔颖达也明确指出：“‘不烦不忧，淡泊不失’，此明是易简之义，无为之道，故易者易也。”[⑥]所谓“无为”“自得”，都说明自然不是一个有意志、有目的的过程。这与《周易·系辞上传》的“显诸仁，藏诸用，鼓万物而不与圣人同忧”意思相同。同时，“自得”“无为”也表明，自然是一个自我圆满的系统，不需要外在神力的推动。总之，简易就是自得、无为、不需要外在的神灵作用。

---

①〔魏〕王弼注，〔唐〕孔颖达疏：《周易正义》卷首，〔清〕阮元校刻：《十三经注疏》，第7页。
②〔魏〕王弼注，〔唐〕孔颖达疏：《周易正义》卷首，〔清〕阮元校刻：《十三经注疏》，第7页。
③［日］安居香山、中村璋八辑：《纬书集成》（上），河北人民出版社1994年版，第3页。
④［日］安居香山、中村璋八辑：《纬书集成》（上），第3页。
⑤［日］安居香山、中村璋八辑：《纬书集成》（上），第4页。
⑥〔魏〕王弼注，〔唐〕孔颖达疏：《周易正义》卷首，〔清〕阮元校刻：《十三经注疏》，第7页。

（三）刚健、恒久与无私

《周易·乾卦·象传》说：“天行健，君子以自强不息”；《周易·坤卦·象传》说：“地势坤，君子以厚德载物”。天行、地势都是对天道的说明。健是刚健。天道具有刚健不已、运行不息的特性。万物以及人类都以天道的刚健不息为必要条件而得以生存。天道的这种特性得到了人们的赞颂。据《礼记·哀公问》记载，鲁哀公问孔子，君子为什么以天道为贵。孔子回答说：

> 贵其不已，如日月东西相从而不已也，是天道也；不闭其久，是天道也；无为而物成，是天道也；已成而明，是天道也。

孔子此语说明，所谓不已，是天道运行不息，像日月那样相从不已；所谓不闭，是畅通。《周易·恒卦·彖传》指出，“天地之道，恒久而不已也”。这说明了天道的永恒性。“恒”也有稳定的含义，永久而稳定是天道的特征。《周易·恒卦》接着说：

> 日月得天而能久照，四时变化而能久成，圣人久于其道而天下化成；观其所恒，而天地万物之情可见矣！

这是说，在恒久的天道之下，日、月得以永远地照耀大地，四季得以永远地交替变化。圣人借助于恒久的天道而化成天下，所以，恒而久是天地万物的实际情况。

天道自然无为，因而又有无私的特点，也就是说，天道对于万物没有任何偏向，一视同仁。在《礼记·孔子闲居》中，孔子说，天地有三种无私的特点，即“天无私覆，地无私载，日月无私照”，这表明了天道的公共而普遍的性质。《周易·系辞上传》更为自然地说，“鼓万物而不与圣人同忧”，就是说，天道发动、引起和化育万物，却不像圣人那样“忧以天下”。这正表明了天道自然运行的特点。《中庸》说“诚者，天之道也”。据孔颖达的解释，天道诚信地把自己的特点通过四季表达出来。四季的运行表达了天道的稳定性和恒常性。后来理学家的解释也肯定天道的稳定性，又进一步把诚与人性联系起来，比如张载说人性和天道的统一是诚："阴阳合一存乎道，性与天道合一存乎诚"①"天所以长久不已之道，乃所谓诚"②。他又主张人与天道的感通是诚："感而通，诚也。"③朱熹亦是如此，他一方面肯定诚是真实无妄，天理的本然，即天道的稳定性；另一方面也肯定诚是人的本性。

（四）消息盈虚与周而复始

天道恒久不已，但也有自己的节奏，而不是单调的重复。这种节奏《易传》称为"消息盈虚"和"复"。息是阳气的生长，消是它的消退。"消息盈虚"是阴阳二气运行的此消彼长；"复"则专指阳气在阴气处于顶点时的恢复，是天道运行的转折点。儒家自然哲学的关键是一阴一阳交替主宰，物极必反，在一种气的主宰达到顶点的时候，就会返回到另一种气的主宰中，春夏秋冬，循环往复。可以用"周而复始"来表示阴与阳在自然界中交替主宰的特点。儒家的自然哲学以《周易》的《复卦》为一个支点。人们用"十二辟卦"表示一年之中阴阳之气的产生、循环和变换的过程。十二辟卦是《复卦》䷗、《临卦》䷒、《泰卦》䷊、《大壮卦》䷡、《夬卦》䷪、《乾卦》䷀、《姤卦》䷫、《遁卦》䷠、《否卦》䷋、《观卦》䷓、《剥卦》䷖、《坤卦》䷁。《复卦》的初爻为阳爻，二至上六五爻为阴爻。卦象是一阳来复，《复卦》至《夬卦》阳气依次增强，直到四月《乾卦》纯阳主导自然界。《姤卦》为一阴初视，月份为五月。从《姤卦》到《坤卦》，阴气逐渐增强，直到十月《坤卦》纯阴主导自然界。《周易·复卦》说："反复其道，七日来复"。一种解释是说阳气灭绝不过七天，就开始复生。这是天地自然之理。根据孔颖达所引《易纬稽览图》的说法，就季节来说，《复卦》为冬至之日，一阳来复，月份为十一月中；《姤卦》为夏至之日一阴产生。《剥卦》阳气尽为九月末，十月为《坤卦》纯阴主导。不过，照朱子的说法，阴阳之气没有彻底消失以至于无的时候，两者都不是无中生有，而是一直存在着的。纯阴不是没有阳，而是阳气极微；纯阳也不是没有阴，而是阴气极微。《复卦》的一阳复始，不是突然产生，而是在《坤卦》时就已经孕育着的。儒家哲学认为，一阳来复中阳气产生的地点是黄泉。

---

①〔宋〕张载：《正蒙·诚明》，《张载集》，章锡琛点校，第20页。
②〔宋〕张载：《正蒙·诚明》，《张载集》，章锡琛点校，第21页。
③〔宋〕张载：《正蒙·中正》，《张载集》，章锡琛点校，第28页。

孔颖达在解释《周易·贲卦·彖传》的“观乎天文，以察时变”时说，阴阳刚柔是相互交错的。四月份是纯阳主事，但其中也有阴，所以靡草会在这一月死去。十月份是纯阴主事，但其中也有阳，所以荠麦会在这个月份生出。《复卦》只是阳气开始回复，并不是万物皆复。[①]《周易·剥卦·彖传》说消息盈虚是天道运行的规律：“君子尚消息盈虚，天行也”。《周易·丰卦·彖传》也说：“日中则昃，月盈则食，天地盈虚，与时消息”，就是说，太阳到了中天以后就会西斜，月圆后就开始缺，天地盈虚交替，阴阳消息变换，这就是天道。

（五）“神妙不测”

关于天道运行的机制，在儒家文化中比“一阴一阳之谓道”更为深入的认识是“神”“妙”“神妙不测”等概念。天道的运行表现为四季更替、万物生生不息；进而言之则表现为阴阳的推移；复进而言之则表现为阴阳相互推移、相互作用的方式、机制或者模式的“神妙性”，即没有形体、不落方所的神妙不测的作用。《易传·系辞上传》说“阴阳不测之谓神”，是说阴阳相互推移的不可测度性叫作“神”。在儒家自然哲学中，“神”首先是一种自然性。这是说，自然的运行是阴阳自身运转的结果，没有任何外在的主宰或神灵。这也是前述易的简易的特点。《周易·观卦·彖传》称天地的运行为“天之神道，四时不忒”。“不忒”即没有差错，指天道的稳定性。“神道”的意思是天道的运行没有主宰，人知其然而不知其所以然，见其功而不见其形。诚如《荀子·天论》所说的“不见其事，而见其功，夫是之谓神”。《论语·阳货》里孔子说“天何言哉，四时行焉，百物生焉。天何言哉”，说的正是天道运行的这一特点。

其次，“神”是一种没有方所，不着形体的作用：“神无方而易无体。”（《易传·系辞上传》）方所、形体都是有形而可见的，“神”则是阴阳二气的相互作用。“无方”一是说看不见它的处所与动作；一是说神无时无刻不处于变化之中，不固定于任何一个地方。“无体”一是说易的变化是自然而然的，不知其所由；一是说易随着变化而变化，不固守于任何一种形态。孔颖达说：

---

①〔魏〕王弼注，〔唐〕孔颖达疏：《周易正义》卷三，〔清〕阮元校刻：《十三经注疏》，第37页。

一者神则不见其处所云为，是无方也；二则周游运动，不常在一处，亦是无方也。无体者，一是自然而变，而不知变之所由，是无形体也；二则随变而往，无定在一体，亦是无体也。[①]

最后，“神”表示阴阳变化的微妙极致性、不可测度，难以把握的特性。《易传·系辞上传》说“阴阳不测之谓神”，所谓不测，指不能进行有形的度量。所以，“神也者，妙万物而为言者也”（《易传·说卦传》）。孔颖达指出，万物都是有形体的，它的变化也是有象可寻的，神却在形体之外，不可以形诘，不可以象寻。

云“妙万物而为言”者，妙谓微妙也。万物之体，有变象可寻，神则微妙于万物而为言也，谓不可寻求也。[②]

张载说“清通而不可象为神”[③]，表明“神”是清通的，不可用“象”来把握它。他又说：“太虚为清，清则无碍，无碍故神；反清为浊，浊则碍，碍则形。”[④]神的运动是顺畅的，没有什么可以阻碍它。周敦颐曾指出，天地之气妙合而凝，形成人、物。在张载看来，气的本性是虚而神的，“神”是阴阳之气固有的相互感应、相互作用的性能，是天地万物之根本。他说：“气之性本虚而神，则神与性乃气所固有，此鬼神所以体物而不可遗也。”[⑤]

关于“神”的来源，张载归本于太虚之气，指出“神者，太虚妙应之目”；[⑥]进而又归本于阴阳二气的相互作用与统一，指出由于任何事物都是由阴阳二气构成的，所以产生了“神”的作用；又因为任何一物都可以分为阴阳两方面，所以其变化是神妙莫测的。他说：“一物两体，气也；一故神，两在故不测。两故化，推

---

①〔魏〕王弼注，〔唐〕孔颖达疏：《周易正义》卷七，〔清〕阮元校刻：《十三经注疏》，第78页。

②〔魏〕王弼注，〔唐〕孔颖达疏：《周易正义》卷九，〔清〕阮元校刻：《十三经注疏》，第94页。

③〔宋〕张载：《正蒙·太和》，《张载集》，章锡琛点校，第7页。

④〔宋〕张载：《正蒙·太和》，《张载集》，章锡琛点校，第9页。

⑤〔宋〕张载：《正蒙·乾称》，《张载集》，章锡琛点校，第63页。

⑥〔宋〕张载：《正蒙·太和》，《张载集》，章锡琛点校，第9页。

行于一。此天之所以参也。”[①]在张载看来，“神”不仅是自然界变化的状态、性质，还是其动力。天下事物的变动都是“神”鼓动的结果，这叫“神化”。神化是天固有的性能，只有“神”能够推动天地万物变化，统理天下的变动。

> 天下之动，神鼓之也，辞不鼓舞则不足以尽神。
>
> 神化者，天之良能，非人能；故大而位天德，然后能穷神知化。
>
> 惟神为能变化，以其一天下之动也。人能知变化之道，其必知神之为也。[②]

“神”在张载的解释中，不免仍有些形而下的色彩。朱子用“理”来代替神的作用，区别形上和形下、理和气，在认识上又深入了一步。王夫之吸收了两人的思想，主张“道为神所著之迹，神乃道之妙也”[③]。

二、时与时序

儒家自然哲学的“时”与现在的“时间”概念不尽相同。现代时间观念通常指以牛顿时空观为基础的、线性地匀速流逝的抽象时间；儒家所说时间则主要指天道运行所表现出来的节奏、节律、秩序以及由这种节律所决定的应该采取的行动。儒家的时间可以称为“时序”，是一种有质的规定性的、具体的、在一定意义上包含循环的时间。时在儒家文化中的意义十分广泛，可以表示时间的划分，如年、季节、月份、日、每日的十二时辰等，也可以表示一定时间的情景、场合，或机会、机遇等。作为机会、机遇和情景的“时”在《周易》中俯拾即是，如“大过之时”“险之时”“豫之时”等。在这层意义上，《周易》六十四卦三百八十四爻，每一卦、每一爻都是一个“时”。这个时显然不是单纯的时间，也不是单纯的天

① 〔宋〕张载：《正蒙·太和》，《张载集》，章锡琛点校，第10页。
② 〔宋〕张载：《正蒙·太和》，《张载集》，章锡琛点校，第16—18页。
③ 〔明〕王夫之：《船山全书》（第12册），第376页。

道，还包括人道，具有综合的特点。时的生态意义在于它对于天道的划分是以自然运行的节律为基础的，它对于每个节律阶段，人应采取的活动作出了符合生态原则的规定。

（一）“时”即天道

在儒家的自然哲学中，天道是以四季的循环为原型的变化发展过程；天道表现为时，或者说天道通过四季的更替来表现自身。《周易·节卦·彖传》说：“天地节而四时成。”孔颖达解释说：“天地以气序为节，使寒暑往来，各以其序，则四时功成之也。”[①]这即是说，气的运行的顺序表现为天地运行的时节，此种顺序即是四季。《周易·泰卦·象传》说：“天地交，泰。后以财成天地之道，辅相天地之宜，以左右民。”这是说，泰时君王应该确立天地之道。这里的天地之道，便是四时的更替，包括其中的春暖、夏热、秋凉、冬冷等应有的节律，君王应该帮助万物，使它们顺利地生长，达到它们理应达到的最好状态。如果四时失去了应有的节律，自然以至于政治方面都会出现混乱。孔颖达说：

> “天地之道”者，谓四时也，冬寒、夏暑、春生、秋杀之道。若气相交通，则物失其节。物失其节，则冬温、夏寒、秋生、春杀。君当财节成就，使寒暑得其常，生杀依其节，此天地自然之气，故云“天地之道”也。“天地之宜”者，谓天地所生之物各有其宜。……故人君辅助天地所宜之物，各安其性，得其宜。[②]

众所周知，中国是一个很早就进入农业文明的国家，准确地确定四季及其各个节气对于农业有重要意义，所以在《尚书》中，尧帝命令羲和按照日月星辰的运动，确定四时的气节、月的大小、日的甲乙等，制定历法。这是对天道较早的把握。

---

①〔魏〕王弼注，〔唐〕孔颖达疏：《周易正义》卷六，〔清〕阮元校刻：《十三经注疏》，第70页。

②〔魏〕王弼注，〔唐〕孔颖达疏：《周易正义》卷二，〔清〕阮元校刻：《十三经注疏》，第28页。

（二）“时序”及时间的量与质的意义

时序即天地日月运行的秩序，亦即天道的规律性和阶段性。如前所述，儒家自然哲学认为自然的运行有一定的秩序，这种秩序叫作天道之诚，进一步说是时序。时序又可分为量和质两个方面。量是对连续运转的时间的抽象分割，质则是对于时序的特点或规定性的说明。就量的分割来说，据《尚书》记载，尧时已经把一年分为十二月，小月29天，大月30天，共354天，一年少12天，三年置一闰月，基本还是一年365天。现存较早的历法是夏历，《大戴礼记》中的《夏小正》可能是其原形。据《论语》记载，孔子曾经到夏朝后代的封地杞国，得到了“夏时”，这可能就是夏代的历法。夏历是太阴历，较为适合农业耕作，现在仍可以使用夏历。后来人们又进一步确定了二十四节气。天干地支是中国古代的纪年、月、日的方法，是对于时间运行的顺序的记载，可作为抽象时间，但它更多地是有质的规定性的时间。在儒家文化中，四时的变化是恒久而不间断的。不过，连续之中也有突变。如《革卦》的卦象是下火上泽，其《象传》说“泽中有火，革，君子以治历明时”，《彖传》说“天地革而四时成”，即天地变革而形成四时。革指的是每个季节之间的交替与变换。

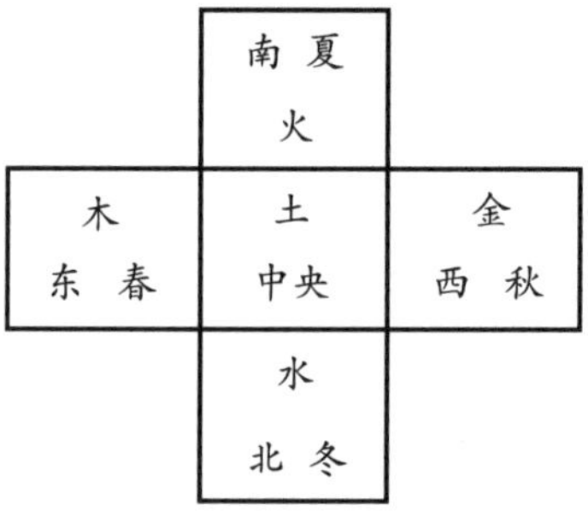

图1 五行与方位季节

质的时间有多层含义。第一，天地的运行不会出现差失。《观卦·彖传》称天地的运行为“天之神道，四时不忒”，《豫卦·彖传》说“天地以顺动，故日月不过，而四时不忒”，《中庸》称为天道之“诚”，《荀子·天论》说：“天行有常，不为尧存，不为桀亡”，也是对于天地运行的稳定性的说明。在《国语·周语上》中，伯阳父论地震的时候说："天地之气，不失其序。"[①]这是从气的运行角度较为深入地说明天道运行的稳定性。第二，时序本质上是一个太和与"生生"的过程。第三，把天干地支、五行、方位与季节、时间相配，如天干与五行配合，甲、乙为木，丙、丁为火，戊、己为土，庚、辛为金，壬、癸为水。由于金、木、水、火、土具有相生相克的性质，这样，按照天干记载的时间便自动获得了与之相配的五行的性质。在这种计时方法之下，任何时间都是有规定性的。这种计时方法规定了人们应该做的活动和许多禁忌，其中有不少利于生态的措施。

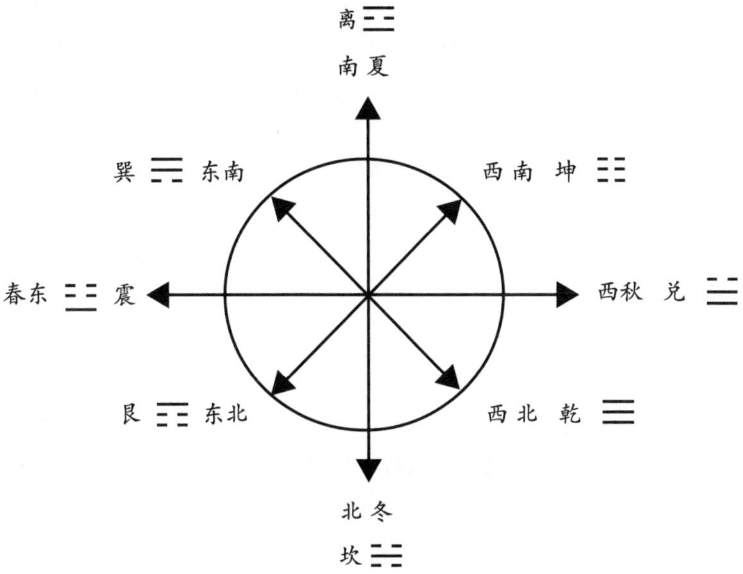

图2 后天八卦方位图

（三）"时"作为生态行为规范体系

由于时在儒家自然哲学中包含有质的规定性，所以它不只是计时方法，更为重要的是行为规范体系，预示和规定了人们应当采取的行为。这种规范体系具有系统的生态意义。《易传·乾卦·文言传》说：

---

①〔清〕徐元诰：《国语集解》，王树民、沈长云点校，中华书局2002年版，第26—27页。

夫大人者，与天地合其德，与日月合其明，与四时合其序，与鬼神合其吉凶。

这就是说："大人"是按照时间的质的规定性进行活动的。在儒家文化看来，春、夏属阳，阳主生长，所以春夏应该施行赏赐；秋冬属阴，阴主肃杀，所以秋冬应该行刑。因为大人的德性合乎天地，所以他能够做到"先天而天弗违，后天而奉天时"。（《易传·乾卦·文言传》）《坤卦》六爻皆阴，取象为地，取义为柔顺。它的《彖辞》主张"顺承天"，即顺应天时而采取行动。《无妄》的卦象是震下乾上，其《象传》说："天下雷行，物与无妄。"据孔颖达说，此谓万物皆惊肃而无敢妄行："天下雷行，震动万物，物皆惊肃，无敢虚妄。"[①]与此对应，《周易·无妄·象传》中记载先王的行为是"以茂对时，育万物"，即以盛德对应时令，养育万物。就整个《周易》来讲，易道的广大等同于天地，易理的变通等同于四时，《易》整个地是一个行为规范体系。所以，在《周易》中，我们常常可以读到强调"与时偕行""不失时"的句子。在《礼记·月令》中，存在着一种对于自然的五行化现象，即每个月份都有关于政事的规定；较此更早的《大戴礼记·夏小正》，也简略地记载了每月的天象、物候和政事，同样可视为一种以时作为规范的行为体系，只是不及《礼记·月令》系统。《管子》中有"因于时"的观念，如"春采生，秋采蓏，夏处阴，冬处阳"的说法（《管子·宙合》），这些都是因于时。因时的观念在中国文化中具有普遍性。"时"是自然的一种存在形式，是天道的重要方面或者说就是天道本身，所以，"与时偕行""因时"是适应自然，与之交往、打交道的一种方式，是切入运行着的自然的方式。自然在这里不是一个"在手边"的东西，而是"上手"的东西。人和自然在相互交往中各自形成自身。《中庸》记载孔子"上律天时，下袭水土"，就是遵循时节，因地制宜，按照自然之道进行活动。《左传》还记载了"助时"的说法，即春天土气发的时候，在社里举行祭祀，帮助土地顺畅地生长万物。

---

①〔魏〕王弼注，〔唐〕孔颖达疏：《周易正义》卷三，〔清〕阮元校刻：《十三经注疏》，第39页。

三、儒家天道观的有机性特点

儒家的天道观是有机的，它首先具有整体性的特点。在儒家的自然哲学中，大地、山川、动物、植物，包括人等，构成一个整体。这个整体不是杂多的堆积，而是以“气”的运行为媒介联结为一体的；所有的存在统一于气，任何物体之间都通气。《周易·说卦》中说“山泽通气”。朱子解释道：

> 泽气升于山，为云，为雨，是山通泽之气；山之泉脉流于泽，为泉，为水，是泽通山之气。是两个之气相通。[①]

即，泽气升到山上即为云、为雨，这是山通泽气；山泉流入泽中，这是泽通山气。湖泽，尤其是山脉这些我们看起来惰性的自然现象，在儒家哲学中都是活生生的。《礼记·孔子闲居》中说“天降时雨，山川出云”，这表明，山川既是气的凝聚，大化的一个站点；同时作为自然的一个环节，也是导气的工具。《礼记·礼运》又说，山川是天地通气的“孔窍”，“天秉阳，垂日星，地秉阴，窍于山川，播五行于四时”。《国语·周语下》说“川，气之导也”，就是把河流作为导气的一个环节。

整体和部分之间的关系可以有三种类型，一是杂多的堆积，不相关联。毁坏或去掉其中的一部分，对整体没有任何影响。二是机械的相关，部分合起来可以达到或完成一种功能，如果去掉了其中的某个部分，它会丧失部分或全部功能，但可以简单地修复。三是有机的相关，整体自身具有自为的生命，部分和整体之间构成生命相关性，去掉任何一个部分都会对整体的生命的圆满性产生妨碍。比照这三种关系来看，儒家的自然观显然不属于第一种关系，因为儒家认为天地万物都是通过一气而相互关联的。儒家的自然观也不属于第二种关系，因为在儒家的观念中，对自然的任何部分的毁坏都不是可以轻易地修补的。在《国语》中，太子晋说到“川竭国亡”；汉代贡禹认为，开山采铜会破坏阴气的凝聚。显然，在他们看来，这些对于自然的破坏，都不是轻易能够校正或恢复的。可见，儒家文化中的自然的关系，

---

①〔宋〕朱熹：《易十三·说卦》，〔宋〕黎靖德编：《朱子语类》卷七十七，王星贤点校，第1971页。

应当属于有机联系。在这种联系中，对于部分的破坏会影响到整体生命的圆满性和流畅性，一句话，会影响自然的健康生命。如果自然的各个部分都不通气，那么自然的循环也就终止了，自然也就随之死亡。如果一个局部地区的通气被阻断或干扰了，那么这个地区的气候、物候都会出现问题，需要进行较大范围和较长时间的自我调整和适应。如果调整时间超过了自然的自我调整周期，那就意味着这个局部地区从生态学上说是死亡了。自然过程是生生，即生命的诞生和完成；自然本身也是一个有生命的整体。不相干关系和机械关系属于外在关系，有机联系则属于内在关系。不能因为对自然的破坏还没有看到影响，就认为没有影响，进而说两者不是内在关系。影响之所以还没有表现出来，只是因为时间还不够长。在较长的时间跨度内，对于自然的任何破坏都会产生内在性关系的后果。影响表现出来之后再进行弥补，就为时过晚了，甚至已不可修补。

四、自然的规律性及自然规律向生态规律的转化

儒家所认识的自然无疑是有规律的。“天行有常”“四时不忒”“诚者，天之道也”，表述的都是天道的规律性。不过，儒家所说的规律是一种生态性规律，与西方近代意义的自然规律相比有两个特点。

首先，儒家所说的规律是一种稳定性，而不是一种绝对的必然性。换言之，天行有常，四时不忒是常态，但也可能出现非常态，比如，某一个季节会特别长，或某种自然现象会过分地出现，像尧有九年之涝，汤有七年之旱之类。由于中国的地理位置的因素，历史上水旱蝗虫灾害比其他民族和地区可能更为频繁。但是，儒家文化并不因此就否定自然的稳定性。所以儒家所认识的自然的规律性近似于但不等于现代科学的规律，它允许一定程度的紊乱，而且照实际情况来看，紊乱是必定存在的。

其次，更为重要的是，近代科学认为规律具有超出人的控制的必然性，儒家所认识的规律或稳定性则会因为人为的干预而发生错乱甚至毁灭。“现代科学所探究的秩序是恒定的，人不能改变的。因此，这种理论无法套进人类的活动。因为无论

人做什么，秩序都不会受到影响。”[①]儒家认为，不仅自然会影响人，人也可以严重地，甚至根本地影响自然。这种认识和例子广泛地表现于《尚书》《月令》《春秋繁露》以及后世史籍中的《五行志》中。这意味着“不仅人类的生命系统是由环境秩序所维持的，而且这种秩序本身也是人类活动的直接客体”[②]。“水曰润下”是箕子对于五行的说明，是一条自然规律。但是，据《汉书》记载，伏生在他的《尚书大传》中还提到了水不润下的情况。他说：“简宗庙，不祷祠，废祭祀，逆天时，则水不润下。”[③]《汉书·五行志》又表示，水位于北方，是万物的终藏之所。王者即位，必须祭祀山川，怀柔百神，斋戒致敬，恭顺地侍奉阴气，调和人神，按照天时发布政令，这样十二个月份都能得到各自合适的气，阴阳调和，水才能获得自己的本性而润下。反之如果不敬鬼神，政令失时，水就会失去自己的本性，不再润下，反而伤害人民。再如，《春秋繁露》以阴阳之气的同类相动为依据，提出阴阳之气“可以类相益损”，[④]人与天相互影响，人的行为直接影响自然。“以类合之，天人一也。”[⑤]现代科学可能认为这些观点是荒谬的。但是，如果把人作为自然的一个参数，把人类的活动作为自然规律发生作用的一个参数，并且把时间尺度放宽，那么自然规律就转变为生态规律。生态及其规律都会因为人的不当活动而遭到破坏，这无疑是一个正确而又深刻的认识，它促使我们按照自然的本性对待自然。

（原载《周易研究》2011年第5期，中国人民大学《中国哲学》2012年第1期转载）

---

①［日］桑子敏雄：《朱熹的环境关联性哲学》，［美］安乐哲等主编：《儒学与生态》，江苏教育出版社2008年版，第11页。

②［日］桑子敏雄：《朱熹的环境关联性哲学》，［美］安乐哲等主编：《儒学与生态》，第11页。

③〔汉〕班固撰，〔唐〕颜师古注：《五行志上》，《汉书》，第1342页。

④〔汉〕董仲舒：《同类相动》，〔清〕苏舆：《春秋繁露义证》，钟哲点校，第360页。

⑤〔汉〕董仲舒：《阴阳义》，〔清〕苏舆：《春秋繁露义证》，钟哲点校，第341页。

论儒家自然哲学的“通”的思想及其生态意义

北京古城有一条中轴线，南起永定门，中经故宫太和殿等，北抵钟楼、鼓楼，长达7.8千米。整个北京古城即沿此中轴线展开，成为世界建筑史上的奇葩。中轴线仅仅是一条地理分界线吗？它还有什么作用？它存在于中国哲学中的道理是什么？

一、释“通”

“通”实乃儒家自然哲学乃至整个中国哲学的重要范畴，指两个或更多实体（entity）之间在物质、能量、信息、情感、精神方面的相互交换、吸收和影响。“通”以气为基础，表现为“通气”。较早的中国哲学研究，以思维和存在的关系为主轴，着重于理气关系或心理关系问题；自20世纪80年代起形成蔚为壮观的范畴研究，则注重于作为思维形式的理、气、心、性、形、神、有、无等范畴，两者皆未涉及“通”。究其原因，可能有三。（1）西方哲学研究方式的影响。众所周知，中国哲学史学科自成立以来，在研究对象的挑选、研究方式的采用等方面，皆受西方哲学的影响。如，有、无等范畴的提出，显然是以西方哲学的being和non-being为其范本。（2）西方哲学没有与之对应的范畴。以原子论为传统的西方哲学所认识的实体是孤立的，中国哲学的实体皆是处于“联系”中的，且此种联系还不止于抽象的关系，而是由气的流行而贯通的有实在内容的关系。（3）“通”是个动词，不具有范畴形式。本文认为，可以在思维上对“通”进行提升，使之成为一个范畴，恰如在英文中经过名词化程序把动词提升为范畴，如把to be提升为being。“通”的范畴可以使我们超出从思维和存在的关系以及从思维形式来研究中国哲学，从而更加切近儒家自然哲学的特点，有利于全面而深入地体会中国哲学“究天人之际”的认识成果。

在儒家哲学中，“通”表现的是实体间的实在联系。杜维明曾提出“存有的连续性”，指出在中国哲学中，人类与“石头、树木和动物有机相连”。[1]可以说，“通”即是这种“连续性”。列宁指出，范畴是“帮助我们认识和掌握自然现象之网的网上纽结”。[2]这一说法有坚实的西方哲学基础。如果把存在论上的实体和认识论上的范畴对应起来，则“通”是不同实体间的联系；以网络来比喻，是连接网上纽结的网线。它像中医的经络，而非一个实体范畴，亦非作为存在的存在（being as being）。中国哲学不仅重视那些存在论意义上的实体、认识论意义上作为范畴的纽结，也重视各个纽结之间的连线。当然，此处又须注意，网络可以是静态的，而儒家自然哲学的“通”则是动态的，它是不同实体之间气的交换、交流、循环、相互作用和影响。“通”可分为自然界不同实体之间的通、人与自然的通，人自身的通、人与人的通四个方面。不同实体之间的通是气的交换与交流，人与自然的“通”不仅有作为物质的气的交流，还有人对自然的感通和对于自然的道德对待，以及审美意义的人与自然的情景交融等。人和人的交流则主要是情感的、精神的沟通。人自身的“通”表现为脉络的相通。本文着重研究自然实体间、人与自然间的“通”。

二、自然界不同实体之间的“通”

在儒家哲学中，气是实体性、运动性和功能性的统一之气。它不是固定不动的，而是在不同物体之间不停地循环和流动着的。“通”即以气为基础，是气的流动，是“通气”。这是世界能够存在并能产生生命的基础。气的流通的思想可能来自《易经》。《周易》有一《复卦》，卦象是震下坤上，雷在地中，一阳来复。此即阴阳之气的运行。“复”确立了阴阳之气可以在不同事物间流通的思想，可谓“通”的逻辑前提（道家亦有通的思想，俟另论）。在汉代，儒家学者把五行的“行”解释为气的运动。董仲舒《春秋繁露》说：“行者行也，其行不同，故谓

---

①杜维明：《存有的连续性》，［美］安乐哲等编：《儒家与生态》，第105页。
②［苏联］列宁：《哲学笔记》，《列宁全集》（第38卷），中共中央马克思、恩格斯、列宁、斯大林著作编译局译，人民出版社1960年版，第90页。

之五行。”[①]《白虎通》说：“言行者，欲言为天行气之义也。”[②]颜师古解释道：“谓之行者，言顺天行气。”[③]《释名》认为：“五行者，五气也，于其方各施行也。”[④]可见，五行作为五种基本物质，其根本性质在于运动、流行，并与其他事物相交通，由此形成世界的存在、变化和发展。“行”的这种意义即是“通气”，亦即气的循环与流通。儒家自然哲学所说的通，主要不是指气作为材料构成不同的事物，或者气的流动和运行，而是指作为实体的不同事物之间的以气为媒介的相通，是不同实体之间的联系或气对不同实体的联结。有鉴于此，在儒家自然哲学中，要真正全面彻底地了解一个实体的意义，就不仅要了解这个实体本身，还需超越这个实体，达到对它与它的通气者的相互关联的把握。这是儒家自然哲学的特点。通气使湖泽，尤其是山脉这些在现代西方科学与哲学的视野中属于惰性的自然现象，在中国哲学中成为活生生的。以下论述自然实体之间的“通”。

（一）“山泽通气”

此说出自《周易》。《易传·说卦传》说：“天地定位，山泽通气，雷风相薄，水火不相射，八卦相错，数往者顺，知来者逆，是故《易》逆数也。”照孔颖达所说，此系就卦象说明重卦的意义。八经卦因其非重卦，故“雷风各异，山泽不通，于阴阳变化之理，未为周备”[⑤]。他认为，在《易》的自然哲学中，若使“天地不交，水火异处，则庶类无生成之用，品物无变化之理”，而八卦相错，重为六十四卦，则“天地人事莫不备矣”“天地定位而合德，山泽异体而通气，雷风各动而相薄，水火不相入而相资”。[⑥]这里的“合德”“相薄”“相资”，都是通气。孔颖达又指出：

> 令八卦相错，乾、坤、震、巽、坎、离、艮、兑，莫不交互而相重，以象

①〔汉〕董仲舒：《五行相生》，〔清〕苏舆：《春秋繁露义证》，钟哲点校，第362页。
②〔清〕陈立：《白虎通疏证》，吴则虞点校，中华书局1994年版，第166页。
③〔汉〕班固撰，〔唐〕颜师古注：《五行志上》，《汉书》，中华书局1962年版，第1317页。
④〔清〕陈立：《白虎通疏证》，吴则虞点校，第166页。
⑤〔魏〕王弼注，〔唐〕孔颖达疏：《周易正义》卷九，〔清〕阮元校刻：《十三经注疏》，第93页。
⑥〔清〕陈立：《白虎通疏证》，吴则虞点校，第94页。

> 天地雷风水火山泽莫不交错，则易之爻卦，与天地等，成性命之理、吉凶之数，既往之事，将来之几，备在爻卦之中矣。①

什么是山泽通气，朱子解释说：

> 泽气升于山，为云，为雨，是山通泽之气；山之泉脉流于泽，为泉，为水，是泽通山之气。是两个之气相通。②

这个解释十分朴实。气通过自身的运动把山泽这两个不同实体或两种不同自然现象连接起来，使两者都不再孤立，而是相互联系。故在儒家自然哲学中，欲了解山，亦须了解泽；反之亦然。

（二）“导气”

此条出自《国语·周语下》。周灵王二十二年，王城西部的谷水泛滥，南入洛水，淹及王宫西南。周灵王要“壅川”，即修筑堤防，堵住谷水，让它北流。太子晋提出了反对意见，他说：

> 古之长民者，不堕山，不崇薮，不防川，不窦泽。夫山，土之聚也。薮，物之归也。川，气之导也。泽，水之钟也。夫天地成而聚于高，归物于下。疏为川谷，以导其气；陂塘污庳，以钟其美。是故聚不陀崩，而物有所归，气不沈滞，而亦不散越。是以民生有财用，而死有所葬。然则无夭昏札瘥之忧，而无饥寒乏匮之患，故上下能相固，以待不虞。古之圣王，唯此之慎。③

此处“川，气之导也”即是把河流作为自然实体之间通气的媒介。这意味着河流与其他自然现象根据气的流通而构成一个整体。这种一体性是万物生长与社会政

---

①〔魏〕王弼注，〔唐〕孔颖达疏：《周易正义》卷九，〔清〕阮元校刻：《十三经注疏》，第94页。
②〔宋〕朱熹：《易十三·说卦》，〔宋〕黎靖德编：《朱子语类》卷七十七，王星贤点校，第1971页。
③〔清〕徐元诰：《国语集解》，王树民、沈长云点校，第92—93页。

治稳定的必要条件。所以太子晋强调，对于川谷只能疏导以通其气，使其不散越，亦不沉滞，这样百姓才能不缺材用。

（三）“宣气”与“导气”

与“导气”相同的有“宣气”“助气”等。“宣气”出自《国语·鲁语》等。据《国语·鲁语上》记载，夏四月，鲁宣公在泗渊大肆捕鱼，水虞里革割断了渔网，批评他说：

> 古者大寒降，土蛰发，水虞于是乎讲罛罶，取名鱼，登川禽，而尝之寝庙，行诸国，助宣气也。……今鱼方别孕，不教鱼长，又行网罟，贪无艺也。①

此处所谓“大寒降，土蛰发”，是指阳气初起，即大地开始宣泄储积的阳气，是“宣气”。此时捕一些鱼，是为了帮助阳气宣泄。四月不是捕鱼的季节，此时捕鱼违反了时禁，是贪得无厌。《汉书·货殖传》也有“宣气”的说法：

> 中木未落，斧斤不入于山林；豺獭未祭，罝网不布于野泽；鹰隼未击，矰弋不施于徯隧。既顺时而取物，然犹山不茬蘖，泽不伐夭，蝝鱼麛卵，咸有常禁。所以顺时宣气，蕃阜庶物，蓄足功用，如此之备也。②

这里同样是把按照时禁利用自然资源叫作“宣气”。《白虎通》把时令气候的正常运转称为“宣气”，说“太平之时，时雨时霁，不以恒阳而以时阳，天地之气宣也”③。宣气是大地的通气，助气则是人遵从和辅助自然，说明了人对于自然的生态职责。

---

①〔清〕徐元诰：《国语集解》，王树民、沈长云点校，第167—170页。
②〔汉〕班固撰，〔唐〕颜师古注：《货殖传》，《汉书》，第3679页。
③〔清〕陈立：《白虎通疏证》，吴则虞点校，第275页。

（四）“山川出云”

此说出于《礼记·孔子闲居》：“天降时雨，山川出云。”山川如何通气？《礼记·礼运》说：“天秉阳，垂日星，地秉阴，窍于山川，播五行于四时。”这是把山川看作“孔窍”，认为阴阳之气通过作为孔窍的山川散出和流行，气把五行散布于四时。《礼记》还把山川称为“鬼神”，以说明其通气的作用。《礼记·礼运》篇指出：

> 故圣人作则，必以天地为本，以阴阳为端，以四时为柄，以日星为纪，月以为量，鬼神以为徒，五行以为质，礼义以为器，人情以为田，四灵以为畜。

郑玄认为，“鬼神”即是山川，山川能够助地通气。[1]孔颖达进一步解释道，作为鬼神的山川是助地通气的，属于地的类。[2]宋代张载把鬼神说成是气的两种性能：“鬼神者，二气之良能也。”[3]具体言之，鬼者归也，神者伸也，鬼神即气的屈伸往来。在儒家自然哲学中，山川不能动；不能动的山川之所以能够通气，正是由于它们都有类似鬼神的气的屈伸作用。总之，《礼记》用通气的概念把天地山川统一起来。在它那里，山川既是气的凝聚，大化的一个站点；又是自然的一个环节，导气的工具。

（五）“天地交”

此条也出自《易》。交，即是通。“天地交”即作为实体的天和地之间以气为媒介的相互交通，即两者通气。在《易》中，天地亦可理解为阳、阴，故“天地交”亦可谓阴阳二气相交。照《易传》的解释，天地相交的原理是天气下降，地气上升，两者交会，达到亨通。《泰卦》的卦象是乾下坤上，天在地下，此正是天气已降、地气已升，交通得到完成的状态，所以它的《象传》说“天地交，泰”，

---

①〔清〕朱彬：《礼记训纂》卷九，饶钦农点校，第348页。

②〔汉〕郑玄注，〔唐〕孔颖达疏：《礼记正义》卷二十二，〔清〕阮元校刻：《十三经注疏》，第1424页。

③〔宋〕张载：《正蒙·太和》，《张载集》，章锡琛点校，第9页。

它的《彖传》说“天地交，而万物通也”。《周易》还有很多“通”的说法，如感、遇、睽、絪緼等。“感”出于《咸卦·彖传》。《咸》的卦象是艮下兑上，艮为山、为阳，兑为泽、为阴，是柔上刚下。阴阳二气的运行是阳升、阴降，所以此卦为阴阳二气，亦即山泽二实体已经相感。在取象说中，每一别卦的内外卦都可以取相应的实体，故《易》中的感、遇也是作为实体的两个自然现象的相通。《咸卦·彖传》说：“天地感而万物化生，圣人感人心而天下和平。观其所感，而天地万物之情可见矣。”万物之情之所以可见，照孔颖达所说：是因为天地万物都是以气相感的缘故。《姤卦》的卦象为巽下乾上，其《彖传》说：“天地相遇，品物咸章也”，即阴阳二气相交，万物得以生长。《归妹卦》的卦象为兑下震上，雷出于泽；又震为长男，兑为少女，故此卦又是男女结合之象。所以它的《彖传》说归妹是天地之义：否则“天地不交，而万物不兴”。（《否卦·彖传》）归妹是阴阳既合，少长已交，表达了天地交合，万物蕃兴的道理。[①]《周易·系辞下》又有“天地絪緼，万物化醇，男女构精，万物化生”的说法，是说阴阳二气相互交往附着，共相合会，万物感气之变化而精醇，生生化化不息。《周易·系辞上传》把阴阳相交总结为“一阴一阳之谓道”。

（六）“水曰润下”

“水曰润下”出自箕子所陈“五行”，分别见于《尚书》《史记》等。“润”是对水的渗透、浸湿土壤的能力的说明，是通气。这是水不同于其他四行的显著特点。水润土，土壤吸收水。土壤对水分的吸收是另一角度的润，其吸收的方向不单是从上到下，也可以把低处的水吸收到高处。所以，土壤或者地壳中的水并不是沿平面分布的，而是在不同的地区处于不同的高度。“山长水长”是说山有多高，水就会有多高。山区打井并不需要把山打穿后继续打到和平原地区地下水位相同的地方才见到水，甚至根本不用打井，山泉就会自然奔涌而出。《国语·周语上》中伯阳父在论述西周三川地震时提出：“夫水土演而民用也。土无所演，民乏财用，不亡何待？”[②]此处“演”即是“润”。伯阳父认为，土得水润而通气，则百姓能得

---

①〔魏〕王弼注，〔唐〕孔颖达疏：《周易正义》卷五，〔清〕阮元校刻：《十三经注疏》，第64页。

②〔清〕徐元诰：《国语集解》，王树民、沈长云点校，第26页。

到财用；气不通，水土不能演，必然导致山崩川竭、财用匮乏、国家灭亡。

（七）社稷的“通气”与玉气通天地

在传统中国，社稷是政权的象征。社的形式是土地，就其作为神的代表而言为社。社的规制只有墙垣，没有房屋。何以如此？《白虎通》解释说：

社无屋何？达天地气。故《郊特牲》曰：“天子太社（稷），必受霜露风雨，以达天地之气。”①

所谓“达天地之气”，也就是“通气”。屋子有顶，会隔绝霜露风雨，阻断天地之气的循环，所以，社不能有屋。相反，亡国政权的社则是有屋的，与天地隔绝的。由于社稷是政权的象征，所以，与天地隔绝表示这个政权已经失去了天命。在这里，可见的、经验意义的通气表达了不可见的、具有神秘特点的天命。类似的神秘联系，在《礼记》中还有一例。据《礼记·聘义》记载，子贡问孔子君子为什么贵玉。孔子说：玉，“气如白虹，天也；精神见于山川，地也”。郑玄解释说：“精神，亦谓精气也。虹，天气也。山川，地所以通气也。”②孔颖达进一步说：气如白虹是说玉的白气如同天的白气，所以称玉为“天也”。“白虹，谓天之白气。言玉之白气，似天白气，故云‘天也’。”“精神见于山川”的精神，即玉的精气彻见于山川。同样，地也是“气含藏于内”，“彻见于外”的，所以，玉又像地。

精神，谓玉之精气，彻见于山川，谓玉在山川之中，精气彻见于外，地气含藏于内亦彻见于外，与地同，故云“地也”。③

吕与叔曰：“玉之莹者，光气能达于天，所谓‘气如白虹’也。韫诸石

---

①〔清〕陈立：《白虎通疏证》，吴则虞点校，第89页。
②〔汉〕郑玄注，〔唐〕孔颖达疏：《礼记正义》卷六十三，阮元校刻：《十三经注疏》，第1694页。
③〔汉〕郑玄注，〔唐〕孔颖达疏：《礼记正义》卷六十三，阮元校刻：《十三经注疏》，第1694页。

中，则光辉必见，所谓‘精神见所山川’也。”[①]

宋代吕与叔的解释同样是以山川通气为基础的。值得注意的是，对于地含藏气，气表现于山川，山川通地气的认识，至迟在郑玄时代已成普遍性知识。

三、人与自然的“通”

在儒家自然哲学中，人作为一个实体和自然之间也是相通的。庄子的“通天下一气耳”（《庄子·知北游》）已经表明了人与天地万物的物理一体性。从现代科学的角度看，人从自然中获得氧气、水分、营养，同时又把二氧化碳、排泄物排入自然。这些吸收和排斥都可以哲学地概括为“通”。当代美国生态哲学家罗尔斯顿在说明人与外部世界的相互渗透时指出，从生态学上看，皮肤“与其说是一种坚硬的外壳，不如说是一种柔和的、允许相互渗透的界面”[②]。“自我通过新陈代谢与生态系统相互渗透（至少从隐喻的意义上说），世界与我成为一体了。”[③]罗尔斯顿称此为生态学思考的“一种穿越边界的想象力”[④]。金岳霖也指出：“一旦我们想到未曾二分的实在，我们也就想到了它的有机整体性，这种整体性部分地包含着存在的相互渗透，这种相互渗透是人类浸入它的同时代的东西和事体并被它们所贯穿，这些东西和事体又浸入人类的事情并被人类的事情所贯穿。所有的实际和人都是相互依赖的。”[⑤]从一气贯通的中国哲学自然观来看，人和自然的渗透或曰“通”，是一个基本的事实。《黄帝内经》说明了气与人体器官的通：“天气通于肺，地气通于嗌（ài，咽喉），风气通于肝，雷气通于心，谷气通于脾，雨气通于

---

①〔清〕朱彬：《礼记训纂》卷四十八，饶钦农点校，第911页。
②［美］霍尔姆斯·罗尔斯顿III：《哲学走向荒野》，刘耳、叶平译，第26页。
③［美］霍尔姆斯·罗尔斯顿III：《哲学走向荒野》，刘耳、叶平译，第26页。
④［美］霍尔姆斯·罗尔斯顿III：《哲学走向荒野》，刘耳、叶平译，第26页。
⑤金岳霖：《道、自然与人》，金岳霖学术基金会学术委员会编：《金岳霖文集》（第2卷），第716页。

肾。六经为川，肠胃为海，九窍为水注之气。”[①]这里主要是讲气与疾病的关系。《管子》强调“坦气修通”[②]。“坦气”即孟子的“平旦之气”。在孟子那里，平旦之气必须得到涵养，才能畅通。从现代的观点来看，这种气无论是精神的还是生理的，它的修和通都是符合“通气”原则的。

据《孝经·圣治》记载，孔子说：“天地之性，人为贵。”《尚书·周书·泰誓上》说：“惟人，万物之灵。”类似的说法还有《礼记·礼运》中的“人者，天地之心也”“人者，其天地之德，阴阳之交，鬼神之会，五行之秀气也”，以及“人者，天地之心也，五行之端也，食味、别声、被色而生者也”。人为什么在天地万物之中为贵为灵？儒家自然哲学认为，这是因为人的智慧与德性，这是人的价值所在。《左传·成公十三年》解释说：“民受天地之中以生，所谓命也。”受气或者禀气即是通气。人与自然的相通，在古代哲学中得到了充分的说明。周敦颐说：“无极之真，二五之精，妙合而凝。‘乾道成男，坤道成女’。惟人也，得其秀而最灵。”[③]这说明，人禀得天地精英之气而成为人。还说明了人与动物的区别，就人类本身来说，还有圣贤与常人的区别。儒家自然哲学认为，人、山川、整个自然都是一气贯通的，两者之间存在一种正相关的感应。自然的灵气凝聚于人，能产生卓越的人物。所谓钟灵毓秀，就是这个意思。《中庸》说“天命之谓性”。理学认为，天命之性是通过气质之性来实现的。这样，气质之性作为一种现实的人性，成圣成贤的出发点、基础或条件，就对人的成圣成贤的功夫具有限制意义。禀气清明的人，比那些禀气混浊的人较易进行道德修炼；资质偏蔽的人需要付出更多的功夫，方能成为圣贤。人自身的通气最为人们所耳熟能详的是中医的脉络相通之说。董仲舒也曾反对气在人身中“滞郁”，指出“阴阳之气，在上天，亦在人。在人者为好恶喜怒，在天者为暖清寒暑。出入上下、左右、前后，平行而不止，未尝有所稽留滞郁也。其在人者，亦宜行而无留，若四时之条条然也”。[④]关于此类问题，本文不拟论述。

---

①姚春鹏译注：《宝命全形论篇》，《黄帝内经》，中华书局2010年版，第46页。

②〔清〕黎翔凤：《管子校注》（上），梁运华整理，中华书局2004年版，第135页。

③〔宋〕周敦颐：《太极图说》，〔清〕黄宗羲：《宋元学案》（第2册），陈金生、梁运华点校，中华书局1986年版，第498页。

④〔汉〕董仲舒：《如天之为》，〔清〕苏舆：《春秋繁露义证》，钟哲点校，第463页。

四、不“通”的危害

如前所述，在儒家自然哲学中，通是自然界顺利运行，万物获得生命的基础；不通会导致自然失序，带来灾害，破坏自然的“生生”，进一步危害人类本身。《易传·系辞传》说“天地之大德曰生”，又说“生生之谓易”。没有通，天地之德就不能实现。在周灵王壅川的例子中，《国语·周语下》载太子晋指出共工“壅防百川”“皇天弗福，庶民弗助，祸乱并兴，共工用灭”①。后来鲧仍采用共工的办法，自身被殛。大禹实行疏川导滞的办法，“天无伏阴，地有散阳，水无沈气，火无炎燀，神无间行，民无淫心，时无逆数，物无害生”②。这样，大禹便得到了皇天福佑，建立了夏朝。在里革断罟的故事中，里革强调的是“助生阜”。《汉书·货殖传》同样强调的是“顺时宣气，蕃阜庶物”。显然，破坏天地之气的“通”会带来生态灾害。与前述《泰卦》相反，《否卦》的卦象是地下天上，天地不交；它的《彖传》是“天地不交而万物不通”。不通，万物即不能生长。儒家自然哲学认为，冬天即是天地不交。《礼记·月令》说：“天气上腾，地气下降，天地不通，闭塞而成冬。”③“生生”需要阴阳相交，冬天阴阳不交，所以不主生，而主闭塞、收藏。需要说明的是，客观地说，在温带地区，不可能没有冬，否则自然周期就不完善。由此言之，春夏秋冬四季应具有同样的价值。不过，儒家自然哲学认为，宇宙发展的总趋势、宇宙的规定性及合目的性是生生，所以生生在价值观上更重要。这样，在儒家自然哲学中，春夏就得到了较多的肯定，而秋冬则遭到了较多的否定，或被赋予一定的负面价值——阴阳不交即是负面价值的表现。

《周易》中有《坎》《兑》二卦。经卦的《坎卦》表示一般的、抽象的水，《兑卦》则表示具体的、静止的水。在儒家自然哲学中，通与不通对于人、事的意义有根本差异。流动是通，具有生命力；静止则不通，为“壅”，不具有生命力。符合生态原则的状态是通的状态。通意味着生，壅则意味着死。《左传·宣公十二年》记载了一个可以说明此点的事例。鲁宣公十二年，晋楚发生战争。晋国将领荀首占得《师》变为《临》的结果，认为不利出征。他说，《师》为众，《临》为

---

①〔清〕徐元诰：《周语下》，《国语集解》，王树民、沈长云点校，第94页。
②〔清〕徐元诰：《周语下》，《国语集解》，王树民、沈长云点校，第96页。
③〔汉〕郑玄注，〔唐〕孔颖达疏：《礼记正义》卷十七，阮元校刻：《十三经注疏》，第1381页。

弱。《师卦》的内卦为《坎》，是川，流动的河水；《临卦》的内卦是《兑》，是泽，不流动的水。故《师》变为《临》是“众散为弱，川壅为泽”，“必有大咎”。[①]晋将先縠不听劝诫，强行渡河攻击楚军，果然大败。“川壅为泽”使我们想到了大禹治水的“通”与其父鲧之“湮”的不同。

关于《坎》《兑》的区别，孔颖达也有一个说明。《易传·系辞上传》有“鼓之以雷霆，润之以风雨”的说法，涉及《震》、《离》（雷霆）、《巽》（风）、《坎》（雨）四卦。孔颖达解释说，这句话之所以只谈到震、巽、坎、离，而没有谈到《兑》，是因为“艮兑非鼓动运行之物”。[②]这表明，泽处于稳定而不流动的状态，不能自动滋润万物，所以在万物形成过程中的作用远逊于风雨。那么，泽水变为流动的水以后，又会怎样呢？六十四卦的《兑卦》卦象为重兑。其《象》曰：“丽泽，兑；君子以朋友讲习。”“丽泽”为二泽相连。高亨说，两泽相连，其水交流，象征朋友讲习交流知识。交流与讲习为可悦之事，所以此卦为悦。[③]

五、“通”的意义：自然规律向生态规律的转化

“通”的观念使儒家自然哲学成为一种与近代机械论自然观颇不相同，比如有机论自然观。内含“通”的儒家自然哲学有以下几点内涵。首先，自然具有一定的同质性。其同质性的基础是气，大地、山川、动物、植物，包括人等，都是由气构成的。其次，自然构成一个整体。这种整体不是各个孤立的实体的杂多堆积，而是以气在不同实体间的交换即“通”而联结起来的整体。再次，通气使不同实体之间的联系成为内在的联系。在内在关系中，对于自然的任何部分的破坏，都会影响到它的整体的圆满性，影响到它的健康生命。通是自然正常运行的充分条件。如果自然的一些部分不通气，那么这些部分就失去了相互联系和依存，成为孤立的个体了，自然的循环也就终止了、死亡了。在儒家自然哲学中，不仅自然的合目的性是

①元人注：《新刊四书五经·春秋三传》（上），中国书店1994年版，第348页。
②〔魏〕王弼、〔晋〕韩康伯注，〔唐〕孔颖达正义：《宋本周易注疏》（下），中华书局1988年版，第648页。
③高亨：《周易大传今注》，齐鲁书社1979年版，第350页。

生生，自然本身也是一个有生命的整体。人类对自然的破坏可能在当时还看不到影响，但若因此就认为这种破坏对自然没有影响，人与自然的关系不是内在性的，那是不对的。影响之所以还没有表现出来，只是因为时间还不够长。在较长的时间跨度内，对于自然的任何破坏都会内在性地产生相应的后果。

由于人和自然之间是通气的，所以在儒家自然哲学中，人和自然的关系也是内在性的，人的行为会影响自然规律。中国哲学所认识的自然无疑是有规律的，“天行有常”“四时不忒”“诚者，天之道也”，表述的都是天道的规律性。不过，儒家自然哲学所说的规律是一种生态性规律，与西方近代意义的自然规律相比有两个特点。其一，这种规律只是一种恒常性和趋势，会出现例外，而不是一种绝对的必然性。它近似于而不等同于现代科学所说的规律。在儒家自然哲学中，天行有常，四时不忒”是常态，但也可能出现非常态，像尧有九年之涝，汤有七年之旱之类。由于地理位置的特殊性，中国历史上水旱蝗虫灾害可能比其他民族和地区都更为频繁，自然的紊乱一直是存在的。规律的例外性是对这一现状的认识。其二，更为重要的是，近代科学规律具有超出人为控制的必然性，儒家自然哲学所认识的规律或恒常性则会因为人为的干预而发生错乱甚至毁灭。这类似于金岳霖所说的“理有固然，势无必至”[①]。“现代科学所探究的秩序是恒定的，人不能改变的。因此，这种理论无法套进人类的活动。因为无论人做什么，秩序都不会受到影响。”[②]儒家自然哲学则认为，不仅自然会影响人，人也可以严重地，甚至根本地影响自然。这种认识广泛地表现于《尚书》《月令》《春秋繁露》以及后世史籍中的《五行志》中。这意味着“不仅人类的生命系统是由环境秩序所维持的，而且这种秩序本身也是人类活动的直接客体”[③]。

“水曰润下”是箕子对于五行的说明，是一条自然规律。但是，据《汉书》记载，伏生在他的《尚书大传》中又提到了水不润下的情况。他说：“简宗庙，不祷祠，废祭祀，逆天时，则水不润下。”[④]他所说的“逆天时”就是违背自然规律。《汉书·五行志》说：

> 水，北方，终臧万物者也。其于人道，命终而形臧，精神放越，圣人为之

①金岳霖：《论道》，中国人民大学出版社2005年版，第171页。
②［日］桑子敏雄：《朱熹的环境关联性哲学》，［美］安乐哲等主编：《儒学与生态》，第131页。
③［日］桑子敏雄：《朱熹的环境关联性哲学》，［美］安乐哲等主编：《儒学与生态》，第131页。
④〔汉〕班固撰，〔唐〕颜师古注：《五行志上》，《汉书》，中华书局1962年版，第1342页。

> 宗庙以收魂气，春秋祭祀，以终孝道。王者即位，必郊祀天地，祷祈神祇，望秩山川，怀柔百神，之不宗事。慎其齐戒。致其严敬，鬼神歆飨，多获福助。此圣王所以顺事阴气，和神人也。至发号施令，亦奉天时。十二月咸得其气，则阴阳调而终始成。如此则水得其性矣。若乃不敬鬼神，政令逆时，则水失其性。雾水暴出，百川逆溢，坏乡邑，溺人民，及淫雨伤稼穑，是为水不润下。①

要求王者祭祀山川，怀柔百神，斋戒致敬，恭顺地侍奉阴气，调和人神，按照天时发布政令，使十二个月各得到其合适的气，阴阳调和，这样水才能呈现自己的润下本性。反之，如果不敬鬼神，政令失时，水就会失去自己的本性，不再润下，反而伤害人民。这里所说的政令奉天时仍有一定的现实性。山川能出云致雨是一条自然规律，可是，一旦过分地开山毁林，造成植被和山体的破坏，山川就不能出云致雨了，甚至还会导致自然灾害。据《汉书·贡禹传》记载，御史大夫贡禹批评汉家王朝为了铸钱而攻山取铜铁，凿地数百丈，使地中储藏的阴气之精都消散了。他指出，地中没有敛藏阴阳之气，不能含气出云，又加上砍伐林木没有时禁，未必不导致水旱之灾。

> 今汉家铸钱，及诸铁官皆置吏卒徒，攻山取铜铁，……凿地数百丈，销阴气之精，地臧空虚，不能含气出云，斩伐林木亡有时禁，水旱之灾未必不由此也。②

贡禹对于自然现象的联系性的认识是正确的，虽然他的解释不一定符合现代科学道理。

总之，现代科学可能认为“以类合之，天人一也”③这些观点是荒谬的，但是，如果把人类的活动作为自然的一个参数，并且把时间尺度放宽，那么自然规律就会转变为生态规律。生态及其规律都会因为人的不当活动而遭到破坏，这无疑是一个正确而又深刻的认识，它促使我们按照自然的本性对待自然。

---

①〔汉〕班固撰，〔唐〕颜师古注：《五行志上》，《汉书》，第1342页。
②〔汉〕班固撰，〔唐〕颜师古注：《贡传》，《汉书》，第3074页。
③〔汉〕董仲舒：《阴阳义》，〔清〕苏舆：《春秋繁露义证》，钟哲点校，第341页。

六、“为天地立心”：人与自然的精神性“感通”

既然人类的活动可以内在地对自然发生影响，那么，人与自然的相通就应是交互的，不但有人从自然中获得生存条件的方面，也应有人以仁心感通自然，道德地对待自然，帮助和促进自然正常运转的方面。这表现在儒家的“与天地参”“延天佑人”[①]“为天地立心”等思想中。

儒家自然哲学首先要求人顺应并按照自然的“通”来安排活动，不能妨碍自然的通气。上文中里革、太子晋所说所做，都是反对阻碍通气。《礼记·月令》中有不少关于违背时节的政令和告诫，如冬“行春政泄”“行夏政雷”，是说前者会提前把阳气发泄出去而引起干旱，后者会使阳气覆压阴气而引发雷鸣。《管子·四时》反对冬天“发山川之藏”，认为冬天乃闭藏的季节，采掘活动会造成闭藏不密，地气外泄。[②]照《管子》所说，使阴阳二气贯通是人的职责，通阳气是事天，可以经纬日月，用之于民；通阴气是事地，可以经纬星辰。《礼记·月令》要求依照气的运行来安排活动。如孟春之月气的运行是“天气下降，地气上腾，天地和同，草木萌动”，君王应发布农事政令，田官居住在国都东郊，迎接春气的到来；修饬田野疆界，整理田间水利设施，分别丘陵、湿地等不同土质，指导百姓种植。孟冬之月气的运行是“天地不通，闭塞而成冬”。这个月的活动主要是聚积、收敛，修缮城郭，完善边境守备等。《礼记·月令》强调此月“土事毋作”，因为这个月阳气凝聚、潜藏于土地之中，如果大兴土木，就会把阳气泄露出来，造成蛰虫死，民疾疫死丧的后果：

> 慎毋发盖，毋发室屋，及起大众，以固而闭。地气沮泄，是谓发天地之房，诸蛰则死，民必疾疫。又随以丧，命之曰畅月。

在儒家自然哲学中，人不仅不能阻碍通气，还应辅助通气；“助通气”是人的职责。里革断罟一事表明，川虞的职责之一是帮助天地之气的运行，捕鱼是这一职责的体现。《管子》有“助气”的思想。《管子·幼官》说到“五和时节”，即一

---

①〔明〕王夫之：《周易外传》，中华书局1977年版，第167页。
②〔清〕黎翔凤：《管子校注》（下），梁运华整理，第855页。

年的中间，季节为中夏，五行为土，数为五，色为黄，声为宫，方位为中央。在这个时候，君主须“服黄色，味甘味，听宫声，治和气，用五数，饮于黄后之井”，人心中要收藏“温和儒缓之气”，“以助土气也”。[①]这表明，君王可以帮助土气兴旺，促进它在自然和人事中发挥作用。《周易·泰卦·象传》说：“天地交泰，后以财成天地之道，辅相天地之宜，以左右民。”照孔颖达说，这里的天地之道，是四时的更替，君王应该帮助万物，使其顺利地生长，达到理应达到的最好状态。如果四时失去了它应有的节律，就会在自然和政治方面出现混乱。

> 君当财节成就，使寒暑得其常，生杀依其节，此天地自然之气，故云“天地之道”也。“天地之宜”者，谓天地所生之物各有其宜。……故人君辅助天地所宜之物，各安其性，得其宜。[②]

顺从阴阳、调和阴阳、尊奉天时，是具有生态意义的天人合一思想。

比上述观点更为积极的是以仁心感通自然，道德地对待自然，“为天地立心”。仁在孔子那里是爱，在孟子那里是恻隐之心。《周易》有阴阳二气相感的说法。《易传·系辞上传》说“易无思也，无为也，寂然不动，感而遂通天下之故”，这个“感”，照牟宗三说“是存有论的感”，是本体论的洞见，是“宇宙间、天地间最基本的一个实体”，如同海德格尔的“本体论情感”。[③]在儒家哲学中，爱、恻隐本来就有相感和相通的成分。这两种意思在宋明时期会合了。理学家把仁理解为人对于天地万物的恻隐性的相感和相通，典型和形象的是程颢的说法。他说：

> 医书言手足痿痹为不仁，此言最善名状。仁者，以天地万物为一体。莫非己也。认得为己，何所不至？若不有诸己，自不与己相干。如手足不仁，气已不贯，皆不属己。故“博施济众”，乃圣人之功用。[④]

---

①〔清〕黎翔凤：《管子校注》（上），梁运华整理，第135页。

②〔魏〕王弼注，〔唐〕孔颖达疏：《周易正义》卷二，〔清〕阮元校刻：《十三经注疏》，第28页。

③牟宗三：《周易哲学演讲录》，华东师范大学出版社2004年版，第38页。

④〔宋〕程颢、〔宋〕程颐：《河南程氏遗书》卷二上，《二程集》，王孝鱼点校，第15页。

理学家把这种血气贯穿的感通扩展到人与天地万物的关系上，认为“仁”亦即人的恻隐之心，人用自己的恻隐之心与天地万物相感应，从而与之贯穿为一体。此感通和恻隐又是“生生”。程子说：“满腔子是恻隐之心”[①]“恻隐之心，人之生道也”[②]。整个中国传统文化都认为，天地之心可生养万物。《中庸》说：“天地之道，可一言而尽也：其为物不二，则其生物不测。”朱子说：“‘天地以生物为心’。天包着地，别无所作为，只是生物而已。亘古亘今，生生不穷。人物则得此生物之心以为心，所以个个肖他。”[③]这个生物之心，存在于人、物之中。朱子说，天地之所以运行不息，只是生物而已。等到植物成熟了，它的果实里面就寓存着天地的生生之理，所以种子能够再生。张载说“为天地立心”，就是辅助自然的生生。

对于仁的感通，朱子、王阳明还有很多论述。朱子的说法是仁是“爱之理，心之德”[④]。“爱之理”是把仁作为一种超越的普遍原则，“心之德”则强调仁是心的德性，是一种恻隐感通的情感、爱的情感。朱子说：

> 爱是恻隐，恻隐是情，其理则谓之仁。心之德，德又只是爱。谓之心之德，却是爱之本柄。人之所以为人，其理则天地之理，其气则天地之气。理无迹，不可见，故于气观之。要识仁之意思，是一个浑然温和之气，其气则天地阳春之气，其理则天地生物之心。[⑤]

朱子认为，孟子所说的恻隐之心，最是亲切。人心自然会如此。“仁是根，恻隐是萌芽。亲亲、仁民、爱物，便是推广到枝叶处。”[⑥]

王阳明也强调这种恻隐之心对于万物的感通。他的概念是良知的感应。弟子问他，人与自己的身体一体，是因为有血气的贯通。人与他人已经是不同的身体了，

---

①〔宋〕程颢、〔宋〕程颐：《河南程氏遗书》卷三，《二程集》，王孝鱼点校，第62页。

②〔宋〕程颢、〔宋〕程颐：《河南程氏遗书》卷二十一下，《二程集》，第274页。

③〔宋〕朱熹：《孟子三·公孙丑上之下》，〔宋〕黎靖德编：《朱子语类》卷五十三，王星贤点校，第1280页。标点有改动。

④〔宋〕朱熹：《论语集注》卷一，《四书章句集注》，第48页。

⑤〔宋〕朱熹：《性理三·仁义礼智等名义》，〔宋〕黎靖德编：《朱子语类》卷六，王星贤点校，第111页。

⑥〔宋〕朱熹：《性理三·仁义礼智等名义》，〔宋〕黎靖德编：《朱子语类》卷六，王星贤点校，第118页。

与禽兽草木就更远了，怎么还是一体的？王阳明回答说，从“感应之几”上看，岂止是人与禽兽草木同体，即使是与天地鬼神也是同体的。人是天地之心，良知是人之心，是人的灵明。人往往被自己的身体这个躯壳限隔了，不能与天地万物相通。其实，人的灵明，便是天、地、鬼、神的主宰。人心与天地万物“便是一气流通的，如何与他间隔得？”[①]他又进一步指出：

是故见孺子之入井，而必有怵惕恻隐之心焉，是其仁之与孺子而为一体也；孺子犹同类者也，见鸟兽之哀鸣觳觫，而必有不忍之心焉，是其仁之与鸟兽而为一体也；鸟兽犹有知觉者也，见草木之摧折而必有悯恤之心焉，是其仁之与草木而为一体也；草木犹有生意者也，见瓦石之毁坏而必有顾惜之心焉，是其仁之与瓦石而为一体也；是其一体之仁也，虽小人之心亦必有之。是乃根于天命之性，而自然灵昭不昧者也，是故谓之“明德”。[②]

在王阳明这里，怵惕恻隐、不忍、悯恤、顾惜等都是感通的表现。感通，就是要道德地对待自然。董仲舒曾要求“恩至于土”“恩至于水”“恩及于金石”[③]。与此相似，《援神契》要求“德至山陵”[④]。谭嗣同著《仁学》，把“通”作为仁的根本含义，提出“仁以通为第一义”。这是仁的感通思想的新发展。当代中国哲学家金岳霖在其*Tao, Nature and Man*（《道、自然与人》）中批判了人类中心主义无视人和其他生物及事物的同一性的缺陷，提出了“普遍同情”（universal sympathy）的概念。所谓“普遍同情”是人对于他人以及自然界万物的怜悯、友爱、关怀的态度。此种态度来自孟子的恻隐之心、程颢的仁和王阳明的“感应之几”等；其基础则是人和自然界万物的基本同一性，也就是中国传统哲学的天人合一。金岳霖说：“如果意识到我们与宇宙和宇宙内所有的事物根本上是合一的，我们就会产生这样一种感觉，即我们真的可以被认为是全体地充塞于时空的，只是这种感觉并不给常人以任何满足。而对于一个哲学的心灵来说：这种感觉是慰藉性

---

①〔明〕王守仁：《语录一·传习录上》，《王阳明全集》卷一，吴光等编校，第26页。
②〔明〕王守仁：《续编一·大学问》，《王阳明全集》卷二十六，吴光等编校，第968页。
③〔汉〕董仲舒：《五行顺逆》，〔清〕苏舆：《春秋繁露义证》，钟哲点校，第376页。
④〔汉〕郑玄注，〔唐〕孔颖达疏：《礼记正义》疏引，〔清〕阮元校刻：《十三经注疏》，第1427页。

的，因为正是这种感觉让他产生对于周围事物的普遍的同情。”[①]“如果一个人认识到所谓的自己不仅与其他人相互渗透，而且也与其他动物、其他东西相互渗透，他就不会因自己是一个特殊的自我而过于兴奋了。这种认识会使他感觉到自己与世界和世界内的一切事物都是一体的。由此，他就会养成对事物的普遍同情。”[②]布拉克莱指出，同情心“构成了扩大的自我同一性，这种理解方式意味着没有一个事物是孤立的或者在种类上是完全不同的。从某种非常根本的意义上说，自然中任何事物都不异化于其他事物或过程。任何事物都是组织化的场的气的一部分。同情感渗透于全体之中”[③]。

中国哲学的主题之一是“究天人之际”。从“通”的范畴来看，此“际”是通气。“通”的范畴可以深化我们对儒家自然哲学关于自然物体之间、人与自然之间的联系的认识；由此使我们可以对天人合一获得一些新的理解，认识到人和自然的生态一体性、相关性与依赖性。尤其是，认识到人与自然有精神的沟通会促使当今人类在面对生态危机时，能承担更大的责任。至此，我们可以回答本文起初的那个问题：北京城的中轴线是一个通气的孔道，中轴线上不能有建筑，否则就阻碍了通气。所以，它是一条畅通无阻的通道，是“无”，是“不在场”；城市是“有”，是“在场”。城市之“有”和中轴线之“无”形成“有无相生”的关系。“生”不是生出，而是相互映照而使对方实现其本性，成为其本身。“无”使“有”成为“有”，“有”使“无”成为“无”。这个“无”，也就是海德格尔所说的“澄明”；通气在这个意义上是澄明。

（原载《社会科学》2012年第7期，中国人民大学《中国哲学》2012年第10期转载）

①金岳霖：《道、自然与人》，金岳霖学术基金会学术委员会编：《金岳霖文集》（第2卷），第637页。

②金岳霖：《道、自然与人》，金岳霖学术基金会学术委员会编：《金岳霖文集》（第2卷），第740页。

③Donald N. Blakeley, “Listening to the Animals: The Confucian View of Animal Welfare,” *Journal of Chinese Philosophy 30*, no. 2 (2003): 150.

“天人合一”论的生态哲学进路

司马迁所著《史记》，提出要“究天人之际，通古今之变”[①]。他所说的实际上也是中国哲学、中国文化的目标。中国文化“究天人之际”的结果是得出了“天人合一”的普遍原则，它是中国人植根于自然，与自然和谐相处、协同发展的存在方式。以往我们理解“天人合一”这个命题局限于哲学形而上学层面，把它作为一个抽象的形而上学命题来看待。笔者近来在研究当代生态哲学和生态科学的过程中，发现两者正从不同的侧面向这一古老原则回归。这一回归也可视为在新的时期和新的学理的基础上对其内涵进行的新的展开。这种展开打开了我们重新领会其内涵的大门。在这里，笔者拟以生态为线索，结合当今世界生态科学和生态哲学的新进展，对天人合一大致分为物理、价值、本体、功夫、境界、知识六个方面进行新诠释。

一、物理意义

天人合一的物理意义或事实意义是说从泥土瓦石到一草一木，从飞禽走兽到常人圣贤，都是由“气”构成的，一气贯通、万物一体。“一气贯通”的思想源自道家，庄子称为“通天下一气”。庄子特别提出，从“气”上说，人和万物之间能够互相转换。《庄子·大宗师》中有这样一段：

> 俄而子来有病，喘喘然将死。其妻子环而泣之。子犁往问之，曰：“叱！避！无怛化！”倚其户与之语曰：“伟哉造化！又将奚以汝为？将奚以汝适？以汝为鼠肝乎？以汝为虫臂乎？”[②]

---

①〔汉〕班固撰，〔唐〕颜师古注：《司马迁传》，《汉书》，第735页。
②陈鼓应：《庄子今注今译》上，中华书局1983年版，第189页。

在这里，构成子来的“气”可以在子来死去再构成鼠肝、虫臂，就是以“气”为基础的万物嬗形思想。这一思想后来由董仲舒、郑玄、孔颖达、周敦颐、张载等人继承，成为中国文化的共识。当然，构成人和其他生物的“气”不是普通的“气”，不是乖戾之“气”，而是“和气”。《荀子·天论》指出，“万物各得其和以生”。《礼记·郊特牲》说：“阴阳和而万物得。”[①]朱子也指出，天地生物，每一物都赋予了它一个“无妄”的本性，“天之生物也，一物与一无妄”。[②]又说：“一草一木，皆天地和平之气。”[③]

十分有趣的是，当代美国著名生态哲学家利奥波德在他的《沙乡年鉴》中也提出了“x”的循环的思想，与庄子万物嬗形的思想如出一辙。利奥波德说，有一个“x”，被锁闭在一块岩石中。经过很长时间后，它被一棵橡树拔了出来，长在树中，帮助那棵橡树开花结果。一只鹿吃了橡果，“x”成为鹿的一部分。这只鹿被一个印第安人猎到，“x”变成了印第安人的骨头和骨骼。这位印第安人死后，“x”又回到了土壤中，等待着下一个循环。[④]

利奥波德这一章被认为是生态哲学的经典。无独有偶，中国当代哲学家金岳霖在他的《论道》中也提出了一个“x”的循环的思想。x在金岳霖哲学中为“能”。照他所说，“能”不是概念，不是名词，而是一个名字，是构成万物的不可再分的“某种东西”。与“能”相对的是“可能”，类似于概念。“能”进入可能，概念即成为“共相”。共相通过现实的具体化和个体化即产生事物。所有“可能”的吸取的总和为“式”。“能”和“式”不能相互脱离。金岳霖指出：“居式由能莫不为道”[⑤]，也就是说，“能”在“式”中的运动形成宇宙间道的演化过程，宇宙间的一切生生灭灭皆发生于此过程中。金岳霖从哲学上更为普遍地说明了一气贯通、万物嬗形的思想。

金岳霖、利奥波德所说的“x”和中国哲学的“气”是一致的。“气”的循环决定了人与天地万物的一体性，人的存在的自然性决定了人和自然服从同样的规

---

①〔清〕朱彬：《郊特牲》，《礼记训纂》卷十一，饶钦农点校，第384页。

②〔宋〕朱熹：《性理一·人物之性气质之性》，〔宋〕黎靖德编：《朱子语类》卷四，王星贤点校，第56页。

③〔宋〕朱熹：《性理一·人物之性气质之性》，〔宋〕黎靖德编：《朱子语类》卷四，王星贤点校，第60页。

④［美］奥尔多·利奥波德：《奥德赛》，《沙乡年鉴》，侯文蕙译，吉林人民出版社1997年版。

⑤金岳霖：《论道》，商务印书馆1985年版，第40页。

律。“x”是什么？它可以是自然的任何一个构成元素，比如氮。地球上80%的氮以氮气的形式稳定地存在于空气中，剩下的20%中大多数是土壤腐殖质的一部分，还有一小部分以有机化合物的形式存在于生物体内。氮通过生活在土壤中的各种微生物和豆科植物的根的氮固定功能进入土壤，还可以通过腐烂的植物以及动物粪便进入土壤。“腐殖质通过土壤微生物的活动慢慢释放出氮，土壤微生物再把它转化为硝酸盐”“硝酸盐又被植物的根部吸收，造出蛋白质和作物的其他有生命的部分。在自然界中，植物变为动物的食物，动物的粪便又返回到土壤之中，这个循环便完成了”。①不少元素都是这样循环的，这就是气的循环的一个侧面。

以“气”为媒介，人和自然是相互渗透的。罗尔斯顿说，从生态学上看，皮肤“与其说是一种坚硬的外壳，不如说是一种柔和的、允许相互渗透的界面”②，“自我通过新陈代谢与生态系统相互渗透（至少从隐喻的意义上说），世界与我成为一体了”③。罗尔斯顿称此为生态学思考的“一种穿越边界的想象力”。④金岳霖指出：“一旦我们想到未曾二分的实在，我们也就想到了它的有机整体性。这种整体性部分地包含着存在的相互渗透，这种相互渗透是人类浸入它的同时代的东西和事体并被它们所贯穿，这些东西和事体又浸入人类的事情并被人类的事情所贯穿。所有的实际都是相互依赖的。”⑤从一气贯通的哲学观来看，人与自然的相互渗透是一个基本的事实。只要想想我们的呼吸作用、我们的营养的取得、我们的排泄，以及我们死后又复归于自然的过程，就会发现，物理意义的天人合一是一个非常真实的现实。

在中国哲学中，“气”又具有与西方哲学的物质概念不同的特点。首先，“气”和运动是统一的。在西方哲学中，物质也是可以运动的，但是，物质和运动是各自独立的。物质要进入运动状态，需要外力的推动。而在中国哲学中，气的实体性和运动性是内在地统一的，两者不可分离。其次，“气”具有生命力，它能够产生生命。生命是由“气”的运动而产生的。《礼记·礼运》说：“故人者，其天地之德，阴阳之交，鬼神之会，五行之秀气也。”又说：“故人者，天地之心也，

---

①［美］巴里·康芒纳：《封闭的循环——自然、人和技术》，侯文蕙译，吉林人民出版社1997年版，第18页。
②［美］霍尔姆斯·罗尔斯顿Ⅲ：《哲学走向荒野》，刘耳、叶平译，第26页。
③［美］霍尔姆斯·罗尔斯顿Ⅲ：《哲学走向荒野》，刘耳、叶平译，第26页。
④［美］霍尔姆斯·罗尔斯顿Ⅲ：《哲学走向荒野》，刘耳、叶平译，第26页。
⑤金岳霖：《道、自然与人》，金岳霖学术基金会学术委员会编：《金岳霖文集》（第2卷），第716—717页。

五行之端也，食味、别声、被色而生者也。”周敦颐在《太极图说》中继承了这些观点，朱子也曾经提出过“气即种”的说法。这些都说明了“气”具有生命力。再次，在中国哲学中，“气”不仅是物质的，同时也是精神的，是两者的统一。在孟子哲学中，“浩然之气”就是一种精神性的“气”；在稷下道家哲学中，精气还具有思维功能。陈荣捷主张把“气”译作“物质力量”（material force），指出它包含物质和能量，是“与血和呼吸相连的心理和生理力量”。[①]“气”也译作“vital force”，是“有生命的力量”的意思。[②]杜维明认为“气”是物质和思维的统一，西方哲学“思维与物质的二元论对于这种精神生理结构是完全不适用的”。[③]在杜维明看来，“气”构成了中国哲学的“存有的连续的本体论”。[④]玛丽·塔克认为，“生命既是道德的同时又是物理的，既是物质的同时又是精神的，气则是这种生命的根底的统一性”。[⑤]这些都说明，在中国哲学中，精神现象和物质现象也是统一的。

物理意义的天人合一在一定意义上是一个被动的、消极的事实。诚如海德格尔所说，我们是被抛入这个世界的，世界是我们的组成部分，我们又是世界的组成部分。可以说，无论人们是否意识到这一点，甚至说，无论一个人是否在道德修养和实践行为中主动地朝天人合一的方向努力，这都是事实。这意味着一个人可以在实践上违背天人合一原则而在物理意义上仍是天人合一的。这是个矛盾，说明还需进一步把天人合一视为一种价值。

二、价值意义

为了克服天人合一的物理意义存在的悖论缺陷，天人合一应当也是一种价值

---

①Chan, *A Source Book in Chinese Philosophy,* 784.

②*Chan, A Source Book in Chinese Philosophy, 784.*

③Tu Weiming, “The Continuity of Being: Chinese Visions of Nature,” in *Confucianism and Ecology: The Interrelation of Heaven, Earth, and Humans*, 107.

④Tu, “The Continuity of Being: Chinese Visions of Nature,” 107.

⑤Tucker, “The Philosophy of *Ch’i* as an Ecological Cosmology,” 191.

观。天人合一作为一种事实，对于人来讲是一种必然、必须。必然蕴含应该，这意味着自然对人具有道德引导功能。所以，天人合一就是一种原则，是一种人应该做到的价值要求。

与前述能量在不同的营养级之间的转移相似，罗尔斯顿提出了一个“生命之流”的概念。他指出，生命和外部环境之间进行着物质和能量的交换，这种交换须保持一种动态的平衡。他说：“资源的消耗与资源的保护总是相矛盾的，而生命就在这二者之间微妙的张力中延续。在人类以前的生命形式里，这种平衡不是有意识的；人类出现以后，就有了这样一个挑战，如何将这种平衡转变为有意识的，或者说道德性的。自动平衡不排除进化和历史发展，但它确实规定了：未来人类的发展不论采用什么样的途径，都应使这些自然过程能够延续下去，因为生命之河是靠这些过程才能向前流动的。只有当我们的源头可以更新（renewable），我们才能再生发（regenerate）。‘更新’和‘再生发’这两个词的前缀re-已不再表示将自然的东西转变为某种供人类利用的东西，而是表示人类应使自己适应于一种不被扰乱的物质资源的流动，以求得自身的延续。从对历史的回顾中我们可以看到，关心自然保护的人也是最早对未来世代产生关注的人。”[①]可是，真正的问题在于“人是否能够承认他完全是自然的一部分”[②]。《自然的经济体系》的作者唐纳德·沃斯特（Donald Worster）也将“生态依赖性”作为他这本书的结论之一。他指出，“有机大自然尽管都各自进行个别的努力，但都得按相互依赖原则来运转。的确，它只能按照此原则来运转。没有其他物种的帮助，任何有机物或者物种都没有机会生存下来”[③]。罗尔斯顿和唐纳德的论证都表明，在现代生态哲学的视野中，天人合一是一种价值观。

天人合一作为价值和存在的原则在《易经》中已经有所表现。《易经》有六十四卦，每卦都是“兼三才而两之”（《周易·说卦》），三才即天、地、人。每一卦六爻的初、二爻代表地，三、四爻代表人，五、上爻代表天。这样，在《易经》中人便被整合进了天地人的结构中。天地的运行对于人的行为有先验的规定和限制意义，人必须按照天地运行的原则或方式行事。这就是天人合一，也可以叫作“因天”。以《乾卦》为例，它的爻辞初九“潜龙勿用”、九二“见龙在田”，说

---

① [美] 霍尔姆斯·罗尔斯顿III：《哲学走向荒野》，刘耳、叶平译，第104—105页。
② [美] 唐纳德·沃斯特：《自然的经济体系——生态思想史》，侯文蕙译，第223页。
③ [美] 唐纳德·沃斯特：《自然的经济体系——生态思想史》，侯文蕙译，第494页。

的都是自然的事。九三“君子终日乾乾，夕惕若、厉、无咎”，便开始陈述人事。九五“飞龙在天”、上九“亢龙有悔”是龙已上天，仍是说自然的事情。《周易》的结构意味着生态原则在儒家文化中是从人的存在以至于自然的存在之本根上出发的，具有本体和价值的意义。天人合一作为价值，在儒家功夫论哲学中的表现尤为突出。“功夫”实际上是实现价值的过程。

三、本体意义

在天人合一的物理或事实意义的基础上，可以进一步谈到它的本体意义，其内涵是天地万物具有一定意义的同一性。《中庸》据说是子思的作品，它所设想的读者是普遍的个人，不限于统治者。这是冯友兰所指出的儒家对人的发现。发现个人，是儒家文化的积极意义之一。《中庸》开篇说“天命之谓性，率性之谓道，修道之谓教”，把天和人贯穿在了一起，指出人性来源于天性，两者具有同一性。这里的“天”是自然，但它不纯是现代物理学意义的天空（sky）或自然界（nature），还包含了更多的对于自然与人的联系的认识和对于自然的敬畏的情感。金岳霖把这种意义上的自然称为“自然神”。他说：“在天人合一的思想中，‘天’所表达的内容要比英语中的‘自然’所表达的内容多一些。如果我们记住这里的神不是基督教的神，那么，或许自然和自然神是比其他术语或用语更为接近于‘天’的等值物。”[①]词义的差别表现了文化的差别。《易传·系辞上传》提出“一阴一阳之谓道，继之者善也，成之者性也”，又说“乾道变化，各正性命”（《易传·乾卦》），表明人和天地万物都是在阴阳运行的过程中获得自己的本性。《中庸》和《易传》从本体的意义上说明了天和人是贯通的、一体的，人和万物的本性都来源于天，是天赋予的；天人合一，是天道与人性的同一。这即是天人合一的本体意义。朱子扼要地指出：“盖合而言之，万物统体一太极也；分而言之，一物各具一太极也。所谓天下无性外之物，而性无不在者，于此尤可以见其全

①金岳霖：《道、自然与人》，金岳霖学术基金会学术委员会编：《金岳霖文集》（第2卷），第723页。

矣。”[①]又指出：“太极只是个极好至善底道理。人人有一太极，物物有一太极。周子所谓太极，是天地人物万善至好底表德。”[②]人人一太极，物物一太极，显然是人物具有同一性的明确表述。人性和天道具有同一性是一个极强的生态学命题，甚至超出了当代深生态学（deep ecology）可以承认的程度。深生态学是当代生态哲学发展的一个流派，以阿恩·纳斯（Arne Naess）等人为代表，其理论特征在于肯定自然的内在价值，强调人与自然的和谐与平等，主张人尤其是发达国家的人们应该降低生活水平，以降低环境的压力。[③]

什么是“天道”，什么是“人道”？《中庸》和孟子都认为，“诚者，天之道也”，做到“诚”是人道。什么是“诚”？《中庸》提出“择善固执”，可见“诚”就是“善”。这和《易传》所说的“继善成性”是一致的。东汉赵岐指出：“授人诚善之性者，天也；思行其诚以奉天者，人也。”[④]这正是思孟学派天人合一的意思。不过，《中庸》的天道之善不单纯是一个道德伦理范畴，它还是天地万物的本体，具有本体的意义。“诚”是不息的。天道的运行是积极的、永无止息的。

> 不息则久，久则征，征则悠远，悠远则博厚，博厚则高明。博厚，所以载物也；高明，所以覆物也；悠久，所以成物也。博厚配地，高明配天，悠久无疆。[⑤]

所以，天地之道是“诚”于一而不二的。人们看不到它的样子，它却是彰明昭著的；看不见它的动静，它却产生了变化；看不到它做什么，它却生成了万事万物。天地生物是神妙莫测的。这样的“天”，它的自然意义也是它的道德意义或价值意义，两者是合一的。天道赋予人，成为人性，也是自强不息、厚德载物的价值性。

与《中庸》的“不息”与“博厚”一致，周敦颐的《通书》开篇即是“诚”

---

①〔宋〕朱熹：《太极图说解》，朱杰人等主编：《朱子全书》（第13册），第74页。
②〔宋〕朱熹：《周子之书·太极图》，〔宋〕黎靖德编：《朱子语类》卷九十四，王星贤点校，第2371页。
③参见何怀宏主编：《生态伦理——精神资源与哲学基础》，第486页。
④〔汉〕赵岐注，〔宋〕孙奭疏：《孟子注疏》，〔清〕阮元校刻：《十三经注疏》，第2721页。
⑤〔宋〕朱熹：《中庸章句》，《四书章句集注》，第34页。

论。他指出：

> 诚者，圣人之本。“大哉乾元，万物资始”，诚之源也。“乾道变化，各正性命”，诚斯立焉。纯粹至善者也。故曰：“一阴一阳之谓道，继之者善也，成之者性也。”元、亨，诚之通；利、贞，诚之复。大哉易也，性命之源乎！
>
> 圣，诚而已矣。诚，五常之本，百行之源也。静无而动有，至正而明达也。五常百行非诚，非也，邪暗塞也。故诚则无事矣。至易而行难。果而确，无难焉。故曰：“一日克己复礼，天下归仁焉。”①

周敦颐这两段话，首段肯定了“诚”与天道、与善、与性命的联系，指出易、元亨利贞是“诚”的根源，由此确立了“诚”的本体基础；次段说明了“诚”的功夫论，指出“诚”是道德的根本，“诚”的功夫在于力行。南宋时，朱子继承周敦颐的思想，明确地把“诚”提升为普遍的天理，使它成为一个包含了所有事物之理从而也是道德规范的本体。从二程开始，宋明哲学家把生生、仁作为天道人性，用生生来贯穿天人。朱子亦继承了这一观点。

四、功夫意义

天人合一的功夫意义以它的价值意义为基础。既然天人合一是一种价值，那么人在实践上就应该做到天人合一，主动地合于天。功夫论主要是道德修养，也包含社会实践。孔子是主张天人合一的，他所讲的是“则天”。在《论语·泰伯》中，孔子赞颂尧能够效法天而实行德化。他说：“大哉，尧之为君也！巍巍乎！唯天为大，唯尧则之。”“则天”就是效法天道，天人合一。邢昺说：

> 尧之为君也，聪明文思！其德高大巍巍，然有形之中，唯天为大，万物资

---

①〔宋〕朱熹：《太极图说解》，朱杰人等主编：《朱子全书》（第13册），第97—100页。

始，四时行焉。唯尧能法此天道而行其化焉。[1]

即是说，尧这个君主，聪明文思，道德高大巍巍。有形的事物，以天为大，天肇始万物，运行四时。尧能够效法天道而推行教化。刘宝楠从普遍原则的高度认为，人禀受天地的中气而生，人性根源于天，所以应该“法天”；“未有能违天而成德布治者也的”。[2]《中庸》称颂孔子“上律天时，下袭水土”，“律天时”是遵循天道，“袭水土”是因循地利。这表明，在《中庸》看来孔子也是“则天”的。《易传·系辞上传》说“知崇礼卑，崇效天，卑法地”，是说人的智慧效法天，人所制定的礼仪效法地。可见，在儒家文化中，人应当遵循天地的原则行动；人的主动性即表现为服从自然，而不是破坏自然。

思孟学派更加重视人通过功夫与天合一。在《中庸》《孟子》看来，圣人是那些能够完全实现自己的诚善本性，从而与天合一的人。圣人即是天。普通人必须以圣人为楷模，不能止于独善其身，闭门思诚而已；还应有所作为，积极地对待他人，对待天地万物，成就他人，成就天地万物，人只有在这个过程中才能实现自己的诚善本性。这是他的“尽性”，即实现他的本性。“诚”作为人的德性，统合内外。成就他人与天地万物，是让他人和天地万物充分实现他们各自的本性，这是“尽人之性”和“尽物之性”。成就自己是仁，成就万物是智，即：

诚者非自成己而已也，所以成物也。成己，仁也；成物，知也。性之德也，合外内之道也，故时措之宜也。（《中庸》）

可见，在儒家看来，人只有充分地实现自己的诚善本性，才能使他人和万物实现他们的本性；同时，成己尽性也内在地包含着让天地万物实现自己的本性，做不到这一点，就不能说正确地实现了成己尽性。当代深生态学的“自我实现”说（self-realization）与《中庸》的“尽性”思想十分接近。深生态学的自我实现理论认为，人的自我不是一个孤立的、欲望的小自我（self），而是与大自然融为一体的具有“有机完整性”的大自我（Self）。由于自我包含着他人、天地万物，自我的本性是由人与他人、自然界中的其他存在物的关系所决定的，所以，自我的实现

①〔魏〕何晏注，〔宋〕邢昺疏：《论语注疏》，《十三经注疏》，第2487页。
②〔清〕刘宝楠：《论语正义》，《诸子集成》（第1册），中华书局1954年版，第166页。

包含着让其他存在物都能实现自己的本性。“我们必须超出我们当前狭隘的文化假定（assumptions）和价值，我们这个时空的传统智慧”，自我实现或“自我的全部展开过程可用以下短语进行概括：‘在我们所有都得救之前，没有哪一个能得救’。这里的‘哪一个’，不仅包括作为个人的我，也包括所有的人、鲸鱼、灰熊，所有的雨林生态系统、山脉、河流以及极微小的细菌等等”。①这里的“大自我”之说，与王阳明所说的与天地万物为一体的“大人”颇为相近。

为了做到天人一体，《中庸》提出了由明而诚、由诚而明两种功夫论，前者是尽心知性，由后天领悟先天本体的功夫；后者是存心养性，由本体出发，由仁义行地实现本体的功夫。在张载那里，两者都是“天人合一”。可以说，天人合一在《易经》和《中庸》中还只是一个原则，不是一个明确的命题，董仲舒、张载把它变成了一个明确的命题。董仲舒说：“以类合之，天人一也”②“天人之际，合而为一”③。张载说：“儒者则因明致诚，因诚致明，故天人合一。”④《中庸》、张载的“天人合一”都更加突出了这一命题的道德实践意义，突出了人的主体性和价值。强调人的价值正是儒家文化能够历久弥新、贞下起元，从而超越历史的局限性的根源所在。

五、境界意义

境界是在一定的功夫的基础上达到的对于事物的“觉解”⑤。这是冯友兰在其“贞元六书”之一的《新原人》中提出的一个概念。在我们看来，“觉解”是人对自己存在于世界的一种觉醒和领悟，是一种超迈的理解和深刻的洞见。天人合一是儒家哲学以至于中国文化的最高命题，它既是一个事实也是一个价值，最高的事实就是价值。同时，它也是经过功夫修养后所达到的境界。这种境界在儒家哲学中

①Bill Devall and George Sessions, *Deep Ecology* (Salt Lake City: Gibbs M. Smith,1985), 66.

②〔汉〕董仲舒：《阴阳义》，〔清〕苏舆：《春秋繁露义证》，钟哲点校，第341页。

③〔汉〕董仲舒：《深察名号》，〔清〕苏舆：《春秋繁露义证》，钟哲点校，第288页。

④〔宋〕张载：《正蒙·乾称》，《张载集》，章锡琛点校，第65页。

⑤冯友兰：《新原人》第一章，《三松堂全集》（第4卷），513页。

被表述为“与天地参”“民胞物与”“与天地万物为一体”等。与天地参出现于《中庸》：

唯天下至诚，为能尽其性；能尽其性，则能尽人之性；能尽人之性，则能尽物之性；能尽物之性，则可以赞天地之化育；可以赞天地之化育，则可以与天地参矣。

这里的“至诚”，是那些经过长期的道德修养功夫，从而达到心性与天地贯通的人，他们能够把实现自己的本性和让他人以及天地万物都能实现各自的本性有机地统一起来，从而实现他自己本性的过程，也是一个帮助天地生生不息、化育万物的过程。他把自己提升到与天地同德同行的地步。这就是说他做到了参与和帮助天地的变化和生育万物，可以与天地相并列为三，这就是“与天地参”。照这样看来，人参赞天地万物的化育，就不只是进行了一种道德实践，而且还达到了一种与天地万物为一体的天人合一的境界。这就是冯友兰所说的天地境界。

“民胞物与”是宋代哲学家张载提出来的一种境界。如前所述，以“气”为基础的“合一”只是一种自在的或本来的状态。天人合一的根本意义是境界论或价值论的。境界论这层含义的“合一”不是谁都能意识到的，更不是谁都能做得到的，所以，儒家强调通过功夫达到天人合一。张载的“民胞物与”是理学家天人合一境界的极好表述。他说：

乾称父，坤称母；予兹藐焉，乃混然中处。故天地之塞，吾其体；天地之帅，吾其性。民吾同胞，物吾与也。大君者，吾父母宗子；其大臣，宗子之家相也。尊高年，所以长其长；慈孤弱，所以幼吾（其）幼。圣其合德，贤其秀也。凡天下疲癃残疾、茕独鳏寡，皆吾兄弟之颠连而无告者也。于时保之，子之翼也；乐且不忧，纯乎孝者也。违曰悖德，害仁曰贼；济恶者不才，其践形，唯肖者也。知化则善述其事，穷神则善继其志。不愧屋漏为无忝，存心养性为匪懈。……富贵福泽，将厚吾之生也；贫贱忧戚，庸玉女于成也。存，吾顺事；没，吾宁也。[①]

①〔宋〕张载：《正蒙·乾称》，《张载集》，章锡琛点校，第62—63页。

照冯友兰所说，从“乾称父”到“吾其性”确立了人在宇宙中的地位。宇宙如同一个大家庭，天地为父母，人为儿女；人承担道德责任，应把百姓作为自己的同胞，万物作为自己的朋友。冯友兰特别强调，本文中的“吾”指人，“其”指“宇宙”。所以，“吾”不仅是社会中的一员，也是宇宙中的一员，“吾”所做的一切不仅具有道德意义，还具有超道德的境界意义。[①]准此，则张载的“知化则善述其事，穷神则善继其志”中的“其”，亦应指宇宙天地万物，“继其志”是继天之志，“述其事”是遵循继天之事。天之志，亦是天之心，乃是化生万物，“天地之心，惟是生物”[②]；天之事，亦是生化万物之事。所以，民胞物与，就是参赞天地之化育，与天为一。程颢的“仁者浑然与物同体”、王阳明的“大人者，以天地万物为一体者也”[③]，也都包括了参赞化育的境界内涵。

六、知识意义

天人合一能不能成为一种知识？从当代分析哲学的原则来看，天人合一是形而上学原则，而形而上学是不能被视为知识的。但现在看来，这种见解是片面的。美国学者芭芭拉·沃德（Barbara Ward）指出：“近四五十年来，人们对自然的了解，科学地证实和增强了古代人们的道德观念。哲学家曾告诉我们：我们是一个整体的一个部分，这个整体超越于我们的局部欲望和要求；一切生物都像交错的蜘蛛网一样相互依赖着；侵略和暴力会盲目地破坏生存的脆弱关系，从而引起毁灭和死亡。这些论点，也可以说是从人类社会和人类活动中得出的直觉知识。现在我们知道，这些知识都是宇宙实际情况的如实写照。”[④]这表明，道德正在变为知识。笔者认为，天人合一也是一种知识，也可以用科学的方法去把握。人应该遵循自然规

---

①冯友兰：《中国哲学史新编》第5册，中华书局1988年版，第137页。《张载集》把“其”订为“吾”，本书仍从冯友兰的理解，作“其”理解。
②〔宋〕张载：《横渠易说·复》，《张载集》，章锡琛点校，第113页。
③〔明〕王守仁：《续编一·大学问》，《王阳明全集》卷二十六，吴光等编校，第968—969页。
④［美］芭芭拉·沃德、［美］勒内·杜博斯：《只有一个地球——对一个小小行星的关怀和维护》，《国外公害丛书》编委会译校，吉林人民出版社1997年版，第55—56页。

律，这可以说是天人合一最为浅显的表述，它显然是一种知识。不遵守自然规律会遭受惩罚，这是被人类历史反复证明了的。人是自然的一部分，与自然构成一个整体，人的欲望和要求应该服从于整体的存在和发展，可谓天人合一的又一含义，它显然也是一种知识。从气象学上看天人合一的知识性更为明显。人类活动对于大气的影响是可以计算的。每年人类的生产生活活动有多少碳排放总量，这些碳会对臭氧层造成多大的影响，产生的温室效应的程度有多大，可以造成气温升高多少，冰川融化多少，海平面上升多少，凡此种种都是可以计算的。现在已经有不少科学家在进行这方面的研究。

生态系统存在能量，能量可以在无机物和有机物、有机物的不同物种之间相互转移，现代生态学已经用科学手段计算出了能量转移的量。这可以说是对一气贯通意义的天人合一的一种证实。其实，前述氮的转化已经是一种证实了。生态学家坦斯利根据热力物理学认为，在生态系统中能量是不停地穿梭转移的。“能量在流经生态系统的任何一点时都是可以测量的，就此而言，诸如碳或氮之类的地球化学物质的循环也是如此。”[①]这样，可以把“整个自然——岩石和大气以及生物区系——都纳入到物质资源的共同序列之中”。[②]1942年，雷蒙德·林德曼（Raymond Lindeman）以美国明尼苏达州雪松湖为对象，采用把生物事件还原为能量事件的方法，测量了生态系统的新陈代谢——能量的循环。他把自然界分为“普通生产者”“一级消费者”“二级消费者”“分解者”。在这里，营养还原为能量。下一级消耗前一级的能量。但是，“在某一级上耗用的能量永远不能全部转移到下一更高等级去。一部分能量总是会在转移中损失，如同热量会散佚到大气中一样”[③]。他精确地测量了食物链中每一极的“生产力”和能量在由下一级到高一级转移过程中的损失，即能量转移的“效率”。

湖水只能吸收太阳能量的千分之一，其余反射到天空中。这千分之一的能量中，有1/5消耗于第一级生产者——植物的呼吸作用，剩下的4/5被用来生产可由食草动物消费的净产量。第一级消费者——食草动物只吃到植物净产量的17%，其他部分都没有用或腐烂了。食草动物所获得的能量30%用于自己的新陈代谢。第二级消费者——食肉动物仅仅消耗了可供利用的食物能量的28.6%，因为“消耗得过多

① ［美］唐纳德·沃斯特：《自然的经济体系——生态思想史》，侯文蕙译，第356页。
② ［美］唐纳德·沃斯特：《自然的经济体系——生态思想史》，侯文蕙译，第354页。
③ ［美］唐纳德·沃斯特：《自然的经济体系——生态思想史》，侯文蕙译，第359—360页。

就等于是破坏它们食物基地的生存和有效再生产的能力”[①]，它的呼吸作用则消耗了它所获得的能量的60%。林德曼提出了能量流动的两个模式：“第一，有机物在从较低营养级获取能量方面，随着一种有机物在食物链中不断升级而变得越来越富有效率。能量转移的效率从锡达沼泽湖中植物获取太阳能量的千分之一，一下跳跃到食肉动物从食草动物净产量中获得28.6%的能量。第二，随着食物链中物种升级，呼吸作用消耗的能量所占的比例也越来越大，从植物的21%上升到食肉动物的60%”[②]。

林德曼的研究说明了物种数量为什么是金字塔形状的，即在自然界，使食肉动物的数量小于食草动物，食草动物的数量小于草地的产出量。这是自然形成的一种平衡。人是这一金字塔的顶端，人也是这一平衡的打破者，因为他可以同时消耗动物和植物。从林德曼的研究可以看出，包括人在内的生态系统构成要素之间是相互依赖和动态平衡的，把人置于自然，作为自然的一部分，要求其服从自然的天人合一观念。由此可见，天人合一是可以表述为科学知识的。芭芭拉·沃德说：“生物界密切的不可避免的相互依赖，包含着某种稳定的和动态的互变关系。这种互变关系的减弱或破坏，将使生物产生相互残害和自身消灭的可能性……在这种相互关系的后面，却存在着一种危险，一旦那微妙的平衡被破坏，就有可能造成预料不到的有时是毁灭性的后果。”[③]这可以说是对人是自然的一部分，人与生态系统其他元素的相互依赖——天人合一的一个基于科学的说明。

总之，生态科学和生态哲学正在形成一种新的认识论运动，改变着人类对于知识的看法，扩大着知识的外延；进一步说，改变着人类认识问题的思维方式，逐渐形成了一种关于“总体”的或“道体”的知识。天人合一即是其中一例。在这种新视野下，天人合一也是一个可以证实的知识命题，而不单纯是一个抽象的哲学命题。

（原载《哲学动态》2011年第8期）

---

① ［美］唐纳德·沃斯特：《自然的经济体系——生态思想史》，侯文蕙译，第361页。
② ［美］唐纳德·沃斯特：《自然的经济体系——生态思想史》，侯文蕙译，第361页。
③ ［美］芭芭拉·沃德、［美］勒内·杜博斯：《只有一个地球——对一个小小行星的关怀和维护》，《国外公害丛书》编委会译校，第54—55页。

论“仁”的生态意义

一、仁作为道德共同体

道德共同体（moral community）是指人类应该道德地对待的对象的范围。当代哲学常以“道德代理人”（moral agent）和“道德顾客”（moral patient）表示之。在西方哲学史上，道德共同体的范围限于人类。亚里士多德说：“植物活着是为了动物，所有其他动物活着是为了人类……自然就是为了人而造的万物。”[①]托马斯·阿奎那说：“根据神的旨意，人类可以随心所欲地驾驭之，可杀死也可以其他方式役使。”[②]笛卡儿主张意识是决定道德身份的根据；动物不具有意识，所以不是道德关怀的对象。[③]康德认为道德身份只限于主体和目的。“只有有理性的人才有道德价值”；我们对于动物“不负有任何直接的义务”，“动物不具有自我意识，仅仅是实现一个目的的工具，这个目的就是人”；“我们对于动物的义务，只是我们对于人的一种间接义务”[④]。

在儒家哲学中，道德共同体的范围包括动物、植物直至泥土瓦石等整个无机自然界，这叫作“德及禽兽”[⑤]“泽及草木”[⑥]“禽兽草木广裕”[⑦]“化及鸟兽”“顺

①［古希腊］亚里士多德：《政治学》卷一，第八章。转引自戴斯·贾丁斯《环境伦理学——环境哲学导论》，林官明、杨爱民译，第106页。此段译文略异于吴寿彭译文。吴译参见商务印书馆1965年版《政治学》，第23页。

②转引自［美］戴斯·贾斯丁：《环境伦理学——环境哲学导论》，林官明、杨爱民译，第106页。

③［美］戴斯·贾斯丁：《环境伦理学——环境哲学导论》，林官明、杨爱民译，第106—107页。

④［德］康德：《只有理性存在才有道德价值》，转引自何怀宏主编《生态伦理——精神资源与哲学基础》，第343页。

⑤〔汉〕司马迁：《殷本纪第三》，《史记》卷三，第95页。

⑥〔汉〕班固撰，〔唐〕颜师古注：《严助传》，《汉书》，中华书局1962年版，第2780页。

⑦〔汉〕贾谊：《治安策》，《贾谊集》，上海人民出版社1976年版，第196页。

物性命”[①]“恩及于土”[②]“恩及于水”[③]等。在《周礼》《仪礼》《礼记》及“春秋三传”等典籍中，道德地对待山河大地的思想已经有系统的表达。张载提出“民胞物与”，程颢提出“仁者浑然与物同体”，《宋史·道学传》提出“盈覆载之间，无一民一物不被是道之泽，以遂其性”[④]，王阳明提出“大人者，与天地万物为一体”[⑤]，上述说法明确表明，儒家道德共同体包括整个自然界。

二、“爱人以及物”：仁作为道德共同体的核心及其扩展

儒家哲学的道德共同体是以仁为核心或纽带的。儒家文化的发展有几千年的历史，仁的内涵也经历了一个不断丰富发展的过程。仁的最初含义是表示人与人之间相亲相爱的情感。《说文解字》说：“亲也。从人二。”[⑥]在《论语》中，孔子提出仁者“爱人”，[⑦]确定了儒家思想的基本内涵。在孔子的时代，人的价值尚未得到全面承认，所以《论语》强调“爱人”。马厩失火，孔子“不问马”问“伤人乎”（《论语·乡党》），这并不表示孔子不怜惜马，他只是为了强调人的价值。事实上，孔子的态度是博爱的。据《论语·述而》记载，孔子“钓而不纲，弋不射宿”，教子伯鱼“多识于鸟兽草木之名”（《论语·阳货》），这些都是对于自然的亲近和热爱。又据《礼记·檀弓下》记载：

> 仲尼之畜狗死，使子贡埋之，曰：“吾闻之也：敝帷不弃，为埋马也；敝盖不弃，为埋狗也。丘也贫，无盖；于其封也，亦予之席，毋使其首陷焉。”

---

①〔南朝宋〕范晔撰，〔唐〕李贤等注：《鲁恭传》，《后汉书》卷二十五，中华书局1965年版，第874、882页。
②〔汉〕董仲舒：《五行顺逆》，〔清〕苏舆：《春秋繁露义证》，钟哲点校，第375页。
③〔汉〕董仲舒：《五行顺逆》，〔清〕苏舆：《春秋繁露义证》，钟哲点校，第380页。
④〔元〕脱脱等：《道学传》，《宋史》卷四百二十九，第12709页。
⑤〔明〕王守仁：《续编一·大学问》，《王阳明全集》卷二十六，吴光等编校，第968页。
⑥〔汉〕许慎撰，〔清〕段玉裁注：《说文解字注》，第365页。
⑦〔宋〕朱熹：《论语集注》卷六，《四书章句集注》，第139页。

对于已死动物的哀悯和掩埋，表现了孔子对于生命普遍尊重的态度。这种态度得到了孟子的继承。孟子进一步发展了仁。他说：“仁，人心也”（《孟子·告子上》），明确地把仁作为人心的一种德性；又说“恻隐之心，仁之端也”（《孟子·公孙丑上》）。可见，仁在孟子那里是恻隐之心，是对事物的深切的同情、怜悯的态度。《孟子·梁惠王上》提出：“君子之于禽兽也，见其生，不忍见其死；闻其声，不忍食其肉。”孟子把此称为“仁术”。他还明确地提出了“爱物”的思想，说“亲亲而仁民，仁民而爱物”（《孟子·尽心上》），从而把道德共同体扩展到了外物。

在《尚书·周书·酒诰》中，文王教导子弟说“惟土物爱，厥心臧”。孔安国解释说：“文王化我民，教道子孙，惟土地所生之物皆爱惜之，则其心善。”[①]清代孙星衍解释说：“土物者，土地所生之物，谓黍稷。”文王的意思是“汝当爱惜土地所生之物，以善其心。”[②]董仲舒说：“质于爱民，以下至于鸟兽昆虫莫不爱。不爱，奚足谓仁？”[③]《诗经·大雅·行苇》篇有“敦彼行苇，牛羊勿践履。方苞方体，维叶泥泥”一章。《毛诗序》认为，此章表现了周族先王“仁及草木”的忠厚仁德。汉代郑玄说：“仁，爱人以及物。”[④]唐代贾公彦指出：“云‘仁，爱人以及物’者，仁者内善于心，外及于物，谓若《行苇》诗美成王云‘敦彼行苇，牛羊勿践履’，是爱人及于苇，苇即物也。”[⑤]董仲舒指出：“泛爱群生，不以喜怒赏罚，所以为仁也。”[⑥]这里的“群生”，当然包括动植物。董仲舒还在《春秋繁露》中提出了系统的爱护动物、植物、泥土、山水的主张。他说：

> 恩及草木，则树木华美，而朱草生；恩及鳞虫，则鱼大为，鳣鲸不见，群龙下。……咎及于木，则茂木枯槁，工匠之轮多伤败。毒水渰群，漉陂如渔，咎及鳞虫，则鱼不为，群龙深藏，鲸出见。……恩及于火，则火顺人而甘露降；恩及羽虫，则飞鸟大为，黄鹄出见，凤凰翔。……咎及于火，则大旱，必

---

①〔汉〕孔安国传，〔唐〕孔颖达疏：《尚书正义》卷十四，〔清〕阮元校刻：《十三经注疏》，中华书局1980年版，第206页。
②〔清〕孙星衍：《尚书今古文注疏》下，陈抗、盛冬铃点校，中华书局1986年版，第376页。
③〔汉〕董仲舒：《仁理法》，〔清〕苏舆：《春秋繁露义证》，钟哲点校，第251页。
④〔汉〕郑玄注，〔唐〕贾公彦疏：《周礼注疏》，〔清〕阮元校刻：《十三经注疏》，第707页。
⑤〔汉〕郑玄注，〔唐〕贾公彦疏：《周礼注疏》卷九，〔清〕阮元校刻：《十三经注疏》，第707页。
⑥〔汉〕董仲舒：《离合根》，〔清〕苏舆：《春秋繁露义证》，钟哲点校，第165页。

有火灾；咎及羽虫，则飞鸟不为，冬应不来，枭鸱群鸣，凤凰高翔。……恩及于土，则五谷成，而嘉禾兴。恩及倮虫，则百姓亲附，城郭充实，贤圣皆迁，仙人降。……咎及于土，则五谷不成；暴虐妄诛，咎及倮虫，倮虫不为，百姓叛去，贤圣放亡。……恩及于金石，则凉风出；恩及于毛虫，则走兽大为，麒麟至。……咎及于金，则铸化凝滞，冻坚不成；焚林而猎，咎及毛虫，则走兽不为，白虎妄搏，麒麟远去。……恩及于水，则醴泉出；恩及介虫，则鼋鼍大为，灵龟出。如人君简宗庙，不祷祀，废祭祀，执法不顺，逆天时，则民病流肿，水张，痿痹，孔窍不通。咎及于水，雾气冥冥，必有大水，水为民害；咎及介虫，则龟深藏，鼋鼍呴。①

三、“生生之德”：仁作为宇宙的合目的性

《易传·系辞传》说：“天地之大德曰生”“生生之谓易”。这里的“天地”是自然的总名。“生”的含义很丰富，包括给予生命、出生、生养、生长以及变化、更新、进化等内容。宋明时期儒家又把天地的生生的德性称作“天地之仁”②，从而使仁具有了本体的意义。

二程认为，“生生”或“生意”是“易”、是天道。他们说：“‘生生之谓易’，是天之所以为道也。天只是以生为道，继此生理者，即是善也。”③朱子强调，生意普遍地表现于一年四季。

春为仁，有个生意；在夏，则见其有个亨通意；在秋，则见其有个诚实意；在冬，则见其有个贞固意。在夏秋冬，生意何尝息！本虽凋零，生意则常

①〔汉〕董仲舒：《五行顺逆》，〔清〕苏舆：《春秋繁露义证》，钟哲点校，第372—380页。
②〔宋〕朱熹：《性理三·仁义礼智等名义》，〔宋〕黎靖德编：《朱子语类》卷六，王星贤点校，第106页。
③〔宋〕程颢、〔宋〕程颐：《河南程氏遗书》卷二上，《二程集》，王孝鱼点校，第29页。

存。大抵天地间只一理，随其到处，分许多名字出来。①

这表明，元、亨、利、贞，春、夏、秋、冬都不过是生理的不同说法而已。理学家大都喜“观天地生物气象”②或观天地之“生意”，珍惜万物表现出来的勃勃生机。据记载，周敦颐绿满“窗前草不除”，说“与自家意思一般”。③这是说野草的生意跟自己心中的生意一样。程子说：“万物之生意最可观，此元者善之长也，斯所谓仁也。”④朱子指出，植物虽然没有知觉，但它的生意仍可以表现出来。朝阳照耀的时候，花树欣欣向荣，它的生意树皮都包裹不住，自然迸发出来。如果是枯枝败叶，便“憔悴”，这是因为气的运行已经离去。他说：

植物虽不可言知，然一般生意亦可默见。若戕贼之，便枯悴不复悦怿，亦似有知者。尝观一般花树，朝日照曜之时，欣欣向荣，有这生意，皮包不住，自迸出来；若枯枝老叶，便觉憔悴，盖气行已过也。⑤

朱子强调，即使秋冬的肃杀之气、“雪霜之惨”，也是生气的表现，不过是生气的收敛而已。

问：“仁是天地之生气，义礼智又于其中分别。然其初只是生气，故为全体。”曰：“然。”问：“肃杀之气，亦只是生气？”曰：“不是二物，只是敛些。春夏秋冬，亦只是一气。”⑥

天之春夏秋冬最分晓：春生，夏长，秋收，冬藏。虽分四时，然生意未尝

①〔宋〕朱熹：《性理三·仁义礼智等名义》，〔宋〕黎靖德编：《朱子语类》卷六，王星贤点校，第105页。
②〔宋〕朱熹：《程子之书二》，〔宋〕黎靖德编：《朱子语类》卷九十六，王星贤点校，第2478页。
③〔宋〕程颢、〔宋〕程颐：《河南程氏遗书》卷三，《二程集》，王孝鱼点校，第60页。
④〔宋〕程颢、〔宋〕程颐：《河南程氏遗书》卷十一，《二程集》，王孝鱼点校，第120页。
⑤〔宋〕朱熹：《性理一·性情心意等名义》，〔宋〕黎靖德编：《朱子语类》卷五，王星贤点校，第62页。
⑥〔宋〕朱熹：《性理三·仁义礼智等名义》，〔宋〕黎靖德编：《朱子语类》卷六，王星贤点校，第107页。

不贯；纵雪霜之惨，亦是生意。[①]

理学家认为，天地的生意或者生理也就是天地的生物之心，[②]“天地以生物为心”[③]。《易传·复卦》有“复，其见天地之心”的说法。《复》的卦象是一阳来复的意思。朱子指出，天地以生生为自己的德性，元、亨、利、贞都是生物之心。在春、夏，天地生生不息的景象十分显著，可以明确地见到天地之心。在贞的时节，即冬季，仅有一阳来复，天地之心没有显著的外在表现。但这是天命流行之初，造化发育的开始，万物莫不由此资始，正可以体见天地之心。

> 一阳来复，其始生甚微，固若静矣。然其实动之机，其势日长，而万物莫不资始焉。此天命流行之初，造化发育之始，天地生生不已之心于是而可见也。若其静而未发，则此之心体虽无所不在，然却有未发见处。此程子所以以“动之端”为天地之心，亦举用以该其体尔。[④]

在理学家看来，万物都得到天地之心作为自己的心。

> 天地以此心普及万物，人得之遂为人之心，物得之遂为物之心，草木禽兽接着遂为草木禽兽之心，只是一个天地之心尔。”[⑤]

就植物来说，它成熟的时候，生意集中表现在它的果实中；它的果实就是天地的仁。伊川把谷种包含的生长本性叫作仁。他说：“心譬如谷种，生之性便是

---

①〔宋〕朱熹：《朱子语类》卷六，朱杰人等主编：《朱子全书》（第14册），第255页。
②〔宋〕朱熹：《孟子三·公孙丑上之下》，〔宋〕黎靖德编：《朱子语类》卷五十三，王星贤点校，第1280页。
③〔宋〕朱熹：《孟子集注》卷二，《四书章句集注》，第237页。
④〔宋〕朱熹：《易七·复》，〔宋〕黎靖德编：《朱子语类》卷七十一，王星贤点校，第1791—1792页。
⑤〔宋〕朱熹：《理气上·太极天地上》，〔宋〕黎靖德编：《朱子语类》卷一，王星贤点校，第5页。

仁。”[①]朱子也说：“看茄子内一粒，是个生性。”[②]又说：谷种、桃仁、杏仁之类，种着便生，不是死物，所以叫作“仁”。

> 且如万物收藏，何尝休了，都有生意在里面。如谷种、桃仁、杏仁之类，种着便生，不是死物，所以名之曰“仁”，见得都是生意。如春之生物，夏是生物之盛，秋是生意渐渐收敛，冬是生意收藏。[③]

清代戴震认为，“仁者，生生之德也”。[④]他指出，“气化流行，生生不息”[⑤]是仁；清代易学家沈起元说：“果之仁，天地之仁也。”[⑥]有趣的是，现代汉语仍然保留着把植物的果核称为“仁”的用法，如花生仁、核桃仁之类。

需要指出的是，《周易》所说的生生之德，不是就一个具体的春夏秋冬的循环而言的，而是就宇宙间所有春夏秋冬而言的，它指的是自然运行的总趋势。任何一个单独的四季都同时包含着生与死的过程，从中看不出天地的生生之德，可是，当把所有四季循环统一起来看就会发现，宇宙是生生不息的。进化论、生态演化的错综论等理论都证明了这一点。这种由统合而观得到的生生之德，即是“天地之心”，也是宇宙的合目的性（*Zweckmaessigkeit*/Purposiveness）。“合目的”是康德在《判断力批判》中提出的一个概念，我们认为这个概念具有本体论意义，反映了世界运行的可期待的结果，是事实，也是价值。宇宙的生命性以及生命的连续性，是宇宙演化过程的合目的性和本质。关于生生作为宇宙的目的性，蒙培元先生亦有此论，云“所谓‘生’的目的性，是指向着完善、完美的方向发展，亦可称之为善。善就是目的”[⑦]。本文赞同这个观点。

把自然作为一个生生的过程，是东西古典哲学的共同认识。“自然”的希腊文写法为“*φυσιs*”，拉丁文写法为“*physis*”“*phuein*”，其本来含义是“起

---

①〔宋〕程颢、〔宋〕程颐：《河南程氏遗书》卷十八，《二程集》，王孝鱼点校，第184页。

②〔宋〕朱熹：《性理二·性情心意等名义》，〔宋〕黎靖德编：《朱子语类》卷五，王星贤点校，第63页。

③〔宋〕朱熹：《性理三·仁义礼智等名义》，〔宋〕黎靖德编：《朱子语类》卷六，王星贤点校，第113页。

④〔清〕戴震：《孟子字义疏证》，何文光整理，中华书局1961年版，第48页。

⑤〔清〕戴震：《孟子字义疏证》，何文光整理，第48页。

⑥〔清〕沈起元：《周易孔义集说》卷六，《四库全书》（第50册），第144页。

⑦蒙培元：《人与自然——中国哲学生态观》，人民出版社2004年版，第7页。

源”“诞生”或“生长”、本性。亚里士多德对自然进行了较为详尽的分析，提出了它的六种含义：（1）“生物的创造”；（2）“一生物的内在部分，其生长由此发动而进行”；（3）“每一自然事物由彼得于自然者，开始其最初活动。那些事物由于与其他事物接触或有机结合而得到增益者，此之谓生长”；（4）“任何事物所赖以组成的原始材料”；（5）“自然事物的本质”“创生过程的终极目的”；（6）事物的“怎是”。总之，“本性就是自然事物的动变渊源”。[①]从这些解释可以看出，自然的主要含义是生长和变动的源泉。所以，有的学者说亚里士多德的自然不是它所是，“而是它将会成为什么，是一种可能性”[②]，是有道理的。在亚里士多德哲学中，一个事物的自然就是它的目的——“telos”，这意味着事物的生长是朝向自己的目的进展的过程。在中国典籍中，“自然”来自老子《道德经》，也是自我生出、自己而然之义。《易传》“天地之大德曰生”的思想继承了道家对自然的体认。亚里士多德关于自然的解释与中国哲学的自然概念有相通之处，并非偶然，可以说是人类对于自然的共同体认，反映了人类存在的原初状态，或者说本真状态。“生生”是原初的存在，是宇宙过程的真实意义和深层本质。

“天地之大德曰生”的思想逐渐得到了当代生态哲学的肯定。生态学家约翰·布鲁克纳说：“自然中的一种有机动力，这种动力不大容易容纳在相应的物种中和林奈的生态系统的永恒的物质圈子里。贯穿在自然中的活的能量创造着一个极不稳定的混合体。它是‘一个有着稀奇构造的网络，是用柔软的，不牢固的，易碎的材料制成的，按照它的建造和意图把一切都结合成令人惊奇的一片’。”[③]当代美国著名生态哲学家罗尔斯顿也说：“进化的生态系统中存在着一种创造性，它以我们还没有充分理解的机制，形成一切生物物种与生命过程。”[④]布鲁克纳的“有机动力”、罗尔斯顿的“创造性”，都是“生生之谓易”的“生生”，也就是自然的合目的性。

“天地之大德曰生”在儒家哲学中也是一种价值。客观地说，在儒家哲学诞生的中国古代中原地区，四季分明，不可能没有秋、冬，否则自然周期就不完善。由

---

①［古希腊］亚里士多德：《形而上学》，吴寿彭译，商务印书馆1959年版，第87—89页。近似思想又见《物理学》，张竹明译，商务印书馆1982年版，第44页。

②［美］詹姆斯·奥康纳：《自然的理由——生态学马克思主义研究》，唐正东、臧佩洪译，南京大学出版社2003年版，第34页。

③［美］唐纳德·沃斯特：《自然的经济体系——生态思想史》，侯文蕙译，第72页。

④［美］霍尔姆斯·罗尔斯顿III：《哲学走向荒野》，刘耳、叶平译，第331页。

此言之，四季应该具有同样的价值。不过，既然从总体上看，宇宙是一个生生不息的过程，那么，主导生的阳当然也应该是值得肯定的价值。在此，阳即是布鲁克纳的“有机动力”、罗尔斯顿的“创造性”、康德的“合目的性”。罗尔斯顿又说：“在我们所生存的这个进化中的生态系统中，确实有着美丽、稳定与完整。这个世界有一种自然的、现实的朝向生命的趋势。尽管我们不能把这作为一条普遍规律。”[①]所谓“朝向生命的趋势”，正是《易》所说的生生之德。自然科学往往看不到这一层，因为它注重的是“树木”，而不是“森林”；是具体，而不是总体。它把对于总体的把握推给形而上学，并否定关于总体的知识性。而生态哲学所要把握的恰恰是宇宙的总体过程。张载说：“大其心则能尽体天下之物，物有未体，则心为有外。”[②]这句话应该成为生态哲学的一个方法论基础。从总体上说，阳总是居于主导，只有这样，世界才能生生不息地发展下去。这就是说，从价值意义上看，阳尊阴卑。朱子说：

> 阴阳者，造化之本，所不能无，但有淑慝之分。盖阳淑而阴慝，阳好而阴不好也。犹有昼必有夜，有暑必有寒，有春夏必有秋冬。人有少必有老，其消长有常，人亦不能损益也。但圣人参天地，赞化育，于此必有道。故观“履霜坚冰至”之象，必有谨微之意，所以扶阳而抑阴也。[③]

可见，阳尊阴卑首先是一种自然观，然后才说是一种伦理观。诚如朱伯崑所说：那种认为中国哲学的本体论是伦理的本体化的观点，是不准确的。[④]

---

①［美］霍尔姆斯·罗尔斯顿III：《哲学走向荒野》，刘耳、叶平译，第77页。
②［宋］张载：《正蒙·大心》，《张载集》，章锡琛点校，第24页。
③［宋］朱熹：《易五·坤》，［宋］黎靖德编：《朱子语类》卷六十九，王星贤点校，第1735页。
④朱伯崑：《论〈易经〉中形式思维对于中国传统哲学的影响》，《朱伯崑论著》，沈阳出版社1998年版，第743页。

四、仁为人的“天地生物之心”：仁的生态性质的内在化

（一）“仁包四德”

在《论语》《孟子》中，仁、义、礼、智主要是四种不同的德性。[①]宋明时期，理学家把四者及信统一为仁，主张“仁包四德”。程颢说：“义、礼、知、信皆仁也”[②]；程颐说：“四德之元，犹五常之仁。偏言则一事，专言则包四者。”[③]朱子继承了这一观点，说仁之所以能够包四者，“只为是一个”[④]。又说：“仁，浑沦言，则浑沦都是一个，义礼智都是仁；对言，则仁义礼智一般。”[⑤]他还进一步指出，仁是全体，也是“本体”：“‘仁’字须兼义礼智看，方看得出。仁者，仁之本体；礼者，仁之节文；义者，仁之断制；知者，仁之分别。”[⑥]

“仁包四德”的见解是以《易传》为基础的。理学家把“仁”理解为天地的生生之德，又把仁、义、礼、智四端与元、亨、利、贞和春、夏、秋、冬比配；仁为春、为生，而天地的生意是生生不息的、不间断的，所以仁贯穿四德。朱子说：

> 天只是一元之气。春生时，全见是生；到夏长时，也只是这底；到秋来成遂，也只是这底；到冬天藏敛，也只是这底。仁义礼智割做四段，一个便是一个；浑沦看，只是一个。[⑦]

---

①关于此问题的进一步论证，参见《“全德之名”和仁圣关系——关于“仁”在孔子学说中的地位的思考》，《孔子研究》2002年第4期。

②〔宋〕程颢、〔宋〕程颐：《河南程氏遗书》卷二上，《二程集》，王孝鱼点校，第16页。

③〔宋〕程颢、〔宋〕程颐：《周易程氏传》卷一，《二程集》，王孝鱼点校，第697页。

④〔宋〕朱熹：《程子之书一》，〔宋〕黎靖德编：《朱子语类》卷九十五，王星贤点校，第2417页。

⑤〔宋〕朱熹：《性理三·仁义礼智等名义》，〔宋〕黎靖德编：《朱子语类》卷六，王星贤点校，第107页。

⑥〔宋〕朱熹：《性理三·仁义礼智等名义》，〔宋〕黎靖德编：《朱子语类》卷六，王星贤点校，第109页。

⑦〔宋〕朱熹：《性理三·仁义礼智等名义》，〔宋〕黎靖德编：《朱子语类》卷六，王星贤点校，第107页。

朱子又说，《乾卦》的元、亨、利、贞四德，元是生意，是天地生物的开端，“在亨则生意之长，在利则生意之遂，在贞则生意之成。若言仁，便是这意思”[①]。兼包四德的仁不是一个道德条目，而是天地万物与人的本体。

（二）仁为人的“天地生物之心”

《礼记·礼运》说：“人者，天地之心也，五行之端也。”什么是人为天地之心？孔颖达解释说：

> 天地高远在上，临下四方，人居其中央，动静应天地。天地有人，如人腹内有心，动静应人也。故云“天地之心也”。王肃云：“人于天地之间，如五藏之有心矣。人乃生之最灵，其心五藏之最圣也。”[②]

张载明确指出：“天无心，心都在人之心”[③]。朱子也说：“天地间非特人为至灵，自家心便是鸟兽草木之心”[④]。这个心是什么？程子指出：“心，生道也。有是心，斯具是形以生。”[⑤]朱子认为，仁是天地的生物之心，天地所生之物又“各得夫天地生物之心以为心”。[⑥]这表明，天地之心是“生生”，此心表现于人，就是人心的“仁”“生生”或“生意”。这样，仁、天地的生生之德、人心三者就联系起来了，生生亦由外在的天地之德变成人内心的德性了。所以，人心之仁就是人的珍爱万物生命，促进万物生长的德性。这是作为人的德性的“生意”。人心的生意与天地的生意是贯通的、同一的。这是宋儒所理解的天人合一的根本。

对于人心、生意、天地生生之德的统一的认识，在宋明时期是非常普遍的。朱

---

①〔宋〕朱熹：《易四·乾上》，〔宋〕黎靖德编：《朱子语类》卷六十八，王星贤点校，第1691页。

②〔汉〕郑玄注，〔唐〕孔颖达疏：《礼记正义》卷二十二，《十三经注疏》，第1424页。

③〔宋〕张载：《经学理窟·诗书》，《张载集》，章锡琛点校，第256页。

④〔宋〕朱熹：《性理一·人物之性气质之性》，〔宋〕黎靖德编：《朱子语类》卷四，王星贤点校，第59页。

⑤〔宋〕程颢、〔宋〕程颐：《河南程氏遗书》卷二十下，《二程集》，王孝鱼点校，第274页。

⑥〔宋〕朱熹：《仁说》，《晦庵先生朱文公文集》卷六十七，朱杰人等主编：《朱子全书》(第23册)，第3279页。关于朱子的仁、天地生物之心的进一步讨论，参见陈来：《中国近世思想史研究》，商务印书馆2009年版，第89—95页。

子说："仁本生意，乃恻隐之心也。苟伤着这生意，则恻隐之心便发。"[①]又说："'人者，天地之心。'没这人时，天地便没人管。"[②]他所说的"管"是照管，[③]是恻隐之心的生发。王阳明也指出，仁是造化生生不息的道理，充满于天地之间。生意的发用流行，有发端，有扩展。比如冬至一阳初生，就是生意的发端处，然后渐渐发展到六阳。有发端之处，所以能生；因为生，所以不息。

> 仁是造化生生不息之理。虽弥漫周遍，无处不是。然其流行发生，亦只有个渐。所以生生不息。如冬至一阳生。必自一阳生，而后渐渐至于六阳，若无一阳之生，岂有六阳？阴亦然。惟有渐，所以便有个发端处。惟其有个发端处，所以生。惟其生，所以不息。譬之木，其始抽芽，便是木之生意发端处。抽芽然后发干。发干然后生枝生叶。然后是生生不息。[④]

在阳明哲学中最为典型的良知说认为，"人的良知，就是草木瓦石的良知"，[⑤]人与万事万物都是由同一气构成的，所以能够相通。"盖天地万物与人原是一体，其发窍之最精处，是人心一点灵明。风雨露雷，日月星辰，禽兽草木，山川土石，与人原只一体。"[⑥]戴震也认为，"在天为气化之生生，在人为其生生之心，是乃仁之为德也"。[⑦]

人如何成为天地之心？罗尔斯顿基于科学提出了一个解释，很有启发性。他指出："生物进化产生出人类是自然唤醒了心智；同样，从个体的发育来看，个体意识到自己的存在也是自然唤醒了心智。自然不住地逗弄我们，刺激我们。我们对此作出的反应，是使自己的存在达到超越其他生命形式的水平，而在此过程中将我与非我分离出来。开始是在环境中运动，我们只是被动地对环境作出反应。但接下

---

①〔宋〕朱熹：《易四·乾上》，〔宋〕黎靖德编：《朱子语类》卷六十八，王星贤点校，第1691页。

②〔宋〕朱熹：《论语二十七·卫灵公》，〔宋〕黎靖德编：《朱子语类》卷四十五，王星贤点校，第1165页。

③此观点与白奚同。参见白奚：《儒家的人类中心论及其生态学意义》，《中国哲学史》2004年第2期。

④〔明〕王守仁：《语录一·传习录上》，《王阳明全集》卷一，吴光等编校，第26页。

⑤〔明〕王守仁：《语录三·传习录下》，《王阳明全集》卷三，吴光等编校，第107页。

⑥〔明〕王守仁：《语录三·传习录下》，《王阳明全集》卷三，吴光等编校，第107页。

⑦〔清〕戴震：《孟子字义疏证》，何文光整理，第48页。

去，这种反应提升成了一种能动的行动。生态的刺激使人类的主体‘我’诞生了。大地的景物以我来对它进行沉思，我就是它的意识。”[①]罗尔斯顿的人心，和儒家的人心一样，都是对于自然的关爱之心、恻隐之心。

五、感通与同体：仁的生态功夫与境界

（一）仁即感、通

如前所述，仁在孔子那里是爱，在孟子那里是恻隐之心。《周易》有阴阳二气相感的说法。《易传》说“易无思也，无为也，寂然不动，感而遂通天下之故。”这个“感”，照牟宗三的说法，“是存有论的感”，是本体论的洞见，是“宇宙间、天地间最基本的一个实体”，如同海德格尔的“本体论情感”。[②]在儒家哲学中，爱、恻隐本来就有相感和相通的成分，或者说爱和恻隐就是相感和相通的一种。这两种意思在宋明时期会合了。理学家把仁理解为人与天地万物之间的恻隐性的相感和相通。在周敦颐那里，诚、无妄是天地生育万物的形式方面的规定，仁、义则是其内涵方面的规定，两者相统一。这种感通，周敦颐也称为“神”。关于感通，最为典型和形象的是程颢的说法。他说：

> 医书言手足痿痹为不仁，此言最善名状。仁者，以天地万物为一体。莫非己也，认得为己，何所不至？若不有诸己，自不与己相干。如手足不仁，气已不贯，皆不属己。故博施济众，乃圣人之功用。[③]

照医学说：血气贯通是感知的生理基础，手足痿痹是气不贯穿，不能感应。理

---

①［美］霍尔姆斯·罗尔斯顿III：《哲学走向荒野》，刘耳、叶平译，第409页。译文略有改动。
②牟宗三：《周易哲学演讲录》，华东师范大学出版社2004年版，第38页。
③〔宋〕程颢、〔宋〕程颐：《河南程氏遗书》卷二上，《二程集》，王孝鱼点校，第15页。

学家把这种血气贯穿的感通扩展到人与天地万物的关系上，认为“仁”亦即人的恻隐之心，是人与天地万物相感通的根本；人用自己的恻隐之心与天地万物相感应，从而与之贯穿为一体。程子说“满腔子是恻隐之心”，[①]又说“恻隐之心，人之生道也”。[②]对于仁的感通，朱子、王阳明也有很多论述。朱子的说法是仁是“爱之理，心之德”。[③]“爱之理”是把仁作为一种超越的普遍原则；“心之德”则强调仁是心的德性，是一种恻隐感通的情感，也是一种爱的情感。爱是恻隐，心之德只是爱。朱子说：

> 爱是恻隐，恻隐是情，其理则谓之仁。心之德，德又只是爱。谓之心之德，却是爱之本柄。人之所以为人，其理则天地之理，其气则天地之气。理无迹，不可见，故于气观之。要识仁之意思，是一个浑然温和之气，其气则天地阳春之气，其理则天地生物之心。今只就人身己上看有这意思是如何。才有这意思，便自恁地好，便不恁地干燥。将此意看圣贤许多说仁处，都只是这意。[④]

朱子认为，孟子所说的恻隐之心，最是亲切。人心自然会如此。“仁是根，恻隐是萌芽。亲亲、仁民、爱物，便是推广到枝叶处。”[⑤]

王阳明也强调这种恻隐之心对于万物的感通。他的概念是良知的感应。他的弟子问他，人与自己的身体一体，是因为有血气的贯通。人与他人已经是不同的身体了，与禽兽草木就更远了，怎么还是一体的？王阳明回答说：从“感应之几”上看，岂止是人与禽兽草木同体，即使是与天地鬼神也是同体的。人是天地之心，良知是人之心，是人的灵明。人往往被自己的躯壳限隔了，不能与天地万物相通。其实，人的灵明，便是天、地、鬼、神的主宰。人心与天地万物“便是一气流通的，如何与他间隔得”？[⑥]他又进一步指出：

---

①〔宋〕程颢、〔宋〕程颐：《河南程氏遗书》卷三，《二程集》，王孝鱼点校，第62页。
②〔宋〕程颢、〔宋〕程颐：《河南程氏遗书》卷二十下，《二程集》，王孝鱼点校，第274页。
③〔宋〕朱熹：《论语集注》卷一，《四书章句集注》，第48页。
④〔宋〕朱熹：《性理三·仁义礼智等名义》，〔宋〕黎靖德编：《朱子语类》卷六，王星贤点校，第111页。
⑤〔宋〕朱熹：《性理三·仁义礼智等名义》，〔宋〕黎靖德编：《朱子语类》卷六，王星贤点校，第118页。
⑥〔明〕王守仁：《语录一·传习录上》，《王阳明全集》卷一，第26页。

> 见孺子之入井，而必有怵惕恻隐之心焉，是其仁之与孺子而为一体也。孺子犹同类者也，见鸟兽之哀鸣觳觫，而必有不忍之心，是其仁之与鸟兽而为一体也。鸟兽犹有知觉者也，见草木之摧折而必有悯恤之心焉，是其仁之与草木而为一体也。草木犹有生意者也，见瓦石之毁坏而必有顾惜之心焉，是其仁之与瓦石而为一体也。是其一体之仁也，虽小人之心亦必有之。是乃根于天命之性，而自然灵昭不昧者也，是故谓之“明德”。[①]

在王阳明这里，仁表现为恻隐怵惕、不忍、悯恤、顾惜等，这些都是感通的表现。

近代维新变法思想家谭嗣同著《仁学》，把“通”作为仁的根本含义，提出“仁以通为第一义”。这是仁的感通思想的新发展。当代中国哲学家金岳霖在其《道、自然与人》中批判了人类中心主义无视人和其他生物及事物的同一性的缺陷，提出了“普遍同情”（universal sympathy）的概念。所谓“普遍同情”是人对于他人以及自然界万物的怜悯、友爱、关怀的态度。此种态度来自孟子的恻隐之心、程颢的仁和王阳明的“感应之几”等；其基础则是人和自然界万物的基本同一性，也就是中国传统哲学的天人合一。他说：“如果意识到我们与宇宙和宇宙内所有的事物根本上是合一的，我们就会产生这样一种感觉，即我们真的可以被认为是全体地充塞于时空的，只是这种感觉并不给常人以任何满足。而对于一个哲学的心灵来说：这种感觉是慰藉性的，因为正是这种感觉让他产生了对于周围事物的普遍的同情。”[②]“如果一个人认识到所谓的自己不仅与其他人相互渗透，而且也与其他动物、其他东西相互渗透，他就不会因自己是一个特殊的自我而过于兴奋了。这种认识会使他感觉到自己与世界和世界内的一切事物都是一体的，从而养成对于事物的普遍同情。”[③]关于人和自然的相互渗透，金岳霖又指出：“一旦我们想到未曾二分的实在，我们也就想到了它的有机整体性。这种整体性部分地包含着存在的相互渗透，这种相互渗透是人类浸入它的同时代的东西和事体并被它们所贯穿，这些东西和事体又浸入人类的事情并被人类的事情所贯穿。所有的实际和人都是相

---

①〔明〕王守仁：《续编一·大学问》，《王阳明全集》卷二十六，第968页。

②金岳霖：《道、自然与人》，金岳霖学术基金会学术委员会编：《金岳霖文集》（第2卷），第637页。

③金岳霖：《道、自然与人》，金岳霖学术基金会学术委员会编：《金岳霖文集》（第2卷），第740页。

互依赖的。”[①]罗尔斯顿从科学的角度进一步说明了人与外部世界的相互渗透，他说：从生态学上看，皮肤“与其说是一种坚硬的外壳，不如说是一种柔和的、允许相互渗透的界面”[②]。“自我通过新陈代谢与生态系统相互渗透（至少从隐喻的意义上说），世界与我成为一体了。”[③]罗尔斯顿称此为生态学思考的“一种穿越边界的想象力”[④]，而从儒家一气贯通的哲学观来看，这也是一个基本事实。的确，同情心“构成了扩大的自我同一性，这种理解方式意味着没有一个事物是孤立的或者在种类上是完全不同的。从某种非常根本的意义上说：自然中任何事物都不异于其他事物或过程。任何事物都是组织化为场的气的一部分。同情感渗透于全体之中”[⑤]。

（二）“仁者浑然与物同体”

“与天地万物为一体”在儒家文化中也是人应该达到的境界。儒家主张在功夫论、境界论上更为积极地做到与物同体，而不是停留于道家的略显消极被动的万物一气意义的同体。大程说：“仁者，浑然与物同体。”[⑥]又说：“仁者，以天地万物为一体，莫非己也。”[⑦]大程用感通、王阳明用恻隐来做到与天地万物为一体。《论语》中有恕，是推己及人。孟子在论述仁政时说到把仁心推及至行政上。“推”是道德心的扩展，也是达到天人一体的一种功夫。张载说：“推己及人，乃其方也。”[⑧]小程强调“诚敬”存心的功夫，朱子则进一步主张“无私”“克己复礼”。他指出，人去掉因为躯壳而与天地万物形成的隔阂，达到无私，才能做到仁；做到仁，才能做到“与天地万物为一体”：

> 方叔曰：“与天地万物为一体是仁。”

---

①金岳霖：《道、自然与人》，金岳霖学术基金会学术委员会编：《金岳霖文集》（第2卷），第716页。
②［美］霍尔姆斯·罗尔斯顿III：《哲学走向荒野》，刘耳、叶平译，第26页。
③［美］霍尔姆斯·罗尔斯顿III：《哲学走向荒野》，刘耳、叶平译，第26页。
④［美］霍尔姆斯·罗尔斯顿III：《哲学走向荒野》，刘耳、叶平译，第26页。
⑤ Blakeley, “Listening to the Animals: The Confucian View of Animal Welfare,” 150.
⑥［宋］程颢、［宋］程颐：《河南程氏遗书》卷二上，《二程集》，王孝鱼点校，第16 — 17页。
⑦［宋］程颢、［宋］程颐：《河南程氏遗书》卷二上，《二程集》，王孝鱼点校，第15页。
⑧［宋］张载：《正蒙·至当》，《张载集》，章锡琛点校，第34页。

曰："无私，是仁之前事；与天地万物为一体，是仁之后事。惟无私，然后仁；惟仁，然后与天地万物为一体。要在两者之间识得毕竟仁是甚模样。欲晓得仁名义，须并'义、礼、智'三字看。欲真个见得仁底模样，须是从'克己复礼'做工夫去。"[①]

"与物同体"或者天人合一也是现代生态哲学的观念。浪漫主义思想家梭罗等人提出的是"共同体"或曰"爱的共同体""自然的共同体"的概念。[②]在他看来，"自然界是广阔的平等的共同体，是一个宇宙血缘家庭"[③]。这种共同体的基础是"对于整个现有秩序的热爱和对自然的亲族关系的感知"。[④]"人类唯一真正需要尊重和神圣对待的权利，必须通过谦恭、平等地成为自然共同体中的一部分才能实现。"[⑤]出于对现代科学的反思，梭罗提出了对自然的基于"爱"和"同感"的理解。他说："爱是那种对精神和物质之间的相互依存和那种'完美的一致'的认识，同感是那种强烈地感受到把一切生命都统一在一个唯一的有机体里的同一性，或者说是亲族关系的束缚力。"[⑥]梭罗所说的爱和同感近似于仁和恻隐之心。金岳霖提出的是"存在的民主""共存的民主"（democracy of co-existents）等概念。[⑦]共存的民主是人类"与自己的共存者融洽相处"，任何事物都能各尽其性的天人合一状态。在金岳霖哲学中，"作为人"和作为"存在的民主"的一个元素是不同的，后者具有超越人的有限性，物我一体，同于大道的特点，具有超越性。美国生态哲学家利奥波德也有类似的思想。他认为，"人自身存在所要求的那种合作的公有关系的范围，要扩大到包含所有生命。这样一种生态伦理将使人从地球的主人的角色改变为'它的普通成员和公民'，这是一种彻底的民主理想，就其方式而言，是一种与进步主义改造世界的愿望一样的乌托邦空想"[⑧]。约瑟夫·伍德·克

---

①〔宋〕朱熹：《性理三·仁义礼智等名义》，〔宋〕黎靖德编：《朱子语类》卷六，王星贤点校，第117页。
②［美］唐纳德·沃斯特：《自然的经济体系——生态思想史》，第111页。
③［美］唐纳德·沃斯特：《自然的经济体系——生态思想史》，第112页。
④［美］唐纳德·沃斯特：《自然的经济体系——生态思想史》，第113页。
⑤［美］唐纳德·沃斯特：《自然的经济体系——生态思想史》，第114页。
⑥［美］唐纳德·沃斯特：《自然的经济体系——生态思想史》，第118页。
⑦金岳霖：《道、自然与人》，金岳霖学术基金会学术委员会编：《金岳霖文集》（第2卷），第722页。
⑧［美］唐纳德·沃斯特：《自然的经济体系——生态思想史》，侯文蕙译，第338页。

鲁奇认为："我们不仅一定要作为人类共同体中的一员，而且也一定要作为整个共同体的一员；我们必须意识到，我们不仅与我们的邻居、我们的国人和我们的文明社会具有某种形式的同一性，而且我们也应对自然和人为的共同体一道给予某种尊敬。我们拥有的不仅仅是通常字面意义上所讲的'一个世界'，它也是'一个地球'。没有对这种事实的了解，拒绝承认文明世界各个部分之间政治上与经济上的相互依存关系，人们就无法成功地生活。一个虽非感伤的，但却是无情的事实是：除非我们与除我们之外的其他生物共同体分享这个地球，否则，就将不能长期生存下去。"[①]这是"一种道德的觉醒：一种新型的生物关系与集体主义"[②]。罗尔斯顿是用"生命之流"的概念表达人与天地万物为一体的。在他看来，生命是一种"流动"，其中不存在截然分明的固定界限。在生命之流中，"人与自然的界限冲刷得模糊起来"[③]，自我和他人和外部世界的界限在融化，"自我的扩大延伸到他所喜欢的事物中"。他认为，人与自然的对立在一定意义上是正确的，"但是，如果把它们置于一个更大的、呈现着人与自然、生物自然与物理自然的交流图景中，这些对立的看法就成了不完全的真理。自然赋予我们客观的生命，而个人的主观的生命不过是其中的一个部分的、内在的方面"[④]。罗尔斯顿的"生命之流"类似于朱子所说的克服躯壳之私后的人与万物为一体。

理学家认为，打破自身的躯体与外部世界的隔阂，与天地万物为一体，可以获得一种快乐。这是超越于经验的、世俗的利害得失的精神的愉悦，是人心和天地的贯通。程子说："此道与物无对，'大'不足以明之。天地之用，皆我之用。孟子言'万物皆备于我'，须'反身而诚'，乃为大乐。若反身未诚，则犹是二物有对，以己合彼，终未有之，又安得乐！"[⑤]朱子强调，与天地万物为一体，不是仁之体，而是仁之量，即人做到仁之后所达到的一种自觉的充实的状态。

> "龟山言'万物与我为一'云云，说亦太宽。"问："此还是仁之体否？"
>
> 曰："此不是仁之体，却是仁之量。仁者固能觉，谓觉为仁，不可；仁

① ［美］唐纳德·沃斯特：《自然的经济体系——生态思想史》，侯文蕙译，第390页。
② ［美］唐纳德·沃斯特：《自然的经济体系——生态思想史》，侯文蕙译，第390页。
③ ［美］唐纳德·沃斯特：《自然的经济体系——生态思想史》，侯文蕙译，第100页。
④ ［美］唐纳德·沃斯特：《自然的经济体系——生态思想史》，侯文蕙译，第106页。
⑤〔宋〕程颢、〔宋〕程颐：《河南程氏遗书》卷二上，《二程集》，王孝鱼点校，第16—17页。

者固能与万物为一，谓万物为一为仁，亦不可。”①

大多理学家们都是心有灵犀一点通的人，他们能够通于天地之情，现在看他们的诗，不少仍然跃动着生命的灵性和愉悦。程颢诗云：“云淡风轻近午天，傍花随柳过前川。时人不识余心乐，将谓偷闲学少年。”又云：“闲来无事不从容，睡觉东窗日已红。万物静观皆自得，四时佳兴与人同。”朱子诗云“胜日寻芳泗水滨，无边光景一时新。等闲识得东风面，万紫千红总是春。”这些都是把自己心中的快乐与自然联系在一起的，是人与自然的交流和沟通，是情与景的交融与合一，也是天人合一的境界。至此，则道德共同体亦成为境界共同体矣。

（原载《中国哲学史》2011年第3期）

①〔宋〕朱熹：《性理三·仁义礼智等名义》，〔宋〕黎靖德编：《朱子语类》卷六，王星贤点校，第118页。

儒家乐理论的生态意义

在现代人看来，音乐是一种人文活动，与自然并无直接的或太多的联系，与生态更是相去甚远。然而，儒家文化所说的“乐”是礼的一种，并不完全等同于现代意义的音乐。儒家文化认为，乐依赖于气的运行，乐的目的应该服从于并致力于气的运行的“和”以及天地的“和”。这样，儒家的乐文化便天然地包含生态的维度。

一、声、音、乐：儒家关于音乐的一般认识

儒家文化对于音乐有十分系统和深入的认识，它把声、音、乐区别开来看待。在儒家文化中，“声”是人发出的声音，声音表达感情。心感于外物，情动于心，就会发出声音。《礼记·乐记》说：“凡音之起，由人心生也。人心之动，物使之然也。感于物而动，故形于声。”“音”比“声”进了一步，是把不同的声按照一定的程序组合起来。《礼记·乐记》说：“声相应，故生变，变成方，谓之音。”又说：“情动于中，故形于声。声成文，谓之音。”音有一定的变化，或高或低、或清或浊、或长或短、或断或续，而且这种变化具有一定的节奏或程序。音调可以分为宫、商、角、徵、羽五音，声仅是其中的某一种调，单独一种音调不叫“音”。可见，古代的“音”相当于现代意义的音乐。古语常有“乱世之音”“治世之音”“郑卫之音”等，其中的“音”都相当于现代的音乐。“乐”是礼的一种。它是演奏音、同时按照音的节奏进行歌咏或舞蹈的一项综合活动。《礼记·乐记》说：“比音而乐之，及干戚、羽旄，谓之乐。”舞蹈时舞蹈者排列成一定的方阵，挥舞干戈、斧戚等兵器和羽、旄等装饰物。如天子的八佾之舞，就属于乐的一种。

儒家文化认为，声是音的基础，音是乐的基础。普通的音乐可以叫作“音”，而不可随意叫作“乐”。对于作为“礼”的乐，儒家文化还有许多规定，这是它对于乐的认识的深入之处。第一，作为礼的乐，代表着一种制度，不是谁都能创制

的。只有在天下太平、政通人和的时候，而且只有那些有文治武功、道德高尚的圣王或大臣，如文王、武王、周公，才有资格制礼作乐。孔子尚且说自己“述而不作”（《论语·述而》）。《中庸》说：“非天子，不议礼，不制度，不考文……虽有其位，苟无其德，不敢作礼乐焉；虽有其德，苟无其位，亦不敢作礼乐焉。”第二，使用乐还必须和身份相对应，不能越制，否则就是僭越。如，天子的歌舞方阵是八佾，春秋时期鲁国大夫季氏也搞了一个八佾舞。《论语·八佾》中记载，孔子十分气愤地说：“是可忍也，孰不可忍也。”第三，“乐”是一种为人所喜闻乐见和易于接受的教化形式。《礼记·乐记》和《荀子·乐论》都指出移风易俗，莫善于乐。《礼记·乐记》说：“可以善民心，其感人深，其移风易俗，故先王著其教焉。”孔子认为儒家的教化“兴于诗，立于礼，成于乐”（《论语·泰伯》）。他还认为，对于一件事，“知之者不如好之者，好之者不如乐之者”（《论语·雍也》）。的确，音乐感人至深。当一种教化用音乐的形式进行的时候，也就是它最能深入人心的时候。《孝经·广要道》引用孔子的话指出：“移风易俗，莫善于乐。”第四，“乐”还有一个意思——“快乐”，乐（音乐）也是乐（快乐）。“乐”是人心感于外物而生，表达了人的快乐的感情。《荀子·乐论》说：“夫乐者、乐也，人情之所必不免也。”

二、“乐”的规定中的生态意义

（一）“德音之谓乐”

乐是与王者的道德联系在一起的，普通的音不能叫作“乐”。这是孔子的门人子夏提出来的。据《礼记·乐记》记载，魏文侯曾经问子夏，我听古代的雅乐，唯恐睡着了；听现在的流行乐，就不知疲倦。这是为什么？子夏回答，你要问的是乐，而你喜欢的却是音，两者并不是一回事。魏文侯问，它们有什么不同？《礼记·乐记》载子夏回答道：

> 夫古者，天地顺而四时当，民有德而五谷昌，疾疢不作而无妖祥，此之谓

大当。然后圣人作为父子君臣，以为纪纲，纪纲既正，天下大定。天下大定，然后正六律，和五声，弦歌诗颂，此之谓德音；德音之谓乐。《诗》云："莫其德音，其德克明。克明克类，克长克君。王此大邦，克顺克俾。俾于文王，其德靡悔。既受帝祉，施于孙子。"此之谓也。

这就是说，在天地和顺，四时得当，民有道德，五谷丰登，没有天灾人祸，没有妖孽肆虐的条件下，圣人才能制定君臣父子的纲纪，正六律，和五声，演奏和歌唱《诗经》中的《颂》，这叫作"德音"。德音才叫"乐"。德正、声和为乐，乐只是德的外在表现，"乐者德之华"（《礼记·乐记》）。德为上，艺为下。子夏所说，明确地表达了音和乐的不同及乐、德对应的思想。"天地和顺，四时得当"则表明了乐的生态基础。

乐也有重施的含义。礼重视来往，"来而不往非礼也"；相反，乐则只是彰显道德，观乐则快乐自然生于心，不需要回报，所以说，乐重施不重报。《礼记·乐记》记载：

乐也者施也；礼也者报也。乐，乐其所自生；而礼，反其所自始。乐章德，礼报情反始也。

（二）"乐者，通伦理者也"

这里的"伦"是类。照孔颖达所说，阴阳万物，可分为不同的类别，各有其理。理是分，即各类事物的职分、职责、作用与规定性等。如果乐得当，阴阳就会调和，否则，各种事物就会混乱，所以说，乐是通伦理的。孔颖达说："乐得则阴阳和，乐失则群物乱，是乐能经通伦理也。阴阳万物，各有伦类分理者也。"[①]这表明，乐包含了阴阳与自然界事物的"和"的生态规定。

正如子夏向魏文侯表明的那样，乐是与道德、政治联系在一起的，所以也表现了各类事物的不同道理，通万物之理。音由声生，体察声可以知道音；乐由音生，

---

①〔汉〕郑玄注，〔唐〕孔颖达疏：《礼记正义》卷三十七，〔清〕阮元校刻：《十三经注疏》，第1528页。

体察音可以知道乐；政由乐生，体察一个君主的乐，可以知道他的为政。由于声是人心感善恶而起的，所以君主知乐就能知道善恶的道理，行善而不行恶，习是而不习非，发为善政而化民。政善乐和，人事无邪僻，这样，国家治理也就达到了完善的地步。《礼记·乐记》说：

审声以知音，审音以知乐，审乐以知政，而治道备矣。是故不知声者不可与言音。不知音者不可与言乐。

这是把乐与政治也联系起来了。儒家文化认为，仅仅知道声而不懂得音，是禽兽；仅仅知道音而不懂得乐，是普通百姓；惟有君子才能真正懂得乐。

是故知声而不知音者，禽兽是也。知音而不知乐者，众庶是也。唯君子为能知乐。（《礼记·乐记》）

在儒家文化中，乐是礼的最高形态。众所周知，孔子把乐作为儒家教化的完成者来看待。在乐与礼的关系上，儒家认为，到了知乐的地步，就可以说近乎完全知礼了。《礼记·乐记》说："知乐则几于礼矣。礼乐皆得，谓之有德。"因为知乐就会知道为政的得失，就能正君、臣、民、事、物，所以接近于知礼了。一个君主只有做到礼、乐各得其所，才能成为有德之君。

（三）"乐近仁"

在儒家文化中，乐的作用是不同事物的和合、调和，在和的状态中达到其乐融融的效果；礼的作用是区别尊卑，确定不同事物的限度和规定性。《礼记·乐记》指出：

天高地下，万物散殊，而礼制行矣。流而不息，合同而化，而乐兴焉。春作夏长，仁也。秋敛冬藏，义也。仁近于乐，义近于礼。

意思是，天地高下不同，万物散殊各异，它们都是靠礼而得以区别的。天地万物流行不息，生化不已，它们都是靠乐而得以兴起的。春、夏主生长，是仁；秋、冬主敛藏，是义。所以，仁近于乐，义近于礼。乐近于仁的认识表明，它在儒家文化中具有促进生长的生态作用。

（四）乐为“天地之命”

儒家文化不只是把乐当作一项单纯的人文活动，还赋予了它一种本体基础，此即乐为“天地之命”的思想。《礼记·乐记》提出：“乐者天地之命，中和之纪，人情之所不能免也。”所谓天地之命，意味着乐的根源在天地，乐是感天地之气而产生的，表现了天地对于人的教导和命令。郑玄认为，“乐法阳而生，礼法阴而成”①，也是此意。所谓中和之纪，意味着乐是调和律、吕、情感、天地万物，使它们达到中和的纲领。所谓人情所不能免，是因为人是天地阴阳之气相感而生的，乐既然是天地之命的表现，中和的纲领，当然就是人所不能无的。人感于乐，也是感于天地之气，自然会产生敬畏或快乐的感情。孔颖达指出：“人感天地而生，又感阴阳之气。乐既合天地之命，协中和之纪，感动于人，是人情不能自免退。言人感乐声，自然敬畏也。”②

三、“象天”“敦和”——乐的促进生态和谐的作用

（一）乐以“象天”

圣人制礼作乐还有“象天”“配地”“应天”的意图，即主动地回应、响应天地之动，事奉天地，使天地万物各得其宜。《礼记·乐记》说：“圣人作乐以应天，制礼以配地。礼乐明备，天地官矣。”根据儒家的看法，乐器是比照或拟象天地而制作的。《荀子·乐论》说：

> 鼓象天，钟似地，磬如水，竽笙箫和筦籥似星辰日月，鞉（táo，长柄摇

---

①〔汉〕郑玄注，〔唐〕孔颖达疏：《礼记正义》卷三十七，〔清〕阮元校刻：《十三经注疏》，第1531页。
②〔汉〕郑玄注，〔唐〕孔颖达疏：《礼记正义》卷三十七，〔清〕阮元校刻：《十三经注疏》，第1545页。

鼓，俗称拨浪鼓）、柷（zhù，打击乐器）、拊（打击乐器）、鞷（gé，钟类乐器）、椌（qiāng，打击乐器）、楬（jié，又名敔，木制虎状止乐类乐器）似万物。曷以知舞之意？……众积意滜滜乎。

《礼记·乐记》也说，人的歌声清明像天，钟鼓铿锵有力像地，乐曲终而复始像四时，舞蹈动作的周旋往来像风雨。五色成文而不乱，八风合律而不散，昼夜得其刻度之常而有规律。所以，乐教通行于天下，则能促使人们耳目聪明，血气和平，移风易俗，天下太平。

《礼记·乐记》指出，礼乐出于人的制作，人心能够与神明和会，通达神明的德性，了解它们的意图，因此行礼、奏乐能够招致上下四方的神明，从而能够成就万物。《礼记·乐记》又说，礼乐能够上至于天，下委于地，天地之间无所不到；能够行于阴阳，通于鬼神。因为礼效法阴阳的动静有常，乐效法阴阳的刚柔摩荡，所以礼乐能够行乎阴阳。阴阳和，四时顺，天地遵从和回应礼乐，这就是礼乐行乎阴阳之中。“及夫礼乐之极乎天而蟠乎地，行乎阴阳而通乎鬼神，穷高极远而测深厚。”（《礼记·乐记》）按照儒家的观点，天地都有一定的规定性，制礼逾越了规定就会生乱，作乐逾越了规定就会生暴，所以必须明白天地的道理，然后才能够制礼作乐。诚如《礼记·乐记》所载：“过制则乱，过作则暴。明于天地，然后能兴礼乐也。”

（二）乐以“敦和”

儒家乐理论认为，礼、乐与天地万物相类似，具有促进天地万物之和的作用。这是乐以“敦和”的思想。

1.“乐者，天地之和”。在《论语·学而》中，有子曾说：“礼之用，和为贵”；在《国语·郑语》中，史伯曾经说过“和实生物，同则不继”[①]。在儒家文化中，和是实然，也是应然；是事实，也是价值。《礼记·乐记》提出：“乐者，天地之和也。礼者，天地之序也。和故百物皆化，序故群物皆别。”又说：“大乐与天地同和，大礼与天地同节。”这说明在儒家看来，乐表现了天地的和谐，礼表现了天地的秩序。照郑玄所说，“同和”“同节”都指顺应天地的气和数。所谓天

①〔清〕徐元诰：《郑语》，《国语集解》，王树民、沈长云点校，第470页。

地的数，照孔颖达的解释，是天上的日月星辰、地上的山川高下的不同。天地的和谐是这样的：阴阳二气本以生养为目的，两者运行和谐，各种生物都能按照自己的本性生存，不失其性。这其实就是《中庸》所说的“各尽其性”。乐通过气与自然发生联系。阴阳是气的两种状态或性质，又分别指地和天。礼法阴，乐法阳。《礼记·乐记》说“乐由天作，礼以地制”，又说“礼乐偩（fù，依照）天地之情”，即礼乐是依照天地运行的实际情况来制作的。这仍是礼法地、乐法天的意思。阴阳二气的运行是阴气由地上升，阳气由天下降，二气交合，化生万物。乐不仅法阳气，而且还因为它的作用是和同、促生，即调和气性，化育万物，所以它又是天地之气相交合的和气的象征；乐的六律、六吕，也可以调和天地的生养之气，这也是顺天地之气。乐之和，表现了天地之和，即“乐者，天地之和”。

2.“乐者敦和”。在儒家文化中，乐不仅静态地表现天地之和，而且还动态地促进天地之和的实现，这就“乐者敦和”的思想。《荀子》《礼记》都指出，乐具有“审一以定和”的作用，是天下之“大齐”。《礼记·乐记》说：“乐者敦和，率神而从天。”这是乐重视和促进和谐，效法先圣先贤，顺应天道。乐之所以能够“敦和”，是通过调和阴阳，使两者顺畅地流行而做到的。《礼记·乐记》又说：

乐著大始，而礼居成物。著不息者天也。著不动者地也。一动一静者，天地之间也。故圣人曰礼乐云。

这是说，乐就像天那样使万物开始生长，礼则像地那样使万物完成生长。天是运行不息的，地是静止不动的。礼与乐分而言之一动一静，合而言之又各有动静。礼与乐一动一静，是天地万物的规定性。

儒家认为，天地间万物，有的是感天地的阳气而生，从而能够运动的动物，如飞禽走兽之类；有的是感天地的阴气而生，从而静止不动的植物、大地。由于乐具有敦和的作用，所以，大人物举行乐的活动，天地也会因而昭明。乐感发天地之气，天气下降，地气上腾，二气融合，相得益彰。天以气煦覆万物，地以形妪育万物。这样，草木茂盛，蜷曲着出生的动物得到成长，有羽毛、翅膀的飞鸟能够奋飞，各类走兽能够生养，蛰虫都能苏醒；鸟类能够孵卵，兽类能够生产；卵生的卵不破裂，胎生的胎不内坏，各种事物都能按照它们的本性得到发展，这就是乐的功用，也是乐的道。

是故大人举礼乐，则天地将为昭焉。天地欣合，阴阳相得，煦妪覆育万物，然后草木茂，区萌达，羽翼奋，角觡生，蛰虫昭苏，羽者妪伏，毛者孕鬻，胎生者不殰，而卵生者不殈，则乐之道归焉耳。（《礼记·乐记》）

孔颖达认为，乐的根本在于人心，人心调和则乐遂纯善，律吕协调，二气和谐，万物各得其所。乐的差失会对天地万物造成不良影响。因为乐有确定万物的道理的作用，乐一旦出现了差失，就会阴阳不和，天地不能在应当的时间生养万物。所以，儒家文化特别强调乐是天地的教命，它的和是不可改变的。《礼记·乐记》说：

大气衰则生物不遂，世乱则礼慝而乐淫。是故其声哀而不庄，乐而不安，慢易以犯节，流湎以忘本。广则容奸，狭则思欲。感条畅之气，而灭平和之德。是以君子贱之也。

这是说，如果阴阳之气衰薄，生物就难以生长；如果世道混乱，礼就会被埋没，乐就会放淫。所以，那些悲哀而不庄重，欢乐而不安宁，慢易而违反规定，流湎而忘记根本的音乐，那些柔缓而容纳奸声，狭促而产生私欲，扰动条畅之气而灭平和之德的音乐，君子都是要极力排斥的。

四、乐与政治对应的生态意义

儒家把礼乐作为政治的工具，它的理想是用乐来调和怨愤，用礼来缓解纷争，达到揖让而天下治，如《礼记·乐记》中所说的“暴民不作，诸侯宾服，兵革不试，五刑不用，百姓无患，天子不怒”的效果。儒家认为这样就可以说充分实现了乐的作用了。

为了发挥乐的教化与生态作用，儒家文化把宫、商、角、徵、羽五音分别与君、臣、民、事、物进行对应。这属于世界的五行化思维的一种。声浊者尊，清者卑。宫属于土，音最浊，土居中央，总揽四方，所以是君的形象。商音之浊次于宫，是臣。角为民，其声清浊适中。徵为事，徵属火，徵声清，是事之象。羽为物，羽属水，声最清，是物之象也。在这五种对应中，物指自然界万物，包括动物植物等。把自然界万物列入政治的范围，这就使得政治具有了生态维度。儒家强调五者不能乱，敝败则不和。比如，与生态关联最为密切的羽音乱了，就会产生材用匮乏的危险。因为羽代表自然界万物，羽乱是由于昏君在上，赋税繁重，物散于下，百姓匮乏。[①]儒家也把德音与固定的乐器相关联，认为鼗、鼓、椌、楬、埙、篪这六种乐器的声音为“德音”。在儒家的礼乐文化中，祭祀先王宗庙的乐是以这六种乐器为主，配合以钟、磬、竽、瑟之音，以及干、戚、旄、狄的舞蹈。

五、关于上古帝王之乐的生态性解释

据记载，上古时期帝王都有自己的乐。黄帝有《咸池》，颛顼有《六茎》，帝喾有《五英》，尧有《大章》，舜有《箫韶》，禹有《大夏》。这些乐无论其是否真的存在，也无论其主题原来是什么，后代儒家一律给予了生态性的解释，这实际上证明了儒家文化具有生态维度。关于《咸池》，《白虎通义》、郑玄、孔颖达都认为，“池”是“施”，即黄帝之德广施天下，无不周遍，使得天之所生，地之所载，都蒙受黄帝道德的恩惠。“黄帝曰《咸池》者，言大施天下之道而行之，天之所生，地之所载，咸蒙德施也。”[②]这里的天下之物包括动物、植物，这表明了《咸池》所表现的黄帝的道德关怀不限于人。照《白虎通义》的解释，茎表示万物，颛顼的《六茎》是和律历以调阴阳，亦即协助自然正常运行。帝喾的《五英》是调和五声以养万物，尧的《大章》是大明天地人之道，舜的《箫韶》是继尧之道，禹的《大夏》是顺二圣之道而行之。[③]

对于天子、诸侯乐队的人数规制，儒家也给予了生态性说明。天子八佾，诸侯六佾，大夫四佾。佾为列，八佾即八人为行，共八列64人。在儒家文化中，三者的差别既表明了尊卑之义，也是天地阴阳的模仿。乐为阳，以阴数行。三者分别模仿八风、六律、四时。八风、六律是天之气，是帮助万物生成的。这些舞蹈数列和乐一样，也是顺应天地之气，改变百姓，最终使他们能够实现自己的性命。[④]

---

①〔汉〕郑玄注，〔唐〕孔颖达疏：《礼记正义》卷三十七，〔清〕阮元校刻：《十三经注疏》，第1528页。

②〔汉〕郑玄注，〔唐〕孔颖达疏：《礼记正义》卷三十八，〔清〕阮元校刻：《十三经注疏》，第1534页；〔清〕陈立：《白虎通疏证》，吴则虞点校，第101页。

③〔清〕陈立：《白虎通疏证》，吴则虞点校，第101—102页。

④〔清〕陈立：《白虎通疏证》，吴则虞点校，第105页。

六、十二律吕的生态意义

中国古代乐器分为六律、六吕，律为阳，吕为阴。阳六律为黄钟、太蔟、姑洗、蕤宾、夷则、无射；阴六吕为大吕、夹钟、仲吕、林钟、南吕、应钟。在儒家乐理论中，律和吕都是与气密切相关的。照《汉书・律历志》的解释，律的作用是“统气类物”，即统理阴阳二气，分类把握万事万物。《释名》说“律”为述，是用来“述阳气”的。按照儒家的观念，阳肇始万物，阴终成万物，吕的作用是助阳宣气。[①]律是根据天地之气的运行而确定的。按照《汉书・律历志》记载的定律方法，黄帝派泠纶到大夏之西、昆仑之阴的解谷取来空窍厚而均的竹子，从两节之间断开然后吹它，定下黄钟的宫的音调，接着又制作了十二个管，听凤的鸣叫，雌雄各六种，与黄钟的律相匹配，使这十二种音调都能从黄钟之宫演变过来，律最初就是这么来的。[②]这当然是个传说。但是，在确定了黄钟之后，按照一定的规律能够确定其他音调的说法是正确的。这种确定方法，《管子》的记载是“三分损益法”。明代朱载堉在世界上首次发明了十二平均律，用来确定音阶，彻底解决了十二律吕的定音问题。

儒家认为，律吕是模仿天地之气的运行而确定的。在太平盛世，天地相合而生风，天地之风正，十二律吕遂定。所以，黄钟大吕十二律吕与月份和阴阳之气的运行是对应的。照《礼记・月令》的说明，十一月律对应“黄钟”。黄是中和之色，钟为动。十一月阳气开始起动于黄泉之下而养万物。“阳气于黄泉之下，勋蒸而萌。”[③]十二月律为“大吕”，吕为拒。阳气欲出，阴气拒难之。正月律为“太蔟”，太为大，蔟为凑，万物开始长大而凑出地面。二月为“夹钟”，夹为孚甲，植物戴孚甲而从土壤中生出。三月为“姑洗”，姑为故，洗为鲜。万物皆去旧出新，无不鲜明。四月为“仲吕”，为阳气将要至极，难以复中。五月为“蕤宾”，蕤为下，宾为敬。阳气上极，阴气始出而宾敬之。六月为“林钟”，林为众，万物成熟，种类众多。七月为“夷则”，夷为伤，则为法，万物始被刑法而伤。八月为“南吕”，南为任，阳气尚余，任生荠麦。九月为“无射”，射为终。“言万物随

---

①〔汉〕班固撰，〔唐〕颜师古注：《律历志上》卷二十一上，《汉书》，第958—959页。
②〔汉〕班固撰，〔唐〕颜师古注：《律历志上》卷二十一上，《汉书》，第959页。
③〔清〕陈立：《白虎通疏证》，吴则虞点校，第122页。

阳而终，当复随阴而起，无有终已也。”[①]十月为“应钟”，应为感应，钟为动；万物感应于阳气而动于地下。

因为十二律归根结底是根据天地之气运行的平衡而确定的，所以，司马迁在《史记·律书》中说，六律是万事万物的根本，王者制定的各种法则，都是根据六律的。一切制度或规则的根本、规矩、权衡、准绳，都是依据十二律来确定的。“王者制事立法，物度轨则，一禀于六律，六律为万事根本焉。”[②]又由于律与天地之气是相通的，所以通过吹律可以知道天地运行的规律和世道的吉凶。“律者，所以通气，故知吉凶也。”[③]人君暴虐，天就会从北方产生寒气，这是杀气。据说周武王曾经吹律，推断从孟春到季冬，都有杀气；所以就采取了伐纣的军事行动。“武王伐纣，吹律听声，推孟春以至于季冬，杀气相并，而音尚宫。同声相从，物之自然，何足怪哉？”[④]

中国古代有音乐教育。据《周礼》记载，大司乐掌教音乐于成均，教授公族子弟。乐是古人的献祭活动中的重要部分。《周礼·春官宗佰》说，古人祭祀的对象有天神、地祇、四望、山川、先祖。每一种祭祀对象都有专门的乐舞，如祭地祇是奏大簇，歌应钟，舞《咸池》；祭四望是“奏姑洗，歌南吕，舞大濩”；祭山川是“奏蕤宾，歌函钟（即林钟），舞大夏”等。据《周礼·春官宗佰》记载，乐舞要连续演奏六章仪式方才结束。第一章奏毕，鸟类以及川泽的神祇会降临；第二章奏毕，昆虫以及山林神祇会降临；第三章奏毕，鳞类动物和丘陵的神祇会降临；第四章奏毕，毛类动物及坟衍的神祇会降临；第五章奏毕，甲壳类动物及土地之神会降临；第六章奏毕，灵异动物及天神会降临。诚如前述《礼记·乐记》上说，大人举行礼乐活动，天地都会因此而昭明、和谐，阴阳相得，抚育万物，草木茂盛，动物繁殖。

儒家文化关于音乐的生态作用的说明在今天看来未必都有科学根据。但是，这并不重要，重要的是其中包含的对待天地万物的生态性态度，这是值得充分肯定和学习的。

〔原载《儒教文化研究》（国际版），（韩国）成均馆大学儒教文化研究所2011年2月出版〕

---

①〔清〕陈立：《白虎通疏证》，吴则虞点校，第187页。
②〔汉〕司马迁：《律书》卷二十五，《史记》，第1239页。
③〔汉〕司马迁：《律书》卷二十五，《史记》，第1240页。
④〔汉〕司马迁：《律书》卷二十五，《史记》，第1240页。

论儒家的祭祀文化及其生态意义

一、“魅”的祛、复与儒家文化之“魅”

近代以来，西方文化发动了对自然的“祛魅”（disenchantment）运动。这在带来科学繁荣、物质丰富的同时，也造成了自然的破坏和人性的缺失。近年来，美国学者大卫·格里芬（David R. Griffin）、法国学者塞尔日·莫斯科维奇（Serge Moscovici）都主张对自然“复魅”（re-enchantment）。照莫斯科维奇所说，复魅的意义在于从“动物人”向“人性人”过渡，“统一人类与自然之间维持的关系”，“从而扎根于一种新的生活形式”。[①]儒家文化是自然祛魅之前的文化，对于自然，它还保留着神性或神意的看法。这种神性或神意即是所谓的自然之“魅”。在儒家，自然之魅不是一种类似上帝那样的人格神，而是自然的知其然而不知其所以然的神妙作用。这些作用超出了单纯的物质之间机械的因果联系，是一种有机的关联。关于天道的运行，《易传·系辞上传》提出“阴阳不测之谓神”，把阴阳相互推移的不可测度性称为“神”。在儒家自然哲学中，“神”或“魅”首先是一种自然性。这是说，自然的运行是阴阳自身运转的结果，没有任何外在的主宰或神灵。这在《易》中表述为“简易”。《周易·观卦·彖传》称天地的运行为“天之神道，而四时不忒”。“不忒”即没有差错，指天道的稳定性。“神道”意为天道的运行没有主宰，人们知其然而不知其所以然，见其功而不见其形。诚如《荀子·天论》所言：“不见其事，而见其功，夫是之谓神。”孔子的“天何言哉？四时行焉，百物生焉，天何言哉？”（《论语·阳货》），说的正是天道运行的这一特点。其次，“神”是一种没有方所、不落形体的作用，《周易·系辞上传》说：“神无方而易无体。”方所、形体都是有形而可见的；“神”则是阴阳二气的相互作用，不见方所与形体。“无方”一是说看不见它的处所与动作，一是说

① [法] 塞尔日·莫斯科维奇：《还自然之魅——对生态运动的思考》，庄晨燕、邱寅晨译，生活·读书·新知三联书店2005年版，第135、137、139页。

神无时无刻不处于变化之中，不固定于任何一个地方。“无体”一是说易的变化是自然而然的，不知其所由；一是说易随着变化而变化，不固守于任何一种形态。孔颖达说：

> 凡“无方”“无体”，各有二义。一者神则不见其处所云为，是无方也；二则周游运动，不常在一处，亦是无方也。无体者，一是自然而变，而不知变之所由，是无形体也；二则随变而往，无定在一体，亦是无体也。[①]

最后，“神”表示阴阳变化的微妙极致、不可测度、难以把握的特性。《易传》说“阴阳不测之谓神”，所谓不测，指不能进行有形的度量。所以，《易传·说卦传》又说：“神也者，妙万物而为言者也。”孔颖达指出，万物都是有形体的，它们的变化也都是有象可寻的，神却在形体之外，不可以形诘，不可以象寻。

> 云“妙万物而为言”者，妙谓微妙也。万物之体，有变象可寻，神则微妙于万物而为言也，谓不可寻求也。[②]

在儒家文化中，一些动物具有神性或曰“魅”，如麟、凤、龟、龙就被称为“四灵”，不作一般动物看待。孔颖达说：“谓之‘灵’者，谓神灵。以此四兽皆有神灵，异于他物，故谓之灵。”[③]《大戴礼记》说：

> 有羽之虫三百六十，而凤皇为之长；有毛之虫三百六十，而麒麟为之长；有甲之虫三百六十，而神龟为之长；有鳞之虫三百六十，而蛟龙为之长；倮之虫三百六十，而圣人为之长。[④]

这里的“长”，可以理解为同类的代表或统帅。古人把四灵与圣人并列，可见

---

①〔魏〕王弼注，〔唐〕孔颖达疏：《周易正义》卷七，〔清〕阮元校刻：《十三经注疏》，第94页。
②〔魏〕王弼注，〔唐〕孔颖达疏：《周易正义》卷七，〔清〕阮元校刻：《十三经注疏》，第94页。
③〔汉〕郑玄注，〔唐〕孔颖达疏：《礼记正义》卷二十二，〔清〕阮元校刻：《十三经注疏》，第1425页。
④〔清〕王聘珍：《大戴礼记解诂》，中华书局1983年版，第259—260页。

他们是把这些动物与人类同等看待的。龟因为长寿，被认为具有“先知”的神异功能，所以商朝实行“龟卜”。现在我们看到的甲骨文，大部分是刻在龟壳上的。商周时期举行“大飨”的祭礼，摆放祭品时把龟放在前列，原因就是认为它有先知的能力。《礼记·礼器》说：“龟为前列，先知也。”龙则被认为是一种能兴云致雨的神灵。

还有一些动物，儒家认为它们有部分的亲情和仁义的德性。荀子说，大的鸟兽如果在一个地方失去同伴，再路过这个地方时，一定会徘徊踟蹰、号鸣而去。小的燕雀在同样情况下也是叽叽喳喳，然后才离开。这些都是它们的感知。《礼记·三年问》说：

> 凡生天地之间者，有血气之属必有知，有知之属莫不爱其类。今是大鸟兽，则失丧其群匹，越月逾时焉，则必反巡；过其故乡，翔回焉，鸣号焉，踯躅焉，踟蹰焉，然后乃能去之。小者至于燕雀，犹有啁噍之顷焉，然后乃能去之。

《礼记·王制》说“獭祭鱼”，就是认为獭也有一定程度的仁慈之心。流传甚广的儒学蒙书《名贤集》中有“马有垂缰之义，狗有湿草之恩”[①]的句子；《增广贤文》有“狗不嫌家贫，儿不嫌母丑”“羊有跪乳之恩，鸦有反哺之义”的说法，说的都是动物的灵异之处。南宋理学家朱熹认为，人和动物都是由太极（理）和气构成的，蜂蚁有君臣之义，虎狼有父子之亲，这是动物明晰仁、义的一点。动物的局限性是不能由此推出去，把这点仁义推广到万事万物。

在儒家文化中，除了“四灵”以外，具有神意的动物还有玄鸟、神雀等。“玄鸟”可能是原始部族图腾崇拜的孑遗。《诗经·商颂·玄鸟》中殷族人歌颂自己的祖先，有“天命玄鸟，降而生商”的诗句，说明殷商的图腾是玄鸟。玄鸟指燕子，这种鸟在如今的殷商故地河南民间仍然被认为是神灵的鸟类。

唐纳德·沃斯特的《自然的经济体系——生态思想史》指出，学者们在描述自然时使用“有机性”和“整体性”的意图有两点：“第一，赋予一切动物抵制化学和物理分析的意愿和行动的自由；第二，把整个自然当作一个单一的和不可分割的

---

①林大为编：《弟子规·名贤集》，吉林大学出版社2010年版，第61页。

整体来研究，它是由一种相当神秘的有机力量聚集在一起的。”[①]这种神秘的有机力量，可以说就是儒家自然哲学中的自然之魅。儒家文化运用山川之神、大地之神的形式来表达自然之魅，并通过祭祀来表达对自然的敬畏之感与报答之情。

二、儒家对于祭祀的认识与规定

祭祀在古代具有重要的意义。《左传·成公十三年》说："国之大事，在祀与戎。"这无疑道出了古代政治的秘密。的确，祭祀和战争都是关乎统治者生死存亡的大事。对于一个政权来说，祭祀是它的合法性获得的途径、巩固的措施和宣示的手段。一个政权通过各类祭祀活动建立起与各种神灵、大地山川的隐秘的、神意的关联，从而获得对土地、人民的合法支配权。由此我们可以推知"绝地天通"的意义，即政权截断普通民众与天——神的沟通，垄断与神的交往，以便确立自己的基于神意的合法性。据《尚书·周书·吕刑》记载："皇帝哀矜庶戮之不辜，报虐以威，遏绝苗民，无世在下。乃命重黎，绝地天通，罔有降格。"这里所说的皇帝是尧。在《国语·楚语》中，昭王对于"绝地天通"不甚理解。

> 昭王问于观射父，曰："《周书》所谓重、黎实使天地不通者何也？若无然，民将能登天乎？"对曰：非此之谓也。古者民神不杂……及少昊之衰也，九黎乱德，民神杂糅，不可方物。夫人作享，家为巫史，无有要质。民匮于祀，而不知其福。蒸享无度，民神同位。民渎齐盟，无有严威。神狎民则，不蠲其为。嘉生不降，无物以享。祸灾荐臻，莫尽其气。颛顼受之，乃命南正重司天以属神，命火正黎司地以属民，使复旧常，无相侵渎，是谓绝地天通。[②]

从观射父的说明可知，在尧的时代，与神沟通的任务是由巫、觋专职负责的。民、神各安其位、敬而不渎、灾祸不至。可是，到了少昊时代，民神混杂，家家巫

---

①［美］唐纳德·沃斯特：《自然的经济体系——生态思想史》，侯文蕙译，第37页。
②〔清〕徐元诰：《楚语下》，《国语集解》，王树民、沈长云点校，第414—415页。

史，民乏忠信，神无尊严，灾祸频至。所以，颛顼命重、黎绝地天通。孔颖达说："帝尧既诛苗民，乃命重黎二氏，使绝天地相通，令民神不杂。于是天神无有下至地，地民无有上至天，言天神地民不相杂也。"[①]所谓民神不杂，实质上是垄断与神沟通的权利，由此来保障政权的合法性。

按照古代的传说，尧舜禹都是以禅让的方式实现政权交替的。《孟子·万章上》记载，孟子的弟子万章曾就此问孟子，尧把天下给了舜，有这回事吗？孟子做了否定的回答，指出天子不能把天下给予他人，只有天才能这样做。那么，天又是如何把天下授给舜的呢？是不是也像人那样苦口婆心地谆谆教诲呢？万章问。孟子说，不，天不言语，而是用行为和事情来表示自己的意愿。"尧荐舜于天而天受之，暴之于民而民受之。"万章问，什么是"天受之""民受之"？孟子回答说：

> 使之主祭而百神享之，是天受之；使之主事而事治，百姓安之，是民受之也。天与之，人与之，故曰：天子不能以天下与人。（《孟子·万章上》）

这里，孟子强调主祭而百神受之，正是与百姓接受相并列的合法性的一个来源。

据《礼记·王制》记载，古代一年四时都有祭祀，"天子诸侯宗庙之祭，春曰礿，夏曰禘，秋曰尝，冬曰烝"。此外还有大祭，是祭天、祭五岳，如（《诗经·周颂·时迈》）所谓"怀柔百神，及河乔岳"；又有对四方之神的祭祀，如《诗经·小雅·甫田》所谓"与我牺羊，以社以方"。这里的四方，照孔颖达说即是四方之神。《礼记·月令》也提到皇天上帝、名山大川、四方之神、宗庙社稷之灵等祭祀对象。以上所说的是常祭，还有非常的祭祀。如果气候出现乖戾，成为灾害，就要祭四时之气的神，这叫"祭时"。

儒家祭祀的祭品一般为太牢、少牢、特牲。太牢是牛、羊、猪三牲各一具，少牢是羊、猪各一具，特牲是单独一个牺牲，或者是牛，或者是猪。《礼记·郊特牲》所载"郊特牲而社稷大牢"，即天子祭祀社稷用太牢，郊祭用特牲。诸侯祭祀自己的社稷用少牢。据《周礼》的记载，古代天子有"羊人"一职，负责羊牲以及祭祀割牲事宜。照《礼记·曲礼下》所说，祭祀时天子用牺牛，诸侯用肥牛，大夫

---

①〔汉〕孔安国传，〔唐〕孔颖达疏：《尚书正义》卷十九，〔清〕阮元校刻：《十三经注疏》，第248页。

用索牛，士用羊、豕；另外，还有用鸡、兔、犬、槀鱼、鲜鱼等情况。但祭品也不全用动物。水草之菹、草木之实、水、酒，都可以作祭品。水叫“清涤”，酒叫“清酌”。《礼记·王制》说：“春荐韭，夏荐麦，秋荐黍，冬荐稻。韭以卵，麦以鱼，黍以豚，稻以雁。”大意是普通百姓祭祀他们的祖先使用的祭品，春天以韭菜配鸡蛋，夏天以麦子配鱼，秋天黍配以豚，冬天是稻配雁，也都包含植物：哪些对象值得祭祀，儒家文化有一定的说明。《礼记·祭法》说：

> 夫圣王之制祭祀也，法施于民则祀之，以死勤事则祀之，以劳定国则祀之，能御大灾则祀之，能捍大患则祀之。是故厉山氏之有天下也，其子曰农，能殖百谷。夏之衰也，周弃继之，故祀以为稷。共工氏之霸九州岛也，其子曰后土，能平九州岛，故祀以为社。帝喾能序星辰以著众，尧能赏均刑法以义终，舜勤众事而野死，鲧鄣洪水而殛死，禹能修鲧之功，黄帝正名百物以明民共财，颛顼能修之，契为司徒而民成，冥勤其官而水死，汤以宽治民而除其虐，文王以文治，武王以武功去民之灾，此皆有功烈于民者也；及夫日月星辰，民所瞻仰也，山林川谷丘陵，民所取财用也。非此族也，不在祀典。

从以上说明可知，儒家的祭祀对象可分为两类，一是人，一是自然。人是那些为百姓建立功业的英雄，如尧是“法施于民”的人，舜是“以死勤事”的人，禹是“能御大灾”的人，农、弃、后土大体属于“以劳定国”的人，汤、文、武都是除暴安良，为民“捍大患”的人。在祭祀的自然现象中，日、月、星辰是百姓所瞻仰的，山林、川谷能供给百姓材用，这些也是祭祀的对象。关于将自然现象作为祭祀对象，《国语·鲁语上》更为详细地说：“及天之三辰，民所以瞻仰也；及地之五行，所以生殖也；及九州名山川泽，所以出财用也。非是不在祀典。”[①]

儒家文化对于祭祀者和祭祀对象的对应，祭祀的地点、频率、使用的器具都有规定。祭祀者和祭祀对象的对应原则是这样的：天子统领天下，祭祀对象能够代表天下祭祀对象；诸侯为一方之主，祭祀对象代表地方祭祀对象。天子祭祀天地、名山大川，“四方群神，日月星辰，风伯雨师，五岳四渎，及余山川，凡三十六所”[②]。因为天地是自然中最大的事物，名山大川是自然中最为显著的现象，都具

①〔清〕徐元诰：《国语集解》，王树民、沈长云点校，第160—161页。
②〔清〕朱彬：《礼记训纂》卷五，饶钦农点校，第186页。

有代表天下的意义。“四方群神，日月星辰，风伯雨师”也有代表天下的意义。这里的名山即五岳，大川即四渎。这些都在天子祭祀的范围之内。《礼记·王制》说：

> 天子祭天地，祭四方，祭山川，祭五祀，岁遍。诸侯方祀，祭山川，祭五祀，岁遍。大夫祭五祀，岁遍。士祭其先。
>
> 天子祭天地，诸侯祭社稷，大夫祭五祀。天子祭天下名山大川，五岳视三公，四渎视诸侯，诸侯祭名山大川之在其地者。

如果名山大川在诸侯的封地境内，诸侯也可以祭祀。如黄河在晋国境内，晋国可以祭祀；泰山在鲁国境内，鲁国可以祭祀。正如《礼记·祭法》所言：在其地则祭之，亡其地则不祭”。不过，这只是特例。原则上诸侯只祭祀本地的山川神祇，大夫只祭五祀。所谓“五祀”，照《白虎通义》的解释是，春祭户、夏祭灶、六月祭中霤、秋祭门、冬祭井。其中的道理是，户是人所出入之处，如同春天万物触户而出；灶为火之主，是人自养的工具；夏季火主宰，长养万物；门是闭藏自守的工具，秋季万物成熟，收敛自守；井是水的生藏之地；冬生水，万物伏藏。[①]冬为太阴，盛寒为水，从五行上看对应井。中霤象征中央土。[②]

天子祭天的礼仪行于南郊。在祭祀时，天子行臣礼。孔颖达说，这样做的意图是为了使“严上之礼达于下”“天子至尊，而犹祭于郊，以行臣礼而事天也，是欲使严上之礼达于下”。[③]孔颖达又指出，“王自祭山川，是欲使傧敬鬼神之教达于下也”。[④]即天子在宗庙以子礼事尸（代表祖先受祭的人，一般为儿童），是为了使仁义之礼达于百姓；自祭山川，是为了使傧敬鬼神的教化达于百姓。

祭祀的地点、时间是这样的：春天天子在国都东郊设坛拜日，夏天在南郊设坛拜日，秋天在国都西郊设坛礼山川，冬天在国都北郊设坛礼月、四渎。月属于

---

①〔清〕陈立：《白虎通疏证》，吴则虞点校，第79—80页。
②〔清〕陈立：《白虎通疏证》，吴则虞点校，第81页。
③〔汉〕郑玄注，〔唐〕孔颖达疏：《礼记正义》卷二十二，〔清〕阮元校刻：《十三经注疏》，第1425页。
④〔汉〕郑玄注，〔唐〕孔颖达疏：《礼记正义》卷二十二，〔清〕阮元校刻：《十三经注疏》，第1425页。

太阴之精，为地神。[①]照五行说的解释，四渎、山陵也都是地神。山陵为微阴，配西方；四渎为极阴，和月一道，同配北方，祭于北郊。[②]祭祀的频率是“岁遍”，即一年祭祀一遍。这是与五行、四时、阴阳相配合的。[③]不过，五行数五，四时数四，并不一致，古人为了协调两者，又在夏季划出六月份归属于土，形成春—东—木—阳、夏—南—火—阳、中夏—中—土、秋—西—金—阴、冬—北—水—阴的格局。这是一个普遍原则，无论是天子巡守还是诸侯觐见天子，都要遵循。

三、儒家祭祀的生态意义

儒家的祭祀之礼包含着重要的生态意义。从根本上说，祭祀是对自然之魅的一种自觉的肯定，是人们对于自然的生态性的敬畏情感的表现和落实。儒家文化认为，自然是人的父母，祭祀自然是人们表达对于生养万物的天地的感激之情，是对自然的报答，是“报本反始”。《礼记·郊特牲》说：“万物本乎天，人本乎祖，此所以配上帝也。郊之祭也，大报本反始也。”“报本返始”表达的是对天地万物，从而也是对于天道的敬畏和感激之情。

与“报本反始”相近的还有“仁至义尽”的说法。据《礼记·祭法》所说，除了天地、父母、尧舜文武、日月山川之外，有功于农事的动物，比如虎、猫、昆虫等，也要祭祀。《礼记·郊特牲》说，天子重视“蜡八”。腊八是八种神，分别是先啬、司啬、农、邮表畷、猫虎、坊、水庸、昆虫。为什么虎猫、昆虫也在祭祀之列？《礼记·郊特牲》解释道，古代的君子对于使用过的事物一定要报答它，做到“仁至义尽”。祭猫，是因为它食田鼠；祭虎，是因为它食田豕。此处也可以看出古人自觉地发挥了食物链的作用。祭昆虫则是希望昆虫不作，不祸害庄稼。《礼记·郊特牲》说：

---

①〔汉〕郑玄注，〔唐〕孔颖达疏：《礼记正义》卷二十二，〔清〕阮元校刻：《十三经注疏》，第1093页。
②〔汉〕郑玄注，〔唐〕孔颖达疏：《礼记正义》卷二十二，〔清〕阮元校刻：《十三经注疏》，第1093页。
③〔清〕陈立：《白虎通疏证》，吴则虞点校，第79—80页。

天子大蜡八。伊耆氏始为蜡。蜡也者，索也。岁十二月，合聚万物而索飨之也。蜡之祭也：主先啬，而祭司啬也，祭百种，以报啬也。飨农及邮表畷、禽兽，仁之至，义之尽也。古之君子，使之必报之。迎猫，为其食田鼠也；迎虎，为其食田豕也，迎而祭之也。祭坊与水庸，事也。曰："土反其宅，水归其壑，昆虫毋作，草木归其泽。"皮弁素服而祭。素服，以送终也。葛带榛杖，丧杀也。蜡之祭，仁之至，义之尽也。

"报本反始"和"仁至义尽"都是把人置于天道之下，使人从属于自然，从属于天道，使人的价值在天道中得以确定，亦即《易传·乾卦·彖传》所谓"乾道变化，各正性命"。祭祀自然把人和天地万物联系到了一起，是宗教掩盖之下的生态循环观念，是天人合一的表现。

儒家认为，祭祀之礼的根本原则是"忠信"，即向神表达忠信的情感，不是"收买"神灵。所以，礼制要求，祭品必须与天时相符合，与地产相适应；顺从于鬼神，一致于人心。非当地所产者，不能进献于鬼神，否则就是"不知礼"；鬼神也不会歆享的。这种思想中包含着对于自然资源的珍惜和对民力的爱惜。珍惜自然资源是符合生态思想的。《礼记·礼器》说：

先王之立礼也，有本有文。忠信，礼之本也；义理，礼之文也；无本不立，无文不行。

礼也者，合于天时，设于地财，顺于鬼神，合于人心，理万物者也。是故天时有生也，地理有宜也，人官有能也，物曲有利也。故天不生，地不养，君子不以为礼，鬼神弗飨也。

《礼记·郊特牲》说："牲用骍，尚赤也。用犊，贵诚也。"大意是，祭祀的牛，色尚赤，用犊，就是为了表达诚意。如果没有忠信之心，仅仅靠祭品的丰盛，不会得到鬼神的佑助。《周易·既济卦》九五爻辞说："东邻杀牛，不如西邻之禴祭，实受其福。"牛是祭品中最为盛大的；禴祭是春祭，用的是饭菜，是祭品中至为菲薄的。何以用牲牛祭祀反而不如用饭菜？照儒家文化的观点，祭祀尚德而不贵祭品之丰厚。诚如孔颖达所说："祭祀之盛，莫盛修德。"①如果能够修德，即使祭品微薄，鬼神也是能够歆飨的。所以，《尚书·周书·君陈》又说："黍稷非馨，明德惟馨。"据考证，这里的东邻和西邻，是殷商和西周。这句爻辞也说明了西周兴起而取代殷商的道德合法性。当然，如果有诚、有信，那么即使不用牛，沼沚之毛、浮萍、白蒿、水藻之类的青菜，也都是可以进献于鬼神的。《左传·隐公三年》说：

> 信不由中，质无益也。明恕而行，要之以礼，虽无有质，谁能间之？苟有明信，涧溪沼沚之毛，苹蘩蕴藻之菜，筐筥锜釜之器，潢污行潦之水，可荐于鬼神，可羞于王公。

因此，儒家认为，祭品不以种类新奇、产地偏远为好，而是就本地所产而奉献。非本地物产，君子不作为祭品，鬼神也不会享用。如果山区以鱼鳖为礼，沼泽地区以鹿、猪为礼，那肯定是不合礼的。同时，礼的薄厚也要根据年成的丰歉而定，无论如何，不能让百姓感到有负担，这些都是具有生态意识的表现。《礼记·礼器》说：

> 居山以鱼鳖为礼，居泽以鹿豕为礼，君子谓之不知礼。故必举其定国之数，以为礼之大经。礼之大伦，以地广狭。礼之薄厚，与年之上下。是故年虽大杀，众不匡惧，则上之制礼也节矣。

如前所述，动物在古代可作为祭品。太牢、少牢、特牲都是动物。古代又有"告朔"礼，其仪式是天子在冬末颁布来年日历，说明来年十二个月的朔日各是哪一天。诸侯接受此历，藏于宗庙。每月朔日杀羊以祭，请求按照天子的历法行事。这个仪式实质上表示的是诸侯对于天子之令的遵从。据《论语·八佾》的记载，子贡欲去告朔之饩羊。子曰："赐也！尔爱其羊，我爱其礼。"这是把动物用于祭祀的又一个例子。据《礼记·祭义》记载，古代天子、诸侯都有饲养牲畜的官吏，每月初一、十五，君主都要斋戒沐浴，戴上皮帽，巡视牺牲，朝拜，然后才能取用。

---

①〔魏〕王弼注，〔唐〕孔颖达疏：《周易正义》卷六，〔清〕阮元校刻：《十三经注疏》，第72页。

选择牲牛时，君主把牛召到朝堂，亲自察看牛的毛色，进行占卜，如果吉，就把它专门养起来，等到祭祀时使用。古人认为，祭祀使用的动物一定要符合规格，上帝才会享用。对祭品的虔敬表达了对天地、父母等祭祀对象的孝心。《论语·雍也》中孔子表扬仲弓，说："犁牛之子骍且角，虽欲勿用，山川其舍诸？"孔子语表明，祭祀用的牲畜有一定的规制。

宰杀动物用来祭祀是不是符合生态原则呢？对于告朔用饩羊一事，布拉克雷说："使用动物的礼仪实践可以被理解为与自然的力量和权力保持适当的和谐关系的方式，以及支撑和推进事物的有秩序的生生运动的方式。动物本身是自然的一部分，所以，它们也被认为是人向自然的权力表达敬意的一部分。动物的礼仪价值超过它对于自身的价值和它对于某个人的价值，礼仪本身也是自然的一部分。如果祭祀有助于维持'天地'之道，那么，礼仪的要求并没有超出自然对于被创造物的要求。子贡应该认识到，支持他的判断的选择和感觉是错误的。献祭，就其自身来说，是用自然自身的资源向自然致敬。剥夺一个现成的价值是肯定整个过程中的许多价值的途径。"①布拉克雷的辩护，说明了使用动物祭祀是自然过程或曰天道过程的一个环节。当然，对于将大型家畜用作祭祀的牺牲，古人的态度是十分慎重的。其意图是珍惜动物的生命，不滥杀动物。《礼记·月令》记载，仲春祭祀不用牺牲，而用圭璧、皮币。这是因为春季是动物交配孕育的季节，不能让祭祀影响动物的生育。《礼记·效特牲》明确地说："天子牲孕弗食也，祭帝弗用也。"即天子用来作牺牲的牲畜如果怀孕就不能用来祭祀上帝了，也不能食用了。这些都表明对于动物生命的尊重，是符合生态精神的。

时至今日，祭祀自然已不再是一个必要的社会活动了；对于自然之魅，甚至也不必重新加以肯定了。但是，儒家祭祀文化中所包含的对于自然的感激、敬畏和慎重的态度，却是今天的人类所必须重新确立的。我们应该把自然之魅转化为自然的为人类所不可尽知的方面，保持对此方面的敬畏和慎重，改变近代以来那种认为人类对于自然能够做到无所不知，在措施上敢于无所不为的态度，从而保留和维持一个宜于所有存在者生存的自然。这是符合生态原则的。

（原载《现代哲学》2012年第4期）

---

①Blakeley, "Listening to the Animals: The Confucian View of Animal Welfare," 140.

二程“仁者浑然与物同体”的生态哲学思想

二程兄弟是道学或广义理学的主要奠基者，学界对他们的研究也很多。一般认为，程颢具有心学倾向，程颐具有理学（狭义的）倾向，他们分别奠定了陆王心学和程朱理学的基础。[①]这个观点与此前认识不到二程学问的差异的状况相比，无疑是一个很大的进步。但此后的研究似乎又走向了另一面，即过分强调二人之异，而忽略二人之同。笔者近年从生态的视角出发研究中国哲学，发现他们的学问有一个共同的根基或基础，即对待自然的态度是一致的。他们都继承了先儒对自然的关爱态度并做了新的发挥，提出了诸如“天人本无二，不必言合”[②]的天人关系说、“自家心便是草木鸟兽之心”[③]的生态德性论、参赞化育的生态功夫论以及“仁者浑然与物同体”的生态境界论。在他们那里，“仁”也叫“仁体”，既是“本心之全德”，也是天地万物之“生意”；既是一个主体性概念，也是一个本体概念，是主体和本体统一。二程对仁的本体化的提升，深化了自然和德性的统一、天人合一的内涵，把中国哲学的理论水平提高到了一个新的高度。

一、“天人本无二，不必言合”的天人关系论

生态哲学的根本问题是人与外部世界的关系问题，亦即“天人关系”问题。关于此，二程的观点是“天人本无二，不必言合”，也就是说，天人本来就是一体的，如果没有意识到这一点而强调两者的“合”，那就预设了它们的分离，因为只有离了才需要去合。这一认识是相当深刻的。二程所说的“天人合一”，可从本然

---

①参见冯友兰：《中国哲学史新编》下，人民出版社2007年版，第88页；牟宗三：《宋明理学讲演录》，《牟宗三先生全集30》，联经出版事业有限公司2003年版，第71—72页。

②〔宋〕程颢、〔宋〕程颐：《河南程氏遗书》卷六，《二程集》，王孝鱼点校，第81页。

③〔宋〕程颢、〔宋〕程颐：《河南程氏遗书》卷一上，《二程集》，王孝鱼点校，第4页。

与事实、本体与价值、功夫与境界等多个层面来理解。“天人本无二”首先意味着本然的或自在的合一，即天人的统一性是一个基本事实，与人们是否意识到无关，因为没有任何一个活人甚至死人是可以脱离自然的（灵魂论者除外）。二程说：

人者，位乎天地之间，立乎万物之上；天地与吾同体，万物与吾同气。[①]

天地安有内外？言天地之外，便是不识天地也。人之在天地，如鱼在水，不知有水，直待出水，方知动不得。[②]

夫天大无外，造化发育，皆在其间，自无内外之别。人有是形，而为形所梏，故有内外生焉。内外一生，则物自物，己自己，与天地不相似矣。反乎性之德，则安有物我之异，内外之别哉？[③]

以上说法表明，人与自然的本然合一，根本地界定了人与自然相处的模式和人类存在的限度，从而构成人类活动的规范，所以既是人类存在的前提，也是具有本体意义和规范意义的，是作为价值的天人合一的本体基础。在此，事实和价值具有同一性，这是二程哲学乃至整个宋明理学的特点。

人是具有主体性和自觉性的存在，不会满足于天人合一的自在状态，而会进一步探求对天人关系的自觉的和理性的把握。二程哲学的核心概念是“天理”，他们对天人关系的理性认识直接表现在对“天理”的认识上。程颢说：“吾学虽有所受，天理二字却是自家体贴出来。”[④]他们把天视作至上的本体，存在与价值的终极来源。关于观天理的方法，他说：

观天理，亦须放开意思，开阔得心胸，便可见，打揲了习心两漏三漏子。今如此混然说做一体，犹二本，那堪更二本三本！今虽知“可欲之谓善”，亦须实有诸己，便可言诚。诚便合内外之道。今看得不一，只是心生。……天人无间。夫不充塞则不能化育。言赞化育，已是离人而言之。[⑤]

---

①〔宋〕程颢、〔宋〕程颐：《河南程氏文集》卷十二，《二程集》，王孝鱼点校，第668页。
②〔宋〕程颢、〔宋〕程颐：《河南程氏遗书》卷二上，《二程集》，王孝鱼点校，第43页。
③〔宋〕程颢、〔宋〕程颐：《河南程氏经说》卷八，《二程集》，王孝鱼点校，第1161页。
④〔宋〕程颢、〔宋〕程颐：《河南程氏外书》卷十二，《二程集》，王孝鱼点校，第424页。
⑤〔宋〕程颢、〔宋〕程颐：《河南程氏遗书》卷二上，《二程集》，王孝鱼点校，第33页。

这说明，对天理的把握需要破除自身与外界的区隔，融小我于大我之中。二程认为，这一道理先秦儒者曾反复言说，但自汉代以来却没有人能够真正懂得。即便是董仲舒，虽然“于天人相与之际，亦略见些规模”，仍未免把天人感应之说“推得太过”了，“亦何必说某事有某应”？[①]有鉴于此，二程要求人们主动打破天与人、物与我、主与客的隔阂，“反乎性之德”“须是合内外之道，一天人，齐上下，下学而上达，极高明而道中庸”，[②]以此达成人与天的自觉统一。

二、“仁体”：本体与主体相统一的生态德性论

（一）“生意”：仁的本体化

作为对天道的认识的深化，二程对于自然的运行也有很多论述，最为著名的是对阴阳和道的形而上和形而下的分疏。程颐提出：“离了阴阳更无道，所以阴阳者是道也。阴阳，气也。气是形而下者，道是形而上者。形而上者则是密也。”[③]在把理、气分为形而上和形而下方面，大小程没有区别。二程进一步指出，天“以生为道”[④]，天道生生不息。程颢说：“生生之谓易，是天之所以为道也。天只是以生为道，继此生理者，即是善也”[⑤]“天地之化，自然生生不穷”。[⑥]程颐也说：“道则自然生万物。今夫春生夏长了一番，皆是道之生，后来生长，不可道却将既生之气，后来却要生长。道则生生不息。”[⑦]关于生生的机制，二程提出了许多说法，一言以蔽之，生生是阴阳二气运行的结果。“万物之始，皆气化。既形，然后

---

①〔宋〕程颢、〔宋〕程颐：《河南程氏遗书》卷二上，《二程集》，王孝鱼点校，第33页。
②〔宋〕程颢、〔宋〕程颐：《河南程氏遗书》卷三，《二程集》，王孝鱼点校，第59页。
③〔宋〕程颢、〔宋〕程颐：《河南程氏遗书》卷十五，《二程集》，王孝鱼点校，第162页。
④〔宋〕程颢、〔宋〕程颐：《河南程氏遗书》卷二上，《二程集》，王孝鱼点校，第30页。
⑤〔宋〕程颢、〔宋〕程颐：《河南程氏文集》卷六，《二程集》，王孝鱼点校，第552页。
⑥〔宋〕程颢、〔宋〕程颐：《河南程氏遗书》卷十五，《二程集》，王孝鱼点校，第148页。
⑦〔宋〕程颢、〔宋〕程颐：《河南程氏遗书》卷十五，《二程集》，王孝鱼点校，第149页。

以形相禅，有形化；形化长，则气化渐消。”[①]但气只是表现形态，气的背后有决定性的理。阴阳运行，实际上是理的作用；阴阳化生万物，归根结底是理化生万物。天道、天理化生万物的思想表明，理具有运动创生的力量，这有助于我们进一步认识理学中“理”的概念。笔者之前在研究朱子理气关系思想时曾指出，冯友兰先生将理视作纯概念，牟宗三先生也认为理只存有而不活动，二人都忽视了理的实质性内涵及其对于形下世界的价值意义和规范作用。[②]二程的理也具有化生作用，这是生态哲学视角下对二程哲学的新认识。

在二程哲学中，天道生生也是自然界的生机、生意。据二程的弟子张九成记载：

> 明道书窗前有茂草覆砌，或劝之芟，曰：“不可，欲常见造物生意。”又置盆池，畜小鱼数尾，时时观之，或问其故，曰：“欲观万物自得意。”草之与鱼，人所共见，唯明道见草则知生意，见鱼则知自得意，此岂流俗之见可同日而语！[③]

程颢《秋日》云：“万物静观皆自得，四时佳兴与人同。”《二程集》记载：“静后，见万物自然皆有春意。”[④]生机和生意表达了整体的、有机的自然观，与生态哲学具有天然的亲缘关系。

按照二程的理解，天地的生意也是天地之心、天地生物之心。所谓天地之心，是指天地运化的自然过程中所呈现的生生不息的合目的性。《易传·复卦》云“复，其见天地之心”，将气的一阳来复视作天地变化的根本特点。对此，程颐说：“复者反本也，本有而去之，今来复，乃见天地之心也，乃天理也。”[⑤]又云：“‘复其见天地之心。’一言以蔽之，天地以生物为心。”[⑥]在此，自然运行本身即具有价值指向，即天地以生养万物为其最高职责，这是最高的善，是世间一

①〔宋〕程颢、〔宋〕程颐：《河南程氏遗书》卷五，《二程集》，王孝鱼点校，第79页。
②参见乔清举：《论朱子的理气动静问题》，《哲学动态》2012年第7期，第77页。
③〔清〕黄宗羲：《明道学案》，《宋元学案》，缪天绶选注，商务印书馆1928年版，第104页。
④〔宋〕程颢、〔宋〕程颐：《河南程氏遗书》卷六，《二程集》，王孝鱼点校，第84页。
⑤〔宋〕程颢、〔宋〕程颐：《河南程氏外书》卷十，《二程集》，王孝鱼点校，第404页。此句与《程氏易传》复卦同，推断为程颐语。
⑥〔宋〕程颢、〔宋〕程颐：《河南程氏外书》卷三，《二程集》，王孝鱼点校，第366页。此句亦据《程氏易传》复卦推断为程颐语。

切存在和价值的终极来源。二程把天地万物的“生意”和“仁”统一了起来。程颢说：

> “天地之大德曰生”，“天地絪缊，万物化醇”，“生之谓性”。万物之生意最可观，此元者善之长也，斯所谓仁也。人与天地一物也，而人特自小之，何耶？①

伊川也把心比喻为谷种，指出仁是其中包含的生意。

> 心譬如谷种，生之性便是仁。②
> 心生道也，有是心，斯具是形以生。③
> 心犹种焉。其生之德，是为仁也。④

可见，仁不限于主体的德性，也具有外部世界的内涵。仁是天理、天地之心，是生意，这样，仁就本体化了。仁的本体化提高了中国哲学的思维水平，是二程在中国哲学史上的重要贡献。

（二）本体与主体的统一

“生意”对仁的本体化提升确立了仁的客观性内涵，肯定了仁的最高地位。但在儒家哲学中，仁首先是一个主观性原则。“于所主曰心，名其德曰仁。”⑤作为一个主体性范畴的仁在儒家哲学中还不是最高概念。无论是在智仁勇“三达德”中、仁义礼智“四端”中，还是在仁义礼智信“五常”中，仁都是一个与其他几德并列的概念，与作为最高的客观性原则的仁并不吻合。所以，作为主观性原则的仁同时必须被提升为最高概念，才能与作为客观性原则的仁一致而同一，真正地成为“本体”。应该说，二程意识到了这一问题，明确地对仁进行了提升。程颢说：

---

①〔宋〕程颢、〔宋〕程颐：《河南程氏遗书》卷十一，《二程集》，王孝鱼点校，第120页。
②〔宋〕程颢、〔宋〕程颐：《河南程氏遗书》卷十八，《二程集》，王孝鱼点校，第184页。
③〔宋〕程颢、〔宋〕程颐：《河南程氏遗书》卷二十一下，《二程集》，王孝鱼点校，第274页。
④〔宋〕程颢、〔宋〕程颐：《河南程氏粹言》卷一，《二程集》，王孝鱼点校，第1174页。
⑤〔宋〕程颢、〔宋〕程颐：《河南程氏粹言》卷一，《二程集》，王孝鱼点校，第1174页。

“义、礼、知、信皆仁也”；又说：“仁、义、礼、智、信五者，性也。仁者，全体；四者，四支。仁，体也。义，宜也。礼，别也。智，知也。信，实也。”[①]程颐说：“四德之元，犹五常之仁。偏言则一事，专言则包四者。”[②]这样，作为兼包四德的“仁”和作为万物本体的“仁”便一致了，两者其实只是作为“仁体”的同一个仁。这个“仁体”是本体和主体的统一。它不仅是客观的本体，也是主观的心体、人的主体性；它不是纯主观，有客观的本体规定性；也不是纯客观，又有人的德性。“学者识得仁体、实有诸己，只要义理栽培。如求经义，皆栽培之意。”[③]可见，仁的本体化是“天人本无二”可以成立的一个逻辑前提，也是天人合一的核心与枢纽。

（三）“仁体”：“自家心是草木鸟兽之心”的生态德性论

仁体的主客统一特征使其不仅能够实然地贯通万物，而且其作为人的德性也能自觉地与万物浑然同体，主动地以仁的原则来对待万物。这样，仁体便同时也是一个生态德性。具备这一德性的人能够自觉地裁成辅相、参赞化育、尽物之性、成就万物，帮助天地万物完善和完成自身的生命。由此言之，人心也是天地万物之心、草木鸟兽之心。程颐和程颢先后说了：

> 一人之心即天地之心，一物之理即万物之理，一日之运即一岁之运。[④]
>
> 天地之间，非独人为至灵，自家心便是草木鸟兽之心也。[⑤]

“一人之心”之所以成为“天地之心”，“自家心”之所以为“草木鸟兽之心”，正是因为人心含仁道，其内涵是“生生”“生意”。这样的心会自觉地按照仁的要求去关爱草木鸟兽，程颢将其称为“满腔子是恻隐之心”[⑥]。恻隐之心在孟子思想中已具有对他人和动物的痛苦产生直觉的道德同情的含义，二程则进一步将

---

①〔宋〕程颢、〔宋〕程颐：《河南程氏遗书》卷二上，《二程集》，王孝鱼点校，第16、14页。
②〔宋〕程颢、〔宋〕程颐：《周易程氏传》卷一，《二程集》，王孝鱼点校，第697页。
③〔宋〕程颢、〔宋〕程颐：《河南程氏遗书》卷二上，《二程集》，王孝鱼点校，第15页。
④〔宋〕程颢、〔宋〕程颐：《河南程氏遗书》卷二上，《二程集》，王孝鱼点校，第13页。
⑤〔宋〕程颢、〔宋〕程颐：《河南程氏遗书》卷一上，《二程集》，王孝鱼点校，第4页。
⑥〔宋〕程颢、〔宋〕程颐：《河南程氏遗书》卷三，《二程集》，王孝鱼点校，第62页。

恻隐之心视作关联人与自然的情感纽带，在他们这里，恻隐之心的发用是对于天地万物的关爱与恻隐，维护天地万物的勃勃生机。“心生道也，有是心，斯具是形以生。恻隐之心，人之生道也。”[①]“以己及物，仁也；推己及物，恕也。”[②]在二程的生态哲学中，“自家心便是草木鸟兽之心”的生态德性是生态实践的基础和前提。

三、奉天理物、参赞化育的生态功夫论

在儒家哲学中，功夫是指成圣成贤的道德修养和道德实践。二程兄弟早年从学于周敦颐，周敦颐要二程寻“孔颜乐处”（《论语·述而》）；小程初见胡瑗，应胡瑗要求做了一篇文章，题目就是《颜子所好何学论》，明确表明了“学以至圣”的求学目的。如何至圣？关键是做到与天道一致，“与天地万物为一体”[③]。这里的天地万物，是整个自然界。这句话包含了与自然和谐共处的精神，内涵比当今生态哲学更为丰富和深刻。如何做到“与天地万物为一体”？二程提出了许多功夫论思想，如格物穷理、敬、感通等，这些也都是生态功夫论思想。

（一）格物穷理

格物穷理是二程颇具特点的思想，也是程朱学功夫论的主要内容。二程承认理的客观性，认为每一事物都有其规定性，这便是事物的理，格物穷理即研究事物的这些理。程颐说：“在物为理，处物为义。”程颢说：“物理最好玩。”[④]二程十分看重格物功夫，指出“物理须是要穷。若言天地之所以高深，鬼神之所以幽显。

---

①〔宋〕程颢、〔宋〕程颐：《河南程氏遗书》卷二十一下，《二程集》，王孝鱼点校，第274页。
②〔宋〕程颢、〔宋〕程颐：《河南程氏遗书》卷十一，《二程集》，王孝鱼点校，第124页。
③〔宋〕朱熹：《性理三·仁义礼智等名义》，〔宋〕黎靖德编：《朱子语类》卷六，王星贤点校，第117页。
④〔宋〕程颢、〔宋〕程颐：《河南程氏遗书》卷二上，《二程集》，王孝鱼点校，第39页。

若只言天只是高，地只是深，只是已辞，更有甚？”[①]这意味着，格物穷理的直接目标是达成对事物本质和规定性的准确把握。

二程重视格物穷理，首先是因为了解事物之理是做出正确行为的前提。他们以医生应该了解药性为例指出：

> 医者不诣理，则处方论药不尽其性，只知逐物所治，不知合和之后，其性又如何？假如诃子黄、白矾白，合之而成黑，黑见则黄白皆亡。又如一二合而为三，三见则一二亡，离而为一二则三亡。既成三，又求一与二；既成黑，又求黄与白，则是不知物性。……观物理以察己，既能烛理，则无往而不识。[②]

一服中药需要多种药材和合而成，这些药材的药性是这服中药的药效的基础。若医者对药材的特性没有确切把握，就不可能准确地判断出这几味药材混合后的性质和作用，更遑论针对具体病情开方了。在这里，认识药材、判断药性是“格物”，是“知”；开处方是“行”，前者是后者的前提。二程认为，这个道理在人与自然的关系上也是同样的。人类若想要善待自然，就必须先了解自然之理。格物致知可以把握“万物化育之道”，洞悉自然运化的根本法则。“致中和，则是达天理，便见得天尊地卑，万物化育之道，只是致知也。”[③]其次，格物也是“明善”的途径。格物穷理的认识过程是明白道德之善的基础环节，“明善在乎格物穷理。”[④]因而格物不仅具有知识意义，还具有价值意义。这里的逻辑在于事物之理与人之善性均来源于天道，两者具有根源上的同一性，因而对前者的认识能够成为后者的助缘。

值得注意的是，二程认为圣人的突出特点是“纯乎仁心”，而仁又是“天地之心”，所以格物致知也是成圣的功夫，是实现天地万物为一体的关键。这样一来，格物便具有了鲜明的生态意义。

> 若夫至仁，则天地为一身，而天地之间，品物万形为四肢百体。夫人岂有视四肢百体而不爱者哉？圣人，仁之至也，独能体是心而已，曷尝支离多端而

---

①〔宋〕程颢、〔宋〕程颐：《河南程氏遗书》卷十五，《二程集》，王孝鱼点校，第157页。
②〔宋〕程颢、〔宋〕程颐：《河南程氏遗书》卷十五，《二程集》，王孝鱼点校，第162页。
③〔宋〕程颢、〔宋〕程颐：《河南程氏遗书》卷十五，《二程集》，王孝鱼点校，第160页。
④〔宋〕程颢、〔宋〕程颐：《河南程氏遗书》卷十五，《二程集》，王孝鱼点校，第144页。

求之自外乎？[①]

圣人既与天地为一体，自会将天地间的一切事物视作与自身密不可分的一部分，自会尽其所能地关爱一切存在物。这一心境作为格物致知的结果，蕴含着对自然无尽的关怀和热爱之情。事实上，当代西方“深生态学”“大地伦理”等生态哲学流派只是提出和论证了中国儒家生态哲学已经提出的结论而已。这正反映了儒家哲学的普遍性和超越性所在。

（二）“参赞化育”

《易传》的“与天地合德”、《中庸》的“参赞化育”意味着人能够参与和帮助宇宙的大化流行。二程继承和发扬了儒家的这一传统，并对其生态意蕴做了进一步的发挥。他们认为，人之所以能够参赞化育，在于人与万物的物质性构成，即气有所不同。人所禀赋的是清明之气，因而能够自觉到天赋之性，发挥万物灵长的智能，积极协助天地来抚育万物的生长。《二程集》载：

> 然而唯人气最清，可以辅相裁成。“天地设位，圣人成能”，直行乎天地之中，所以为三才。天地本一物，地亦天也。只是人为天地心，是心之动，则分了天为上，地为下，兼三才而两之，故六也。[②]

在二程看来，天高地下的世界是圣人成就事业的空间。天地化生万物的过程并不完满，有待于人的帮助才能完成。所以，万物的生成变化是天地与人共同作用的结果，缺一不可。人之所以与天地并列为“三才”，根源即在于此。

> 己也，人也，物也，莫不尽其性，则天地之化几矣。……天地之化育，犹有所不及，必人赞之而后备，则天地非人不立。故人与天地并立为三才，此之谓与天地参。[③]

①〔宋〕程颢、〔宋〕程颐：《河南程氏遗书》卷四，《二程集》，王孝鱼点校，第74页。
②〔宋〕程颢、〔宋〕程颐：《河南程氏遗书》卷二下，《二程集》，王孝鱼点校，第54页。
③〔宋〕程颢、〔宋〕程颐：《河南程氏经说》卷八，《二程集》，王孝鱼点校，第1159页。

人类承担着参赞化育的重要职责，更需要寻求合适的方式实现与天道的合一，这便是二程所理解的“与天地合德”。二程认为：

> 理之所不得已者，是谓化育。明其所不得已之机，则知之至矣。至诚而至于此，则至诚之事尽矣，天德全矣。夫天德无所不覆者，不越不倚于物而已。有倚于物，则覆物也有数矣。①

“化育”是理的流行，而人们致知的最终目的是知此流行，这样就能契合天道，达致使万物各得其所而无偏倚的至诚状态，实现真正的“参赞化育”“与天地合德”。可以说，二程将《中庸》所蕴含的人的主体性提升到了新的高度。

（三）“奉天理物”的生态实践

对二程而言，“天人合一”的境界追求和“与天地合德”的功夫原则都最终需要落实为具体的生态实践。对此，程颢提出了以奉天理物、尽物之性为宗旨的实践要求。他在《论十事札子》中说：

> 圣人奉天理物之道，在于六府；六府之任，治于五官；山虞泽衡，各有常禁，故万物阜丰，而财用不乏。今五官不修，六府不治，用之无节，取之不时。岂惟物失其性，材木所资，天下皆已童赭，斧斤焚荡，尚且侵寻不禁，而川泽渔猎之繁，暴殄天物，亦已耗竭，则将若之何！此乃穷弊之极矣。惟修虞衡之职，使将养之，则有变通长久之势，此亦非有古今之异者也。②

所谓“奉天理物”，是指顺应天道来治理万物，在满足需要的同时与自然和谐共处。在程颢看来，人是天人关系中的能动性环节，因而要做到奉天理物，关键在于人类须通过设立相应的官职，制定具体的规定来切实地管理和保护自然，约束自身过当的欲求。程颢认为，这一观点孟子已有，但由于时人知而不行，破坏了自然的平衡，所以，环境问题更是一个亟待解决的政治问题。

---

①〔宋〕程颢、〔宋〕程颐：《河南程氏经说》卷八，《二程集》，王孝鱼点校，第1163页。
②〔宋〕程颢、〔宋〕程颐：《河南程氏文集》卷一，《二程集》，王孝鱼点校，第454页。

二程不仅有明确的生态主张，更有切实的生态实践案例。据《明道先生行状》记载，程颢在茅山，“见人持竿道旁，以黏飞鸟，取其竿折之，教之使勿为”[①]。对于害人的蝎子，程颢有“杀之则伤仁，放之则害义”[②]的迟疑，这表明程颢对动物的生命的充分尊重，对剥夺生命行为的高度谨慎，宁可自身受伤害也不轻言害生。程颐对动物同样有关怀之情，他在《养鱼记》中提出了“圣人之仁，养物而不伤”的观点。

> 吾读古圣人书，观古圣人之政禁，数罟不得入洿池，鱼尾不盈尺不中杀，市不得鬻，人不得食，圣人之仁，养物而不伤也如是。物获如是，则吾人之乐其生，遂其性，宜何如哉？[③]

但二程并非单纯的动物权力论者，他们既对动物寄予关怀，也承认人使用动物的权利。他们既反对动物天生为人食的态度，也反对将食用动物视作不仁的看法，而是强调要保持对于动物的怜悯和不忍之心，处理好利用与保护的矛盾关系。

> 问：“佛戒杀生之说如何？”曰：“儒者有两说。一说，天生禽兽，本为人食，此说不是。岂有人为虮虱而生耶？一说，禽兽待人而生，杀之则不仁。此说亦不然。大抵力能胜之者皆可食，但君子有不忍之心尔。故曰：“见其生不忍见其死，闻其声不忍食其肉，是以君子远庖厨也。”旧先兄尝见一蝎不忍杀、放去。颂中有二句云：“杀之则伤仁，放之则害义。”[④]

在二程哲学中，自家心、仁是一种德性主体，好生之德表现为：尽管有能力对动物做到生杀自如，但在情感上仍须自觉地保持不忍之心，有意识地克制欲望，承认动物在天道流行中的存在价值，慎重地对待动物的生命。二程的德性主体原则内涵包括中庸之道，是一种更加合理和切实可行的生态德性。

---

①〔宋〕程颢、〔宋〕程颐：《河南程氏文集》卷十一，《二程集》，王孝鱼点校，第632页。
②〔宋〕程颢、〔宋〕程颐：《河南程氏外书》卷八，《二程集》，王孝鱼点校，第399页。
③〔宋〕程颢、〔宋〕程颐：《河南程氏文集》卷八，《二程集》，王孝鱼点校，第579页。
④〔宋〕程颢、〔宋〕程颐：《河南程氏遗书》卷十五，《二程集》，王孝鱼点校，第399页。

四、“仁者浑然与物同体”的生态境界论

境界是通过对宇宙人生的理解、觉悟以及道德修养和实践达到的心灵或精神的层次。二程的理想境界是“仁者浑然与物同体”“仁者与天地万物为一体”。这意味着“天人合一，万物一体”不仅是人与自然实然的相处状态，更是人类通过修养而要达到的自然的理想境界。换言之，对人而言，“天人本无二”具有自发和自觉两个层次，而由自发迈向自觉则构成了人的生态实践的方向。

（一）仁者浑然与物同体

这是二程尤其是大程的思想。如前所述，二程认为，“天人本无二，不必言合”。但是这种“不二”可以是自在状态，也可以是自觉状态。自在状态是个事实，人无论如何都存在于自然界中，谁也脱离不了自然界。但是，自在状态类似于冯友兰四境界中的“自然”境界，严格地说还不能叫作境界，体现不出人对自然、宇宙的认识和责任担当。自觉状态则是一种经过天人分离之后达到的新的统一，能够主动地与天地万物为一体，积极承担对天地万物的责任，把这种生态责任作为宇宙大化的一个环节。在二程，这种境界也是“仁”的境界。大程说：

> 学者须先识仁。仁者，浑然与物同体。[①]
>
> 仁者，以天地万物为一体，莫非己也。认得为己，何所不至？若不有诸己，自不与己相干。[②]

“与物同体”或者“天人合一”也是现代生态哲学的观念。浪漫主义思想家戴维·梭罗等人提出的是“共同体”或曰“爱的共同体”“自然的共同体”等概念。[③]在他看来，“自然界是广阔的平等的共同体，是一个宇宙血缘家庭”[④]。这

---

①〔宋〕程颢、〔宋〕程颐：《河南程氏遗书》卷二上，《二程集》，王孝鱼点校，第16页。
②〔宋〕程颢、〔宋〕程颐：《河南程氏遗书》卷二上，《二程集》，王孝鱼点校，第15页。
③〔美〕唐纳德·沃斯特：《自然的经济体系——生态思想史》，侯文蕙译，第111页。
④〔美〕唐纳德·沃斯特：《自然的经济体系——生态思想史》，侯文蕙译，第112页。

种共同体的基础是“对整个现有秩序的热爱和对自然的亲族关系的感知”[①]。“人类唯一真正需要尊重和神圣对待的权利，必须通过谦恭、平等地成为自然共同体中的一部分才能实现。”[②]出于对现代科学的反思，梭罗提出了对于自然的基于“爱”和“同感”的理解。他说：“爱是那种对精神和物质之间的相互依存和那种‘完美的一致’的认识，同感是那种强烈地感受到把一切生命都统一在一个惟一的有机体里的同一性，或者说是亲族关系的束缚能力。”[③]梭罗所说的爱和同感近似于仁和恻隐之心。中国现代哲学家金岳霖提出“存在的民主”“共存的民主”（democracy of co-existents）等概念，[④]指出其是人类“与自己的共存者融洽相处”，任何事物都能各尽其性的天人合一状态。罗尔斯顿用“生命之流”的概念来表达人与天地万物为一体，他指出，“自然赋予我们客观的生命，而个人的主观的生命不过是其中的一个部分的、内在的方面”[⑤]。

（二）“理与心一”

“理与心一”是二程的观点。学界通常认为，陆王讲“心即理”，程朱讲“性即理”，前者是心本论体系，后者是理本论体系。很难预料到二程尤其是小程有“理与心一”的观点。有的学者让古人的材料屈就自己的研究框架，说“理与心一”过于主观，小程不应该有这样的话。这种观点实质上是主客分离的范式先入为主的结果。生态哲学作为一种新的理论视角能够帮助我们重新理解二程哲学，以及程朱、陆王各自体系的特点。

理与心一作为二程哲学重要命题，与天人合一类似，可分为三个层次：初始的或原始的合一即“天命之谓性”、后天的或现实的天人分离以及通过修养功夫重新达到的新的统一。作为境界的心理合一是一种经过功夫后达到的更高层的合一。程颢曾说：“理与心一，而人不能会之为一。”[⑥]这个“一”，便是经过修养功夫后

---

①〔美〕唐纳德·沃斯特：《自然的经济体系——生态思想史》，侯文蕙译，第113页。

②〔美〕唐纳德·沃斯特：《自然的经济体系——生态思想史》，侯文蕙译，第114页。

③〔美〕唐纳德·沃斯特：《自然的经济体系——生态思想史》，侯文蕙译，第118页。

④金岳霖：《道、自然与人》，金岳霖学术基金会学术委员会编：《金岳霖文集》（第2卷），第722页。

⑤〔美〕霍尔姆斯·罗尔斯顿III：《哲学走向荒野》，刘耳、叶平译，第106页。

⑥〔宋〕程颢、〔宋〕程颐：《河南程氏遗书》卷五，《二程集》，王孝鱼点校，第76页。

在天地境界意义上的重新合一。程颐对这种状态的把握是“圣人与理为一，故无过，无不及，中而已矣”[①]，程颢则认为：“圣人致公，心尽天地万物之理，各当其分。”[②]小程借用孟子的说法，将这一状态称为“大而化之”之境，“‘大而化之’，只是谓理与已一。其未化者，如人操尺度量物，用之尚不免有差，若至于化者，则已便是尺度，尺度便是己。颜子正在此，若化则便是仲尼也”[③]。在此，大而化之就是主体与本体实现合一，价值原则完全内化的圣人境界。

（三）自由与洒乐

天人合一作为价值内化的圣人之境是一种自由与洒乐的境界。程颢最欣赏“鸢飞鱼跃”的自由之乐的境界，他说：“‘鸢飞戾天，鱼跃于渊，言其上下察也’。此一段子思吃紧为人处，与‘必有事焉而勿正心’之意同，活泼泼地。会得时，活泼泼地；不会得时，只是弄精神。”[④]程颢在这句中所说的“乐”是一种超越物我对立，体现宇宙万物浑然一体的、活泼自如的闲适之乐。鸢飞鱼跃本来是一种自然现象，但这种自然现象在体道于身的理学家看来，别有一番意味。这是天地之大美，也是万物各遂其性的自由。伊川对此也有体会，当尹和靖问伊川：“鸢飞戾天、鱼跃于渊、莫是上下一理？伊川曰：‘到这里只得点头’。”[⑤]

二程认为，人和天地万物本来是一体的。人只因为自私而以自己的躯体为界，把自己和外部世界割裂开来才失去了本来体段的一体。如果打破自身的躯体与外部世界的隔阂，与万物统一，就可以获得合道的快乐。这是超越于经验的、世俗的利害得失的精神愉悦，是人心和天地的贯通。程颢说：“人只为自私，将自家躯壳上起意，故看得道理小了佗底。放这身来，都在万物中一例看，大小大快活。”[⑥]他又说：“此道与物无对，大不足以名之。天地之用皆我之用。孟子言‘万物皆备于我’，须‘反身而诚’，乃为大乐。若反身未诚，则犹是二物有对，以己合彼，终

① 〔宋〕程颢、〔宋〕程颐：《河南程氏遗书》卷二十三，《二程集》，王孝鱼点校，第307页。
② 〔宋〕程颢、〔宋〕程颐：《河南程氏遗书》卷十四，《二程集》，王孝鱼点校，第142页。
③ 〔宋〕程颢、〔宋〕程颐：《河南程氏遗书》卷十五，《二程集》，王孝鱼点校，第156页。
④ 〔宋〕程颢、〔宋〕程颐：《河南程氏遗书》卷三，《二程集》，王孝鱼点校，第59页。
⑤ 〔宋〕程颢、〔宋〕程颐：《河南程氏外书》卷十二，《二程集》，王孝鱼点校，第432页。
⑥ 〔宋〕程颢、〔宋〕程颐：《河南程氏遗书》卷二上，《二程集》，王孝鱼点校，第33—34页。

未有之，又安得乐？”[1]程颢《春日偶成》诗云：“云淡风轻近午天，傍花随柳过前川。时人不识余心乐，将谓偷闲学少年”；秋日云：“闲来无事不从容，睡觉东窗日已红。万物静观皆自得，四时佳兴与人同”；等等，都是把自己心中的快乐与自然联系在一起的。这种态度不能不使人对自然多一份额外的珍爱。处于这种境界的人能够与万物感通，不以私意应对万物，程颢在《定性书》中说：

> 夫天地之常，以其心普万物而无心。圣人之常，以其情顺万物而无情。故君子之学，莫若廓然而大公，物来而顺应。……圣人之喜，以物之当喜；圣人之怒，以物之当怒。是圣人之喜怒，不系于心而系于物也。[2]

综上所述，“天人本无二”的天人关系论、“自家心就是草木鸟兽之心”的生态德性论、“奉天理物”的生态功夫论、“仁者浑然与物同体”生态境界论构成二程生态哲学体系。这一体系的哲学特点是仁的本体化，本体与主体统一。仁作为“体”“仁体”，是天人合一的枢纽和逻辑基础，是人心之德性与外部世界的生生相统一的本体基础。甚至可以说，在这一体系中，仁、仁体就是天人合一。仁体的思想点明了人的主体性责任，以及其作为德性主体对于宇宙万物的领会、体认和责任担当。二程的生态哲学完成了宋明时期生态哲学的本体化工作，确立了宋明时期生态哲学的基本形态，在中国哲学史上具有重要的地位与影响。朱子直接继承了“自家心就是草木鸟兽之心”的说法，王阳明则提出了“人的良知，就是草木瓦石的良知”说法，显然也是从自家心的说法化来的。通过对二程生态哲学的研究可知，生态视角对于中国哲学研究具有重要的方法论意义。

（原载《福建论坛人文社会科学版》2018年第9期）

---

①〔宋〕程颢、〔宋〕程颐：《河南程氏遗书》卷二上，《二程集》，王孝鱼点校，第17页。
②〔宋〕程颢、〔宋〕程颐：《河南程氏文集》卷二，《二程集》，王孝鱼点校，第460—461页。

河流文化与伦理研究

中国是个治水民族，河流与水究竟如何影响和塑造了中华民族的文化与哲学思维？这可归结为河流的文化生命问题。

河流的文化生命是指河流作为人类精神生活的一部分所具有的积极地启示、影响和塑造人类文化、精神、历史、文明的生命。在中华文明史上，河流是通过审美进入人类的精神生活，从而具有文化生命的。河流的文化生命广泛地表现于文字、语言、一般理论思维、哲学思维、人生修养、艺术审美、文明类型、民族象征等各个方面。

《周易》八卦中有《坎》《兑》两卦与水有关。坎水是河水、一般的水、普遍的水、流动的水；兑水则为具体之水、沼泽的水、湖泊的水、停滞的水。坎水能流动，所以能够与天地万物沟通，具有生命力；泽水不能流动，因而不能与天地万物沟通，所以会导致壅塞和失败。水之所以被具体化为川水、泽水并同时进入八卦，是因为受先祖生活环境的影响。

语言即存在。通过语言分析可以切入使用这一语言的民族的存在方式及其所认知的本体世界。汉语和汉字都是『认识』世界的方式。治水是汉民族根源性智慧的发源地。就水系词汇来看，汉民族的存在世界可分为感性具体性、动作与行为、一般普遍性、对水的性质的认识、抽象性五个层次；汉民族的时间意识、法律意识、主体性、精神境界等都与水有关。

金木水火土既是五行概念，又是文字的偏旁部首，这是汉语独有的特点。基于这一现象可以找到中国哲学研究的新路径。

论河流的文化生命

“河流的文化生命”是河流不作为纯粹自然现象，而作为人类文明史的一部分所具有的生命，是河流对人类精神生活、文化历史和文明类型的积极启示、影响和塑造的生命。河流的文化生命不是河流静态、单向地对人类文化产生影响，而是人与河流相互交往、对话、诠释的产物。河流的文化生命表现为人与河流的相互交往所形成的理念，是人与河流关系的升华，表现了人与河流、自然的互动和同构。

一、河流通过审美进入人类精神生活从而获得文化生命

至迟在距今五千至四千年之间铜石并用的马家窑文化时期，河流的文化生命即以审美的形式非常生动地表现于彩陶上了。马家窑文化的彩陶装饰着美丽、柔和、对称的水波形纹路，这标志着河流的文化生命的诞生。彩陶的水波纹是古人对自然的抽象再现，是对河流或水对于人类的限制性的突破和超越，表现了人类精神的自由本质。随着生产力的发展，河流的自然生命或自然存在形态对人的限制越来越小，它的文化生命的意义越来越大，内涵也越来越丰富。在尧舜禹原始社会末期及夏商周时期，河流的文化生命在哲学、语言文字、人生等方面都有所表现，塑造了中华民族的精神并促进了它的成熟。

二、河流的文化生命在上古人们对于水的认识中的表现

八卦可视为《周易》对于自然的认识和分类。其中“坎”为水，“兑”为泽，

实际上也是水。李道平说泽为“坎水半现”[①]；《国语·周语下》说“泽，水之钟也。”[②]如果从基本取象上看，坎、泽都为水，则八卦可以说只有七卦。为什么八卦中有两个水卦？这可以说与先祖的生活环境有关。夏商周之际，中原地区有大量的河川沼泽，这些水域在为先祖的生活提供方便的同时，也带来了交通、防洪、垦荒等方面的挑战。他们对于水的不同认识反映到八卦中，便形成了坎、兑二水卦以及关于卦爻辞的各种说明。《周易》中，坎为河水、雨水、一般的水，兑为泽，为湖水、沼泽之水[③]。据《尚书·周书·洪范》记载，武王克殷后向殷商遗臣箕子咨询经国大计。箕子提出的“彝伦攸叙”的第一条即“五行”；五行以水为第一。箕子说“水曰润下”，表达了对水的性质的初步认识。六府三事中，水也处于六府之首。这些都可视为治水实践的升华。五行的方位是木东、金西、火南、水北、土中央；八卦的后天方位是震东、巽东南、离南、坤西南、兑西、乾西北、坎北、艮东北。水在两者中都处于北方。同时，水也与西方有关。五行方位中西方为金，按照生克顺序，金生水，这表明了西方与水的联系。八卦中西方为兑，兑为泽，泽也是水。五行、八卦中水都分布于北方、西方，是中国西高东低的地理形势在古人认识中的反映。《郭店楚墓竹简·太一生水》篇说“不思相□□□□于西北，其下高以强；地不足于东南，其上□□□”[④]，可谓是对中国西北高、东南低的最早认识。对于中国的地势，《淮南子》提出了一个神学说明：“昔者共工与颛顼争为帝，怒而触不周之山，天柱折，地维绝。天倾西北，故日月星辰移焉；地不满东南，故水潦尘埃归焉。”[⑤]可以说，五行、八卦关于水的认识包含了上古地理学知识。

---

①〔清〕李道平：《周易集解纂疏》，潘雨廷校，中华书局1994年版，第223页。
②〔清〕徐元诰：《国语集解》，王树民、沈长云点校，第93页。
③参见乔清举：《八卦还是七卦、九卦——关于坎、兑二卦的几点初步思考》，《中国哲学史》2006年第4期。
④荆门市博物馆编：《郭店楚墓竹简》，文物出版社1998年版，第125页。
⑤〔汉〕刘安著，〔汉〕高诱注：《淮南子·天文训》，《诸子集成》（第7册），第35页。

三、河流的文化生命在语言文字中的表现

文字是文化的基本要素。汉字六书中最基本的是“象形”，即仰观俯察而模拟自然。八卦就被认为是上古的文字。最明显的是坎卦（☵），其形状与古代“水”字和自然界的水流形态非常相似。上古时期人们以“象形”的思维方式把水抽象为“水”部或“氵”“冫”偏旁，从而使得汉字成为一个反映自然的认识体系，这种反映便是河流的文化生命的表现。字母不是“象形”的思维方式的产物，所以不直接表现为一个认识体系。氢是构成水的基本元素，英语中与水相关的词汇是“Hy”，即氢元素“hydrogen”的缩写，作为单词的一部分。这种构词法反映了近代科学的认识。

《说文解字》收字9353个，其中水部和水字旁文字470个，占全部字数的5.02%；如果加上川部、泉部、永部等，则有522字，占全部字数的5.58%。《说文解字》有540个部首，部首均17.32字，水部文字远远超出这一比例。《康熙字典》收字47035，其中水部文字达到1655个（包括异体字、同一字不同写法），占总字数的3.52%。《康熙字典》分为204个部首，每个部首均合230.564字，水部文字是平均值的7.178倍。上述情况表明，离开了水部文字，我们就缺少了足够的词汇来表达思想。进一步分析与水相关的词汇构成状况及其在文化发展中的作用，可以使我们更为深入地了解河流的文化生命在语言中的表现。在此，我们提出一个对词汇进行分析的哲学方法，即根据抽象程度的高低把词汇分为五级。第一级为专有名词，指具体的河流或湖泊，只有一个外延，如江、河、淮、济古称“四渎”，都是专有名词，不具有普遍意义。第二级为动作词汇，如流、淘、汰、污、泛、冲等。动作无疑是具体的，但和专有名词不同的是，它们包含有一般性，可以表示任何一个相同的动作。动作不是概念，这类词汇如上升为概念，在英语中是采用动名词化的形式。如，to be为是动词不定式，表示存在、成为；being表示存在。汉语中动名词和动词没有形式上的区别，所有动作词汇都同时可作动名词来使用。第三级词汇为普遍名词，所指虽仍有可感性，但并不固定为某一对象，如“水”无疑是一个具体名词，但它也是一个概念。又如“河”，作为一级词汇，原仅指黄河；但随着语言的发展，“河”获得了抽象性，变为三级词汇，泛指天下所有的河流。这样的例子还有很多。总之，三级名词是普遍性和具体性的统一。第四级词汇为水的性质名词，表示抽象概念。但由于是水的性质，一般仍有可视或可触特点，如泊，“水

貌”[①]；泓，“下深貌”[②]等。第五级为纯抽象概念，这是精神的产物，是纯粹理性的成果。中国哲学中不少概念都与水相关。让我们略举二例，看水是如何进入并表现哲学思维的。

1．永：属水部。《说文解字》：“水长也。象水巠理之长永也。”[③]《尔雅·释诂》：“远，遐也”。从水长引申为“永远”“永恒”，即无限，就进入了哲学思维。

2．法（灋）：在《说文解字》中，“灋”属于“廌”字部，廌是一种兽，“古者决讼，令触不直者”[④]。关于“灋”，许慎的解释是：“刑也，平之如水，从水。廌所以触不直者去之，从廌去。”[⑤]关于水，许慎的解释是“准也”[⑥]；段玉裁解释为：“准，平也，天下莫平于水。”[⑦]按照公平的原则，将不合法者触而去之，这便是法的含义。可见，水在法字中起着表示平等原则的作用。由于法中包含着原则，所以，它进一步演化出刑法、常规、制度、礼法、限制、效法等含义。《易传·系辞上传》说“崇效天，卑法地”，表达了一种天人合一的存在方式。

上述二例使我们清楚地看到了河流和水在中国文化中的基础性作用。河流和水进入到哲学思维，是河流的文化生命的升华。

词汇的级别是可以变动的。随着精神生活的丰富和发展，抽象词汇不敷应用，用具体词汇表达抽象思想便成为普遍的现象。比如，“涯”表示水域与土地的交接线，是水的边际。《庄子·养生主》把它引申为人生和认识的界限：“吾生也有涯，而知也无涯。”“混”，作为四级名词，义为“丰流也”[⑧]，表示水盛大、无穷。《老子》第二十五章说“有物混成，先天地生”，“混”即指道的盛大和无穷。道是先天地而生的，故必盛大而源源不尽方能生养万物。《老子》第二十五章下文的“字之曰道，强为之名曰大”与此相应。“混”在本体上指道的存在状态，在认识上是对道的摹状。自来《老子》解家多把这个“混”字解释为阴阳混杂分不

①〔清〕张玉书等编：《水部》，《巳集上》，《康熙字典》，中华书局1958年版，第13页。
②〔汉〕许慎撰，〔清〕段玉裁注：《水部》十一篇上二，《说文解字注》，第549页下。
③〔汉〕许慎撰，〔清〕段玉裁注：《永部》十一篇下，《说文解字注》，第569页下。
④〔汉〕许慎撰，〔清〕段玉裁注：《廌部》十篇上，《说文解字注》，第469页下。
⑤〔汉〕许慎撰，〔清〕段玉裁注：《廌部》十篇上，《说文解字注》，第470页上。
⑥〔汉〕许慎撰，〔清〕段玉裁注：《水部》十一篇上一，《说文解字注》，第516页上。
⑦〔汉〕许慎撰，〔清〕段玉裁注：《水部》十一篇上一，《说文解字注》，第516页上。
⑧〔汉〕许慎撰，〔清〕段玉裁注：《水部》十一篇上二，《说文解字注》，第546页下。

清界限，实误。不清为“浊”，混杂为“溷”。古人用字有严格区分，“浊”和“杂”都不是老子这里的“混”。

“清”是四级词汇，表示水的一种性质。《说文解字》谓“朖也，澄水之貌”①。《康熙字典》列出了青、静、河流晏清、目视清明、洁等义项。清源于青，“去浊远秽，色如青也”②。静、澄、洁，都是清的义项，“清静无为”与此有语义学关联。这是老子和汉初黄老学说的特点。拿《现代汉语词典》和《康熙字典》比，就会发现前者比后者多出了许多词项，如，“清偿”“清算”“清单”“清样”“清一色”③等。词项的变化表明，“清”的文化生命并没有终结，随着历史的发展，它还能与许多词结合构成新词。这正是水的文化生命历久弥新的表现。

“洋”作为一级词汇，指两条河流，也是地名。作为三级词汇，指波澜，如《庄子·秋水》“望洋向若而叹”。作为四级词汇，指水的状态或性质，多、广、盛等。鸦片战争以后，洋又多了“外国的”“现代化的”“发达的”等义项，其中隐含着对外国的崇拜，如“洋人”“洋货”等。日本在历史上一直是学习中国的，近代超过了中国，于是我们称日本为“东洋”。直到目前，“洋”仍有自卑和崇拜西方的微妙意味，《现代汉语词典》没有把这一层意思说明出来。④可以预见，随着中国的发展，“洋”的崇拜意味会减少至无，变为一个单纯的事实描述词，不包含价值判断；甚或进而变为贬义词。这就是其文化生命的演变。词汇从低级到高级发展，既是思维进展的结果，也是河流与水的文化生命发展的结果。哲学词汇是最抽象的概念，如果与具体联系过于紧密，便不利于思维的发展。所以，抽象概念摆脱具体意象、割断具体的脐带而独立发展是必然的趋势，但这并不意味着概念与具体意象没有任何联系了。比如，在用“清”组合新词时，“清”的原始意义永远是必须参考的依据。

---

①〔汉〕许慎撰，〔清〕段玉裁注：《水部》十一篇上二，《说文解字注》，第550页上。
②〔清〕张玉书等编：《水部》，《巳集上》，《康熙字典》，第30页。
③中国社会科学院语言研究所词典编辑室编：《现代汉语词典》（第3版），商务印书馆2002年版，第1032—1034页。
④中国社会科学院语言研究所词典编辑室编：《现代汉语词典》（第3版），第1457页。

四、河流的文化生命在哲学中的表现

水直接启发了人类的哲学思维。对本原的追求是人类最深刻、最核心、最基础的哲学之思，是人类对自身的存在和宇宙的关联的沉思。中西哲学在探寻世界本原的时候都不约而同地想到了水。古希腊第一位哲学家泰勒斯把“水”作为世界的本原。亚里士多德对此解释道：“大概他从这些事实得其命意：如一切种籽皆滋生于润湿，一切事物皆营养于润湿，而水实为润湿之源。他也可以从这样的事实得其命意：如由湿生热，更由湿来保持热的现象（凡所从来的事由就是万物的原理）。”[①]《管子·水地》也表达了相同的思想。“水者何也？万物之本原也，诸生之宗室也，美、恶、贤、不肖、愚、俊之所产也。”《管子·水地》进一步分析了各地的水与人的联系。

夫齐之水，道躁而复，故其民贪粗而好勇。楚之水，淖弱而清，故其民轻果而贼。越之水，痿重而洎，故其民愚疾而垢。秦之水泔最而稽，淤滞而杂，故其民贪戾，罔而好事。齐晋之水，枯旱而铉，淤滞而杂，故其民谄谀而葆轴，巧佞而好利。燕之水，萃下而弱，沉滞而杂，故其民愚戆而好贞，轻疾而易死。宋之水，轻劲而清，故其民闲易而好正。

鉴于此，《管子·水地》提出水是圣人治世的关键。

圣人之化世也，其解在水。故水一则人心正，水清则民心易。一则欲不污，民心易则行无邪。是以圣人之治于世也，不人告也，不户说也，其枢在水。

《管子》的说法发人深思。《郭店楚墓竹简·太一生水》篇对天地与水的关系也提出了思考。

太一生水。水反辅太一，是以成天。天反辅太一，是以成地。天地（复相辅）也，是以成神明。神明复相辅也，是以成阴阳。阴阳复相辅也，是以成四

①［古希腊］亚里士多德：《形而上学》，吴寿彭译，第7页。

时。太一藏于水，行于时，周而或（始），（以己为）万物母；一缺一盈，以纪为万物经。此天之所不能杀，地之所不能厘，阴阳之所不能成。君子知此之谓（道）。[①]

这里，“太一”为宇宙的本原，太一首先生出来的是“水”，其后由水的辅助产生天地万物。“太一”比水更为根本，但“太一”又“藏于水”，两者似乎又构成了本体与现象的关系，“太一”为本体，水是它的显现。

老子把本原“强名”为道，道的原型之一就是水。《老子》第八章说：“上善若水。水善利万物而不争，处众人之所恶，故几于道。”道与物的关系之一是道生物、利物，如同水滋润万物，万物最终归于道，如同川谷之归于大海。“譬道之在天下，犹川谷之与江海”（《老子》第三十二章）。总之，“天下莫柔弱于水，而攻坚强者莫之能胜，其无以易之。弱之胜强，柔之胜刚，天下莫不知，莫能行”（《老子》第七十八章）。鉴于此，老子郑重地提出“反者道之动；弱者道之用”（《老子》第四十章），这成为中国文化的核心理念之一。

“河图”“洛书”是中华民族的文化符号之一，深刻地影响着民族的文化心理。号称群经之首的《周易》，其八卦据说就是从“河图”而来。西汉刘歆认为，伏羲时有龙马现于黄河，其背上有纹路，类似八卦，此为“河图”，伏羲见此而画八卦。河出图，是伏羲氏将要王天下的瑞兆。[②]关于“洛书”，据说夏禹时，洛水出现神龟，其背上有文字，夏禹取法之以作书，此即为《尚书·洪范》之起源。古人认为凤是灵异之鸟，“凤鸟至”是圣王将要出现的符瑞。据《尚书·虞书·益稷》记载，舜时演奏《箫韶》乐曲，有凤来仪，这预示着舜王天下，天下清明。凤凰是舜的符瑞。珍禽异兽、优美的环境、政治的清明之间存在一定联系，并不全是迷信。《易传·系辞上传》云：“河出图，洛出书，圣人则之。”孔子说：“凤鸟不至，河不出图，吾已矣夫！”（《论语·子罕》）仲尼何叹？张载云：“凤至图出，文明之祥。伏羲、舜、文之瑞不至，则夫子之文章，知其已矣。”[③]张载所说具有本质意义。河图洛书乃是天下“文明”的象征，“文明”包含了“文化生命”的含义。孔子所叹，乃是叹文化生命的浸微不兴，叹自己关于人类社会的道德的、

---

①荆门市博物馆编：《郭店楚墓竹简》，第125页。文中括号内文字系按照裘锡圭先生解读增补。

②参见〔清〕刘宝楠：《论语正义》，《诸子集成》（第1册），第180页。

③〔宋〕朱熹：《论语集注》卷五，《四书章句集注》，第111页。

文明的理想不能实现。

河流的重要特点之一是流动。河流日夜奔腾不息的流动牵动了中外哲人的思绪。赫拉克利特说："我们不能两次踏入同一条河，……踏进同一条河的人，不断遇到新的水流。……我们踏进又踏不进同一条河，我们存在又不存在。"[①]《论语·子罕》记载："子在川上曰：'逝者如斯夫！不舍昼夜。'"赫氏之叹，被认为是辩证法的先声。他根据河流的流动提出了变化的原理，认为一切事物都是变动的，无物常驻。但是，赫拉克利特更深刻地认识到，变动的只是表象，仅限于耳目感官所及的世界；道却是"万古长存"的[②]，道是哲学之思的对象。他的辩证法认识到了变与不变的关系。其实，由变动到永恒，在逻辑上是融贯的，正如汉语"永恒"的概念来自水一样。对于孔子所说的，朱熹解释道：

> 天地之化，往者过，来者续，无一息之停，乃道体之本然也。然其可指而易见者，莫如川流。故于此发而示人，欲学者时时省察，而无毫发之间断也。程子曰："此道体也。天运而不已，日往则月来，寒往则暑来，水流而不息，物生而不穷，皆与道为体，运乎昼夜，未尝已也。是以君子法之，自强不息。及其至也，纯亦不已焉。"又曰："自汉以来，儒生皆不识此义。此见圣人之心，纯亦不已也。纯亦不已，乃天德也。有天德，便可语王道，其要只在慎独。"[③]

程、朱的认识无疑是深入的。在他们那里，河流、天地造化、道体与道德实践的自强不息融为一体。所谓道体，也就是理，是永恒的[④]，所以，"逝者如斯夫"表达了对永恒的道的追求和向往。流动贯通永恒，恰是河流的文化生命的深刻内涵之一。而道体的内容究竟如何，则又随着历代解释而不断丰富和发展。孔子说"天何言哉，四时行焉，百物生焉"（《论语·阳货》），并未言及"道体"。荀子提出了"道"的概念，朱熹所谓"道体"，又与荀子所言不同。从孔子到朱熹的发

---

①北京大学哲学系外国哲学史教研室编译：《西方哲学原著选读》（上册），商务印书馆1982年版，第23页。

②北京大学哲学系外国哲学史教研室编译：《西方哲学原著选读》（上册），第22页。

③〔宋〕朱熹：《论语集注》卷五，《四书章句集注》，第113页。

④〔宋〕朱熹：《理气上·太极天地上》，〔宋〕黎靖德编：《朱子语类》卷一，王星贤点校，第4页。

展，乃是河流的文化生命历久弥新的表现。

五、河流的文化生命在道德人生中的表现

儒道论述人生修养，都借助了水。在老子的哲学中，水是道的原型，效法道是人生的基本原则。《老子》第二十五章说："人法地，地法天，天法道，道法自然。"水的许多特点，被老子抽象为不同层面的道德概念。如：（1）"利物""不争"："水善利万物而不争"（《老子》第八章）；（2）谨慎："豫兮，若冬涉川；犹兮，若畏四邻；俨兮，其若客；涣兮，其若凌释"（《老子》第十五章）；（3）不自满、自夸："持而盈之，不如其已"（《老子》第九章》），"保此道者，不欲盈。夫唯不盈，故能蔽不新成"（《老子》第二十五章），"生而不有，惟而不恃，长而不宰"（《老子》第十章）。此外还有包容、守柔、处下等，不一一列举。关于心的修养，老子提到清心寡欲，"涤除玄鉴"，庄子进一步发展为"明镜止水"的修养方法。庄子说："水静则明烛须眉，平中准，大匠取法焉。水静犹明，而况精神！圣人之心静乎，天地之鉴也，万物之镜也。"（《庄子·天道》）"明镜止水"后来也成为宋明理学道德修养的重要观念。

孔子说："知者乐水，仁者乐山；知者动，仁者静。知者乐，仁者寿。"（《论语·雍也》）皇侃《论语义疏》云："乐水乐山，为知仁之性；动静，为知仁之用；寿乐，为知仁之功。"[①]朱子注云：

> 知者达于事理而周流无滞，有似于水，故乐水；仁者安于义理而厚重不迁，有似于山，故乐山。动静以体言，乐寿以效言也。动而不括故乐，静而有常故寿。[②]

---

①〔清〕刘宝楠：《论语正义》，《诸子集成》（第1册），第127页。
②〔宋〕朱熹：《论语集注》卷三，《四书章句集注》，第90页。

朱熹的解释是很中肯的。孔子喜观水是先秦哲学的一个重要事件，孟子时已有人觉察到此。孟子、荀子以及汉代的韩婴、刘向对孔子观水都有说明。《孟子·离娄下》记载，徐子问孟子仲尼“何取于水也？”

孟子曰：“原泉混混，不舍昼夜，盈科而后进，放乎四海。有本者如是，是之取尔。苟为无本，七八月之间雨集，沟浍皆盈；其涸也，可立而待也。故声闻过情，君子耻之。”

孟子强调的是水的“有本”，因而能够“放乎四海”。孟子将此比喻为“造道”，强调“自得”“逢源”，源头就在于自己。

孟子曰：“君子深造之以道，欲其自得之也。自得之，则居之安；居之安，则资之深；资之深，则取之左右逢其原，故君子欲其自得之也。”（《孟子·离娄下》）

朱熹《观书有感》诗云“问渠那得清如许，为有源头活水来”，可谓深得孟子三昧。不过，孟子的源在心；朱子的源在性，是道体、理。对于孔子观水，《荀子·宥坐》解释为：

孔子曰：“夫水遍与诸生而无为也，似德。其流也埤下，裾拘必循其理。似义，其洸洸乎不淈尽，似道。若有决行之，其应佚若声响，其赴百仞之谷不惧，似勇。主量必平，似法。盈不求概，似正。淖约微达，似察。以出以入以就鲜洁，似善化。其万折也必东，似志。是故见大水必观焉。”

这里体会出孔子对于水的种种认识，正是人所应遵循的“道”“德”“义”“勇”“法”“正”“察”“善化”和“志”等德性，回应了“知者乐水，仁者乐山”。《韩诗外传·卷三》[①]《说苑》也谈到了孔子为什么遇水必观和“仁者乐水”的问题，解释与孟荀大致相同。

“沧浪之水”也是儒家把水引申到道德修养方面重要的一条。孟子在批评不仁

---

①屈守元笺疏：《韩诗外传笺疏》，巴蜀书社1996年版，第300—301页。

者时说：

“不仁者可与言哉？安其危而利其灾，乐其所以亡者。不仁而可与言，则何亡国败家之有？有孺子歌曰：‘沧浪之水清兮，可以濯我缨；沧浪之水浊兮，可以濯我足。’孔子曰：‘小子听之！清斯濯缨，浊斯濯足矣。自取之也。’夫人必自侮，然后人侮之；家必自毁，而后人毁之；国必自伐，而后人伐之。《太甲》曰：‘天作孽，犹可违；自作孽，不可活。’此之谓也。”（《孟子·离娄上》）

孟子对“沧浪之水”的咏叹，突出了道德修养的主体性。水在儒家人生哲学中的最高地位是“吾与点也”的境界。《论语·先进》篇记载曾点述志说：

“莫春者，春服既成；冠者五六人，童子六七人，浴乎沂，风乎舞雩，咏而归。夫子喟然叹曰：“吾与点也！”

朱熹注云：

曾点之学，盖有以见夫人欲净尽处，天理流行，随处充满，无少欠阙。故其动静之际，从容如此。而其言志，则又不过即其所居之位，乐其日用之常，初无舍人为己之意。而其胸次悠然，直与天地万物上下同流，各得其所之妙，隐然自见于言外。[①]

当代著名哲学家冯友兰先生称此为天地境界中的乐天境界。[②]随着近代以来自然的祛魅和思维对具象的摆脱，人们再也不会赋予水那么多的道德属性了。但是，对于河流和水的体悟与认识，永远是人类精神生活的一个来源。

---

①〔宋〕朱熹：《论语集注》卷六，《四书章句集注》，第130页。
②参见冯友兰：《三松堂全集》（第4卷），第631页。

六、河流的文化生命在书法、绘画艺术中的表现

中国画的题材有人物、山水、花鸟三科，水是绘画的重要题材。由于“知者乐水，仁者乐山”的影响，山水画从一开始就不单纯是对自然的写实描摹，而是作为人的精神的一部分，是人的精神依托。河流更是文学经常性的背景和吟诵的主题。《诗经》开篇的《关雎》，就是以河流为背景的。《诗经》中“河”字出现了59次，“水”字112次，含“河水”12次；“泉”字44次，含“泉水”6次；“舟”36次；“川”字16次。众所周知，在古代，“河”即指黄河。黄河、淮河、汉水、长江都是《诗经》的主要背景地。很难想象，没有这些河流，《诗经》会是什么样子。河流与水也是人们寄托情感的地方。爱情则是人类永恒的话题，《诗经》中，《关雎》《汉广》《静女》都是描写爱情的。爱情常常发生在河边，桑间濮上，溱、洧之滨。在欧洲，莱茵河也被认为是一条浪漫的河。美好的环境能激发美好的情感，我们今天读这些诗歌，仍被古人纯朴真挚的情感所打动。河流也是人们发思古之幽情的寄托，明朝杨慎的《临江仙·滚滚长江东逝水》词云“滚滚长江东逝水，浪花淘尽英雄”，长江带走了多少的英雄豪杰、帝王将相、才子佳人。后人凭吊长江，“前不见古人，后不见来者，念天地之悠悠”，怎能不“怆然而涕下”！（陈子昂《登幽州台歌》）河流还寄托了诗人的惆怅。李白的愁、李后主（李煜）的愁、李清照的愁，都随水逝去。当然，水不仅载去愁，也带来梦想。陶渊明的《桃花源记》告诉我们，进入桃花源，一定是要走水路的。而当失意、落魄、潦倒时，人们想到的往往是逃避到水上。孔子说：“道不行，乘桴浮于海。”（《论语·公冶长》）李白的《宣州谢朓楼饯别校书叔云》说：“人生在世不称意，明朝散发弄扁舟。”水，就像母亲，毫不嫌弃地拥抱着失意的孩子。孤舟雪中，寒江独钓的蓑笠翁，难道就只是在钓鱼？

七、河流的文化生命在塑造人类文明类型中的表现

文明开始于河流，河流塑造文明。尼罗河流域、两河流域、恒河流域、黄河长江流域，都是文明的发祥地。河水冲积形成了肥沃的土地，河流则给人们提供了灌

溉和航运的便利。有学者称古代文明为“大河文明”，是很有道理的。不过，河流在给人们提供良好的生存环境的同时，也给人们带来了泛滥之灾。中国是一个水害频仍的国家，中华民族是以治水掀开文明的篇章的。管子曰：“善为国者，必先除五害。……五害之属，水最为大。”（《管子·度地》）据《尚书·虞书·尧典》记载，尧时“汤汤洪水方割，荡荡怀山襄陵，浩浩滔天”。禹用导的办法，获得成功。《尚书·夏书·禹贡》说：“禹别九州，随山浚川，任土作贡。禹敷土，随山刊木，奠高山大川。”对于水，禹有深刻的认识，《尚书·虞书·大禹谟》记载禹所说：“德惟善政，政在养民。水、火、金、木、土、谷，惟修；正德、利用、厚生，惟和。”舜对此予以肯定。正德、利用、厚生，水、火、金、木、土、谷，被《尚书·虞书·大禹谟》称之为“六府三事”。治水作为政治大事，一直伴随中华民族直到今天。《尚书·夏书·禹书》《史记·河渠书》《汉书·沟洫志》都记载了大禹治水的事迹和汉代以前的许多水利工程。大禹治水，足迹遍及黄河、长江、淮河水域。跨流域、跨地区的治水活动，必然产生超越于部落氏族地方权力的中央权力，各部落必须把一部分权力让渡给大禹，这就形成了地方和中央的观念，并使地方从属于中央，也使水的管理权上升为国家权力的一部分。通过治水，大禹获得了对各部族的指挥权，为夏朝的建立奠定了政治权力基础。尧、舜都不是治水的实际指挥者，他们对各部族的指挥力要低于大禹，所以中华民族的第一个王朝不是由尧、舜，而是由大禹建立了。在缺乏统一政权的情况下，治水会很自然地走向“以邻为壑”的地步。孟子批评白圭的治水策略说：“禹以四海为壑，今吾子以邻国为壑！”（《孟子·告子下》）以邻为壑反映了当时防止水害的现实。公元前332年，赵国与齐、魏作战，曾决开黄河堤淹没对方。①

春秋时期齐桓公在葵丘会合诸侯国订立盟约，据孟子的记载，盟约的第五条为“无曲防，无遏籴，无有封而不告”（《孟子·告子下》）。“无曲防”，也有称“无曲堤”，是对全流域河防的一种约束。约束河防本应是由周天子实行的中央权力，但当时周天子已经衰弱，齐国就代替他行使了这一权力。跨流域的河防要求统一的中央政权。我国至迟从西周开始，就设有专门的水官，水政管理则成了政府的一个重要部门。秦始皇统一六国后刻石颂德，有一条即是“决通川防”②；秦始皇

---

①〔汉〕司马迁：《赵世家第十三》卷四十三，《史记》，第1083页。
②〔汉〕司马迁：《秦始皇本纪第六》卷六，《史记》，第252页。

还把黄河命名为“德水”，称秦为“水德之始”[①]。从汉代起，都江堰就设置了专门的管理机构，负责日常维护、水量分配、税费征收等事务。明清两代设有“总理河道”“河道总督”等职务，由中央政府直接委派大臣担任。水政管理对中华民族历史产生了深刻的影响，在一定程度上，促成了中华文明与西方文明的不同。在中国历史上，治水和治国常常是联系在一起的，两者具有同构的特点。“水”在中国文化中是“百姓”的代名词。《荀子·王制》说“君者，舟也；庶人者，水也。水则载舟，水则覆舟”；《周易》的“大过”“萃”二卦分别是“泽灭木”和“水上于地”，都有百姓起事的意味。《国语·周语上》很早就出现了“防民之口，甚于防川”的说法，“川壅而溃，伤人必多，民亦如之。是故为川者决之使导，为民者宣之使言。”这里，防民的办法不是不让百姓说，而是“宣使之言”。又据《左传·襄公三十一年》记载，子产不毁乡校，仲尼谓仁。治水的原则是“导”而不是堵，实质上是引向民主而不是专制。魏特夫等学者把治水仅仅和专制联系起来，是不全面的。

八、河流的文化生命在民族心理中的表现和影响

近年来，随着考古的发现，虽然长江流域作为中华文明的源头之一得到肯定，但黄河作为中华文明主要摇篮的地位，至今仍然是不可动摇的。因为三皇五帝与夏、商、周的历史主要是围绕黄河展开的。这种历史确立了黄河作为“母亲河”的地位[②]。由于黄河在中国文明形成中的作用，所以，她成了中华民族的代名词、中华文化的符号。现在定居于港台地区和海外的华人认同“河洛文化”。抗战时期，“保卫黄河”即是保卫母亲、保卫祖国。河流的枯竭，即所谓“川竭国亡”是对民族心理打击极大的事件，反对壅川，维护河流的自然生命，是上古先贤的自觉行为。据《国语·周语下》记载，周灵王22年，王城西部的谷水泛滥，南入洛水，淹及王宫。周灵王要堵住谷水，使其北流。太子晋认为，川为“气之导”，反对壅

---

①〔汉〕司马迁：《秦始皇本纪第六》卷六，《史记》，第238页。

②参见李学勤、徐吉军主编：《黄河文化史·序》，江西教育出版社2003年版。

川，希望灵王能够“度于天地而顺于时动，和于民神而仪于物则”，否则王室就要衰微。[1]“度于天地”“和于民神”的原则是值得我们深思的。

九、河流的文化生命依赖于河流的自然生命

河流的自然生命是其文化生命的本体基础，其文化生命则是其自然生命的超越和升华。河流必须首先存在，才能发挥对人类历史和文明的影响，从而具有文化生命。河流的自然生命消亡了，它的作为人类精神生活的一部分的文化生命自然也就随之消亡了，文明本身也会随之消亡。这样的例子有很多。如果干涸的河道又被填埋，那么，连河流的存在历史也无法被肯定了。在这种意义上说，改变了自然，也改变了历史。河流的文化生命的死亡早于它的自然生命的死亡。枯竭仅仅是河流死亡的极端状态，除此之外河流还有许多死亡状态。如，水量减少，成为季节河、内陆河；又如，严重污染，生物灭绝，失去观赏和使用价值。死亡的河流不能激发人们的审美情感，不能成为人们精神生活的根据和灵感的源泉。由此言之，能够成为河流文化生命之本体基础的，必须是它的健康的自然生命！遗憾的是，现代文明往往既损害了河流的自然生命，也扼杀了它的文化生命。

河流的文化生命是超越于自然生命的更高的生命形式。它在审美、文字、哲学、情感等方面的表现，都可以说是自然生命的精神升华。河流的文化生命的诞生也是人类理性对于物质依赖的突破。就中华文明来说，河流的文化生命的诞生标志着中华民族理性的诞生和自然的对象性观念的形成；同时，从作为认识的纯粹理性的角度看，也是中华民族思维能力的提高和发展。思维最终的发展是摆脱与自然的直接关联而进入概念的纯粹思辨领域；不过，在存在上，人和自然的关联却是割不断的，这种存在性关联仍是河流的文化生命的诞生地。工业革命以来，人类总体上越来越自由了，似乎对自然的依赖越来越弱了。但这只是问题表现的一方面，另一方面，我们对于自然的依赖更根本、更直接，因而也更强了，从而我们失去的自由也更多了。比如随着城市化、工业化和人类生存方式的改变，生活用水和工业用水

---

①〔清〕徐元诰：《国语集解》，王树民、沈长云点校，第92—98页。

急剧增加，地表水（主要是河流水）逐渐成为生存的基本底线。没有维持一定的水量和水质的河流，就无法保障我们基本的生存，更遑论发展了。这是一个非常严峻的现实。黄河的断流，尤其是污染成为20世纪末以来迫在眉睫的严重问题。我们对于河流的依赖，比历史上任何时期都要严重；河流对于我们的价值，也比历史上任何时候都重要。所以，河流的价值不是减弱了，而是增强了。这也意味着，人突破自然的限制有一定的限度，人不可能完全脱离自然，进入彻底的自由王国。这是人作为自然的一部分，人与自然的统一性的表现，具有坚强的本体论基础。人获得的自由越多，对于自然的依赖性其实也就越强。或者，反过来说，恰恰是近代以来人所获得的自由，反衬出或逼迫人们认识到人对于自然的依赖的严重和现代文明基础的脆弱。由此可见，《国语》所谓“川竭国亡”并非幼稚的迷信，两者间存在着逻辑性关联——这意味着，人与自然的和谐在建设和谐社会中具有基础性地位。

（原载《文史哲》2008年第2期）

论河流的文化生命及其对河流伦理学的意义

“河流的文化生命”是一个全新的概念，我们把它作为理解人与自然（具体为河流）的关系的一个维度和建立河流伦理学的一个论据。什么是“河流的文化生命”？它是不是一个知识性概念？它的认识方式是什么？如何由它过渡到“河流伦理学”？这些是本文所要解决的问题。

一、“河流的文化生命”的定义、特点及其在历史上的诞生与表现

要定义“河流的文化生命”，须首先确定作为其前提的“文化”的概念。

（一）精神与价值观：“河流的文化生命”中的“文化”概念

本文接受通常的见解，把文化看作是与纯粹自然不同的属人的范畴，按照内涵逐渐丰富、外延逐渐缩小的方式，对目前200多个“文化”概念分类如下（见表1）：

由表1可知，文化的核心内涵是广泛地反映在器物、制度、思想、生活方式等各个层面的精神和价值。“河流的文化生命”概念中的“文化”即采取这个含义。

<table>
<tr><td>概念之一</td><td colspan="5">生活方式</td></tr>
<tr><td rowspan="2">概念之二</td><td rowspan="2">自然之外的一切属人的领域</td><td>各种实体</td><td colspan="3">国家、社会、历史、各种组织、各种创造物、科技产品</td></tr>
<tr><td>各种学说</td><td colspan="3">科学、技术，数学、逻辑、政治、经济、教育、法律、艺术、哲学、宗教</td></tr>
<tr><td rowspan="4"></td><td>概念之三</td><td>各种理论学说</td><td colspan="3">自然科学（物理、化学、生物等）、技术、数学、逻辑、社会科学（政治、经济、法律、教育、社会学等）、人文学科（文学、历史、艺术、哲学）、宗教</td></tr>
<tr><td rowspan="3"></td><td>概念之四</td><td>非自然科学的理论学说</td><td colspan="2">社会科学、人文学科、宗教学</td></tr>
<tr><td rowspan="2"></td><td>概念之五</td><td colspan="2">宗教、文、史、哲，人文学科</td></tr>
<tr><td></td><td>概念之六</td><td>广泛地反映在人文学科、生活、习俗、生活中的精神、价值观</td></tr>
</table>

表1 文化概念分类表

（二）“家族类似的生命观”：“河流的文化生命”中的“生命”概念

目前，关于生命的定义，有生理学的、新陈代谢（生物学）的、遗传学的、生物化学的、物理学的等若干种类。这些定义具有三个共同点：首先，是科学主义的，即都是以一定时期的科学认识为前提的；其次，是生物本质主义的，即都是以生物学为基础的；再次，从方法论上说，都是还原主义的，即都还原到生物。生物学把生命定义为“具有进食、代谢、排泄、呼吸、运动、生长、生殖和反应性功能的系统”①。新陈代谢和遗传学等都是生物学定义的深化或变形。贝塔朗菲在生物化学的基础上又采用现代物理学系统论的整体性、有序性、自调节性或自组织性来解释生命。在他看来，生命是一个以化学反应为基础的自组织构成，“生物学的任

①中美联合编审委员会编译：《简明不列颠百科全书》（第7卷），第165页。

务是要确定控制生命过程的有序和组织的定律”[①]。这个说法具有新意，但仍是生物本质主义的生发。

科学主义、还原主义和本质主义的思维方式的局限性是十分明显的。这些思维方式所认为的“科学”是永恒的，但这样的“科学”并不存在。这些思维方式在具体运用时，所立足的只能是某一时期的科学。既然科学是不断发展的，那么，基于一定时期的科学水平提出的认识就必然带有那一时期特有的局限，不能构成永恒的真理，这是不言而喻的。这些思维方式总是把生命还原为带有19至20世纪认识局限的生物生命。其实，生命现象的复杂性远远超出所有现行科学的认识。就生物学定义而言，汽车也具有类似进食、呼吸、排泄、运动等功能，某些细菌却不能呼吸。就新陈代谢定义而言，“火焰也具有界面和物质交换，且能生长；而种子可休眠上千年并无代谢活动”[②]。就生物化学定义而言，“某种病毒样生物没有核酸”[③]。又比如，按照新陈代谢的生命定义来看，大地、水圈、生物圈等地球生态系统都具有物质交换的界面，并且在一定程度上具有类似于DNA复制的自我修复功能，当然也可以认为是一种生命系统。这些都表明了传统生物本质主义生命观的局限性。

认识到传统生命观的局限后就会看到，生命定义包含着一定的可扩展性。生命定义的扩展方向是打破一定时期科学认识的局限性，打破本质主义还原论思维方式的局限性，肯定生命和非生命的一体性。本文提出以下对于生命概念的新扩展：

其一，生命的广泛性。地球上小到病毒、细菌、泥土、岩石，大到植物圈、动物圈、生态圈等，都表现了生命的不同特征，都是有生命的。换句话说，生命的特征普遍表现于宇宙万物之中。

其二，生命的层级性。不同物体所表现出的生命的形式、特点各不相同，如土、石具有自我保持性，山脉往往具有生长性，DNA有自我复制功能等。不同的生命形式构成一个总的生命的层级体系。鉴于当前环境污染和物种灭绝的惨痛教训，必须承认除了生物学上定义的生物圈的生命现象外，环境圈、生态圈、宇宙自身也都是有自身的生命的。

其三，生命的家族类似性。本质主义也是一种思维方式。它是从诸多现象中抽象出一般、普遍或者本质，把这个“一般”作为理解“个别”的钥匙，舍弃那些所

---

①［奥地利］路德维希·冯·贝塔朗菲：《生命问题——现代生物学思想评价》，吴晓江译，金吾伦校，商务印书馆1999年版，第19页。

②中美联合编审委员会编译：《简明大列颠百科全书》（第7卷），第165页。

③中美联合编审委员会编译：《简明大列颠百科全书》（第7卷），第165页。

谓非本质的特点。这实际上是以某种观念为前提的剪裁，无视或抹杀个别的其他特点。这种思维方式包含着循环论证的缺陷和用一般代替，甚至抹杀个别的暴力倾向。本质主义生命观最大的问题是导致对所谓非生命存在物、部分生命存在物的不尊重，带来物种灭绝、环境污染、生态恶化的后果。“家族类似”概念对于突破本质主义思维方式十分有效[①]。我们可以这样理解“家族类似”。设某一家族 J，有成员 M、N、O、P 等，其中 M 有 a、b、c 等身体特征，N 有 b、c、d 特征，O 有 c、d、e 特征，P 有 d、e、a 等特征。如果我们看到一个个体 X 有 a、b、c、d、e 特征中的若干项，我们会倾向于认为这个 X 属于 J。这个判断仅是出于家族类似，而不是把 a、b、c、d、e 中的某一项、若干项或者全体作为这一家族的本质特征，认为只要某个 X 有了这一本质特征，就一定属于这个家族。

从家族类似性来看，“生命”是一个动态的、开放的家族类似概念。它最简单、最普遍的含义是存在和不存在。任何事物，只要具备从存在到消亡的过程，无论是自我发展还是外力影响所致的结果，都可以说是具有一定意义的生命。由此可以得出河流具有生命的结论。河流的生命首先表现为它的存在，它的死亡是它的消失。河流必须具有健康的生命形态，即它必须拥有足够的水量，保持一定的水质。水量严重缺少、水质严重污染的河流是病态的，甚至是死亡的河流。

（三）“河流的文化生命”的定义及其规定性

以上述“生命”和“文化”概念为基础，可以把河流的文化生命定义为：在人与河流相互交往、理解、诠释的实践基础上，产生的河流对于流域地区文化和历史的内在性和本质性的塑造和影响。

河流文化生命具有诸多特点或规定性。首先，与原生的河流自然生命相比，它是次生的。河流的文化生命依赖于其自然生命，后者是前者的本体基础。河流只有存在、具有自然生命，才能发挥对于人类历史和文明的影响，才能具有文化生命。其次，河流的文化生命具有交互性的特点，它不是河流单向地对文化发生影响，而是人与河流关系的产物。河流影响人、影响文化，人和文化也反作用于河流，河流的文化生命即产生于两者的交互作用中。这种交互性也可以进一步理解为诠释性和

---

① [奥地利] 维特根斯坦：《哲学研究》，李步楼译，陈维杭校，商务印书馆1996年版，第48页。

实践性。所谓诠释性，就是人与河流的相互理解和相互适应；所谓实践性则表现为人对河流的一定程度的改造、控制，但不是近代以来的“征服”，而是天人合一，即人与自然的统一。河流的自然生命和文化生命是统一的，其文化生命是其自然生命的延伸。只有上升到文化生命，河流的内涵才能得到更充分的展现。换言之，河流的自然生命上升到河流的文化生命符合人类文明发展的方向，具有一定的必然性。

从交互性、诠释性和实践性来看，河流的文化生命不是自然的恩赐，而是人类实践的产物，表现了人的自由本质。如陕西宝鸡北首岭遗址出土的“网纹彩陶船形壶”，把日常用具茶壶做成船的形状，就表达了人利用自然的自由和对自身的力量和能力的欣赏和赞叹。

河流的文化生命具有生长性、传承性和包容性等特点。生长性是它不断地丰富和发展，这是历史的发展和人类自由不断增加的结果。传承性是文化在不同代际之间的继承，以黄河为例可以看出这一点。殷人称黄河为“高祖河”，还提出了“河宗”的概念。《卜辞》说：“辛未贞，求禾高祖河于辛巳。”[①]甲骨文说：“贞，于南方将河宗。”[②]“将”，即奉享，祭祀。“河宗”即诸河之“宗”。周人继承了这些认识。秦始皇曾经把黄河改名为“德水”[③]。汉代黄河又被称为“中国河”，这里的“中国”是指“中原”。《汉书·西域传》说：

> 其河有两源，一出葱岭山、一出于阗。于阗在南山下，河北流，与葱岭河合，东注蒲昌海。蒲昌海……皆以为潜行地下，南出于积石，为中国河云。[④]

在当代，我们把黄河叫作“母亲河”。从“高祖河”到“母亲河”，正是河流的文化生命的继承性与发展性的表现。

河流的文化生命也会死亡。河流的自然生命消亡了，人们失去了与之交往、精神生活受之启发的河流，河流的文化生命也就随之灭亡了。不过，河流死亡的形式除了消失外，还有断流、水量降低到临界点以下、污染等形式。这些状态都使河流不再成为人类精神生活的源泉，都会导致河流的文化生命的死亡。由此言之，河流

---

①赵诚：《甲骨文与商代文化》，辽宁人民出版社2000年版，第24页。
②赵诚：《甲骨文与商代文化》，第28页。
③〔汉〕司马迁：《封禅书第六》卷二十八，《史记》，第1366页。
④〔汉〕班固撰，〔唐〕颜师古注：《西域传》卷九十六上，《汉书》，第3871页。

的文化生命的死亡早于其自然生命的死亡，只有健康河流的自然生命才能成为其文化生命的基础或本体。

（四）“河流的文化生命”在历史上的诞生和表现

河流的文化生命产生于人与河流的交往实践。从中国历史上看，河流是通过审美进入人类精神生活从而获得文化生命的。在中国文化中，它最早表现于距今大约七千至五千年前后的新石器晚期的仰韶文化时期。彩陶是仰韶文化中引人注目的出土文物。考古工作者先后在陕西、河南等地出土了“人面鱼纹彩陶盆”“鸟鱼纹细颈彩陶壶”“鹳鱼石斧图”等。这些文物都有鱼，鱼是生活在水中的，这说明古人对水的认识已经反映到了艺术中。在距今五千至四千年之间的马家窑文化时期的彩陶上，装饰着美丽、柔和、对称的水波形纹路，这可以说是河流的文化生命的审美形式成熟而又生动的表现。彩陶的水波纹是古人对自然的抽象再现，是对河流及水对于人类的限制的突破和超越，表现了人类的自由本质。尧、舜、禹、夏、商、周时期，河流的文化生命在哲学、语言文字、人生等方面都有所表现，塑造、激发了中华民族的精神并促进了它的成熟。具体地说，“五行”水为首，“八卦”含有坎、兑两个水卦，坤卦与水也有一定联系。《说文解字》中水部文字约占总字数的5%。关于河流，古人提出了“川，气之导”“国主山川”“川竭国亡”等重要命题[①]。

与水的交往是中华民族根源性智慧的发源地。从精神和价值观上看，中华民族的根源性智慧的具体内涵是“因”“无为”和“天人合一”。所谓“因”，是客观地反映事物，是以万物为法则。《管子·心术上》说：“因也者，无益无损也”，“因也者，舍己而以物为法者也”。其中，“道贵因”把“因”上升到了普遍原则的高度。“因民”“因物”“因时”“因类”“因天地之道”“因人之情”“因水之性”都是这一原则的运用。“因”在逻辑上蕴含着“无为”，在政治上的合理推演或者展开就是“无为”。《管子·心术上》说：“无为之道，因也。”艾兰认为：“无为”恰是水之所为，它没有意志，没有行为，自发地依地形往下流，静

---

①乔清举：《论河流的文化生命》，《文史哲》2008年第2期。

止时则自我澄清。[①]不过，在我们看来，无为不只是静态地观察水的总结，而且是治水智慧的升华，是中华民族与水、与自然相处的智慧的提升。“水曰润下”是一种包含了血的教训的经验总结。孟子、荀子都明确地把水和无为联系起来。《孟子·离娄下》说“禹之行水也，行其所无事也”。无事，正是无为的内涵之一，《老子》中屡屡出现这个概念。《荀子·宥坐》借孔子之口说“夫水遍与诸生而无为也，似德”。总之，作为治水经验的积淀，水、因、无为，无论是在逻辑上还是在实践中都是统一的。

从思维方式来看，天人合一是“因”的逻辑展开。“因”展开为“无为”，“无为”展开为天人合一，天人合一也可以说是“因天”。老子所谓“人法地，地法天，天法道，道法自然”（《老子》第二十五章），正是因循、遵照和效法的意义。“法天”既是原则，也是价值观。孔子观念是“则天”。《论语·泰伯》记载孔子赞颂尧说：“大哉，尧之为君也，巍巍乎！唯天为大，唯尧则之。”何晏引孔安国语曰：“则，法也，美尧之能法天而行化也。”[②]刘宝楠又从普遍原则的高度说，人受天地之中而生，人性本乎天，所以应该“法天”，“未有能违天而成德布治者”[③]。总之，天人合一根源于人与河流和水的交往实践，是河流的文化生命的表现，在中国文化中是一个普遍价值，跨越儒道各派。

二、“河流的文化生命”概念的合法性及其认知方式与知识性

（一）“河流的文化生命”概念的合法性

“河流的文化生命”的合法性可分为事实和逻辑两项。河流的文化生命是客观

---

① ［美］萨拉·艾兰：《水之道与德之端》，张海晏译，上海人民出版社2002年版，第88页。

②〔魏〕何晏集解，〔宋〕邢昺疏：《论语注疏》卷八，〔清〕阮元校刻：《十三经注疏》，第2487页。

③〔清〕刘宝楠：《论语正义》，《诸子集成》（第1册），第166页。

存在的，它的事实合法性不必论证。家族类似性的生命观，广泛地反映在器物、制度、思想、生活方式的精神和价值与河流三者，无论是两两之间还是三者相互之间，在逻辑上都是不矛盾的，所以这个概念也具有逻辑合法性。

此处进一步说明河流的文化生命的认知方式。

（二）“河流的文化生命”概念的认识方式

康德把人类思维分为认识、道德、审美三类，与此对应的理性能力分别为纯粹理性、实践理性和判断力[①]。不过，这并不意味着人有三种认识能力，而毋宁说人类理性有三种不同的运用方式。所以，康德又把“纯粹理性”说成是“思辨理性”，把“纯粹理性”或理性说成是可以表现为思辨理性、实践理性和判断力三种不同认识功能的基本认识能力。他强调，“理性作为纯粹理性现实地是实践的”[②]。这表明，在他看来，人类有一个纯粹理性或者说“纯思”，发用为知性、理性和判断力。由此我们可以进一步提出，“纯粹理性”可以发用为“文化理性”，表现为对于人与自然的关系的总体思考和体会，以及对于自然对人的价值与意义的评价等，其具体思维形式包括观察、审美、认知、类比、联想、评价、体会等。文化理性不是原始思维，不是前科学思维，也不是科学思维的总和或者超科学思维，而是独立于科学思维之外的对于人与自然关系的一种体会和认知，或是传统中国哲学所说的“体认”。它的认识成果是一个其不同部分可以无障碍流通的总体，自然科学和文化科学是一个具有连续性的统一体。

（三）河流的文化生命的实在性与知识性

河流的文化生命是否具有实在性与知识性？照康德知性、理性和判断力的三分法推断，河流的文化生命不属于作为思辨理性的自然科学，河流作为自然现象也与实践理性的道德领域无关，就只剩下审美领域可以作为河流的文化生命的归属，而审美又不具有知识性，所以，河流的文化生命不反映实在，不是一个知识性概念。

---

① [德]康德：《审美批判力的批判》，《判断力批判》（上卷），宗白华译，商务印书馆1964年版，第3—14页。
② [德]康德：《实践理性批判》，邓晓芒译，杨祖陶校，人民出版社2003年版，第1页。

但是，河流的文化生命显然并不仅仅是一个文学的、审美的和拟人的用法，而是反映了实在、反映了人类的存在方式，具有知识性内涵的概念。这需要我们超越康德的主观化倾向去认识。

诠释学对我们肯定河流的文化生命概念的实在性和知识性具有重要的方法论意义。加达默尔力图克服康德美学的主观化倾向，肯定艺术的真理性和知识性。他说：“美学的任务难道不是在于确立艺术经验是一种独特的认识方式，这种认识方式一方面确实不同于提供给科学以最终数据，而科学则从这些数据出发建立对自然的认识的感性认识，另一方面也确实不同于所有伦理方面的理性认识，而且一般地也不同于一切概念的认识，但它确实是一种传导真理的认识，难道不是这样吗？”①我们认为，河流的文化生命是文化理性的产物，具有知识的性质，也反映客观实在。古人并没有审美和知识的区分，出土文物上的人面鱼纹、鹳鱼石等，在古人那里都是知识，反映了他们对人与自然关系的认识，也是他们对自我了解的方式和他们的存在方式的表达。我们理解他们的作品，就是了解他们的存在，也是了解人类的存在。加达默尔指出，绘画的真正本质在于它“属于所表现的人的现时存在或者所表现的人的现时记忆”②，绘画的存在价值正在于它参与了它所表现的事物的存在。绘画所表现的事物“在绘画中达到存在的。它经历了一种存在的扩充”③。加达默尔对于绘画的本体意义和真理性的说明，肯定了我们关于原始出土文物上的绘画具有知识性的观点。

三、“河流的文化生命”对于河流伦理学的意义

如前所述，河流的文化生命在人与河流的交往实践基础上通过人与河流相互诠释适应而产生。在中国文化中，天人合一的理念是河流的文化生命的核心。这个理念对于建立河流伦理学具有重要意义。

---

①［德］加达默尔：《真理与方法：哲学诠释学的基本特征》（上卷），洪汉鼎译，上海译文出版社1994年版，第125页。
②［德］加达默尔：《真理与方法：哲学诠释学的基本特征》（上卷），洪汉鼎译，第194页。
③［德］加达默尔：《真理与方法：哲学诠释学的基本特征》（上卷），洪汉鼎译，第200页。

（一）天人合一：道德共同体的扩展

天人合一是要建立一种人与自然的一体性和统一性。这种思想有充分的科学和文化基础。从生命的层级性来看，各种生命具有同一个起源，是一体的。现代“分子词源学”表明，“人和恒河猴的细胞色素c仅相差1个氨基酸，而与狗、响尾蛇、牛蛙、金枪鱼、蚕、小麦和酵母菌分别相差11、14、18、21、31、43和45个氨基酸。”[①]这个序列一目了然地说明了“所有现存生物都起源于一个单一的祖先生命形式”[②]。所以，生命和非生命物之间并不存在截然的鸿沟，而是构成一个连续性整体。其中，病毒构成从生命界到非生命界的过渡。通常不被认为具有生命的存在形式，如地球的生态系统、山脉、河流、泥土、岩石等，也都具有生命的一些特征。从自然科学来看，人与自然的统一也是很明确的。贝塔朗菲认为，最后的、最高的生命单位是“地球上整个生命界。如果一群生物体被消除，那么整个生命界必定会达到新的平衡状态或平衡被破坏的状态”[③]。这种生命观笔者是赞同的。“盖娅假说”进一步认为，地球是一个自稳定、自调节的系统，具有类似生物生命的特征。整体性的概念对于理解生命现象具有十分重要的意义。不仅一个在时空上孤立的个体是一个整体，而且一个环境系统、一个生物群落等在时空上分离的组织群落也都可以视为一个完整的整体，直至整个地球、宇宙，都可以视为一个整体。贝塔朗菲指出：“由各部分竞争而形成的统一体存在于每个生物系统——有机体和超个体的生命单位中。这反映了一种可以追溯到赫拉克利特和库萨的尼古拉的深刻的形而上学观念：作为一个整体的世界及其每个个别的实体，都是一个对立统一体，然而，这样的统一体在它们的对立和斗争中构成和保持了一个更大的整体。”[④]本体意义的天人一体说在中国哲学中是通过气说明的，一切都是由一气构成和贯通的。天人合一是一个文化理念，一种思维方式，一条行事原则，一类人所应当达到的境

---

① [比利时] 克里斯蒂安·德迪夫：《生机勃勃的尘埃——地球生命的起源和进化》，王玉山等译，第4页。

② [比利时] 克里斯蒂安·德迪夫：《生机勃勃的尘埃——地球生命的起源和进化》，王玉山等译，第147页。

③ [奥地利] 路德维希·冯·贝塔朗菲：《生命问题——现代生物学思想评价》，吴晓江译，金吾伦校，第55页。

④ [奥地利] 路德维希·冯·贝塔朗菲：《生命问题——现代生物学思想评价》，吴晓江译，金吾伦校，第58页。

界。把人放到生命序列中，把生命界放到整个自然界的序列中，即形成一个统一体，人在这个序列统一体中既不是终点，也不是最高点。在人之上，还可以有其他形态的生命。我们把不包括人的自然作为自然Ⅰ，把人作为自然Ⅱ，两者合为自然Ⅲ 。根据“一阴一阳之谓道”的原则，把阴阳鱼图变成椭圆形，把自然Ⅰ、自然Ⅱ作为自然 Ⅲ 的两个焦点。这两个圈都不是宇宙的中心，而是自然Ⅲ的双焦点。两个焦点都不是中心，而是一种相互理解、相互诠释、相互适应、相互作用的关系。自然 I、自然 II、自然 III 共同构成作为整体的生态圈。（如图1所示）这样，无论是人还是自然，都不是唯一的主体，而是主体之一。人和自然的关系成为主体间性关系，又上升到道德关系，人应当承担对自然的道德责任，形成一种新的责任伦理。

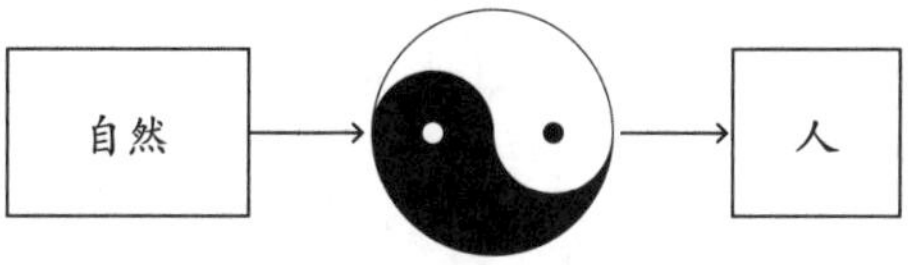

图1

这种责任伦理在儒家哲学中是通过孔子的“仁”、孟子的“恻隐之心”、《易传》的“生生”、董仲舒的“感”、程颢的“仁者以天地万物为一体”[①]、王阳明的“感应之几”来实现的。这是一种更为积极的天人合一，即人通过自己对万物的同情感受而与自然合一。金岳霖把这种同情说成是“普遍同情（universal sympathy）”[②]。由此，天人合一就成了一种生态伦理的道德规范，人类中心主义自然被放弃。

（二）自然的价值和权利

伦理学的一个基本难题是“是”和“应该”、自然和价值的分离。自然有没有价值？我们在此提出三类价值说：本有（内在）价值、相对价值、创造价值。本有

①〔宋〕程颢、〔宋〕程颐：《河南程氏遗书》卷二上，《二程集》，王孝鱼点校，第15页。
②金岳霖：《道、自然与人》，金岳霖学术基金会学术委员会编：《金岳霖文集》（第2卷），第636—637页。

价值是自然物本身具有的内在价值，是它的存在对于它自身、它所处的环境的作用。从人的角度看，自然对于人的价值是它的相对价值，相对价值不是自然价值的最根本部分，因为即使没有人，自然的价值仍然存在。创造价值是通过劳动所增加的价值。近代学术一般都用相对价值和创造价值代替本有价值，或者干脆否认自然的内在价值。罗尔斯顿认为，自然的价值包括经济价值、生命支撑价值、消遣价值、科学价值、审美价值、多样性与统一性的价值、稳定性与自发性的价值、矛盾斗争价值、宗教象征价值等等。[①]其中，生命价值、生命支撑价值、多样性与统一性的价值、稳定性与自发性的价值属于我们所说的内在价值。由于近代以来学术无法沟通“是”与“应该”，所以，在近代西方文化中，自然律不包含道德义务，自然不是人类道德实践的对象，人对于自然并不承担任何义务。如人在河流上修建大坝，并不构成对河流的权利侵犯，修坝只有技术上的可能与否的问题，而没有道德上“应该”与否的问题。对于自然界除了人类之外的生命现象，人类也不承担任何道德义务。这是科学主义、人类中心主义在作怪。罗尔斯顿为了论证“是”和“应该”的统一，提出了“切近的道德义务”“生态规律”“道德义务前提”“生态系统性评价”四段论的论证方式，主张从生态规律中得出道德义务，即从“是”中推出“应该”。[②]但他仍是以人与自然的分离为前提的。其实，从天人合一的整体性观点来看，人是自然的一部分，部分服从整体的规律，是必然，也是应该，“是”也就由此转化为“应该”。这本就是一个顺理成章的结论。就像在中文、日文、英文、德文等语言中，“自然”本身就是一个表示“应该”“当然”的价值词汇一样。总之，“是”和“应该”的问题，归根结底是一个出发点的问题。自然的本有价值是自然的权利的基础，自然的权利的内涵是它的生命的维持。河流有对空间、水量和水质的权利要求，这些要求构成河流的生命要素和权利。土地有不被污染的权利要求。大地、山脉、河流等属于人类道德共同体的成员，人对它们都承担有道德义务，其内容是维持它的生命，保持它的美丽。

（三）合一的境界与“实践”内涵的扩充

合一的境界是指万物各尽其性而并育不害。《中庸》讲“天命之谓性”，可以

---

① ［美］霍尔姆斯·罗尔斯顿III：《哲学走向荒野》，刘耳、叶平译，第18页。
② ［美］霍尔姆斯·罗尔斯顿III：《哲学走向荒野》，刘耳、叶平译，第18页。

把它作为一个普遍命题。任何一个存在物都有其天然的本性，这是它的内在目的、本有价值和权利的基础。每一存在物实现自己的本性都是他物实现本性的条件和前提，人在整个存在世界的作用是让任何一个存在物实现自己的本性，由此达到《中庸》所说的："万物并育而不相害，道并行而不相悖"的生态伦理境界。河流伦理是这种境界的构成部分。维持河流的健康生命，帮助它实现自己的存在和在自然界中发挥自己的本性即功能，促进生态和谐，是河流伦理的境界。在此，笔者认为应对"实践"范畴进行丰富和发展，注入人与自然和谐相处的内涵，改变近代以来通过控制自然来形成和彰显人类的主体性的做法。

（原载《商丘师范学院学报》2009年第4期）

论新生命观和水与河流的自然生命

本文突破目前自然科学和人文学科的分割，提出“家族类似生命观”的生命观，主要使用中国文化的材料来论述水与河流的生命[①]。这些材料是近代“科学”产生以前的，是“前科学”的，但其往往具有科学所认识不到的内容，可用来纠正、补充和发展现代科学。这也是东方文化有待发掘的普遍意义。

一、对现代生命观的反思

（一）现代科学对于生命的认识

“生命”无疑是古老而又神秘的现象，科学的不同专业提出了各自的观点。生理学认为，生命是“具有进食、代谢、排泄、呼吸、运动、生长、生殖和反应性功能的系统”[②]。生物学和生物化学认为，生命是由核酸和蛋白质等物质组成的多分子体系，具有不断自我更新、繁殖后代以及对外界产生反应的能力；“生命系统包含着储藏遗传信息的核质和调节代谢的酶蛋白”。[③]从新陈代谢看来，生命是“具有界面，与外界经常交换物质但不改变其自身性质”的系统。[④]遗传学认为，生命是通过DNA的基因复制、突变和自然选择而进化的系统。物理学认为，生命是一

①在中国古代汉语中，“水”既指水，也指河流，所以本文采用“水与河流”的表述方式。笔者认为，水与河流还具有文化生命，留待以后论述。
②中美联合编审委员会编译：《简明不列颠百科全书》（第7卷），第165页。
③中美联合编审委员会编译：《简明不列颠百科全书》（第7卷），第165页。
④中美联合编审委员会编译：《简明不列颠百科全书》（第7卷），第165页。

个“开放系统，它通过能量流动和物质循环而不断增加内部秩序”①。具体地说，按照热力学第二定律，任何自发的系统都是朝着熵增方向发展的，即朝着越来越混乱、越无序的方向发展的，而生命的演化过程却是朝着熵减方向进行的。一旦负熵增趋近于零，生命就会终结。现代物理学又认为，生命是一个“整体性和组织的”②过程。贝塔朗菲提出，生命是一个以化学反应为基础的自组织过程，生命过程与非生命过程的根本差别是有机体系统内部具有高度有序性，“使该系统能够保存、建造、恢复和增殖”③。这种有序性从根本上将活着的有机体内的事件与非生命系统或尸体中发生的反应区别开来。他又提出，有机过程动态的有序的自可调过程，“赋予有机体对变化的环境的适应能力和受扰动后的调整能力”④。

（二）生命的属性

关于生命的属性，基本上有以下几点认识。一是化学成分的同一性。即生命都是由碳（C）、氢（H）、氧（O）、钠（N）、磷（P）、硫（S）、钙（Ca）等元素构成的。从分子成分来看，生命体中有蛋白质、核酸、脂肪、糖类、维生素等多种有机分子。二是结构的有序性。生命的基本单位细胞，细胞内的各结构单元（细胞器），细胞之上的组织、器官、系统、个体等组成生命的不同层次。每一个层次都有特定的功能和结构，它们的协调活动构成了复杂的生命系统。三是新陈代谢。四是组成作用。生物体从外界摄取物质和能量，将它们转化为自身的物质和化学能，然后分解，将能量释放出来供生命活动之用。五是生长性。六是遗传和繁殖能力。七是应激能力，即受到外界刺激后会发生反应。八是进化性。地球上的生命从原始的单细胞生物开始，经过了多细胞生物形成、各生物物种产生以及高等智能生物——人类出现等重要发展阶段，最终才形成了今天庞大的生物体系。进化原理

①中美联合编审委员会编译：《简明不列颠百科全书》（第7卷），第165页。
②［奥地利］路德维希·冯·贝特朗菲：《生命问题——现代生物思想评价》，吴晓江译，金吾伦校，第19页。
③［奥地利］路德维希·冯·贝特朗菲：《生命问题——现代生物思想评价》，吴晓江译，金吾伦校，第17页。
④［奥地利］路德维希·冯·贝特朗菲：《生命问题——现代生物思想评价》，吴晓江译，金吾伦校，第22页。

“是区分有生命和无生命物质的主要特征”[①]。

（三）“科学主义”与本质主义：对现行生命观的反思

上述种种不同学科观点推进了对生命的认识，这是值得肯定的。但是，在当今人类的认识中，科学的强势使它演化成为一种科学主义的思维方式，这种思维方式把科学作为永恒的、普遍的“科学”。可是，这样的“科学”并不存在。它在具体运用时，所立足的只能是某一时期的某一具体科学。这样，这一时期的科学认识的深度便成了生命认识的限度。既然科学是不断发展的，那么，基于一定时期的科学认识就必然带有那一时期特有的局限性，并非永恒真理。

科学主义思维方式的缺陷是把生命还原为生物的生命，这是一种本质主义的生命观。上述种种关于生命的认识实际上都是以19世纪以来的科学为基础的，它们的局限性也正是19世纪以来的科学的局限性，即从机械论、偶然论的角度把生命还原为纯粹的生理现象、化学现象、分子生物学现象、热力学现象、系统现象等。其实，生命现象的复杂性远远超出现今科学的认识。就生命的生物学认识而言，汽车也具有类似进食、呼吸、排泄、运动等功能，某些细菌却不能呼吸。就生命的新陈代谢作用而言，火焰也具有界面和物质交换，且能生长，而种子却可以休眠千年而无任何代谢活动。生命的生物化学认识也有缺陷，“难道其他分子便不能表现生命现象？已知某种病毒样生物没有核酸。”[②]例如，根据物理学的最新进展可知，经过大爆炸，宇宙产生之后也是不断发展不断进化的，有一个从简单到复杂的过程，甚至它的尺寸也是在不断增加的。那么，从进化论生命观来看，宇宙是不是也有生命？再比如，包括大地、水圈、生物圈在内的地球生态系统，按照新陈代谢的生命观，显然具有物质交换的界面，并且具有一定程度的类似于DNA复制的自我修复功能，这是否也可认为是一种生命系统？总之，宇宙、生态系统甚至汽车等，都具有生命的一部分特征，而像细菌、种子（在一定时段）等，却没有对于生命来说十分重要的呼吸功能。这些都表明了传统生命认识的局限性。

生物还原论把生物和非生物、生命界和非生命界分得太开，割裂了生命的普遍性和一体性。“分子词源学”证明，所有现存生物都起源于一个“单一的祖先生命

①中美联合编审委员会编译：《简明不列颠百科全书》（第7卷），第165页。
②中美联合编审委员会编译：《简明不列颠百科全书》（第7卷），第165页。

形式”。[①]这表明了生命体的一体性。那么，生命界和非生命界之间是否有一个截然的鸿沟？答案是否定的。实际上，两者构成一个连续性过渡体系，病毒是生命和非生命之间的过渡地带。病毒是一个基本的生物单位，能够复制自身或协变复制，却没有自主生命，不能进行有机分子的初级合成，因为它缺乏进行这些活动的必要条件——酶系统。生命都是由细胞的变异和组合构成的，但也并非所有生物都是由细胞构成的，如纤毛虫是非细胞动物，草履虫是单细胞动物，海藻没有细胞分化。生命的历程肯定了生命和非生命之间的连续。生命产生的第一阶段是化学时代，出现了核苷酸，主宰生命的是支配原子和分子的原理。第二阶段是信息时代，可传递信息的分子开创了进化和自然选择的基础。第三阶段是原细胞时代，出现了有一个膜包被的原细胞，这是第一个生命单元，与其他物质根本不同。第四个阶段是单细胞时代，分为两个阶段。原细胞生成了细菌、真核细胞：第五阶段是真核细胞发展出多细胞生物的时代，植物、真菌、动物包括人都在这个时期形成了复杂的组织。第六阶段是心智时代的到来，人类产生了道德、文化、社会组织等。[②]生命之树所表现的真细菌、古细菌到原始真核生物、原生动物、真菌、植物、动物和人的进化过程表明了各种形式的生命的连续（见图1）。[③]

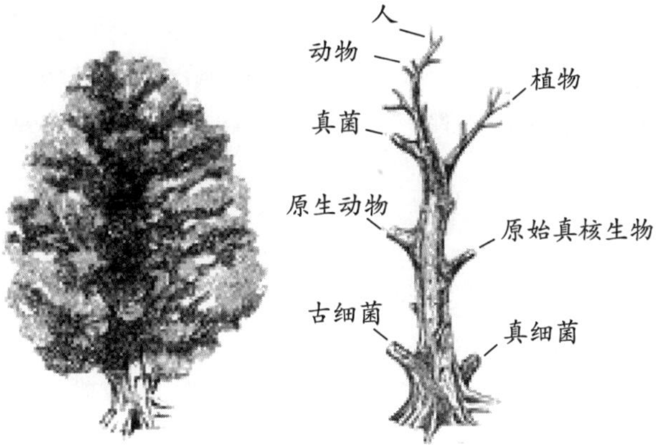

图1

---

① [比利时] 克里斯蒂安·德迪夫：《生机勃勃的尘埃——地球生命的起源和进化》，王玉山等译，第63页。

② [比利时] 克里斯蒂安·德迪夫：《生机勃勃的尘埃——地球生命的起源和进化》，王玉山等译，第13页。

③ “左图是生命之树庞大的多样性分枝组成的树冠掩盖了进化的主干。右图是进化树干和枝杈组成的进化的历程”。插图出自[比利时]克里斯蒂安·德迪夫：《生机勃勃的尘埃——地球生命的起源和进化》，王玉山等译，第390—391页。

贝塔朗菲认为，生命体系不会终止于有机体，还会出现更为高级的生命形态或生命单位。首先是同一物种的有机体的联盟，如动物的群体。其次是“空间中分离的有机体也可能有超个体的组织，如蚁、蜂、白蚁的昆虫社会”[①]。再次是不同物种联合而形成的更高、更有序的系统，如寄居蟹和海葵那样的共生现象，比共生现象更为高级的系统是“某一区域的动物群和植物群落（生物群落），诸如一个湖泊或一片森林，并不只是许多有机体的聚集体，而是受确定规律支配的单位。生物群落被定义为‘在动态平衡中维持自身的种群系统’”[②]。最后的、最高的生命单位是地球上整个生命界。[③]这种生命观是可以同意的。不过，最高生命单位也应包括传统意义的非生命界，全部生命界和非生命界是一个连续的整体。

从哲学的角度看，本质主义的思维方式以一般和个别、普遍和特殊、本质和现象为范畴体系，从诸多的个别、特殊或现象中抽象出一般、普遍或者本质。这实际上是以某种认识为前提的剪裁，包含着循环论证的缺陷。在达到一般或者普遍之后，本质主义按照这个“一般”来理解个别，这其实是用“一般”代替个别，无视甚至抹杀个别的那些是不属于一般的特点，直至抹杀个别的存在，这是本质主义的暴力倾向所在。那些个别的非一般意义的特点，对于个别来说或许是十分重要的，其中包含着新的认识的起点。本质主义生命观把生命化约为生物体的生命，尤其是以人类作为生命的典范，其后果是对所谓非生命存在物、部分生命存在物不尊重，在此观念下的行为导致了物种灭绝、生态恶化。所以，突破和超越本质主义生命观势在必行。

---

① [奥地利] 路德维希·冯·贝特朗菲：《生命问题——现代生物思想评价》，吴晓江译，金吾伦校，第54页。
② [奥地利] 路德维希·冯·贝特朗菲：《生命问题——现代生物思想评价》，吴晓江译，金吾伦校，第55页。
③ [奥地利] 路德维希·冯·贝特朗菲：《生命问题——现代生物思想评价》，吴晓江译，金吾伦校，第56页。

二、“家族类似生命观”

突破本质主义生命观，必须打破一定时期的科学认识和哲学认识的局限，肯定生命和非生命的一体性。

（一）生命的广泛性

生命具有广泛性，其特征普遍表现于宇宙万物之中。从前述生命和非生命的连续性来看，这个结论是显而易见的。在生命广泛性的范畴下，对于泥土、岩石、河流、山脉、地球的生态圈、地球是否具有生命，都可以做出肯定的回答，只是它们的生命特征和规定性不尽相同而已。生命的广泛性可使我们跳出本质主义的限制。

（二）生命的层级性

不同物体所表现出的生命的形式、特征或特点各不相同，如土、石都有自我保持性，山脉往往具有生长性，DNA有自我复制的功能等。这些不同形式的生命构成生命的层级体系。鉴于迄今为止的现代化和工业发展的经验教训，必须承认生态圈、宇宙自身也都是有生命的。如何排列所有生命形式的层级序列，是自然科学和哲学、宗教学需要加以解决的问题。人在这个序列中不一定是终点，在人之上还会有其他生命形态。我们设想，把单独自然作为自然I，把人作为自然II，把人和自然合起来称作自然III，即作为整体的生态圈。把中国的太极阴阳图变成圆形，把自然I、自然II作为自然III的两个焦点（如图2）。根据《周易·系辞上传》提出的“一阴一阳之谓道”原则，这两个圈都不是全部自然III的中心，而是它的两个焦点，两者相互理解、相互诠释、相互适应、相互作用。

图2

整体性的概念对于理解生命现象具有十分重要的意义。不仅一个在时空上连续的个体是一个整体，而且在时空上分离的组织群落，如一个环境系统、一个生物群落也可视为一个完整的整体。贝塔朗菲指出："由各部分竞争而形成的统一体存在于每个生物系统——有机体和超个体的生命单位中。这反映了一种可以追溯到赫拉克利特和库萨的尼古拉的深刻的形而上学观念：作为一个整体的世界及其每个个别的实体，都是一个对立统一体，然而，这样的统一体在它们的对立和斗争中构成和保持了一个更大的整体。"①只有从整体的观念出发，才能把生命的特征赋予这些对象。宇宙作为一个整体，也是有生命的。中国现代哲学家梁漱溟先生曾经说："宇宙是一个大生命。"②这无疑是一个洞见。

（三）生命的家族类似性

"家族类似"是维特根斯坦在说明各种各样的"游戏"（game）时提出的概念，③对于突破本质主义思维方式十分有效。不过，维特根斯坦并没有对这一概念进行定义。

我们可以这样理解"家族类似"：

设某一家族J，有成员M、N、O、P等，其中M有a、b、c等身体或精神特征，N有b、c、d特征，O有a、e、d特征，P有c、d、e等特征。如果我们看到一个个体X有a、b、c、d、e特征中的若干项，我们会倾向于认为，这个X属于家族J。我们做出这个判断，仅仅是出于类似，而不是，也不能把a、b、c、d、e中的一项、若干项或全体认作这一家族的本质，认为只要某个X有了这一项或若干项，就一定属于这个家族。"家族类似"排斥本质主义的化约，使我们专注于研究个体的具体性而不是抹杀之。

从前述关于生命的认识和对于生命的普遍性、层级性的论述中，可以引申出家族类似性的生命观。从家族类似性来看，生命的最简单、最普遍的含义是存在和死亡。任何事物，只要具备从存在到消亡的过程，就可以说具有一定意义的生命。地球的全体都是有生命的。美国哲学家利奥波德提出了"健康的土地"④"土地伦理"等概念。英国科学家洛夫洛克提出"盖娅假说"，认为"地球就是一个活的生

---

①［奥地利］路德维希·冯·贝特朗菲：《生命问题——现代生物思想评价》，第58页。
②梁漱溟：《人生在创造》，《教育科学论坛》2001年第1期。
③［奥地利］维特根斯坦：《哲学研究》，李步楼译，陈维杭校，第48页。
④［美］奥尔多·利奥波德：《沙乡年鉴》，侯文蕙译，第193页。

物，自行调控其环境，使其适合生命的生长”①。

除了存在和灭亡之外，生命还有自我持存、能量交换、新陈代谢、DNA复制等特征。我们不规定哪些为本质特征，只从实践的角度看，在一定场合下哪些特征对我们更有意义。“家族类似”的新生命观是对近代以来的生物本质主义生命观的反思和超越，其理论意义在于把“生命”作为一个动态的、开放的家族类似特征的集合，给予大地、山岳、河流等一定的生命形式，把道德共同体的范围扩大到无机的非生物界，由此建立人与自然的天人合一型的新关系。

三、水与河流的自然生命论

从家族类似生命观可以推出，水与河流都具有生命的一些特征，因而也是具有生命的。

（一）水的自然生命的表现形式

水是生命存在的必要条件。它“溶解矿物盐，保证植物和微生物获得营养物质，没有水地球上就不能有复杂的生命”②。水在自然界的存在有静止的形式，如雪山、冰川、永久冻土，但水的主要存在形式是在地壳和大气层之间循环，形成水圈。水从海洋和陆地上蒸发融入大气，变成降雨降落到海洋和陆地上，并再次蒸发成水汽进入大气中，完成水循环。水在循环过程中从一种状态转化为另一种状态，其路径向上伸展到大气层15千米处，向下平均达到地壳1千米深处。水循环由许多过程组成，往复进行、无始无终。生物和生态圈依赖水循环获得水分。我们常说没有水就没有生命，其实即使有水，如果它不循环，同样也是没有生命的。

1. 水的生命的开始。水的来源或产生，按照家族类似生命观可视为水的生命的开始。中国文化在探讨这一问题时所谈论的“水”，既有一般意义的水，也有河

---

①［比利时］克里斯蒂安·德迪夫：《生机勃勃的尘埃——地球生命的起源和进化》，王玉山等译，第286页。

②中美联合编审委员会编译：《简明不列颠百科全书》（第7卷），第397页。

流。在前一种意义上它探讨的是水的本原意义上的根源，在后一种意义上它探讨的则是河流的源头。气、阴阳、五行是中国哲学的概念，也是水与河流的解释理论。对于水的来源，中国文化中基本有以下几种看法，一是“太一”生水；二是西、北生水；三是“天一生水”，亦即阴阳相合生水，把水的根源解释为阴阳二气相交的定论。1993年，中国考古工作者在湖北荆门郭店发现了一批战国早期的竹简，其中有一篇文字被整理为《太一生水》。

> 太一生水。水反辅太一，是以成天。天反辅太一，是以成地。天地（复相辅）也，是以成神明。神明复（相）辅也，是以成阴阳。阴阳复相辅也，是以成四时。四时复相辅也，是以成冷热。冷热复相辅也，是以成湿燥。湿燥复相辅也，成岁而止。……是故，太一藏于水，行于时。周而或（始），（以己为）万物母；一缺一盈，以纪为万物经。[①]

这一段文字描述的宇宙模式可由下图3表示。

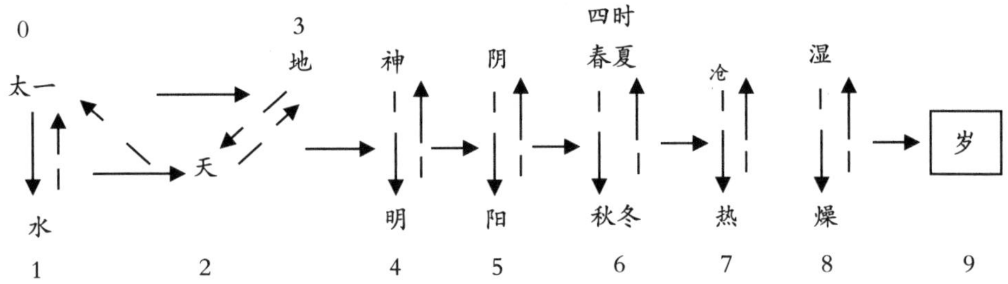

图3

此图中数字表示生成的程序，实线箭头表示“生”，虚线箭头表示“反辅”，双虚线箭头表示“相辅”。第一步为“太一”生出“水”；第二步为水反辅太一，生成天；第三步为天反辅太一，生成地；第四步为天地相辅，生成神明；第五步为神明相辅，生成阴阳；第六步为阴阳相辅，生成四时；第七步为四时相辅，生成冷热；第八步为冷热相辅，生成湿燥；第九步为湿燥相辅，成岁。上述九步表明，太一是本原，水是次生物，天地、阴阳等都不具有普遍意义。由于天是太一和水共同

①荆门市博物馆编：《郭店楚墓竹简》，第125页。文中括号内文字系按照裘锡圭先生解读增补。

生成的，地又是天和太一共同形成的，所以，水是宇宙生成不可缺少的一个环节，具有仅次于太一的本原意义。阴阳在天地之后产生。没有水的帮助，四时、岁都无法形成。和《老子》《易传》不同的是，在这里，生出者可以对生者具有“反辅”作用，这在中国哲学史上是一种新型的宇宙生成论结构。“太一藏于水”的说法特别值得注意。太一生出水后，并不和水形成空间上分离的两个实体，相反，“藏”表明两者是一体的。太一所生，既是水，又仍是太一本身，这个结构和《老子》的“道生一”一致。“道生一”是转化或显现为“一”，一并不在道之外，一就是道，是道的具体化。道不直接生物，须转变为一后方能生物。太一生水又藏于水，太一和水就成了一体。太一不可见，而水可见，太一和水似乎构成了本体与现象的关系。本体表现为水，太一为水之体，水为太一之用。天反辅太一，实际上是反辅于水。这样图4太一、水、天、地的结构就可以转变为以下太一生水，水反辅太一而成天、天反辅水（太一）而成地，依次推演的模式。（见图4）

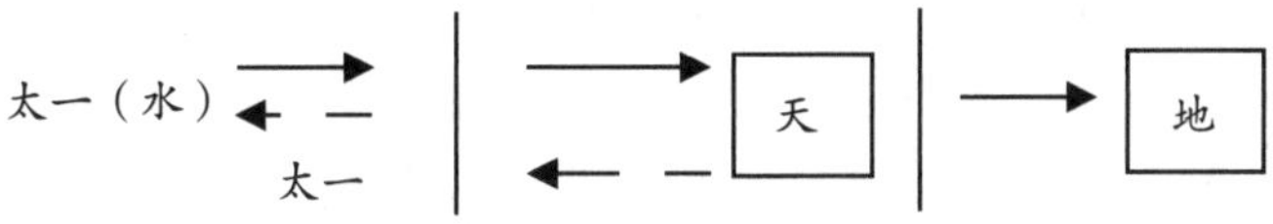

图4

图5把复杂的太一、水、天的关系变得清晰了。到了天反辅太一成地以后，就成为生与所生相反辅，与太一和水不再发生联系。总之，水是本原所产生并与本原一起又生成天地，所以也有本原性。在《鹖冠子》中，水也是天生的，也具有一定的本原意义。《鹖冠子·度万》说：“天者神也，地者形也，地湿而火生焉，天燥而水生焉。”《鹖冠子》认为，没有水火的帮助，阴阳就不能成为气，度量之制就不能具备，五行的相生相胜也不能形成，万物也不能成类而生。

《鹖冠子》《太一生水》把天与水联系起来，或许反映了古人的气象知识，降雨是大自然水循环的一个显著过程，两者都把降雨作为水的最终来源。在两者中，阴阳还没有成为普遍性概念，都是次于水的一种较为具体的东西。把本原性赋予水，表现了中国文化早期对水对于生命的重要性的认识。后来是把阴阳作为更为根本的概念，把水作为阴阳二气交合的产物，这时水在根本性上就次于阴阳了。

《周易》对于水产生的方位的说明，是水的来源的另一种说法。这里的水也包括河流。五行的方位是木东、金西、火南、水北，土中。八卦的方位按照《说卦》所说是震东、巽东南、离南、坤西南、兑西、乾西北、坎北、艮东北，从季节上说是震春、离夏、兑秋、坎冬。这一分配方法与五行家所说大致相同，但也有不合之处。例如，东方在八卦为震，在五行却为木；木在八卦中是巽，方位为东南。八卦方位中西方为兑，兑为泽、为水；《周易·说卦》以“悦”解释兑，说：“兑，正秋也，万物之所说（悦）也”，似乎与泽水没有什么关系。这是因为坎为水，已被分配在北方的缘故。但是，五行方位西方为金，五行的生克顺序中金生水，则似乎又暗示了兑和水的联系。

中国的地势为西北高、东南低，呈现三级阶梯状。在中国文化的形成过程中，先人活动范围内的河流几乎都是由西向东或由北向南流动的。五行把水分配在西方、八卦把水分配在西方和北方，反映了古人对中国地理的认识。《郭店楚墓竹简·太一生水》篇说：“不相思□□□于西北，其下高以强。地不足于东南，其上□□□□□□□□者，有余于下；不足于上者，有余于下；不足于下者，有余于上”[①]，是现存对中国西北高、东南低的最早认识。《淮南子·天文训》对于中国的地势作了一个神学的说明，说是共工与颛顼争为帝，怒触不周山，“天柱折，地维绝”，造成了天倾西北，地不满东南的结局。五行、八卦是把水分布在西方或北方，可以说是上古中国的地理学。

东汉郑玄提出了“天一生水”的观点，在中国文化史上产生了极大影响。《易传·系辞上传》第九章在讲到大衍之数时说“大衍之数五十，其用四十有九”，并解释说：“天一地二，天三地四，天五地六，天七地八，天九地十。天数五，地数五，五位相得而各有合。”《易传》这是把数字与天地相结合来说明占卜。郑玄注曰：“天一生水于北，地二生火于南，天三生木于东，地四生金于西，天五生土于中。阳无耦，阴无配，未得相成。地六成水于北，与天一并。”[②]此处郑玄所说的“天一”，并不是一个概念，因为下文还有“天三”“天五”等。“天一”不过是把“天”和数字“一”结合起来，所以，天一生水，毋宁说就是天生水。“地六”也不构成一个概念，不过是说仅有天还不能完成水的生成，还必须有地的配合，所以他强调阳必须有“耦”，阴必须有“配”。天阳、地阴，“天一生水”“地六成水”其实是阴阳相合而生水。《淮南子·天文训》提出过“积阴之寒气为水”的说法。《淮南子·天文训》在说明宇宙的生成时提出，未形之太昭生道，道始于虚廓，虚廓生宇宙，宇宙生气，气生天地，天地生阳阴，阴阳生火水。据此观点，水成为由阴气而生之物。“天一生水”比单独阴气相积而成水要更加完善。

---

①荆门市博物馆编：《郭店楚墓竹简》，第125页。
②〔清〕李道平：《周易集解纂疏》，潘雨廷校，第580页。

不能认为中国文化所说的阴阳相合而成水，只是解释了从汽态水到液态水的转化，不及现代科学的氢、氧化合成水（H_2O）正确和具有根源性。在此，我们必须对气的概念有更为深入的理解。气是构成一切事物最终我们不能名状的那个“x”，它不是分子、不是原子、不是粒子、不是夸克，而是比这一切都更为根本的一个东西。对于这个“x”，中国当代著名哲学家金岳霖进行了十分详尽的说明，指出它是构成一切事物的最终的东西，它不是一个概念，只是一个名称。[①]十分有趣的是，利奥波德在他的《沙乡年鉴》中也提出了一个“x”的概念。他说，这个“x”被锁闭在一块岩石中，经过很长时间后被一棵橡树拔了出来，长在那棵树中。“x”帮助那棵橡树开花结果；一只鹿吃了橡果，“x”成为鹿的一部分；这只鹿被一个印第安人猎到，“x”又变成了印第安人的骨头和骨骼。这位印第安人死后，“x”又回到了土壤中，等待着下一个循环。[②]利奥波德这一章被认为是生态哲学的经典。他的说法十分类似庄子的气的循环的思想。中国哲学的“气”就是金岳霖和利奥波德所说的“x”。

2. 水的自我保持性。水的自我保持性可从量、质及水分子的自我保持性三个方面来理解。通常，生命具有增长的特点，但是水在地球中的存在基本属于恒量。据科学推测，在地壳中、地球表面和表面近空的总水量约为15亿立方千米。其中97%是海水，计13.5亿立方千米；不到3%为淡水，总量为3700万立方千米。水通过地表—空中—地下三个大环节的循环保持自身量的稳定性。与量相对的是质的稳定性。自然环节自身不会被污染。水在蒸发时进入空中，都是纯净的，盐分等杂质不能进入蒸发过程。水汽在变为雨水降落时，又经过地壳层的土地、山石、砂砾等物的过滤，以净水的形式进入地下。这一自然过程当中包含着自然自身的目的——通过蒸发和过滤保持水的质的稳定性，从而保持水处于正常的、健康的状态。这是作为自然物的水对自己的质的自我保持。人类活动在两个环节上把污染强加给了水，一是把污染物排入地面或河流，污染了地表水和地下水；二是把污染物排入空中，造成降水污染，两者都损害了水体的健康生命。水分子也有保持自身的特性。水的三态存在都是作为完整的分子而存在的，水分子是不易分解还原为氢和氧的，分解水需要付出巨大的能量。这是水保持自身同一性的一个重要的量化指标。水的自我保持性也可视为水的生命的同一性的表现。

---

①见金岳霖：《论道》，第40页。

②Aldo Leopold, "Odyssey" in *A Sand County Almanac* (New York: Oxford University Press, 1949), 104.

3. “水曰润下”——水的生命的存在形式。“水曰润下”是箕子向周武王陈治国大法时提出的。这个命题看似简单，内涵却极其丰富。它包含了中华民族治水的经验和教训，表现了中国人的存在方式和中国文化的思维方式。天人合一可以由此导出。“润”是对水具有渗透、浸润土壤等物质的性质的说明，是水的功用；“下”是它的流向。这是水与火、木、金、土其他四行不同的一个显著特点。中国文化认为，“润”的内涵是滋养和维持生命。《国语·周语上》中伯阳父在解释西周地震时曾经说：“夫水土演而民用也”，这里的“演”是指“润”，“民用”是水的滋养作用的表现。

如前所述，水的存在形式总体上是循环的，那就不只“润下”一个方向。土壤具有吸收水分的功能，水润也就是土壤的吸收。土壤吸收水分，方向不单是从上到下，也可以把低处的水吸收到高处。所以，土壤或者地壳中的水并不是沿平面分布的，而是在不同的地区处于不同的高度。“山高水长”，山有多高，水就会有多高，不少山脉都有山泉奔涌而出。应该说，“润下”只是水循环的一个阶段。古人之所以强调“润下”，是因为水的这个运动方向比较明显，如降雨，也是因为洪水的流向是往低处。汉人对于“水曰润下”的看法更为辩证，指出水还会“不润下”。据《汉书》载伏生的《尚书大传》说：

> 简宗庙，不祷祠，废祭祀，逆天时，则水不润下。
>
> 十二月咸得其气，则阴阳调而终始成。如此则水得其性矣。若乃不敬鬼神，政令逆时，则水失其性。雾水暴出，百川逆溢，坏乡邑，溺人民，及淫雨伤稼穑，是为水不润下。①

伏生所说，关键在于“顺事阴阳”，即按照阴阳运动的规律行动，调和人与神，这样水就按照自己的性质运行。“润下”可以说是水内在的善，水保持此性，则能润物，实现外在的善。水的生命的内在的善和外在的善是统一的。

4. 水为万物之本原。《水地》是《管子》中的一篇，比《太一生水》更为直接地把水作为本原，值得重视。《管子·水地》篇说：“水者何也？万物之本原也，诸生之宗室也，美恶、贤不肖、愚俊之所产也。”本原、根菀都是最初的来源。

《管子·水地》篇是如何论证水为万物的本原的呢？第一，水像地的血气筋

---

①〔汉〕班固撰，〔唐〕颜师古注：《五行志上》，《汉书》，第1342页。

脉，具有流通作用。《管子·水地》说：“水，具材也。”这里的“具材”，诚如唐尹知章所说，是具备美好的素质。具体地说，它认为，水有仁（“好洒人之恶”）、精（“视之黑而白”）、正（量满而止）、卑（“己独赴下”）四种特性。第二，水为“万物之准”，即水面平的特点可以作为平的标准以衡量万物；水的色素，为色彩之中；水的味淡，为五味之中，所以水广泛地“为物之准”。第三，水含于各种生命之中，万物恃水以生，莫不因得水而“尽其几”“反其常”，即发挥和实现自己微妙的特性，复归于自己本然的规律。这些都是水为“内度”，即内在的生长尺度进行调适的结果，所以，水具有神妙的作用，称之为“水神”。举例说，玉之所以具有仁、知、义和“廉而不刿”之行、“鲜而不垢”之洁、“折而不挠”之勇、“瑕适皆见”之精、“茂华光泽，并通而不相陵”之容、“清搏彻远，纯而不杀”之辞九种美德，就是因为“水集于玉”的缘故。人也是水的产物。《管子·水地》说：“人，水也。男女精气合，而水流形。”人的耳目口鼻心等感觉和思虑器官，都是由水而产生的。龟、龙等具有神异的动物，也都生于水。总之，万物莫不托水以生。第四，水也是治理国家的枢纽。水影响人的性格和社会风气，所以，各地水不同，人的性格和社会风气也不相同。所以说，水是治理国家的枢纽。《管子·水地》说：“是以圣人之化世也，其解在水”，“是以圣人之治于世也，不人告也，不户说也，其枢在水”。

古希腊第一位哲学家泰勒斯也把“水”作为世界的本原。他的“本原”和《管子·水地》一样，也是指万物所由之以生的东西。《管子·水地》篇认识到了水在生态圈中的作用，这可以说是水外在的善——孕育、发展、完善生命，最终生成并维持水圈、生态圈的平衡的说明。水在生态圈的完善中维持生命的循环，实现自身的善。水圈和生物圈共同构成相互依赖、相互作用的生态整体。

5. 水的死亡。水会不会死亡呢？显然是会的。水因蒸发而“消失”或被饮用都不是水的死亡，而是它进入了下一个循环环节。如前所述，水的存在形式根本上是循环的，所以，水的死亡的第一个表现形式是失去循环。中国古代对此有明确的认识。在《周易》中，《坎卦》表示的多为河水、一般的水，所以是流动的水，而《兑卦》表示的却是固定的水、静止的水。中国传统哲学强调“通”。“通”是流动的，具有生命力；静止则是不通，为“壅”；通意味着生，壅则意味着死。用现代语说，通是“循环”，壅是停止循环。据《左传·宣公十二年》记载，晋楚之战时，晋国军事首领荀首占得《师卦》（䷆）之《临卦》（䷒）。《师卦》的水为坎水，是流动的；《临卦》的水是泽水，不流动。《师卦》变为《临卦》是“川壅为泽”，不再流动。川壅为泽表明了水的死亡，这象征着军事的不利：“不行之谓临”[①]。比这种死亡形式更为严重的是阴阳失衡，这是水死亡的第二种形式。如前所述，水是阴阳相合的产物，“一阴一阳之谓道”，阴阳相交才能亨通。阴阳不通，独阴或独阳，水就从根源上死亡了。现代文明为水的死亡提供了第三种形式——污染，这是古人所未曾见过的。纯粹自然的水不存在污染，它可能因为某种元素过多而不适合人类饮用，但那不是污染。现代工农业把大量的废弃物排进水体，远远超出了水圈的自我净化能力，使水失去了它自身的生命规定性，不能自我保持、不能润物、不能循环，由此导致了水的死亡。如何处理水体污染，保持水圈的健康生命，是人类面临的一个重大挑战。人类必须改变自己的生存方式。

（二）河流的自然生命的表现形式

现代科学通常把河流定义为被堤岸限制在通道里的流水，或者说是沿地表槽状凹地集中的经常性或周期性流动的水；或者“多通道的、间歇性的和暂时有流水的通道以及实际上没有堤岸的通道”[②]等。笔者认为，上述定义并不完善，应该在水系生态系统和水圈、生态圈的背景下理解河流。水、流动性、河道（河床和河槽）当然是河流形成的三大要素，此外，河流还应包括组成河源、干流、支流，湖泊，湿地，尾闾，河流内部和外部的生态系统等。把这些要素结合起来可知，河流不仅是一个水道，还是一个共同体，即一个河流共同体，一个生态共同体。河流的生命特征比单纯的水更为明显。从生命的家族类似性来看，河流能够存在，也会消失，当然是有生命的。河流具有自我保存的内在目的性。河流也是一个自我完善的整体，它有自我净化、修复、调节等诸多生命特征。河流参与并维持自然的循环，与环境进行能量交换，维持着自身的生态共同体的生命完善性。河内水体、河流自身、河流生态系统与整个自然生态系统构成一个相互联系、相互依赖、相互制约、相互促进的有机生态共同体。从生态共同体的角度出发，河流的自然生命符合贝塔朗菲的区域有机体聚落的“生命”定义。

1. 河流的自我保持的内在目的性。河流的自我保持即它维持自身存在的内在目的性，这与生命特征极其相似。具体地说，河流是不可人为地毁灭的，也是不可违背它的特性而对它实行改造的。河流作为一种自然现象，是自然在漫长的进化过程

---

①朱伯崑：《易学哲学史》（第1卷），华夏出版社1995年版，第25—26页。
②中美联合编审委员会编译：《简明不列颠百科全书》（第3卷），第714页。

中形成的。河流一般都有上百万年以上的历史。自然进化产生的河流，按照自然进化所形成的或者说它自身所选择的方式存在，都是自然的合目的性的体现。自然的合目的性是自然自身选择的最佳存在方式，也是自然的内在的善。河流的水体保持自然所形成的方式顺畅地流动，是河流的生命的内在要求。人类在短时间内毁灭一条河流几乎是不可能的，但在较长的时间内毁灭一条河流，则是历史上曾反复出现的事情。进入近代以后，人类对于河流所进行的违背其特性的改造有以下两种：一是筑坝，如埃及的阿斯旺大坝、美国的胡佛大坝等；二是与河争地，占用河道、开发湿地、围湖造田等。阿斯旺大坝把水储存起来，尼罗河失去了它从产生以来一直存在的定期泛滥的灌溉形式。人工灌溉反而不如自然泛滥的灌溉更有效益，当然也更不生态。开发湿地和围湖造田剥夺了河流自身的用地权。一到水量大的年份或海水倒灌时，灾害也就产生了。人肆意地改造河流，是对河流施暴，由此而产生的灾害，则是河流对人的报复。这种相互报复是一种负和游戏，无论是从经济学还是从生态学的角度来看都是没有任何正面意义的。在一条河流上过多地修建大坝，会改变河流的生态系统。这些活动所带来的负面影响长期积累下来，会造成河流的死亡。河流虽不言，但它在无言中显示了自己存在的权利和力量，它借助频繁的水害来显示它自我保持的内在目的性。人类应当理解河流的自我保持性，维护它存在的完整性，像河流那样思考。[①]中国古代是反对壅川筑坝的。据《国语·周语下》记载，周灵王二十二年，王城西部的谷水泛滥，南入洛水，淹及王宫西南。周灵王要修筑堤防，使谷水北流。太子晋反对，认为筑坝会阻断河流导气，造成灾难。

2. 河流的自我复制能力。河水是一种客观存在，它必须有自己流动的通道。如果没有，它会自己创造出一条河道来。在地质史上河流就是这样形成的。当河道被破坏或占用时，它会重新创造出一条河流，这就是它的自我复制能力。河流的自我复制能力可以以黄河为例来说明。历史上，黄河下游段曾经在淮河、海河之间的整个华北平原摆动。当黄河把一个地区淤积成为平原，使这个地区不再适合于作为河道或行洪时，河水便会自动寻找低洼地区作为奔向大洋的通道，这样就复制出一条新的河段。当这个河段又因淤积而不能行水时，河水又会寻找新的河道。据科学家推算，大约7400年以前，海水西侵，中国东部的海岸线是沿今北京、石家庄、邯郸、安阳西、开封东一带，而山东中部的泰山原来是海中的一个岛屿。大约4200

①Donald Worster, *The Wealth of Nature* (New York: Oxford University Press, 1993), 124.

年前，海岸线退到通州、保定、德州、济南一带。[①]经过黄河几千年的输沙造地，形成了今天的华北平原。黄河作为中华的母亲河，她的含义远远超越我们的理解和想象。蒲津渡曾经是唐朝五大著名渡口之一，在今山西省河津市境内。20世纪90年代，山西省文物工作者在距地面40米处发掘了唐朝蒲津渡遗址。也就是说，在约1300年前的唐朝，黄河还在地下40米处奔涌。在不到1300年的时间，黄河便造出了40米高的陆地。据此推断，黄河塑造出华北平原并不是不可能的。黄河最近一次摆动发生在清朝后期的1855年。在明朝时期，黄河决口夺淮入海。1855年，黄河在铜瓦厢再次决口，折向东北。在以后的几十年里，形成了今日的黄河下游水道。黄河是世界上少有的通过改道复制自己的河流。河流的自我复制实际上是河流对自己生命存在的宣示。人类应该理解河流的这种存在形式。在中国历史上，东汉时王景治理黄河，曾经采取了为河流让地的措施，带来了黄河八百年的安澜。当代许多所谓河害实际上是由于长期以来人与河流争地，侵害河流的存在权所导致的。

3. 河流的自我调节与净化能力。河流有一个由支流、湖泊、沼泽、湿地、滩涂、沙洲、尾闾等组成一个系统的自我调节系统。水丰的年份，河流会把水分布到沿途的湖泊、湿地；水贫的年份，河水则主要在干流流动，减少向湖泊、湿地的输水量，以维持自身的存在。这是其进行自我调节。自然存在的河流都具有自我净化能力，这表现在两个方面：一是河水的流动本身即是一种对外的排泄；二是河内和沿河生态系统中的各类细菌能够分解和消化河内各类物质。河流生态系统对于流入河流的腐殖质、有机物具有吸收分解的作用，以维持河水的水质。中国文化对于河流自身的净化能力有着丰富的认识。北魏郦道元在《水经注》中谈到长江、黄河、淮河、济水四渎时说："渎，通也，所以通中国垢浊。"[②]这意味着河流具有自我净化和对于土地、人民的刷新作用。《风俗通义·山泽》说："渎者，通也，所以通中国垢浊。民陵居，殖五谷也。"[③]《白虎通》说："谓之渎何？渎者，浊也。中国垢浊，发源东注海，其功著大，故称渎也。"[④]由于河流有这样的作用，所以

---

①西北师范学院地理系、地图出版社主编：《华北平原的成长》，《中国自然地理地图集》，地图出版社1984年版，第111页。

②〔晋〕郭璞：《河水》卷一，〔后魏〕郦道元注，〔清〕杨守敬、〔清〕熊会贞疏：《水经注疏》（第1册），江苏古籍出版社1989年版，第7—8页。

③〔汉〕应邵：《风俗通义》卷十，〔明〕程荣：《汉魏丛书》，吉林大学出版社1992年版，第663页。

④〔清〕陈立：《白虎通疏证》，吴则虞点校，第301页。

下流往往是污垢集中的地方。《论语·子张》中子贡在谈到殷纣王时说："纣之不善，不如是之甚也。是以君子恶居下流，天下之恶皆归焉。"与孔门的态度相反，道家老子的智慧是"守柔处下"。现代工农业排入河流的污染物远远超出了河流自净能力的阈值，所以，"维持河流的健康生命"是当代全球河流管理工作的重要任务。[①]

4."导气"与"循环"——河流生命的表现形式。河流是一个生态共同体，河流生态至少有四个层次。第一，河内生态系统。河水为水生物提供家园，两者形成一个动态平衡系统，这个层次的河流是一个完整的生命。第二，河流共同体的生态系统。包括支流、连通湖泊、沼泽、湿地等构成一个完整的生态系统，河流生态共同体也是一个完整的生态生命。第三，河流共同体作为地球生态圈的一个部分，和整个生态圈形成一个完整的生态生命。健康的河流作为地球生态环境整体的一个完善部分，既保持着自身的生态生命，也发挥着维持地球整体生态生命的作用。第四，循环，主要是通过河流与其外部环境中的物质交换和循环来实现的。关于这种循环，中国文化称为"导气"。在《国语·周语下》中，东周太子晋提出："川，气之导也。泽，水之钟也，夫天地成而聚于高，归物于下。疏为川谷，以导其气"，使"气不沈滞，而亦不散越"，这样百姓才能有足够的财用。财用是自然的产出，财用丰富说明自然生态处于正常状态。《礼记·孔子闲居》上说："天降时雨，山川出云"。《说文解字》的解释是："山川气也，从雨。云象回转之形"。[②]云、气都是水的循环，由地表水或土壤水蒸发进入大气而形成。郑玄说："山川，地所以通气也。"[③]所谓"导气"，用科学语言说就是物质和能量的循环与交换。其背后的哲学思维是老子的"反者道之动"（《老子》第四十章）和《周易》的"复"。《周易》的《复卦》认为"复"是"天地之心"，即天地最根本的原则。"导气"被中国古人认为是山川的神异作用。《礼记·祭法》说："山林川谷丘陵能出云，为风雨，见怪物，皆曰神。"《礼记·礼运》篇说"天秉阳，垂日星，地秉阴，窍于山川。"这说明阴气在自然界中是被收藏于地中的，山川都是大地的孔窍，大地的阴气通过山川吐纳而散出。《荀子·劝学》说"积土成山，风

---

①李国英：《我们应该怎样"维持河流健康生命"》，《光明日报》2006年2月26日。

②〔汉〕许慎著，〔清〕段玉裁注：《云部》十一篇下，《说文解字注》，第575页上。

③〔汉〕郑玄注，〔唐〕孔颖达疏：《礼记正义》卷六十三，〔清〕阮元校刻：《十三经注疏》，第1694页。

雨兴焉”，也是此意。董仲舒说：“地出云为雨，起气为风。”[①]根据古代祭祀原则，山川凡是能够“出云”的，都属于应当祭祀之列。这表明了古人对于山川的敬畏。“川，气之导也”把河流与自然的其他部分视为统一的整体，具有整体性和统一性的观念。近代以来的科学理论把河流作为索取和斗争的对象，重视的是河流的工具价值；以“川者气之导”为代表的中国古代河流学说重视的则是河流的内在价值、在自然体系中的意义和对于人的超出工具性的神意价值。

据《汉书》记载，汉代御史大夫贡禹批评当时开山取铜铁凿地数百丈，耗费了“阴气之精”，砍伐林木没有时禁，造成“地臧空虚，不能含气出云”[②]，导致水旱之灾。贡禹的话表明，他敏锐地发现了开山和砍伐林木破坏了自然的循环路径。诚如前述，水以至于水圈的生命的表现形式是循环，此循环不能遭到人为的破坏。水圈的生命既是自然的生命的一环，又是自然的生命的一个条件。美国哲学家罗尔斯顿说：“生态学教导我们，应该大大扩展我们对于‘循环’一词的理解。人类生命是浮于以光合作用和食物链为基础的生物生命之上面而向前流动的，而生物生命又依赖于水文、气象和地质循环。”[③]

“导气”的“气”不局限于可见的物质，而是前述金岳霖和罗尔斯顿所说的哲学概念不可见的“x”，这样，“导气”就比水的循环来得既深入又丰富。罗尔斯顿所说的水文、气象、地质的循环，都应当包含在“导气”之内。把“气”推进为哲学概念的意义，在于它能限制科学主义，使人们对已获得的关于自然的认识保持谦虚的看法，不把现有认识作为最后的、绝对的真理，而是对未认知的或不可知的事物保持开放心态。这种心态可以培养对自然的敬畏和在对自然采取行动时保持谨慎。敬畏自然是自近代启蒙运动以来人类已经失去的心态。

5. 河流的死亡。毫无疑问，河流也会死亡。什么是河流的死亡？河水枯竭、河道干涸是河流自然生命死亡的常见形态。如果干涸的河道被填埋掉，那么，连河流的历史存在都无法得到肯定了。改变了自然，也就改变了人类的历史。此外河流还有许多死亡状态，例如，河流水量减少成为季节河、内陆河，也是河流死亡的一种形式；又如，河水严重污染，水生物灭绝，河流生态共同体失衡，这样的河流，虽然还流着水，其实已经死亡了。

河流死亡对于人类来说意味着什么？中国文化提出了“国主山川”（《国

---

①〔汉〕董仲舒：《五行对》，〔清〕苏舆：《春秋繁露义证》，钟哲点校，第316页。

②〔汉〕班固撰，〔唐〕颜师古注：《王贡两龚鲍传》，《汉书》卷七十二，第3075页。

③［美］霍尔姆斯·罗尔斯顿III：《哲学走向荒野》，刘耳、叶平译，第104页。

语·晋语五》）和“川竭国亡”（《国语·周语上》）的认识。在《国语》中，伯阳父提出，如果天地之气的运行失序，阳伏而不能出，阴迫而不能蒸发，就会导致地震、川塞（河竭）国亡。“川竭国亡”绝不是危言耸听，而是事实，已经有不少人类文明因为它们所依存的河流死亡而随之灭亡。所以，中国传统文化对于“川竭”是十分警惕的。

四、结语

确立水与河流的自然生命的意义在于使我们跳出了近代以来主客二分的思维模式，对于水与河流采取共同体的态度，肯定它们有自己的权利，如对于存在空间的要求，对于水量的要求，对于水质的要求，对于河流共同体的其他部分的生态健康的要求等。承认水与河流有其内在目的，即它内在的善或价值，也有对于生态圈和人类的工具性价值。把它们作为道德关怀的对象，从维持水与河流自身的生命权利出发对待河流，维护自然的健康生命，建立天人合一的生存方式。这些都是人类发展至今应该对河流做出的“本体论承诺”，也是东方文化可以发挥其普世意义的所在。

〔原载《生命研究》2010年第5期春季号（韩国西江大学主办），被译为韩语发表〕

论引水与用水的伦理原则

北京市的市民目前的饮用水是引自丹江口这一距离北京市约1000千米以外，横跨鄂豫两省的水库。从地理位置上来讲，这两个省并不在北京市政府的管辖区域内，北京市民也并不居住于水库附近。从行政管理权属上讲，北京市政府也不具有从其管辖区域以外的地方引水的法律权力。所以，“南水北调”是一个国家层面的项目，它由中央政府规划，并由其特别成立的一个委员会计划实施。那么，从道德伦理的层面上说，我们应当如何实施南水北调工程？在实施过程中，又应当遵循哪些道德原则？本文将对此进行一些探讨。

一、人类权利与生态权利：道德考虑的两个起点

（一）水权是一项基本人权

水是维持人类生存最重要的资源之一，为了生存，每个人都有使用水的权利。因此，获得水的权力是基本人权的一部分。也就是说，水权是一项不可被任何人或任何权力剥夺的基本人权，这是不证自明的。从这个假设出发，我们从道德层面思考应当如何引水和用水。

（二）生态系统或大自然也有自己的水权

以上只是从人的角度出发得出的结论。毋庸置疑，人类是自然不可分割的一部分，所以我们也应该从自然的角度出发进行分析。应当指出，自然和生态系统有权依其进程从目前的层级平稳地存在、进化和发展到未来层级，因而也理所应当地拥有水权。这种权利，在这里被称为生态权利或自然权利，不应被人类任何活动所打

断。所以，和人类的水权一样，生态系统的水权也是我们道德考虑的出发点。

细心的读者一定会察觉到这两种权利之间可能存在矛盾。设想一下，在干旱年份，河水量只有平常水量的四分之一，多数河流水生物都因为缺水而面临灭绝。人类作为生物的一种，也需要水。在此情况下，如何平衡人与自然各自对水的需求？笔者认为，人类的需求并不比其他生物的需求更重要，因而也不比其他生物的需求更优先。人类的需求从属于整个生态系统或自然，我们的用水量应该至少按比例缩小到通常使用量的四分之一。人类作为自然进化的产物，与自然对立，只考虑自己的生存而不考虑其他生物的生存，是一种错误的生态观。承认生态系统的水权，为其预留足够的水，哪怕会降低人类的生活水平也要减少人类自身的用水量，才是更为可取的态度。因此，本文所讨论的水是减去了生态系统用水量之后的剩余量。本文中的“水”假定为净水，本文仅讨论水量问题。

二、一种新型水资源所有权：有关引水和用水合法道德原则的前提条件

（一）一个国家的水由其所有公民拥有

现代政治理论认为，一个国家的边界也是其居民权利的边界。例如，我们不能占有其他国家或地区的任何财产，除非已经支付或购买。因此，除非通过支付金钱、协议或者在极端情况下的强制占领，否则，一个国家的公民不能使用另一个国家的水。例如，目前中东地区的巴以冲突。不过，中东的问题十分复杂，留待以后论及。

正如任何其他类型的自然资源一样，哪怕在一国的领土范围内，水资源也不是均匀地分布的。一些地方地表水和地下水资源极其丰富，以至于当地居民时常面临洪涝的危险；同时另一些地方水资源匮乏，当地人民甚至无法维持日常生活。这就是当代中国的在水资源分布方面的真实现状。据统计，中国北方人均拥有的水量仅为南方居民的三分之一。北京、天津等华北大城市，以及华北农村地区的水资源严重短缺。同一片天空下，这样的不平衡状态对于国家的均衡发展来说是不利的，尤

其是当我们考虑到公民权利的公正性和平等性时更是如此。引水工程的前提是，我们必须从道德上假定一个国家的水是由其所有公民拥有，每个公民对其所在国家的任何区域的水都享有平等的权利。这是引水的道德合法性基础。基于此，中国出现了各种调水和引水工程，其中以“南水北调工程”最为著名。

（二）一种新型所有权：重叠型所有权

当我们说某种东西归一群人所有时，我们通常认为它可以被分成与该组成员数量一样多的等量或不等量的部分。例如，一家公司属于其所有股东，每个人都知道其份额是多少，并且可以出售或购买其他股票。这种所有权形式可以称为“股东所有权类型”。但是水权恰好相反。水权源于基本人权，它是一个人的基本人权的一部分，它不能被分割或赠予，否则将导致人权被剥夺。因此，为了更好地理解人的水权，此处提出一种新的所有制模型。如图1所示，假设A和B是两个人、两个家庭或法人，C是一条道路，或者是一个可以分成多个部分的物品。

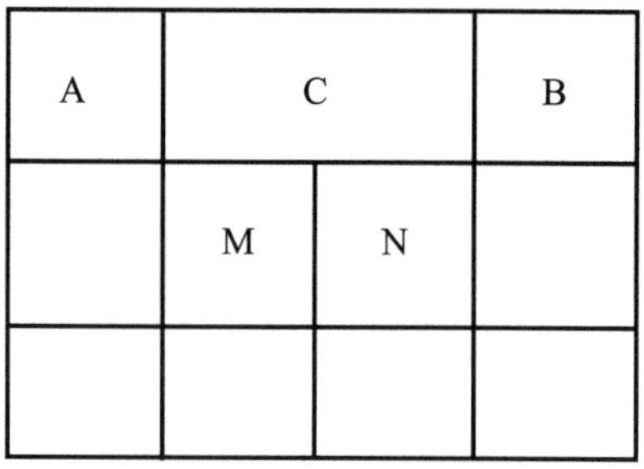

图1 新所有权模型图

这里假设A和B共同拥有道路C，这段道路可以分为M部分和N部分。根据“股东所有权类型”，A可以拥有M，B可以拥有N，A可以购买或通过任何其他方式从B获得N，反之亦然。这种所有权模型会导致B没有道路或A没有道路的极端情形，无论哪一种情况，都不能被称为公正和平等。因此，我们提出一种新的所有权模型，一种所有权相重叠的模型。在其中，A的权利被标识为M加N（A=M+N），B也同样。因此道路M和N的每寸土地，A和B都同时拥有。任何对于M或N的分割都将会对A和B的权利同时造成损害。如果A和B代表一个国家的当前及下一代的所有公民，M和N代表该国的水资源，上文中所提到的模型也同样适用于水的所有权模型。也就是说，每个国民对该国境内的所有的水都拥有相同的权利。这种基于公平正义的权利模式意义深刻，它使引水工程在道德上被广泛接受。我们应该清晰地认识到，在当代中国，公民的水权只能由中央政府保障。此外，由于它是一个抽象的概念，如果要让其在现实生活中确有其效，需要进一步通过有关实际用水的原则来巩固它。

三、关于实际引水和用水的原则

笔者认为，目前关于实际引水和用水有六条重要原则。需要澄清的是，以下六条原则并非全部，随着研究的深入，原则的数量可能会增加、其重要性也可能进一步加强。

（一）水权平等原则

在现实生活中，水权平等具体体现在公民基本生活用水量上的平等，这可以通过具体数量来计算。水权平等意味着每个人都有权拥有相同的基本额度的水，同时拥有（或没有）额外的舒适用水额度。以上额度中不应包括过度用水的部分。

（二）就近原则

就近原则的应用显而易见。例如，一位北京市民每天的饮用水来自1200千米外的长江或者3200千米外的珠江基本上是不可能的。也就是说，当人们需要用水时，出于地理位置上的方便，首选的是靠近他们的水源。这个原则使居住在水源地附近的人比离水远的居民更能优先使用到该水源。但是，应该指出的是，这种优先权并不是一种特权，它只是由有利的地理位置衍生出的一种权利。这是一种事实上的权利，而非法律权利。甚至这更多的是一种责任——如果一个人住在离水近的地方，用水比住得更远的人方便，他就有更大的责任防止污染和破坏该水源。正如狄百瑞所说：“从全球化着眼，从本地着手”[①]。

（三）节俭原则

节俭原则意味着水源附近的人不应该使用超过其必需量的水，即基本用水量加上少量的舒适额度的水。除了向当地生态系统保留一定量的水外，他们还应考虑子孙后代的用水，以及为其他缺水地区的人民提供水源。为了平衡用水量，政府可以在生态系统的限制范围内，在盈余地和缺水地之间调节用水，以此来保证居民的水权平等。如何调节盈余地和缺水地之间的用水将是第四原则的内容。

（四）量化分配原则

为了使这一原则切实可行，需要衡量用水的必要需求量。计算一个地区用于家庭、农业、工业和商业用途的所需水量，既是一个道德问题，也是一个科学问题。国家水利部黄河水利委员会是主管黄河流域这个问题的一个典型政府部门，它负责分配黄河沿岸省份每年的用水量，这的确是一项艰巨的任务。当我们超越国境、以全球化的视域来看待这个问题时，如何在各国之间分配水就成了联合国的责任，全球水资源分配原则的研究则是联合国教科文组织“亚太地区气候和伦理变化”第十四工作组的学术重任。

（五）交易原则

交易原则，在这里是指水如果被节约下来，就可以作为商品在水市场销售。矿泉水等特殊种类的水不应包含在生活基本用水额度中，因为它与其他资源，如和矿产资源一样，可以卖给商家用来制造水商品。

---

①Wm. Theodore de Bary, "'Think Globally and, Act Locally,' and the Contested Ground Between," in *Confucianism and Ecology: The Interrelation of Heaven, Earth, and Humans*, 23.

（六）补偿原则

补偿原则，在这里是指作为自然的消耗者，我们应该补偿自然；同时，如果使用了其他地区的资源，我们也应该补偿那些由于身边的资源被转移而导致生活水平下降的人们。如何补偿自然和人们，这将是科学家和伦理学家共同研究的议题。

四、实际用水模型

在本文的最后，笔者提出一个实际用水模型。如表1所示，第一列说明了水的类别；第二列列出了各种用水的重要性顺序；第三列表示水的大致用途；第四列表示水的具体用途，该栏目中的数字表示了重要性的先后。

水的类别	重要性顺序	用途	具体用途
	1	生态用途	人类用途
一般用水	2	本地使用	1.生活 2.农业 3.工业 4.商业……
	3	外部用途，分水/引水	1.生活 2.农业 3.工业 4.商业……
	4	其他	紧急情况
特殊用水	商业用途		

表1　水的种类及其用途

〔本文原为联合国教科文组织“亚太地区气候和伦理变化”课题组第十四组结项报告，用英文撰写，已收入*Water Ethics and Water Resources Management*，朱舒然译，（曼谷）联合国教科文组织，2011年版〕

八卦还是七卦、九卦
——关于坎、兑二卦的几点初步思考

一、前言

八卦所象征的物象，可以分为基本象和引申象两类。基本象如乾为天、坤为地、震为雷、巽为风、坎为水、离为火、艮为山，兑为泽之类；引申象则是在基本象之外，通过模拟的方法进一步引申出来的同类物象，如乾又可象君、丈夫、马等，《周易·说卦》对此有甚多说明。当然，此模拟并非完全没有任何联系的随意比附。八卦的基本象是唯一的，引申象却可以无穷。这也是《周易》能够被用来预测的关键所在。盖无引申象，则无法进行预测。

八卦中坎为水；兑为泽，也是水，李道平云泽为“坎水半见”①。八卦基本象中含有两个水，一水二分为二卦，此甚值得深思。本文拟就此问题作一个初步的探索。由于无论是坎之水还是兑之泽水都是取象说，故本文主要针对《易经》含坎、兑的卦和这些卦的大小《象》立论。

二、八卦中两个“水”的意义分析

（一）对立、对待：取象的两个原则

“对立”指两个分离物的对抗，“对待”则可以理解为一个整体物的两个部分的

①〔清〕李道平：《周易集解纂疏》，潘雨廷校，第223页。

关系，如张载所谓“一物两体”；对立不可两立，对待除了对抗外则还有相辅相成的关系。

八卦所取的八种物象，似为四个对立面或四对矛盾，如乾、坤二卦，无论取象还是取义，都是对立的；坎、离也是如此，取象为水火，表现为对抗性的、不相容的矛盾。然加以寻详，则可见八卦所取四对物象，又很难说都是对抗性的不相容的矛盾。有些对举的现象，并不是你死我活的势不两立，或者说不能称为“对立”，而是相对或者“对待”，如震、巽取象为雷、风，两者是自然界中是经常相伴出现的现象，很难说是不相容的，与《周易·说卦》所谓“雷风相薄”并不一致。况且，风并不是完全被动之物，也有主动施作的一面，甚至说主要是主动施作。所以，雷为阳卦、风为阴卦，与阴阳之义亦不严格一致。又如，艮卦、兑卦所取山和泽的对立，也不十分严格，两者并不是不能两立的对立或矛盾。山固然可以和泽对立，山为突高之物，泽为凹低之物；山定泽（作为水）动，在先秦典籍中，山常常是与泽对举；在自然语言中，山川、名山大川常常连用。这就是说，山也可以和川形成相对立的自然现象。但是，水火的对立性显然超过了山泽或山川，通常情况下山泽或山川可以是一体物的两个方面。所以，《周易·说卦》云“山泽通气”，既然“通气”，就不应是对立的矛盾关系，毋宁说是相辅相成的关系；可见艮卦和兑卦在取象上的对立也不十分严格。总之，八卦的取象实包含有对立和对待两个原则。

（二）七卦还是九卦

兑取象泽，泽为水。《国语·周语下》说：“泽，水之钟也”；《玉篇》说“钟，聚也”[①]；《风俗通·山泽》篇说：“水草交厝，名之为泽。泽者，言其润泽万物，以阜民用也。”[②]这表明，泽也可以单一地理解为水象。如果兑卦基本象取为水，便与坎卦重复。这说明，从取象上说，八卦实只有七卦。从另一角度讲，兑卦除了泽水外，又可取象为“低下”“卑下”，水和低卑并不形成与君、父、夫相似的同类引申，如此，八卦基本取象又为九卦。兑一卦可兼取两个不同类型之基本象，可见，先人制定八卦时，所依据的思维原则并不十分严密。从思维的严密性上说，八卦的产生可能早于五行。其一，因为五行的元素只有五个，比八卦更简

---

①〔清〕李道平：《周易集解纂疏》，潘雨廷校，第306页。

②〔汉〕应邵：《风俗通义》卷十，〔明〕程荣：《汉魏丛书》，第664页。

练。其二，五行中只有一个水，也比八卦有两个水在思维上更为周密。其三，五行包括“金”，金并不是自然直接存在的元素，而是冶炼的产物。把“金”作为五行之一，是实践和认识双重进步的结果。印度的地、火、水、风，古希腊的水、气、“无定形者”和恩培多克勒的土、水、空气、火“四根说”，都没有“金”。五行中“土”为“土”，而不是印度的“地”，也值得注意。“土”与农业直接相关，“土”的肥瘠决定着收成的好坏。所以，《尚书·周书·洪范》说“土爰稼穑”，《国语·郑语》说“先王以土与金木水火杂，以成百物”。而且“土”是可以移动的，具有可移动性，但地是不能动的，现代地产叫作不动产。因为土具有可移动性，所以可以发挥更多的作用。五行中土克水，就是土的作用的发挥，这当然也是古人治水实践的总结。用“土”作为元素比用“地”在认识上无疑更为深入。古希腊是一个航海经商的民族，所以，古希腊哲学家所提出的元素中，最初并没有“土”，后来恩培多克勒提出了“土”，但古希腊哲学对于土的认识，实不及中国哲学深入。

以上表明，史传伏羲画八卦之说，似还不能简单否定。虽不能说八卦一定是伏羲所画，然而至少可以初步肯定的是，八卦的来源比五行更为久远。尽管我们不能完全以思想的严密性来判断八卦和五行出现的先后，但上述分析至少增加了证明八卦早于五行的证据。

（三）阴卦还是阳卦

同为水，坎兑又分属阴阳，此又值得注意。坎为阳卦，水在坎卦中为阳物。兑为阴卦，水在兑卦中又为阴物。一方面可以视为对于水的多样性的认识；另一方面，也可以说是对于水的性质，尚没有一个抽象的见解。

老子的见解与此实不相同。老子强调谷，谷和水是分开的。这就比《易经》在思维上进了一步，似乎可视为《易经》的进一步总结。在老子那里，水强调的是柔弱性；谷强调的是中空之无，是谦虚和包容性。中空之无，表现为与阳的有和突出相对立的无和低卑。在老子那里，阴可以理解为阳的一种缺失。老子的守柔和处下分别为水和谷的引申。坎、兑二卦意义重复，不如一纯为水，一纯为无水之谷，于意不重，且思维严密。如果以阴阳分别，则老子哲学中水和谷都应属于阴的方面。《周易》中，水作为阳物，《易传》以阳刚立言，多为阳克阴，刚克柔，如坎水克离火。《老子》中，水亦为阴柔之物，水近于道，道偏在阴。《老子》主张阴克阳、柔弱胜刚强。如水为至柔之物，然攻坚莫如水；“无为而无不为”，似乎又达到了儒家的阳刚的效果。此亦为《老子》哲学与《易传》哲学的一大不同之处。

（四）流动之水与静止之水，或一般之水还是抽象之水

八卦中坎水常常作为一般之水、抽象之水；在六十四卦中，坎常为河水，兑为泽水，两者又都成为具体之水。从《大象传》的解释来看，当时对水似乎还没有进行一般与具体的区分，思维仍较为随意，“水”并非作为严格的哲学概念使用的，仍保持着物象的具体性。

由于坎水多为川水，为一般之水，所以在六十四卦中又常常为流动之水；而泽水却为固定之水、静止之水，是不流动的。在传统哲学中，通与不通对于人、事的意义是有根本差异的。流动就是通，就具有生命力；静止是不通，则为固定之“壅”。通意味着生，壅则意味着死。《左传·宣公十二年》有一个非常明确的说明。据记载晋楚之战，荀首引用《师卦》之《临卦》，认为不利出征。晋将先縠不听，强行渡河击楚军，荀首断定必败，他说：

> 《周易》有之，在《师》（坎下坤上）之《临》（泽下坤上），曰，“师出以律，否臧，凶。”执事顺成为臧，逆为否。众散为弱，川壅为泽。有律以如己也，故曰：律。否臧，且律竭也。盈而以竭，夭且不整，所以凶也。不行之谓《临》，有帅而不从，临孰甚焉。此之谓矣。果遇必败。彘子尸之，虽免而归，必有大咎。①

“川壅为泽”“不行之谓《临》”使我们想到了大禹治水的“通”与其父鲧之“湮”的不同，以及中医的脉络相通之说。

兑水和坎水的不同特点，在《屯卦》（震下坎上）和《随卦》（震下兑上）中有所表现。此二卦的卦象虽然都是水上雷下，但一为流动之水，一为静止之水。泽水不流动，有居所而静止，乃是安定之象。休息只能于安定之所，不能于动荡骚乱之处，所以《随卦》中雷入泽中为休息。《随卦·象传》云：“泽中有雷，随，君子以向晦入宴息。”古代说法认为冬天雷藏于泽中，而不说雷入川中。冬雷入泽，实为休息，以待来年。

---

①元人注：《哀公》卷十六，《新刊四书五经：春秋三传》（上），第348页。

由于《随卦》为雷入泽中休息，《屯卦》则需另辟蹊径解释“雷下坎上”的卦象。《屯卦·象传》云：“云，雷，屯，君子以经纶。”汉易解释“屯”为十二月卦，此时雷藏于地中，故虽有雷雨，但无养育万物之功，处于艰难失正之时，所以此时君子宜法云雷之象以经纶时艰，不失天地之常道。[①]需注意的是，此处“雷藏于地中”而不是“水”中，用“地”换掉了“水”。汉易解释说，雷在地中，虽然天上有云，却不是动雷下雨的时机，所以“难生”。

因为坎水具有流动和抽象的意义，所以《屯卦》中“坎”又可象取云雨，义取险、恩泽。孔颖达《周易正义》云：“若取屯难，则坎为险。则上云‘动乎险中’是也。若取亨通，则坎为雨，雷为动，此云雷雨之动事是也。”[②]高亨先生云：“此处雷象征刑罚；云象雨，象征恩泽。云上雷下表明恩泽未下，而刑罚已加，所以君子以此经纬国家。”[③]

关于坎兑的区别，孔颖达也有一个说明。《周易·系辞上传》有云：“鼓之以雷霆，润之以风雨。”孔颖达解此云：“直云震、巽、坎、离，不云乾、坤、艮、兑者，乾、坤上下备言，艮、兑非鼓动运行之物，故不言之。”[④]此处以坎为雨，雨自天降，普润万物，而泽则处于稳定不流动状态，不能自动普润万物，所以在万物形成过程中的作用远逊风雨。

《解》《归妹》《屯》《随》四卦形成两个自然现象的连续。《解卦》为坎下震上，为雷雨之象，故《解卦·象传》云：“雷雨作，而百果草木皆甲坼。”其《象》曰：“雷雨作，解；君子以赦过宥罪。”此是以雨为恩泽，所以君子观此卦象，应施加恩泽于民。《归妹卦》为“兑下震上”。其《象传》曰：“泽上有雷，归妹，君子以永终知敝。”高亨谓泽上有雷，雷出于泽中，是为春季，古时男女婚配多在春季，所以为《归妹卦》。《解卦》中坎为雨水，《归妹卦》中兑为泽水。《解卦》之“雷雨作”似可视为《屯卦》卦象的进一步发展；《归妹卦》则可视为《随卦》卦象的进一步发展，雷结束休息状态，开始出现于天空。

水的流动与静止在《讼卦》《履卦》中也形成了不同的意义。《讼卦》象为“坎下乾上”，《履卦》象为“兑下乾上”，坎水动，泽水静，所以，讼为诉讼，

---

①〔清〕李道平：《周易集解纂疏》，潘雨廷校，第98页。
②〔魏〕王弼注，〔晋〕韩康伯注，〔唐〕孔颖达正义：《宋本周易注疏》（上），中华书局1988年版，第128页。
③高亨：《周易古经今注》（重订本），中华书局1984年版，第91页。
④〔魏〕王弼注，〔晋〕韩康伯注，〔唐〕孔颖达正义：《宋本周易注疏》（下），第648页。

履则为“礼”。《讼卦·象传》曰：“天与水违行，讼，君子以作事谋始”。乾为天，坎为河水。古代天文知识认为，天向西行、水向东流，方向相违，所以引起争讼。《履卦·象传》云：“上天下泽，履；君子以辨上下，安民志。”以天、泽的高下不同，象征君子与百姓。泽既有卑下义，又代表百姓，君子法此卦之象以制礼，分辨上下，安定民心，所以履又有礼的意思。孔颖达《周易正义》提出：“为下卑承上尊，履，礼也。”[①]此处坎、兑有运动和静止的区别，所以泽有止义，止乎礼。

《蹇》《咸》二卦的区别也是基于水的流动与静止的。《蹇卦》为“艮下坎上”，其《象传》曰：“山上有水；蹇，君子以反身修德。”孔颖达谓：“山者是岩险，水是阻难，水积山上，弥益危难……蹇之时，未可以进，惟宜反求诸身，自修其德，道成德立，方能济险。”[②]故，君子处于艰难之时，宜退不宜进，应反身修德以待时。此解释与《蹇卦·彖传》所谓“难也，险在前也，见险而能止，知矣哉”一致。高亨云《象传》以山比喻贤人，以水比喻美德，山上有水比喻贤人有美德。贤人有德，必克服困难，始成美德。所以，君子观此卦当反身修德。[③]此卦与《蒙卦·象传》实雷同，都是以水象征美德，以山为贤人，要求贤者果行育德或者反身修德。

《咸卦》为“艮下兑上”，其《象传》曰：“山上有泽，咸，君子以虚受人。”泽为低洼容水之处，山上有泽则为山能虚己受他，引申为君子“虚以受人”。孔颖达解释为：

> 泽性下沐，能润于下，山体上承，能受其润，以山感泽，所以为咸。“君子以虚受人”者，君子法此咸卦，下山上泽，故能空虚其怀，不自有，实受纳，于物无所弃遗，以此感人，莫不皆应。[④]

此二卦虽然是以水的流动与否为依据。泽水不流动，固能恒处山上，此即山体容水。坎水是流动的，不能常处山上；水流出山要经历险阻，故引申为君子克服困难，反身修德。

---

①〔魏〕王弼注，〔晋〕韩康伯注，〔唐〕孔颖达正义：《宋本周易注疏》（上），第198页。
②〔魏〕王弼注，〔晋〕韩康伯注，〔唐〕孔颖达正义：《宋本周易注疏》（上），第431页。
③高亨：《周易古经今注》（重订本），第344页。
④〔魏〕王弼注，〔晋〕韩康伯注，〔唐〕孔颖达正义：《宋本周易注疏》（上），第372页。

泽水变为流动水以后，会怎样呢？《兑卦》中，静止之水变成了流动之水，卦义亦随之产生差异。《兑卦》为“兑下兑上”，其《象传》曰，“丽泽，兑，君子以朋友讲习”。两《兑卦》相重，故为“丽泽”。高亨云，两泽相连，其水交流，以象征朋友讲习交流知识。交流、讲习为可悦之事，所以为悦。[①]

重坎之卦与《兑卦》在意义上是重复的。《坎卦》为“坎下坎上”，《坎卦》《象》传以重坎为“水洊至”“君子以常德行，习教事”。孔颖达正义云：

> 以人之便习于坎，若水之洊至，水不以险为难也。君子以常德行习教事者，言君子当法此以便习于坎，不以险为难为困，常守德行，而习其政教之事，则可便习于险也。[②]

高亨先生云：“《象传》以水比人之美德，以水洊至比人之美德日有进步。君子观此卦象，从而尊尚德行，学习教事，既以淑己，又以淑人。”[③]

上述动水与静水的不同意义在使用上是连贯的，也有不连贯的例外。如《大过》和《井》二卦。《大过卦》为“巽下兑上”，其《象传》云：“泽灭木，大过；君子以独立不惧，遁世无闷。”兑取水象，木取舟象，则灭木为舟沉于水，此为操舟之大过，“过”即错误。王弼注、孔颖达疏“过”作为“超过”，大过即超过常理。孔颖达注疏云：

> 泽灭木者，泽体处下，木体处上，泽无灭木之理。今云泽灭木者，乃是泽之甚极而至灭木，是极大过越之义。其大过之卦有二义也，一者物之自然大相过越常分，即此泽灭木是也。二者大人大过越常分，以拯患难。[④]
>
> 过谓过越之过，此衰难之世，唯阳爻乃大能过常理，以拯患难也，故曰大过。以人事言之，犹若圣人过越常理以拯患难也。[⑤]

泽又取象为百姓，泽灭木则为百姓起而推翻君主之统治。《荀子·王制篇》引

---

①高亨：《周易古经今注》（重订本），第463页。
②〔魏〕王弼注，〔晋〕韩康伯注，〔唐〕孔颖达正义：《宋本周易注疏》（上），第354页。
③〔魏〕王弼注，〔晋〕韩康伯注，〔唐〕孔颖达正义：《宋本周易注疏》（上），第275页。
④〔魏〕王弼注，〔晋〕韩康伯注，〔唐〕孔颖达正义：《宋本周易注疏》（上），第341—342页。
⑤〔魏〕王弼注，〔晋〕韩康伯注，〔唐〕孔颖达正义：《宋本周易注疏》（上），第340—341页。

传云：“君者，舟也。庶人者，水也。水则载舟，水则覆舟。”木还可以代表君子，泽灭木为君子隐没于百姓而不闻于世。高亨云君子遭国家倾覆之祸变而隐居，此似有可商榷之处，君子隐居，未必一定到国家倾覆之时。①

《井卦》为“巽下坎上”，其《象传》曰：“木上有水，井，君子以劳民劝相。”郑玄认为，木为桔槔，巽互体兑，兑为暗泽，卦象为桔槔引瓶入泉汲水。“井以汲人，水无空竭，犹人君以政教养天下，惠泽无穷。”②巽为木，坎为水，入木于水，象用木瓶取水。“君子取法乎井，以恒产劳民，使之劝勉相助。以君养民，即以阳养阴之义。”③孔颖达说：“井之为义，汲养而不穷，君子以劳来之恩，勤恤民德，劝助百姓，使有功成，则此养而不穷也。”④高亨云，造井须民众协作劳动，所以，君子在劳民之时，劝民互助。

同样是木处水下，但《井卦》并不说木沉于水，而是说汲水于井，看来是由于此卦卦名为“井”的缘故。何以坎下有木为“井”，兑下有木为“大过”，值得思考。

由于泽水和一般之水的不同，使得两卦意义产生差异。从坎水多为河水来看，似乎巽下坎上为“大过”更合适。也许，泽水稳定，河水波涛，舟处泽上而覆，则诚为操舟者之大过。据考古发掘，上古至秦汉时期，古人凿井后，往往用木头做成“井”字形架子支撑井壁。这可能是《井卦》的原型。如果真的是这样，那么，“坎”作为水取的是涌出、流动之象。“木上有水”之木为支撑井的木架，而不是桔槔。

（五）解卦中的雷同现象

由于坎、兑都可取水象或陷落、低卑象，又加上《象传》的解释较为朴素和直观，所以在解释由同一卦的同样位置分别与《坎》《兑》卦组成的别卦，如前述《坎》《兑》《需》《夬》《师》《临》等卦，便会出现一些雷同现象，以下略加说明。

坎作为陷义，实际近乎泽。陷即落入低卑之所，此处不取水，而取低卑之义。

---

①高亨：《周易古经今注》（重订本），第268页。
②〔清〕李道平：《周易集解纂疏》，潘雨廷校，第428页引。
③〔清〕李道平：《周易集解纂疏》，潘雨廷校，第431页引。
④〔魏〕王弼注，〔晋〕韩康伯注，〔唐〕孔颖达正义：《宋本周易注疏》，第507页。

但实际上，泽在有些卦中也取低卑义，而与水无关。如《履卦·象传》云："上天下泽，履；君子以辨上下、安民志。"此处所云"上天下泽"，泽取地卑之义，并不取水象，实际是《周易·系辞上传》所说的："天尊地卑，乾坤定矣。卑高以陈，贵贱位矣"的一种表述。

《需卦》为"乾下坎上"，其《象传》云："云上于天，需。君子以饮食宴乐"，以坎为"云"，天为朝廷。云为雨之待下状态，雨为云之已下之物。此卦象征云已在天上聚积，不时即转为雨，雨又象征恩泽，所以君子见此卦则宴乐以待时。《夬卦》之象是下乾上泽，泽为水，水在天上，其《象传》云："泽上于天、夬；君子以施禄及下，居德则忌。"二卦《象传》实有雷同，皆以水在天为君子施加恩泽之象。

《师卦》为"坎下坤上"，《临卦》为"兑下坤上"。《师卦·象传》曰："地中有水，师；君子以容民畜众。"此处的水广泛存于地中，并非河水或者泽水。坎水又进一步引申为百姓。《国语·晋语四》说："坎，劳也，水也，众也。"《玄中记》："天下之多者水焉，浮天载地，高下无不至。万物无不润。"[①]李道平说："坤之众，以散为众者也；水之众，以聚为重者也"，[②]李道平以坤为畜养者，水为百姓；孔颖达则直接以地包容水象征容民畜众，虽然也是取象，却较为简练。

《临卦·象传》云："泽上有地，临。君子以教思无穷，容保民无疆。"此卦泽取象为水，水处地中，地包含水，水为百姓，故此卦象征百姓为君主所包容。与《师卦·象传》"地中有水，师；君子以容民畜众"意思完全一致，可视为重复。与《师卦》不同的是，此卦增加了"教思"的内容，前者没有具体说"畜众"的手段，此处进一步说明了手段。

重《坎》与重《兑》二卦在意义上是重复的。《习》为"坎下坎上"，《象传》以重《坎》为"水洊至"，"君子以常德行，可教事"。孔颖达正义云："以人之便可于坎，若水之洊至，水不以险为难也。君子以常德行可教事者，言君子当法此以便可于坎，不以为难为困，常守德行，而习其政教之事，则可便习于险也。"高亨《周易大传今注》云："《象传》以水比人之美德，以水洊至比人之美德日有进步。君子观些卦象，从而尊尚德行，学可教事，既以淑已，又以淑人"。

---

①〔唐〕李鼎祚：《周易集解》，李一忻点校，九州出版社2003年版，第102页。

②〔清〕李道平：《周易集解纂疏》，潘雨廷校，第131页引。

（六）归纳还是演绎

《周易》中的取象、取义作为八卦、六十四卦的解释体例并非归纳，也非演绎，而是分类、模拟或者比附。此种解释体例不是归纳，是因为取义、取象都不是总结各种现象得出的规律或普遍命题。说它不是演绎，是因为它不是从大、小前提的推演中得出一个结论，而是结论就包含在前提之中的。由于“易本卜筮之书”，要实现预测功能，预测所面对的又都是未知的物象或者事件，所以既不能单纯用演绎，也不能单纯用归纳说明未来。取象或者取义毋宁说是分类、归类或者比附。它有一个分类取象的原则，但此原则不是固定的，还有一定的变动。正如孔颖达所说：“易含万象，反复取义，不可定为一体故也。”[①]因为有一定的原则，所以能够进行归类。但此归类不是归纳，因为它所得的结论仅仅囿于某一具体占问事件；当然也不是演绎，它不属于归纳或演绎的推理类型。原则的变动表明了《周易》本身和解《易》的开放性，这种开放性的功能恰好满足了卜筮占问之需。变动的另一原因则还在于卦爻辞和卦爻象都是固定的，所以需要一个变动的原则以应无穷。

（七）八卦、五行与方位

五行的方位是木东、金西、火南、水北、土中。关于八卦的方位，《周易·说卦》云：

> 万物出乎震，震，东方也。齐乎巽，巽，东南也，齐也者，言万物之洁齐也。离也者，明也。万物皆相见，南方之卦也。圣人南面而听天下，向明而治，盖取诸此也。坤也者。地也，万物皆致养焉，故曰致役乎坤。兑，正秋也，万物之所说也，故曰说言乎兑。战乎乾。乾，西北之卦也，言阴阳相薄也。坎者，水也，正北方之卦也，劳卦也，万物之所归也，故曰劳乎坎。艮，东北之卦也，万物之所成终而所成始也，故曰成言乎艮。

震东、巽东南、离南、坤西南、兑西、乾西北、坎北、艮东北。从季节上说，震春、离夏、兑秋、坎冬。此分配方法与五行家所说大致相同，但也有矛盾之处。

---

①〔魏〕王弼注，〔晋〕韩康伯注，〔唐〕孔颖达正义：《宋本周易注疏》（上），第198页。

东方按八卦方位为震，但五行方位应为木。八卦中巽取象为木、为风，震为雷，方位却为东南。离为火，八卦方位为南，此与五行方位一致。八卦方位中西方为兑，兑为泽，为水。《周易·说卦》以“悦”解释，云：“兑，正秋也，万物之所说（悦）也”，似乎与泽水没有什么关系。这是因为坎为水，坎分配在北方的缘故。但是，五行方位西方为金，五行生克顺序中金生水，似乎又暗示了兑和水的联系。五行中水分布于北方，《说卦》把坎卦分配于北方，似乎是受了阴阳五行家的影响（也许《说卦》本身就是阴阳家所作）。五行因为有五个元素，方位、季节都只有四个，所以把土作为中央，不分配方位。这显示了农业对于土地的重视。八卦中与土地比较接近的是《坤卦》，《说卦》没有明言《坤卦》的方位，但其他七卦定位后，则只剩下西南方位，此当是《说卦》所希望给予坤的方位。可是，《说卦》为什么不明言坤为西南？这是否意味着某种迟疑或者对于土为中央的五行方位的某种留恋？总之，《说卦》对于八卦方位的分配似乎受了五行说的影响而又有所不同，或力图向前者靠拢。

需要说明的是，这里的方位是所谓文王八卦方位，属后天之学。如果以宋儒邵雍所传伏羲八卦方位图，则为离东、兑东南、乾南、巽西南、坎西、艮西北、坤北、震东北，中央太极。这一方位分配法与五行方位说全不相应。尚秉和云，此为《说卦》所说先天卦位，后天卦方位图实自先天卦方位而来。“坎南交乾，则南方成离。乾北交坤，则北方成坎。先天方位，随变为后天。”[①]尚秉和认为先天方位自魏晋而失传，邵氏传先天方位之学，黄宗炎、毛奇龄等认为来自道教。

（八）尚秉和《易》解中的卦象说

《周易尚氏学》以象为本，云：“读《易》者，须先知卦爻辞之从何象而生，然后象与辞方相属”“卦名皆因卦象而生”[②]。尚氏认为，坤字形原为“巛”，“顺”之假字，取象为水，方位在北。按马王堆帛书《周易》“坤”即为“巛”，又“巛”即“川”字，即“水”字，“《易》以‘巛’为大川，《焦氏易林》以‘巛’为水，为江河淮济。《九家》注《蛊》亦以坤地为水，邵子坤水之象之所本

---

①〔清〕尚秉和：《说例》，《周易尚氏学》，中华书局1980年版，第9页。
②〔清〕尚秉和：《说例》，《周易尚氏学》，第1—2页。

也”[①]。由此言之，则坤取象为水，也有文字的根据。

《坤卦·象传》云：“地势坤，君子以厚德载物”，如以《象传》通例，当为“地势，巛，君子以厚德载物”。此处载物之德为包容、为顺应，恰为川随地势、地包容川之象。尚秉和谓孔颖达改“巛”为“坤”后，“‘顺’字遂无由识”。以坤为水，仍居北方，是以北方为水位，此与五行说同。“兑”“坎”则为月、土。

按照马王堆帛书《周易·乾卦·象传》似应为“天行，键（乾），君子以自强不息”；“地势，巛，君子以厚德载物”。可能乾、坤最原始意义分别是“斡”（闻一多说）、“巛”（川），《象传》作者已经不明此义，或有意地向道德方面引申，连带将卦名也向道德方面引申。至孔颖达将“巛”改为“坤”以后，乾、坤的原始物象意义遂彻底消失。

（九）八卦何以有两个水

商周时期，中国中北部地区水的种类繁多，如河流、山溪、湖泊、水潦、云雨等。河流阻隔交通，带来洪涝，妨碍开荒垦田、辟草莱，对先祖有着举足轻重的影响。《周易》常见“利涉大川”等词句。中国是个治水的民族，治水的实践及其经验反映到八卦中，就形成了两种水，即河流之水（坎）和湖泊之水（泽）。

中国地势西北高、东南低，绝大部分河流都是向东或向南流的，所以五行把水分配在西方，八卦把水分配西方、北方，其实反映了古人对中国地理的认识。《太一生水》篇说：“不相思于西北，其下高以强；地不足于东南，其上□□□；不足于上者，有余于下；不足于下者，有余于上。”[②]这应该是最早的关于中国西北高、东南低的认识了。《淮南子·天文训》对于中国的地势做了一个神学的说明。

> 昔者共工与颛顼争为帝，怒而触不周之山，天柱折，地维绝。天倾西北，故日月星辰移焉；地不满东南，故水潦尘埃归焉。

八卦方位分布总是把水分布在西方或者北方，实为上古中国地理的一种反映，

---

①〔清〕尚秉和：《说例》，《周易尚氏学》，第34页。

②荆门市博物馆编：《郭店楚墓竹简》，第125页。文字系按照裘锡圭先生的说法进行解读的。

或者可径直谓之上古地理学亦未尝不可，非特《洪范》为上古地理学，五行、八卦也即地理学也。

三、结论

《周易》八卦含有两个水，是上古先民生存状态的反映，先民对水有着深入的认识，水被划分为一般之水、具体之水，流动之水、静止之水等。水的流动与否，在六十四卦中意义截然不同，也可视为上古治水实践的总结。与此相应，八卦、五行与方位的对应则表达了古人对于中国地理的认识。八卦作为一个对事物的分类系统，其中包含两个水，此二水具有阴阳两种不同性质，又造成了一些思维上的不严密性和解卦方面的重复。当然，我们不能苛求古人严密，另一方面，思维的不严密恰好向人们的智力提出了挑战，促进了哲学的发展。诚如朱伯崑先生《易学哲学史》所说，卦象和卦爻辞之间并不存在严密的逻辑联系，而后人又往往出于对《周易》的崇敬而希望给它一个严密的解释，由此便形成了中国哲学的形而上学部分。[①]

（原载《中国哲学史》2006年第4期，中国人民大学《中国哲学》2007年第1期转载）

①朱伯崑：《易学哲学史》卷一，昆山出版社2005年版，第11页。

从汉语水系词汇的哲学分析看汉民族的存在世界

一、水系词汇与存在世界的概况

《淮南子·本经训》说："昔者仓颉作书，而天雨粟，鬼夜哭。"这句话的出现打乱了天地人神各安其位的自然状态。没有文字的世界全然是属于神的，有了文字，人类便开始与神对立、斗争，夺取属于自己的世界，神遂失去对世界的主宰；"天雨粟"正是天地秩序被打乱的表现。秩序之乱，令鬼神恐怖，所以鬼哭了。"天雨粟，鬼夜哭"以神话的形式告诉了我们某些关于人的存在的真理。海德格尔说，命名给出存在，"语言是存在之家"[①]。加达默尔在此基础上指出，"能被理解的存在是语言。"[②]的确，语言构成反映了使用它的民族的存在世界，对语言进行分析是通向使用这种语言的民族的存在世界的途径。所以，海德格尔说，我们"通过不断地穿行于这个家中而通达存在者"[③]。加达默尔也说："诠释学的问题不是正确地掌握语言，而是对发生于语言媒介中的事情的正确理解。"[④]本文的目的就是通过对汉语语言的分析达到对汉民族的存在世界的理解。这里的存在世界不纯是客观世界，也不纯是主观世界，而是两者的统一。本文分析的对象是汉语的水系词汇（包括传统的水部、泉部、川部）。当然，并非只有水系词汇才反映汉民族的存在世界。六书中有象形、形声、指事、会意，其他部首文字的"形""意""事"部分也都反映汉民族的存在世界。水系文字的特殊之处在于汉民族的历史是从治水开始的，与水的广泛交往是汉民族智慧的起源（关于此，拟另

---

①［德］马丁·海德格尔：《诗人何为》，《林中路》，孙周兴译，上海译文出版社1997年版，第316页。

②Hans-Georg Gadamer, *Hermeneutik I* (Tuebingen: Mohr Siebeck, 1990), 388.

③［德］马丁·海德格尔：《诗人何为》，《林中路》，孙周兴译，第316页。

④Hans-Georg Gadamer, *Hermeneutik I*, 388.

文论述），如在箕子所陈的五行中，水处于首位；八卦中《坎卦》《兑卦》都是水[①]；《周易》经传21次提到“涉大川”等词句。水系词汇揭示了汉民族存在世界的重要方面，对之进行分析是提高汉民族自我认识的根本途径。

据笔者初步统计，东汉许慎《说文解字》收录篆字9353个，分为540个偏旁部首，其中水部文字469个，占《说文解字》所收全部汉字的4.91%。每个偏旁合17.32字，水部文字是平均比例的27.1倍。如果加上川部、泉部、永部等，则水系文字达522字，占《说文解字》全部汉字的5.46%。据郭宝钧统计，甲骨文中表示河流、山川方位的字占总字数的7%[②]，与《说文解字》中水系词汇的比例大致相当而略多。《康熙字典》共收录汉字47035个，仍是迄今为止收录汉字最多的字典之一，其中水部文字1655个（包括异体字），占所收全部汉字的3.52%。如果加上川部、冫部139字，则水系文字达到1794个，占3.814%。《康熙字典》共有204个部首，每个部首合230.564个字，水部文字达到1655个，是平均值的7.178倍。水成为水部等，构成汉字，反映了汉民族的存在世界的重要环节。下面，我们进一步探讨这些文字如何构成了先人和我们的存在世界。

二、水系词汇与存在世界的关系

在此，我们提出一种对于词汇进行哲学分析的研究方法。我们按抽象程度的高低，把水系词汇所反映的汉民族的存在世界分为五个层次，每一层次都对应一个词汇级别。第一级是感性的、具体性的存在世界，其词汇为离现实最近的、直接表达具体存在对象的词汇，即专有名词。第二级是动作世界，词汇为表示动作的词汇。第三级是一般普遍世界，词汇为普遍名词。第四级是性质世界，反映水的性质。第五级是抽象世界，为一般抽象概念和哲学概念。水从一种纯粹的自然现象，人通过与它的交往、对它的诠释和实践，使它转变为人们精神生活的对象，塑造人们的精神生活，促成了汉民族的存在世界。

---

①乔清举：《八卦还是七卦、九卦——关于坎、兑二卦的几点初步思考》，《中国哲学史》2006年第4期。
②郭宝钧：《中国青铜时代》，生活·读书·新知三联书店1963年版，第241页。

（一）感性具体性世界：专有名词

专有名词指具体的水，如河流或湖泊等，只有一个外延。表示河流的名称，都是专有名词。如，长江、黄河、淮河、济水古称“四渎”，是专有名词；伊、洛、洙、泗、汾、汴也都是专有名词。还有许多词汇，现在已经转变成为一般普遍词汇，但在古汉语中却曾经是专有名词，如河、洋等。专有名词是通过观察、命名而得到的。《易传·系辞下传》云：

古者包羲氏之王天下也，仰则观象于天，俯则观法于地，观鸟兽之文，与地之宜，近取诸身，远取诸物，于是始作八卦，以通神明之德，以类万物之情。

这里的仰观俯察的“观”就是观察。从认识的角度看，专有名词为个别，不具有普遍意义，所反映的是感性、具体性、直接性的客观存在世界，不能普遍应用。但是，命名给出存在，感性具体世界是进入抽象世界的门径。黑格尔曾经指出，像河海山岳星辰之类的个别自然事物，不是以零星的直接存在的面貌被认识，而是上升为观念，作为一种绝对普遍的存在的形式得到认识的。这可以作为理解专有名词的意义的方法论参考。《易传·系辞下传》说“天地之道，贞观者也。”成中英先生说：“观是本体诠释学思维或者简单地说就是本体诠释学。”[①]我们同意成先生的分析，所谓“贞观”即正于观，使事物在观察中获得一定的规定性，进一步把具体物上升为普遍的概念或范畴。

（二）动作与行为世界：关于动作的词汇

这类词汇有很多，如流、淘、汰、污、泛、冲、洗、涮、浸、泡、清、汛、渗、治等，无疑是具体的、可感的。《诗经·卫风·硕人》说：“河水洋洋，北流活活”，《庄子·秋水》说：“秋水时至，百川灌河”，流、灌，都指水的动作。这些动作和水具有天然的联系，不能与其他非表示水的动词互换。比如，我们不能说“秋水时至，百川烧河”，不能说“秋水时至，百川爱/恨河”；也不能把“治

---

① Chung-ying Cheng,“Philosophical Significances of Guan,” in no. 1 of *Internaitonal Studies of I Ching Theory,* ed. Zhu Bokun (Beijing: Huaxia Publishing House, 1995), 163.

水”说成“制水”等。与水的联系决定了这些词汇的适用范围。拟人的跨界使用作为文学当然是可以的，有时还很生动，并且也能反映真理。有人这么表达一滴水和湖的关系，说水滴到湖里，湖水说，痒；似乎是说一滴水轻轻地搔痒了湖水。不过，通常的表述对于词语的跨界使用还是有十分严格的限制的，这表现了人类的认识和存在的确定性。

和专有名词不同的是，动作词汇已经包含了一些普遍的因素。“河”作为专有名词，在古代只能指“黄河”，这是不能变的。专有名词尤其被空间所严格限制，动词则具有超越时空的特点。无论何时何地，水的流动都可以叫作“流”。由于“流”不受“这里”“这时”的限制，所以它具有一定程度的普遍性，是一般和个别的统一。在印欧语系中，把动词的一般性提取出来，就可以得到“动名词”。动名词是能够单独使用的，它不仅具有动词的超时空的特点，也超越了“动作”本身的具体性。比如“流”在英文中为“flow”，动名词形式是“flowing”。汉语虽然没有时态、词尾的变化，但还是有动名词意义的。假如我们说“河水的特点是流动”（flowing is characteristic of a river），这里的“流动”就是动名词，指一般意义的动作，不受时间、空间和流动的限制。动词只有名词化以后，才能作为概念，得到更为广泛的应用，其特点是跨界，即跨越它的属性的限制，“流”作为一个概念，不仅可以脱离时间、空间，而且也可以脱离水的限制。或者说种类的限制，指一切具有流动特点的事物，这样就上升为普遍概念：人流、物流、现金流、时间流、意识流等。跨界使用也是人类语言运用的一个规律，跨界是抽象化的结果，反映了人类的纯粹理性和精神世界的变动不居的特点，这里的纯粹理性指在未经过认知、道德、审美区分的前理性。作为普遍概念的“流”是一个抽象概念，“意识流”就是一个哲学概念。老子说：“大道泛兮，其可左右”（《老子》第三十四章），“泛”就是广泛的流动，这就从直接的客观存在世界达到了精神存在世界。

（三）一般普遍性世界：普遍名词

此类词汇仍然有可感的具体对象，但不是某个具体对象。例如，“水”无疑是一个具体名词，但也是一个普遍概念，表示一切水，而不是具体的某条河或某口井里的水。又如，“河”作为一级词汇，在古代仅指黄河；随着语言的发展，“河”逐步获得了抽象的意义，泛指天下所有的河。三级名词和二级名词一样，都是普遍性和具体性的统一。这类词汇很多，如渠、沟、洫等。

《尔雅》《说文解字》《艺文类聚》《初学记》等典籍都为我们提供了不少与水相关的三级词汇的定义。这些定义反映了古人的存在世界，属于中国文化知识宝库中的一部分，至今仍被广泛应用着，有的还构成了科学知识的基础。“大波为澜，小波为沦，直波为泾。”这是《尔雅·释水》给三种水波所下的定义。但什么是“波”，《尔雅》没有做出定义。《初学记》说：“风吹水涌曰波。（亦曰浪）大波曰涛，小波曰沦，平波曰澜，直波曰泾。风行水成文曰涟，水波如锦文曰漪。”[①]两组定义相比，《初学记》更为全面，反映了认识的深入。当这些定义被数学化以后，就变成科学知识的一部分。现代科学关于波的定义是：“水波主要分为两类，一类是波长很小（小于2厘米）的表面张力波（涟波），另一类是波长较长的重力波，重力波又分为深水波和浅水波；当水深大于半波长时，就认为是深水波；水深小于1/4波长时为浅水波。”[②]设水深为 H 和（H+h），水速为c和（c-u），则质量为m的质点流向和离开波的能量方程为：$1/2mc^2=1/2m(c-u)^2+mgh$，或 $cu=gh+u^2/2$。[③]我们不厌其烦地引用这些公式是要表明，前人的定义和后来的科学认识形成了一个连续，前人的认识构成了科学认识的基础。

其他如“山夹水曰涧。水注川曰溪。水注溪曰谷。水通谷曰壑。石绝水曰梁。筑土遏水曰塘（一曰堤。又曰妨）。大防曰坟，水所钟曰泽，广泽曰衍，泽曲曰皋，障曰陂，泽无水有草木曰薮。水通流曰川，水本曰源。源曰泉”等，[④]都是古人对水的认识，反映了汉民族以水为基础的存在世界。

（四）水的性质世界

水的性质词汇多表示抽象概念，但由于是水的性质，是通过具体来表示抽象性质的，所以一般情况下还具有可视或可触的特点。《说文解字》中有不少这类说明，如，泊，水貌；泓，下深貌、水清貌；洌，“水清也”；淑，“清湛也”；等等。[⑤]这类词汇可以直接反映汉民族的精神存在世界，我们把此类词汇和抽象存在词汇合并分析。

---

①〔唐〕徐坚：《初学记》（上册），中华书局1962年版，第112页。
②中美联合编审委员会编译：《简明不列颠百科全书》（第7卷），第378页。
③中美联合编审委员会编译：《简明不列颠百科全书》（第7卷），第378页。
④〔唐〕徐坚：《初学记》（上册），第112页。
⑤〔汉〕许慎撰，〔清〕段玉裁注：《水部》十一篇上二，《说文解字注》，第550页上。

（五）抽象存在世界

抽象存在世界词汇包括哲学概念或范畴，它们脱离了具体，上升到普遍。抽象思维是一个民族思维的最高水平和精神自由的表现。一个民族，其文化只有进展到哲学的层次，才可以说是一个成熟的民族。与水的交往是中华民族形成抽象存在世界的重要途径之一，中国哲学的抽象概念有不少是与水有密切的联系的，以下略举几例进行分析。

1. 时间概念：永、恒

时间意识和时间概念是进入抽象思维的门径。在汉语语言中，“永”“恒”作为时间概念，是与水有关联的。

“永”在《说文解字》中属于水部，它的各种写法如下：甲骨文为“”、《颂鼎》为“”、《九年卫鼎》为“”、三体《石经·君奭》为、《说文解字》为“”。关于“永”的解释，《说文解字》说：“永，长也。象水巠理之长”[①]；《尔雅·释诂》说：“远，遐也”。从具体的永长引申为抽象的“永远”“永恒”，就进入了哲学思维世界。

在汉语构词上，“永”具有较强的结合力，能够和许多概念结合在一起形成复合的抽象概念。“永”与另外一个时间概念结合在一起，表示那一时间的极限，如“永夕”“永夜”。南朝刘孝标《广绝交论》说：“范、张款款于下泉，尹、班陶陶于永夕。”[②]范、张是东汉的范式与张劭，尹是尹敏，班是班彪。他们都是生死之交。“永夜”出自唐骆宾王《别李峤得胜字》，其诗云：“寒更承永夜，凉景向秋澄。”朗士元的《宿杜判官江楼》，其诗云：“故人江楼月，永夜千里心”，也有“永夜”的概念。此类概念还有“永日”“永世”等。《尚书·周书·微子之命》篇有“作宾于王家，与国咸休，永世无穷”；《诗经·周颂·闵予小子》篇有“于乎皇考，永世克孝”，这些“永世”都指终生。佛教还有“永劫”的概念，指永无穷尽。

“永”和生命结合在一起，表示永生、长生、不死等。这样的概念有“永生”“永年”“永命”等。三国时期的魏王曹丕《七启》诗说“轻禄傲贵，与物无营，耽虚好静，羡此永生。”这里的“永生”是道家的虚静的养生观念。佛教也使

---

①〔汉〕许慎撰，〔清〕段玉裁注：《永部》十一篇下，《说文解字注》，第569页下。
②〔唐〕李延寿：《列传第四十九》，《南史》（第2册），中华书局2000年版，第971页。

用了“永生”的概念。佛教从其生死观出发，主张永无断灭、超出轮回的涅槃为永生，佛教也把弥陀净土称作永生，唐善导《观经疏玄义分》说：“开示长劫之苦因，悟入永生之乐果。”[①]《尚书·周书·召诰》有“王其德之用，祈天永命”的说法，这里的“永命”指永远保有“天命”。把“德”和天命结合在一起，是周朝特有的意识形态。

《诗经》中出现了“永久”的概念，《诗经·小雅·六月》诗说：“来归自镐，我行永久。”上文的“永”都是和一个具体的时间概念结合，“永久”则是把两个纯粹表示时间的概念结合起来，抽象程度极高。“久”在《说文解字》中写作“㇀”，解释是“以后灸之也，象人两胫后有岠也”，[②]本义是“针灸”。段玉裁认为，“岠”各本作“距”错误。“相岠则其候必迟，故又引申为迟久。迟久之义行而本义废矣。”[③]可见，“久”原来也是一个表示具体的词汇，在后来的演变中逐渐脱离具体成为抽象观念。“永”逐渐发展出超时间的永恒意义，汉民族的存在世界由此也就有了“永恒”的维度。从文字构成来看，“永”在“水”部，水和它的流动都是一种自然现象，都是客观存在的，所以，“永”所表达的是客观意义的时间。

“永”字还结合了一大批地名、帝王的年号。这是中国人精神存在的非常独特和有趣的一面，表达了从普通人到帝王将相力图超出主观达到客观的永恒的愿望。“永”作为地名基本可以分为五类，第一类是“永远”加“安宁”等，如：永平、永安、永定、永宁、永康、永清。康，可作安康讲。“永清”意思是“永远清平”，来自《尚书·周书·泰誓上》“尔尚弼予一人，永清四海”。第二类是与道德相结合，如“永新”，这个“新”应当来自“苟日新，日日新，又日新”（《礼记·大学》），“日新之谓盛德”（《易传·系辞上传》）。第三类是与兴旺的概念相结合，如永昌、永兴、永丰。第四类是和祝愿类概念相结合，如永寿、永和、永福、永嘉等。第五类是与行政区划单位结合，如永州、永城等。从中国语言的特点来看，这些地名可以理解为事实陈述，也可以理解为祝愿、祈盼。在中国文化中，祝愿和祈盼的色彩尤为隆重。

“恒”在《说文解字》中写作“𢛃”，属“二”部。关于“二”，《说文解

---

①孙维张主编：《佛源语词词典》，语文出版社2007年版，第323页。

②〔汉〕许慎撰，〔清〕段玉裁注：《久部》五篇下，《说文解字注》，第237页。

③〔汉〕许慎撰，〔清〕段玉裁注：《久部》五篇下，《说文解字注》，第237页。

字》解释为“地之数也”“天地也”。[①]天地之间，属于客观存在。关于恒，《说文解字》解释道：“常也，从心舟，在二之间上下，心以舟施，恒也。”[②]这里的“常”，段玉裁认为应作“长”，古代表示时间长久只用“长”，甚是。许慎这么解释，可能受了“道可道、非恒道”因避讳而被改为“非常道”的影响。与“永”不同的是，“恒”还包括“心”。恒字中间左边为“心”，右为“舟”。上、下即“往复”，“心以舟施”。段玉裁认为，“恒”是“往复遥远，而心以舟运旋，历久不变。”[③]这表明，恒包含主观性。舟的运动是由无数个从某一出发点到目的地的运动组成的，是连续性和绵延性；心对舟的这种在天地之间的绵延运动的感觉为“恒”。可见，“恒”作为一个时间概念，是主观的绵延的感觉，包含了康德的主观性和柏格森的绵延性。所以，在中国哲学中“恒”常常用来表达与主观状态相关联的或者表达属人的事物，如“恒产”“恒心”“恒言”“恒常”。恒产、恒心都出自孟子。孟子说：“无恒产而有恒心者，惟士为能。若民，则无恒产，因无恒心。苟无恒心，放辟，邪侈，无不为已。”（《孟子·梁惠王上》）孟子强调“恒”，恰好与他主张恻隐羞恶、良知良能的道德主体性相一致。“恒常”出自《史记·秦始皇本纪》。秦始皇统一六国后，到泰山封禅、刻石，纪念自己统一国家的功劳，说：“初平法式，审别职任，以立恒常。”[④]这里的“恒常”是日常行为规范。

老子的道是用“恒”来描述的。“知足之为足，此恒足也。”[⑤]“道恒亡为也，亡为而亡不为。”[⑥]“道恒亡名，朴虽微，天地弗敢臣也。”[⑦]“至虚，恒也；守中，笃也。”[⑧]马王堆出土的帛书《老子》说：“道可道也，非恒道也；名可名也，非恒名也。”道是先天地生的，这个“先”是同一时间序列的“之前”，还是根本在这个时间序列之外的超越的“之前”？或者说是一种“逻辑在先”？当说到逻辑在先时，“先”已不是时间经验的“先”了。在老子那里，道内在（immanent）于事物，又超越（transcend）事物。照他的思维逻辑，道也有超越时

①〔汉〕许慎撰，〔清〕段玉裁注：《二部》十三篇下，《说文解字注》，第681页上。
②〔汉〕许慎撰，〔清〕段玉裁注：《久部》五篇下，《说文解字注》，第237页。
③〔汉〕许慎撰，〔清〕段玉裁注：《久部》五篇下，《说文解字注》，第237页。
④〔汉〕司马迁：《秦始皇本纪第六》卷六，《史记》，第261页。
⑤荆门市博物馆编：《郭店楚墓竹简》，第111页。
⑥荆门市博物馆编：《郭店楚墓竹简》，第112页。
⑦荆门市博物馆编：《郭店楚墓竹简》，第112页。
⑧荆门市博物馆编：《郭店楚墓竹简》，第112页。

间的含义。如果有人问他，道和时间哪个更根本？他一定会说，道更根本，因为道生时间。“道生一、一生二、二生三，三生万物。”（《老子》第四十二章）万物包含时间。这样，时间次要于道，道超越时间。道的超时间性说明道是永恒的。可是，道的内在性又表明，它必须在可感的时间内表现其“永恒”，所以，他用表示主观时间的“恒”而不是客观时间的“永”来表达道。他说“大道泛兮”，庄子则更进一步说道在屎溺，无所不在。这避免了道成为海德格尔所说的“在手”的东西，而是要让它成为“上手”的东西。道的“永恒”是在时间中的永恒，具有当下的特点，它通过这种永恒达到超越性。“恒”也是通行本《周易》六十四卦的第三十二卦，卦象是雷风，其《象传》曰：

> 恒，久也。刚上而柔下，雷风相与，巽而动，刚柔皆应，恒。恒亨无咎，利贞；久于其道也，天地之道，恒久而不已也。“利有攸往”，终则有始也。日月得天而能久照，四时变化而能久成，圣人久于其道而天下化成；观其所恒，而天地万物之情可见矣！

这里所表达的也是通过具体的“恒”达到“久”。魏晋时玄学家王弼特别强调“无”。“无”其实还是有，只是没有“有”的各种具体规定性，这样就成为“无”，甚至连“无”之作为无也没有。如，“无”作为音调，不能是宫商角徵羽的任何一个，因为是某一个就意味着不能是另外几个，不能有另外几个的规定性，如是温则不能凉，宫则不能商；这样的“无”是无规定性的纯无、本体的“无”，是超时间的。朱熹的“理”在思维方式上与王弼的“无”有一致性，也是超时间的永恒，达到了绝对客观。王弼、朱熹的超越的时间具有“永”的特点，和老子不同。

可见，“永”和“恒”，一个是客观的时间，一个是主观的时间；一个表示时间的超越性，一个表示它的内在性；客观时间是主观时间的逻辑基础，超越是内在的基础；主观时间是客观时间的外在表现，是对客观时间的量度。海德格尔曾经提出，时间是存在的本质和规定性，是不可超越的。我们认为，客观的时间是不可超越的，这恰好说明了存在的有限性和时间的永恒性，正因为永恒所以不能超越。人所能够超越的，并且能够与之打交道的，只是主观的、可量度的时间。我们同意加达默尔此论：海德格尔从时间的视域对存在的解释并不是把存在彻底时间化，“以致于它不再说任何能作为恒在或永恒的东西而存在的东西，而是指此在只能从其自身的时间和未来的关系上去理解”[①]。《存在与时间》的想法是：“存在和客观性的全部意义只有从此在的时间性和历史性出发才能被理解和证明。”[②]因此，我们认为，道只能从“恒”而不能从“永”来把握。加达默尔指出：“由于哲学揭示了时间是自我理解的隐秘根基，因而哲学不是教导一种出自虚无主义绝望盲目的义务，而是开辟了一条迄今是封闭的，超越出自主观性的思维的经验，海德格尔把这种经验称为存在（Sein）。”[③]我们认为，加达默尔的说法是准确的。

当然，也不能认为“永”和“恒”在任何场合都是截然分开的，语言的实际运用并非如此。每一个词都有不同的义项，形成一个义项群，义项之间的过渡不能截然分割，而有一个如同色谱那样的渐进过渡。“永”和“恒”各自的深色部分的义项群是两者的常用义，其浅色部分的义项群则可以相互交叉。随着时间的推移，词的义项群的浅色、深色部分还会发生逆转。事实上双音复合词成为汉语的普遍现象以后，“永”和“恒”被合并为“永恒”，它们原初的根源性差别就被模糊了，通常人们都是把它们当作同义词使用的。按照现代汉语的规则，“永恒”中的“永”和“恒”不可以分开解释。这也是语言的符号化特点所在。

2. 法律原则：法（灋）

“法”也是一个一般抽象概念。在《说文解字》中，“灋”属于“廌”部，这很出人意料，也很有趣。《说文解字》对于“法”的解释是：“灋，刑也。平之如水，从水。廌，所以触不直者，去之，从廌去。”[④]从字形上分析，“灋”的结构有三个部分，分别是“氵”“廌”和“去”。这三部分作用各不相同。“氵”是“水”，“水”在中国文化中是准、平的意思。《说文解字》说：“水，准也。”[⑤]准，《说文解字》的解释是“平也”。[⑥]段玉裁注释说：准“谓水之平也。天下莫平于水，水平之为准。”[⑦]古人所制的测量水平的器具就叫“准”。直到

①［德］汉斯·格奥尔格·加达默尔：《真理与方法：哲学诠释学的基本特征》，洪汉鼎译，第127—128页。
②［德］汉斯·格奥尔格·加达默尔：《真理与方法：哲学诠释学的基本特征》，洪汉鼎译，第329页。
③［德］汉斯·格奥尔格·加达默尔：《真理与方法：哲学诠释学的基本特征》，洪汉鼎译，第128页。
④〔汉〕许慎撰，〔清〕段玉裁注：《廌部》十篇上，《说文解字注》，第470页上。
⑤〔汉〕许慎撰，〔清〕段玉裁注：《水部》十一篇上一，《说文解字注》，第516页上。
⑥〔汉〕许慎撰，〔清〕段玉裁注：《水部》十一篇上二，《说文解字注》，第560页上。
⑦〔汉〕许慎撰，〔清〕段玉裁注：《水部》十一篇上二，《说文解字注》，第560页上。

今天建房屋都还有“准地”“水地”的程序，利用水的面平的特点确定地基的高下。《周礼·冬官考工记·匠人》记载：“匠人建国，水地以县。”水的面平的特点被引申为水的公平性。“灋”字中有水，表明法律的原则是公平。许慎关于法的定义也说明了这一点，段玉裁特别引汉代张释之“廷尉，天下之平也”解释来说明。[①]“廌”，古人认为是一种神兽，能够分辨善恶，用角触去恶者留善者。“去”所表达的是“廌”的去恶留善的作用。实际上，“廌”所代表的是人，而不是神，更不是兽。“灋”字合起来说，就是根据公平的原则除恶留善。法律的这一规定至今仍有积极意义。古代不把“灋”字放在水部，而是放在“廌”部，是因为古人还不善于从抽象原则的高度看问题，还没有认识到法首先是一种普遍的抽象规则，而首先把法律看作一种行动，重视的是它的实践意义。在内涵上，法作为刑法和刑罚的观念还很重。这一点，我们还可以从“刑也”的解释中得到证明。段玉裁说：“刑者，罚罪也。《易》曰‘利用刑人，以正法也’。”[②]刑是刑罚、刑具，《尚书·周书·吕刑》“惟作五虐之刑曰法”。有趣的是，在《康熙字典》中，“灋”已经被转移到了水部。这说明，随着时代的发展，在汉民族的精神世界中，法律的规范意义已被作为首要原则了。“灋”还有制度、礼法、效法等义项。关于“效法”，老子说“人法地，地法天，天法道，道法自然”（《老子》第二十五章），《易传·系辞上传》说“崇效天，卑法地”，表示的都是抽象的天人合一的存在方式。

3. 人的存在与人的主客统一的主体性的建立：泊、凑泊

“泊”为船停靠岸边。它还可以与“漂”结合在一起，表示浮于水面的东西随水流向四方。如果把社会比作河流、大海，则漂泊正可比作人生居无定所、游无定方的流浪状态。泊作为性质表示水、气厚薄的“薄”。王充认为，人禀气渥厚则寿命长，反之寿命短。《论衡·率性》篇说：“非厚与泊殊其酿也，麴蘖多少使之然也。”[③]在老子那里，泊还表示淡泊、恬静、无为，是道的状态。《老子》第二十章说：“我独泊兮其未兆，如婴儿之未孩。”

“泊”作为船靠岸，所泊之处即船行终止的地方，是船行的目的地。但是，船本质上没有停泊之所，任何一次停泊都是为起航做准备。所以，如果说船有一个本

---

①〔汉〕许慎撰，〔清〕段玉裁注：《廌部》十篇上，《说文解字注》，第470页。
②〔汉〕许慎撰，〔清〕段玉裁注：《廌部》十篇上，《说文解字注》，第470页。
③〔汉〕王充：《论衡》，《诸子集成》（第7册），第17页。

质，那么它的本质或宿命就是离开停泊地重新启航走上旅程。泊对于船只具有暂时的意义，是一个不定之定、定而不定的地方。船如果总是在一个定所，那么它不是被毁坏了就是成了博物馆的展品。“泊”的这层含义被禅宗拿过来，表示因缘和合的暂时性。《续传灯录》卷三十一湛堂智深禅师说：“浮世虚幻，本无去来。四大五蕴，必无终尽。虽佛祖具大威德力，亦不能免这一着子。天下老和尚一切善知识，还有跳得过者无？盖为地水火风因缘和合，暂时凑泊，不可错认为己有。”[①]这里的“凑泊”是五蕴的和合，是无尽轮回历程中短暂的一站。《景德传灯录》卷十一袁州仰山慧寂禅师还提出了另外一种“凑泊”的意义：“我今分明向汝说圣边事。且莫将心凑泊，但向自己性海如实而修。此心体毕竟不可得，无可知觉。触目皆如，无非性也。”[②]这里的“凑泊”也是动词，是凝聚而不能展开去理解佛理。无论是上述哪种意义，事实上都是对人生存在状态的一种摹状。

禅宗的“凑泊”对于宋明道学有极其重要的影响。道学从程朱理学到陆王心学的转型，与这个词有密切的关系。陈献章是改变有明一代哲学风气的先驱。《明史·儒林传》指出，“原夫明初诸儒，皆朱子门人之支流余裔，师承有自，矩矱秩然。曹端、胡居仁笃践履，谨绳墨，守儒先之正传，无敢改错。学术之分，则自陈献章、王守仁始”[③]。黄宗羲也指出，“有明之学，至白沙始入精微，其吃紧工夫，全在涵养。喜怒未发而非空，万感交集而不动。至阳明而后大”[④]。白沙先生是如何改变有明一代学风的呢？他在回忆自己的求学经历时说：

> 仆才不逮人，年二十七始发愤从吴聘君学，其于古圣贤垂训之书，盖无所不讲，然未知入处。比归白沙，杜门不出，专求所以用力之方。既无诗友指引，惟日靠书册寻之，忘寐忘食，如是者亦累年，而卒未得焉。所谓未得，谓吾此心与此理未有凑泊吻合处也。于是舍彼之繁，求吾之约，惟在静坐。久之，然后见吾此心之体隐然呈露，常若有物，日用间种种应酬，随吾所欲，如马之御衔勒也；体认物理，稽诸圣训，各有头绪来历，如水之有源委也。于是

① 〔宋〕道原：《续传灯录·景堂智深禅师》，《大正新修大藏经》卷五十一，高楠顺次郎那编，东京大正一切经刊行会1925年版，第682页。
② 〔宋〕道原：《景德传灯录·袁州仰山慧寂禅师》，《大正新修大藏经》卷五十一，第283页。
③ 〔清〕张廷玉等：《儒林传》卷二百八十二，《明史》，中华书局1974年版，第7222页。
④ 〔明〕黄宗羲：《白沙学案》，《明儒学案》上，沈芝盈点校，中华书局1985年版，第78页。

涣然自信曰："作圣之功，其在兹乎！"[1]

朱熹主张即物穷理，人心有认识、求知的功能；理为规范或规律，在心外，"在物为理"[2]。心中能够存有理，但心不是理。陈白沙在自述求学经历时提出"吾此心与此理未有凑泊吻合处"，值得注意。这里的"凑泊"和禅宗的"凑泊"在语义学和思维方式上是一致的。"凑泊"就是聚合、集中，即把此心和此理凝聚、统合在一起，"吻合"是使两者同一，具有一致性而不再是两个独立的、分裂的东西。也就是说，建立一种具有客观规定性的主观性，是一种主客统一的状态。所谓"未知入处""未得"等，表达的都是未能同一的苦恼意识。和禅宗不同的是，陈白沙是在积极的、肯定的意义上使用这个概念的，他所谓的心与理的凑泊状态就是"此心之体"。"心理凑泊"的提出改变了明代哲学发展的方向，开辟了汉民族存在世界的新领域。

4．主体性的生命力与人的境界：活、活泼泼

在中国哲学中，主体性表现为活动性和生命力，主体性的生命力的内涵是西方主体性所没有的。"活"是主体性的生命力概念的表达。活，属于水部，照《说文解字》的解释，"活"是一个象声词，是水流的声音。这是"活"的原始意义。[3]在《诗经》中还可以看到这个义项。《诗经・卫风・硕人》有"河水洋洋，北流活活"的句子。流水活活意味着它还是有活力、有生命的，所以，活也表示生命、生存。段玉裁指出，"引申为凡不死之称"。[4]《诗经・周颂・载芟》"播厥百谷，实函斯活"、《孟子・尽心上》"民非水火不生活"都表示生存的意思。有生命，意味着有根源、有源头，这成为儒家修养的根本原则。这一原则在孟子那里表现为"自得"：

君子深造之以道，欲其自得之也。自得之，则居之安；居之安，则资之深；资之深，则取之左右逢其原，故君子欲其自得之也。（《孟子・离娄下》）

---

①〔明〕陈献章：《陈献章集》上，孙海通点校，中华书局1987年版，第145页。
②〔宋〕程颢、〔宋〕程颐：《河南程氏遗书》卷二上，《二程集》，王孝鱼点校，第39页。
③〔汉〕许慎撰，〔清〕段玉裁注：《水部》十一篇上二，《说文解字注》，第547页上。
④〔汉〕许慎撰，〔清〕段玉裁注：《水部》十一篇上二，《说文解字注》，第547页。

“自得”也是有本，即有根源。孟子借助有源之水和无源之水的对比，对此做了非常明确的说明：

徐子曰：“仲尼亟称于水，曰：‘水哉，水哉！’何取于水也？”

孟子曰：“原泉混混，不舍昼夜，盈科而后进，放乎四海。有本者如是，是之取尔。苟为无本，七八月之间雨集，沟浍皆盈；其涸也，可立而待也。故声闻过情，君子耻之。”（《孟子·离娄下》）

朱熹用其诗《观书有感》生动地说明了自得的道理：“半亩方塘一鉴开，天光云影共徘徊。问渠那得清如许，为有源头活水来。”源头在哪？孟子提出了“反求诸己”的说法，这表明，源头就在自己，在本心。他说：

夫仁，天之尊爵也，人之安宅也。莫之御而不仁，是不智也。不仁、不智，无礼、无义，人役也。人役而耻为役，由弓人而耻为弓，矢人而耻为矢也。如耻之，莫如为仁。仁者如射：射者正己而后发；发而不中，不怨胜己者，反求诸己而已矣。（《孟子·公孙丑上》）

西方哲学也用源泉说明哲学思想。“源泉（Quelle）作为哲学的比喻具有柏拉图——新柏拉图主义的来源，它的主要意思是从不可见的深层涌流出洁净而新鲜的水。”[①]这个词在历史主义时代指回到源泉，即语文学所指的回到语文学本身发现古典作家的未被歪曲的真理。加达默尔又用它指代历史流传物中的精神源泉，“在源泉中总是流涌着新鲜的水”[②]，新鲜的水即文本不断被理解的意义。普罗提诺的流溢说或流射说也是一个例子。明代陈献章在进行理学和心学的学术转型时，所找到的正是“自得”概念。他说：

故道至大而已，而君子自得之。一身之微，其所得者，富贵、贫贱、死生、祸福，曾足以为君子所得乎？君子之所得者有如此，则天地之始，吾之始

---

①［德］汉斯·格奥尔格·加达默尔：《真理与方法：哲学诠释学的基本特征》，洪汉鼎译，第667页。

②［德］汉斯·格奥尔格·加达默尔：《真理与方法：哲学诠释学的基本特征》，洪汉鼎译，第667页。

也，而吾之道无所增；天地之终，吾之终也，而吾之道无所损。天地之大，且不我逃，而我不增损，则举天地之间物既归我，而不足增损于我矣。天下之物尽在我而不足增损我，故卒然遇之而不惊，无故失之而不介。[①]

水有源，所以有生命力；有活动、活跃、不拘、不滞、畅流等动态意象，汉民族将这些意象运用于对真理的追求和境界的描述；佛教、儒家都如此。《景德传灯录》记载无住禅师所说："真心者，念生亦不顺生，念灭亦不依寂，不来不去，不定不乱，不取不舍，不沉不浮，无为无相，活泼泼平常自在。"[②]心如活水，不滞不碍，流通四达，活泼泼的，这是禅宗的心。连无住禅师的法号"无住"，也包含着水的意象。无住，即是不停留、不执着。禅宗擅用这种水流随形的思维，不立文字，直指本心，看透万物的本来面目，即如实地看事物。《五灯会元》记载青原惟信禅师所言："老僧三十年前未参禅时，见山是山，见水是水。及至后来，亲见知识，有个入处。见山不是山，见水不是水。而今得个休歇处，依前见山只是山，见水只是水。"[③]这山是山、水是水的感悟，已经包含了全部的苦思历程和觉悟，不再是懵懂未开时的山是山、水是水了。诚如黑格尔所说：同一句箴言，出自儿童与出自老人内涵不同。老人说这话，包含了他一生的阅历和思考；儿童的人生尚未真正展开，他所说的话，还不具有内涵的丰富性。[④]辛弃疾有首禅味浓厚的词《 丑奴儿·书博山道中壁 》写道："少年不识愁滋味，爱上层楼。爱上层楼，为赋新词强说愁。而今识尽愁滋味，欲说还休。欲说还休。却道天凉好个秋。"正是此意。禅宗是中国特点十分明显的宗教，它不欲人心枯寂，反倒希望它饱满、充满活力、灵动不滞，这是受了儒家的影响。《论语·先进》中孔子赞成"风乎舞雩，咏而归"的曾点，《中庸》中有"鸢飞戾天，鱼跃于渊"的境界，都对禅宗的"活"有所影响。反过来，禅宗对于"活泼"的重视和强调，又影响了后来儒家对于孔颜乐处的理解，丰富了孔颜乐处的内涵。对于"鸢飞戾天，鱼跃于渊"，程子解释说："此一节，子思吃紧为人处，活泼泼地，读者其致思焉。"[⑤]程子也用"活

①〔明〕陈献章：《陈献章集》（上），孙海通点校，第54—55页。
②〔宋〕道元纂：《景德川灯录》卷四，《大正新修大藏经》卷五十一，河北省佛教协会2004年版，第235页。
③〔宋〕普济：《五灯会元》（下），苏渊雷校点，中华书局1983年版，第1135页。
④〔德〕黑格尔：《小逻辑》，贺麟译，商务印书馆1960年版，第422页。
⑤〔宋〕朱熹：《四书章句集注》注引，第22—23页。

泼泼”，可谓禅宗在儒学的回响。儒、禅的这种往来耐人寻味。

三、存在世界的流动性

上述词汇分析表明了汉民族存在世界的丰富性和深刻性，也是汉民族纯粹理性的活力所在。不过，汉民族的纯粹理性是“活泼泼”的，不拘不滞的；汉民族的存在世界不是固定不动的，而是变动不居的。不同层次的存在世界的变动表现为词汇的级别的变动和词汇的跨界使用。前文的“活”“流”都是跨界使用的典型。下面我们再看看其他水系词汇的级别变动情况。

“涯”：表示水域与土地的交接线，是水的边际。庄子把它引申为人生和认识的界限：“吾生也有涯，而知也无涯。”（《庄子·养生主》）

“混”，属于水的性质世界，义为“丰流”[①]，表示水盛大、无穷。《老子》第二十五章说：“有物混成，先天地生”，“混”即指道的盛大和无穷。道是先天地而生的，故必盛大而源源不尽方能颐养万物，《老子》第二十五章下文的“字之曰道，强为之名曰大”与此相应。“混”在本体上指道的存在状态，在认识上是对道的摹状。自来解老多把“混”作为阴阳不分解，实误。不清为“浊”，混杂为“溷”，两者都不是老子这里的“混”。

“衍”属于动作世界，《说文解字》的解释是“水朝宗于海貌也”[②]。“‘衍’于文为水行，水行归海，合之象也。”[③]郑玄曰“衍，演也”，蜀才曰“衍，广也”[④]。这个词扩展为对一种学说的解释说明，如《五行衍义》《老子衍》《庄子衍》等。不仅如此，它还是解释天地万物的根本词汇。《易传·系辞上传》说：“大衍之数五十，其用四十有九。”朱伯崑先生指出，《易传》的语言分为两个层面，既是对天地本身的描述，也是对筮法的描述。“大衍之数”作为天地之数，是天地万物的秘密的表述；作为筮法，则说明了《周易》排卦的程序。

---

①〔汉〕许慎撰，〔清〕段玉裁注：《水部》十一篇上二，《说文解字注》，第546页下。
②〔汉〕许慎撰，〔清〕段玉裁注：《水部》十一篇上二，《说文解字注》，第546页上。
③〔清〕李道平：《周易集解纂疏》，潘雨廷校，第579页。
④〔清〕李道平：《周易集解纂疏》，潘雨廷校，第579页。

“衍”作“演”。无论如何，在这两层含意中，“衍”都与宇宙的奥秘结下了不解之缘。①

渊：深潭，属于一般普遍世界。潭水的幽深不可测的性质使这个词很容易扩展为单纯的“深”，由此与其他词汇结合成为表达与深刻、玄妙相关的意思。渊博、渊识都指人的见识深邃广博。“渊源”，指事物最初的根源，这种根源绝不是一目了然的。《后汉书·班固传》“与之乎斟酌道德之渊源，肴覆仁义之林薮”，②是探究道德的根源。儒、道都用“渊”来形容道、心，这表明了与水交往的民族的根源性智慧对两者的普遍影响和两者对于这种智慧的不同运用。根源性智慧是汉民族精神存在的普遍背景。《老子》第四章在描述“道”时说：“道冲，而用之或不盈。渊兮，似万物之宗……湛兮，似或存。吾不知谁之子，象帝之先。”“渊”，《说文解字》的解释是“渊，回水也，从水，象形，左右岸也，中象水貌”③。“从水”，指左边的三点水，“岸”指右半部分左右两边的竖道，“中象水”指两竖道中间的部分。《管子·度地》说水“出地而不流者命曰渊”；《荀子·致士》说“水深而回”，都把“渊”作为“深”。《诗经·鄘风·定之方中》有“秉心塞渊”之句，即作“深”讲。“湛”，《说文解字》释云“湛，没也”；段注认为“湛、沉，古今字”。④《玉篇》提供了“盛”“安”“水不流”等义项。⑤

综上可知，老子此处所谓道具有以下特点：第一，有源。渊水有源，“水出地”即其证明。第二，深，引申为深远。渊水是深的，“湛”也是深水；一眼见底不是道。第三，不流。这里是指现象上的流动，是浅薄的哗哗作响，道作为深沉的东西自然不会哗哗作响地流动。当然，这也不是说“道”是固定不动的，道有自己“动”的方式，是一种不动之动，稳重的动，具有静水流深的特点。第四，清静。这个性质也是从水的性质中引申出来的。《老子》第四十五章说：“躁胜寒，静胜热。清静为天下正。”庄子在描述人得道后的一个状态是“尸居而龙见，渊默而雷声”（《庄子·在宥》）。可见得道的人有一种深刻的沉默，他的沉默是道的外在表现，具有“震惊百里”（《周易·震卦》）的效果。

《中庸》用“渊”来说明圣人至诚的德性：“溥博渊泉，而时出之。溥博如

---

①朱伯崑：《易学哲学史》（上册），林官明、杨爱民译，第52页。
②〔南朝宋〕范晔撰，〔唐〕李贤等注：《班彪传》，《后汉书》（第5册），第1385页。
③〔汉〕许慎撰，〔清〕段玉裁注：《水部》十一篇上二，《说文解字注》，第550页下。
④〔汉〕许慎撰，〔清〕段玉裁注：《水部》十一篇上二，《说文解字注》，第550页。
⑤〔梁〕顾野王编撰：《玉篇》，《原本玉篇残卷》，中华书局1985影印本，第354页。

天，渊泉如渊。”“溥博”，指广大周遍。《中庸》用“渊泉”表明圣人之德是有本的，是发自内心的。“诚”既是德的名称，也是德的性质。圣人至诚之德也是不断地涌现的，如泉涌一样，“时出”正是德涌现的说明。这种涌现不是间断性的，而是连续性的，如同泉源不断一样，所以，《中庸》说“至诚无息”。圣人至诚之德也是宁静的、深远的，它的表现是如同天，无所不发育，无所不覆载；它的性质则如同深渊，深远、深厚、神秘、神妙，不可臆度揣摩猜测。关键是“有本”。孔颖达对于“渊泉”二段解释非常形象，对我们理解水与德性的关联十分有益：

> 溥博渊泉者，“溥”谓无不周遍，“博”谓所及广远。以其浸润之泽，如似渊泉博大也。……溥博如天者，言似天无不覆帱。渊泉如渊，言润泽深厚，如川水之流。“渊渊其渊”，水深貌也。言夫子之德，渊渊然，若水之深也。“浩浩其天”，言夫子之德浩浩盛大，若如天也。[①]

不过，朱熹解释说：“渊泉，静深而有本也”；[②]“渊渊，静深貌，以立本而言也。浩浩，广大貌，以知化而言也”[③]。“渊渊其渊，浩浩其天”正说明圣人道德广大无边，普被万物。这就叫作“配天”，与天等同。与孔颖达相比，朱熹的解释更为准确而深刻。《中庸》下文又进一步指出：“肫肫其仁！渊渊其渊！浩浩其天！”这说明，仁也是“渊渊如渊”，把诚和仁统一了起来。《中庸》以“渊”说明“诚”，“渊”的静、深之意与老子的“心善渊”的渊是重合的。《中庸》与老子在强调“有本”上也是相同的，不过，《中庸》的本是诚、善，老子的本是道，两者的内涵不尽相同。这是两者对于民族根源性智慧的不同运用，也是儒道不同的存在世界的展示。

“清”是四级词汇，表示水的一种性质。《说文解字》谓“腺也，澄水之貌”。[④]《康熙字典》列出了青、静、河流晏清、目视清明、洁等义项。清源于青，“去浊远秽，色如青也”[⑤]。静、澄、洁，都是清的义项，“清静无为”（《老子河上公章句·独立》）与此有语义学关联。这是老子和汉初黄老学说的特

---

①〔汉〕郑玄注，〔唐〕孔颖达疏：《礼记正义》卷五十三，〔清〕阮元校刻：《十三经注疏》，第1635页。

②〔宋〕朱熹：《中庸章句》，《四书章句集注》，第38页。

③〔宋〕朱熹：《中庸章句》，《四书章句集注》，第39页。

④〔汉〕许慎撰，〔清〕段玉裁注：《说文解字注》，第550页上。

⑤〔清〕张玉书等编：《水部》，《巳集上》，《康熙字典》，第30页。

点，是黄老道家的精神世界。其实，《康熙字典》所列的义项并不完备，清还可以与廉、白等结合起来表示人的品格，这样的词汇很多：如描述人类型的清人、清士、清公、清介，指人高洁的清廉、清白、清尚、玉洁冰清等。此外清还能与许多方面结合，如用于祭祀的清酌、清供、清酒、清祀、清涤；用于音乐的清角、清音、清唱、清脆、清越、清徵、清乐；用于人操守的清操、清抗、清高、清节、清徽、清厉。“清”的文化生命并没有终结，相反，在当代依然有旺盛的表现力。“清”成为一个词根，可以与相应的字或词配合，构成新词。和《康熙字典》比，《现代汉语词典》在“清”的条目下列举了这样一些新词：“清偿”“清算”“清单”“清样”“清一色”等。[①]这些都是康熙时代所没有的，表现了汉民族存在世界的进展。可以见到，随着社会的政治经济等方面的发展，“清”还能搭配出许多新词来，由此展现汉民族生生不息的存在世界。

作为一级词汇，“洋”曾经指两条河流，一条出自山东中部，一条出自昆仑山；也指地名“洋州”。作为三级词汇，“洋”指波澜，如《庄子·秋水》“望洋向若而叹”。作为四级词汇，指水的状态或性质，多、广、盛等。《庄子·秋水》篇中说：

> 秋水时至，百川灌河。泾流之大，两涘渚崖之间，不辩牛马。于是焉河伯欣然自喜，以天下之美为尽在己。顺流而东行，至于北海，东面而视，不见水端。于是焉河伯始旋其面目，望洋向若而叹曰：“野语有之曰：‘闻道百，以为莫己若者。’我之谓也。”

这一段话告诉我们的河、海、洋的关系是河水通向大海，海水浩渺无垠。河在内陆，海在陆地的边缘，海之离开陆地更远处是洋，是另外的世界。于是海就成了河与洋之间的过渡，海内、海外有了区别。古人往往把“海内”作为自己，把“海外”作为存而不论的异己的世界。孔子说：“四海之内皆兄弟也。”（《论语·颜渊》）唐代王勃脍炙人口的诗句“海内存知己，天涯若比邻”（《杜少府之任蜀州》），地理范围都是很明显的。战国时期，邹衍有大小九州之说，认为中国之内的九州为小九州，整个中国为大九州的一个，这一说法的视野明显超过了当时人们的地理知识，很有气魄。可惜没有得到人们的普遍认可从而推动中国人进行地理探索。鸦片战争后，我国接受日本的译法，把“ocean”译作“洋”，Pacific

---

①中国社会科学院语言研究所词典编辑室编：《现代汉语词典》（第3版），第1032—1034页。

Ocean、Atlantic Ocean等分别译作太平洋、大西洋，把“sea”译作“海”，都是很准确的，在英文中，ocean和sea的确有这样的区别。不过，“洋”在汉语中原来指水面，并不具体指某一个洋，太平洋等译法把“洋”具体化了，变成了专有名词。在地理概念上，我们并没有把洋和洋彼岸的陆地分开，而是把洋和洋外的陆地算在一起的，然后增加了西洋、洋人等概念。由于鸦片战争以后的近代史是一段割地赔款的屈辱史，所以我们对于“洋”就有了一种复杂的感情，既恐惧又崇拜、既痛恨又羡慕、既拒斥又生吞、既无奈又不甘，于是，在文化心理上，我们便“崇”起了“洋”，也“媚”起了“外”。“洋”在近代以后有了“外国的”“发达的”“现代化”“有钱的”“武力强盛的”等含义。直到今天为止，“洋”仍然有某种自卑和崇拜西方的微妙意味。《现代汉语词典》没有把这一层意思说出来。日本在历史上一直是学习中国的，明治维新以后学习欧美超过了中国，所以我们开始称呼日本为“东洋”，赋予了崇拜的意蕴。这和古代形成鲜明的对照。北宋时期，欧阳修得到一把日本刀，曾经作了一首《日本刀歌》，那个时候，宋朝是古代世界政治、经济、文化的中心，虽然欧阳修也称日本为“东洋”，但在他的理解里，洋的那边不是“洋”，而是“夷”。

“洋”的概念史无疑既是中国历史（尤其是近代史）的一个侧面，也是汉民族的才能在世界的一个缩影。对于“洋”的未来史，我们可以这样预测，将来，随着中国科技、经济、文化、军事、政治全面走向强大，“洋”所包含的崇洋媚外的意味可能会进一步削减至于无，使这个词仅仅成为一个事实描述词汇，而不包含任何价值判断。甚至有可能进一步发展为贬义词：“洋”意味着落后、贫穷、不开化等。这将为汉民族存在世界的演变史所证明。

（原载《现代哲学》2009年第1期，中国人民大学《中国哲学》全文转载）

文字之作为“认识”论
——中国人“进入”世界的方式

一、认识论与本体论的互相涵摄：“认识论”与“认识”论

其实，说“进入”在本体意义上并不是没有问题的，因为任何人在他还没有自我意识的时候，就已经寓居于这个世界了，这意味着他不必“进”就已经“入”了。可是，我们仍然要讨论中国人“进入”世界的方式，这并不是毫无意义的。我们说，不“进”之“入”，不过是一种天然的、自在的状态。严格地说，是“在”，而不是入。在这种状态中，人与他“面对”的世界还是会形成一种“对面”关系，一种“格格不入”的状态。比如，我们回想一下王阳明早年一本正经而又煞有介事的格竹始末，就会知道，他是没有“入”的，也没有找到一个知识论意义上的良好的“进入”的方式或方法。所以，当他居夷处困，体悟出“心即理”“吾性自足”[①]“何事外求”的时候，他找到了一种新的“进入”此世的方式，一种道德实践的进路，而他所进入的，已不再是一个单纯的自然世界，而是一个社会世界了。然而，自然世界毕竟仍是有待于“进入”的，所以，他常常面临学生的质问。《传习录》还有这样一条记录：“先生游南镇，一友指岩中花树问曰：‘天下无心外之物，如此花树，在深山中，自开自落，于我心亦何相关？’”王阳明的回答体现了一种本体意义的进入方式，一种相互感应的同在关系。他说：“你未看此花时，此花与汝心同归于寂；你来看此花时，则此花颜色一时明白起来。便知此花不在你的心外。”[②]的确，“众里寻他千百度，蓦然回首，那人却在灯火阑珊处”（辛弃疾《青玉案·元夕》），就在“回首”那一刹那，在你搜寻的目光和你要搜寻的对象“接上”的那一刹那，你会发现，你所搜寻的对象千真万确地是和它周围的事物不一样地放着异常的光亮，它原来就那么闪亮亮地在那里！这时，不

---

①〔明〕王守仁：《年谱一》，《王阳明全集》卷三十三，吴光等编校，第1238页。
②〔明〕王守仁：《语录三·传习录下》，《王阳明全集》卷三，吴光等编校，第107—108页。

仅你的心，连同你的眼，也都是和那对象一样光亮起来的。王阳明弟子又问他：“天、地、鬼、神、万物，千古见在，何没了我的灵明，便俱无了？”王阳明回答说：“今看死的人，他这些精灵游散了，他的天地万物尚在何处？”[①]这就是说，无心，也就无物。这正如我们通常所说的“视而不见”“听而不闻”，因为心不在此。在王阳明这里，心不只是传统意义的认识器官，它是人“进入”世界的媒介和通道，世界向人展示它自身的一个窗口。

关于王阳明所说的这些话，行家一嗅就闻出了里面散发着海德格尔的味道。海德格尔严格区别“在手”和“上手”、外在的“在中”的在世和一体化的“在中”的在世。可是，如果我们承认庄子所说的“通天下一气”（《庄子·知北游》）诚然不虚的话，那么，人和世界的确已经是一体化了，已然是一种一体化的“在中”了：人无逃乎天地之间，无往而不在天地之间。当然，这种一体化，也还是一种自在的关系，而对象化地审视、打量甚至敲打你面前的这个世界，或者说“进入”这个世界，无论是自然的还是社会的，都是达到“上手”的一个不可或缺的步骤。这样，我们就会发现，“认识论”原来也是具有本体意义的，它是人在世的一个不可或缺的维度。反过来，我们也可以说，在世的民族、在世的人，都有它自己的认识论。因为它在本体意义上已经是一体化的。人一睁眼，看到的是这个世界；一抬脚，踩踏的是这个世界；一呼吸，吐纳的是这个世界（的气）。到此，我们甚至可以说，就连人之外的动物也是有一定的认识论的世界的。当然，人和动物不同。人可以“自觉地”“反思地”通过自身的活动“进入”自然界，其他动物的活动的“自觉性”与人比起来，自然有质的区别。人们常说“不打不成交”，人更多的是通过与自然“打交道”，相互了解、理解、适应、改造、诠释而进入世界的。人类由感官活动、肢体活动、实践活动和工业活动等进入世界。

我们可以将上文理解为，人一说话，言谈的就是这个世界；一书写（如果它创制了文字的话），描述的就是这个世界。这就是人的特点了。一个民族、一个人，他的这种存在方式本身就已经具有了认识的意义，也即存在本身就具有认识的维度。如果说，认识是进入世界的途径，那么，存在本身就已经具有了“进入”的意义了。由此言之，认识论与本体论是互相涵摄的。

进一步细化，任何一个在世的民族、一个在世的人，都有他的“认识”，有的民族自觉地进一步对“认识”进行反思，从而形成“认识论”，如欧洲近代哲学那

①〔明〕王守仁：《语录三·传习录下》，《王阳明全集》卷三，吴光等编校，第124页。

样，有的可能还没有完全把它对象化或者没有系统地、完全地对象化“认识论”，而呈现出一种“认识”论的特点，如中国古代哲学那样。当然，我们不能说，中国人对于“认识论”没有任何自觉，后期墨家对于认识的探索、王夫之的能所理论，都是自觉的“认识论”。张岱年著《中国哲学大纲》，专门辟有“致知论”，分为“知论”和“方法论”两章，探讨中国哲学的认识论。李约瑟为了说明中国古代科技为什么发达，他在《中国科学技术史》中也论述了中国古代思想中与科学有关的部分。韦政通在其《中国的智慧反思》一书中也谈到了关于中国知识论的问题。可是，我们仍不得不同意金岳霖这样的观点：中国哲学的特点之一是“那种可以称为知识论和逻辑学的意识不发达”[①]。冯友兰同意这个观点。张岱年说：“中国哲人，也多论及知识与方法，不过非其所重而已。”并说：“中国哲学中，知识论不甚发达。”[②]的确，我们可以看到，张岱年的《中国哲学大纲》，关于“致知论”部分，比“宇宙论”部分尤其是“人生论”部分薄得多。不过，中国哲学史研究中认识论部分之所以薄弱，恐怕也是由上述诸家都是按照西方“认识论”的思维框架来研究中国哲学的“认识论”造成的。在笔者看来，中国哲学虽然没有系统发达的“认识论”，但有“认识”，因为哲学史是人类一般的认识史。中国哲学虽然不能建立一个与西方哲学对等的“认识论”，但可以通过探讨它对自然、社会、人生的“认识”过程，建立一个“认识”论。从方法上说，不必严格按照什么是知识、知识的来源如何、认识和经验的关系如何、认识的能力如何、知识真假的标准如何……诸如此类这样的模式来探讨中国哲学的“认识”论。

让我们对“自觉”或“反思”再进行一次反思。从存在本身即具有认识的维度来看，语言，尤其是文字的出现，就是人类存在的自觉性和反思性的表现。语言、文字是一个人、一个民族进入世界的媒介或通道。语言是一种自觉地进入世界的方式，语言重构世界，生活在语言中也就是生活在世界中。从这种意义上说，一种语言就是一种认识方式。通过对语言的分析，可以了解使用这个语言的民族的认识方式。这样，非研究中国哲学中的“认识论”无以表达中国人的认识，就不一定是合适的做法了。通过研究汉字，照样能够打开中国人的认识世界。就是说，不必局限于寻找具体的自觉的认识论材料，如《墨经》关于“知”的理论之类，就是通过

---

①金岳霖：《中国哲学》，刘培育编：《道、自然与人——金岳霖英文论著全译》，生活·读书·新知三联书店2005年版，第52页。

②张岱年：《中国哲学大纲》，中国社会科学出版社1982年版，第495、527页。

对文字、语言的研究来探讨中国哲学的具体的认识过程，从而了解中国哲学的“认识”论的。这样的“认识”论积累多了，或许就可形成中国哲学的“认识论”。

二、文字之作为世界的一个反映体系和规范体系

把文字作为人类进入自然界的通道，对于汉语语言来说是再恰当不过的了，因为汉字作为一种象形文字，仍然保留着我们进入世界的轨迹。这种轨迹在我看来，就是“类”的思维方式。“类”的思维方式首先表现在文字的创制上。许慎说：“仓颉之初作书，盖依类象形，故谓之文。其后形声相益，即谓之字。文者，物象之本；字者，言孳乳而浸多也。”[①]这表明，“文”，乃是自然之迹、象、纹路等，是形象的东西，和《易传·系辞下传》所说的“古者包牺氏之王天下也，仰则观象于天，俯则观法于地，观鸟兽之文，与地之宜”中的“文”是一个意思。可见，“文”是对于自然的摹仿，实际上是用相似的形状，抽象地表示一类事物。由“文”进一步“滋生”出来的与发音结合在一起的，称为“字”。许慎对于“象形”的解释是：“画成其物，随体诘诎，日（⊙）月（◗）是也。”[②]这表明了“依类象形”对于汉字的意义。在我们看来，六书的基本形式还是象形，其他都是以象形为基础的。比如“指事”是“视而可识，察而见义，上（二）、下（二）是也”[③]。其实，上下作为一种位置关系较为抽象。甲骨文是用象形的上下位置表达“在……之上”“在……之下”的抽象关系的。由此言之，“指事”超出了象形的具体性和直接性。段玉裁认为，指事和象形的区别是“形为一物，事赅众物”，[④]即两者有专博的不同。如，“上、下”可遍指一切上下之物，日月只能指日月。照段玉裁所说：“指事”字具有普遍性，“象形”则指示专有名词，没有普遍性。这一说法的确反映了指事的特点。

“形声”更接近“象形”，“会意”则更接近“指事”。形声的“形”部分是

①〔汉〕许慎撰，〔清〕段玉裁注：《说文解字注》十五卷上，第755页。
②〔汉〕许慎撰，〔清〕段玉裁注：《说文解字注》十五卷上，第755页。
③〔汉〕许慎撰，〔清〕段玉裁注：《说文解字注》十五卷上，第755页。
④〔汉〕许慎撰，〔清〕段玉裁注：《说文解字注》十五卷上，第755页。

以象形为基础的。许慎解释说："以事为名，取譬相成，江、河是也。"[①]这里的江、河都表示"水"，读音则由"工""可"来表示。"会意"照许慎的解释是："比类合谊，以见指㧑，武、信是也。"[②]段玉裁认为，"武"是从止戈，不是从止从戈；"信"是从人言，不是从人从言。"信"乃是"比合人言"，即把个人所说合在一起比观，所以此字是会意。显然，与形声相比，会意的抽象性更强，因为它要表达的是"意"。会意表达了抽象的意思，更适合表达抽象概念。想一想从《老子》第一章的"名可名，非常名"以及《庄子·天道》提出的"言意之辨"，就能知道"意"的重要性。会意中还包括"分类"的意思。"转注""假借"更是以类为基础的。关于转注，许慎说："建类一首，同意相受，考、老是也"。[③]所谓"建类一首"，是把同一意义或相近意义的字分在同一个部首，成为一个类别。这样，这些字可以相互训释，如考、老互训。"假借"是"本无其字，依声托事，令、长是也"[④]。假借之所以可以进行，正是因为有"类"的思想作为基础。《易传·系辞下传》讲包牺（羲）氏仰观俯察，近取诸身，远取诸物等制作八卦，其原则通于创制文字。有一种说法认为，八卦就是上古的文字，最明显的是坎卦☵，其形状与古代"水"（）字非常相似。汉字之所以能够成为表意文字，在很大程度上是这种仰观俯察的思维方式所致。转注、假借则属于纯粹语言自身的游戏，为前四者之用，这一点，我们同意段玉裁的看法。

"六书"系统是对于自然的直接反映。文字直观地、形象地、同构地反映了世界，文字构成世界的二维类似体。这样，多维的世界就被纳入了二维的文字体系之中，于是，就形成了与外部世界同构的书面世界。可见，在汉语文化中，"象形"——对自然的摹仿，是"进入"自然的方式。文字的出现是文明的一次质的飞跃。中国古代对于文字出现的意义的说明是"仓颉作书，而天雨粟，鬼夜哭"[⑤]。"这表明，文字打乱了天地人神各安其位的自然状态。那种本来属于鬼神的幽深的、晦暗的、玄妙的、高远的世界，与可见世界对立的另一半——不可见的世界被人类打开了一个洞，而且，这个洞经过积累会扩大，神的居所越来越小，人的世界越来越大。神失去了对世界的主动权和控制力。'天雨粟'正是天地秩序被打破的

---

①〔汉〕许慎撰，〔清〕段玉裁注：《说文解字注》十五卷上，第755页。
②〔汉〕许慎撰，〔清〕段玉裁注：《说文解字注》十五卷上，第755页。
③〔汉〕许慎撰，〔清〕段玉裁注：《说文解字注》十五卷上，第755页。
④〔汉〕许慎撰，〔清〕段玉裁注：《说文解字注》十五卷上，第756页。
⑤〔汉〕刘安：《本经训》，《淮南子》卷八，上海中华书局1936年，第4页。

表现。仓颉造字和伯益作井同样是‘惊天地、泣鬼神’的事件。中国文化对于文字出现的意义的认识是非常深刻的……有了文字，文明才能积累，才能发展，人才成为人。文字，进而语言本身能够创造独立的存在世界。”[①]的确，文字对世界不只是摹仿，同时也是一种规范性和控制性力量。在某种意义上说，每个文字也都是康德意义上的范畴。

我们以汉语水系文字为例，包括泉部、川部等一切与水有关的文字，看看词汇对于存在世界的反映与规范。《说文解字》收录篆字9353个，其中水系文字有522个，占《说文解字》全部汉字的5.46%。据郭宝钧统计，甲骨文中表示河流、山川方位的字占总字数的7%，[②]这与《说文解字》中水系词汇的比例大致相当。《康熙字典》收录汉字47035个，其中水系文字达到1794个，占3.814%。可以按抽象程度的高低把水系词汇分五个级别，每一个级别都对应一个汉民族的存在世界的层次。第一级是感性具体性的存在世界，其词汇为离现实最近的、直接表达具体存在对象的词汇，即专有名词。第二级为动作世界，词汇为表示动作的词汇。第三级词汇为普遍名词，对应一般普遍世界。第四级是反映对于水的认识、表达水的性质的词汇。第五级为抽象世界，为一般抽象概念和哲学概念。这样，我们就从语言世界中看到了汉民族从物质到精神的存在世界。[③]

总之，汉字体系就是一个世界的反映和规范体系，汉民族是通过对自然的摹状、类比和同构进入自然的。类的思维是我们“认识”论的特点。这种类的思维具有与自然的同构性和一致性的特点，这正是天人合一的思维根源之一。从文字规范性还可以延伸到思维的分类、取类等认识论思维方式。这些问题有待以后论述。

（原载《福建论坛·人文社会科学版》2009年第4期，中国人民大学《中国哲学》2009年第7期全文转载）

---

①乔清举：《河流的文化生命》，黄河水利出版社2007年版，第173页。
②郭宝钧：《中国青铜时代》，第241页。
③关于这五种世界的具体分析，请参看乔清举《河流的文化生命》的有关部分。

河流的文化生命与中华文明的普遍价值

——南开大学哲学系乔清举教授访谈

（郭君铭，中共河北省委党校哲学社会学教研部教授，哲学博士）

（以下均由郭君铭提问，乔清举回答）

问：“河流的文化生命”这个概念以前没有听说过，这是个什么性质的题目，您是怎么做起这个题目来的？

答：先谈一下这个题目的缘起吧。做这个题目总体上可以说是因为“母亲河的呼唤”。我的大学时代是在河南开封度过的。河南大学的东墙是开封市的古城墙，现已成为国家重点文物保护单位。东墙外有一条火车道，不载客，也不载货，每天拉着几列车砖石往北去，据说是修黄河堤用的。大二的时候，我和同学们去了一趟黄河。那是春天，下了（河南省濮阳市濮阳县城关镇）南堤村就进入了黄河。河道宽阔，不止十里，都是厚厚的半干的沙土，走在上面，软软的。春天的阳光暖洋洋的，微风拂面，有不少同学躺在沙滩上，享受起了日光浴。黄河就在身旁静静地流淌着。这时你感受到的不是她的波涛汹涌，而是亲切和蔼，恰似母亲的温柔。后来又一次来到黄河，坐船到对岸，大出意料。从南岸到黄河，一路缓坡上来，感觉不到黄河是条悬河，北岸河堤却是齐刷刷地下去，超出地面十米，房顶、树尖都在河的下面；到地面再看黄河，就得仰视了。这使我真实地体会到了什么叫“悬河”。（河南省新乡市封丘县）陈桥驿就在北岸。当年赵匡胤发动兵变时，黄河应该没有这么高，否则他就不会定都开封了。1987年夏天，我从北京坐火车到敦煌，又一次路过黄河。月光下但见水面浩瀚、激流汹涌，黄河展示了她雄浑壮阔的一面。以后常常路过黄河，她就像一把刻刀，一次次在我的心灵深处刻下她的痕迹。我的心灵和黄河有了感应，我不由得想，我能为她做些什么呢？

2004年7月份，经作家朋友张真宇介绍，我与水利部黄河水利委员会办公室侯全亮主任、宣传处李肖强处长和吴强同志在北京会面。他们谈到要召开一次“河流伦理”的会议，希望我帮助联络相关学者。我对环境伦理略知一二，感到这个题目十分新颖。环境伦理、生态伦理是当今社会最前端的学术思想之一，利奥波德提出过“大地伦理”，不过，国际上还没有哪个学者提到过“河流伦理”。这些工作在一线的同志，不是专门研究学术的，却能提出这样的题目，这令人称奇。和他们谈到提出这个题目的缘由时，才知道这是他们工作实践的结晶。

原来，我们与河流相处、交往的原则，或者说我们的治河理念是“征服”，如筑堤、修坝、控制洪水。这是近代人与自然斗争的思路。这样做确实取得了巨大的成绩。黄河从上游的刘家峡、青铜峡到中游的三门峡、小浪底，大大小小的水坝共修了十几座，自1949年以来，黄河没有发生过决口和改道。的确，我们把河流作为对象进行征服，已经做到了极致。小浪底水库建成以后，黄河再也没有可以修坝的地方了。进入20世纪70年代后，黄河出现了前所未有的问题——断流，时间最长的一次将近300天，开封以下无水。母亲河险些变为“老干娘”，黄河面临生存危机。要知道，母亲河的死亡绝不仅仅是对中华民族心理的沉重打击，还包括整个黄河流域尤其是中下游地区都会陷入用水危机、生存危机。看来，一味地征服自然的思路该改弦更张了，实践迫使我们与河流共存，不能单纯把河流作为一个客体、对象，而要把她提高到主体和生命的高度，维护她的权利，建立新型的人河关系。黄河水利委员会主任李国英先生提出“维持河流的健康生命”，这已经成为国际河流学会的口号；作家张真宇提出了“河流伦理学”。由于实践的推动，我们站到了人类学术的前沿。

2004年10月，“河流伦理学”在郑州召开。会议召开得非常成功。会后，在侯全亮主任、李肖强处长的推动下，我们又多次召开座谈会，决定撰写“河流伦理学”丛书，全方位地探讨河流伦理问题，初步建立河流伦理学体系，推动环境伦理向纵深处发展，也为贯彻和落实科学发展观提供理论支撑。这套丛书的构成是这样的：《人与河流关系史》由复旦大学葛剑雄老师负责，《河流的自然生命论》由哈尔滨工业大学叶平老师负责，《河流的文化生命论》由我负责，《河流伦理学》由清华大学雷毅老师负责，《河流伦理的哲学基础》由北京大学吴国盛、刘华杰、苏贤贵负责，《河流伦理与立法》由武汉大学蔡守秋老师负责，《维持河流健康生命指标体系》由黄河水利委员会李肖强等同志负责。整套丛书由黄河水利出版社出版。

问：请谈谈您编写的书的主要内容。

答：《河流的文化生命》作为丛书的一本，是整个“河流伦理学”体系的组成部分。它的内容主要探讨河流在人类精神、文化生活中的作用，发掘其文化内涵，从文化、精神的维度肯定河流的价值，促进维持河流的健康生命。这个题目缘起于黄河，内容则不限于黄河。我在书中使用的材料都是中国文化的，我是有意这样做的，目的是要显示作为地方性知识的中国文化对于当代人类文化的普遍意义。任何一种文化最初都是“地方性知识”，最后才上升为普遍的全球化知识的。欧洲文化就是一个典型的例子。以近代作为分水岭，欧洲文化上升为普遍文化后，美国经过200多年的发展，尤其是两次世界大战后经济得到高速发展，现在美国文化中的后现代主义、环境伦理等也都开始向普遍性方面发展。你看看书店里翻译的哲学类著作，有关美国的书近二十年有增加的趋势，而欧洲的书则处于停滞状态。这就是文化从地方性上升为全球性，从特殊性上升为普遍性的轨迹。中国文化对于河流、水的认识，对人与河流交往原则的阐述，特别具有当代价值，可以构成当代世界环境伦理的重要部分。我在研究过程中，曾经与当代著名环境伦理学家罗尔斯顿III通过电子邮件，向他通报了这个课题的情况，他表示有极大的兴趣，期待成果早日问世。

问：请您谈谈什么是河流的文化生命，您是如何进行论证的？

答：这个概念是张真宇先生首先提出来的，对它进行定义和论证则是我所做的工作。“河流的文化生命”很容易被做成一个文学性的题目，比如，把古今中外对河流进行礼赞的诗、词、散文、小说等编成一个集子，定一个题目叫作“河流的文化生命”，似乎也没有什么不可取的。可是，我们要进行的是哲学的论证，仅仅靠抒情、拟人是不行的。把河流和文化、生命结合起来，在人类历史上是没有过的，习惯上我们会把生命与动物、植物、人类联系起来，却没有人把它与河流联系起来，尤其是“文化生命。”所以，必须首先对生命、文化进行定义，才能进一步定义“河流的文化生命”。关于生命，我提出了新的生命观——生命的家族类似性或者说家族类似性的生命观。传统生命观是生物本质主义的，如《简明大列颠百科全书》把生命定义为“具有进食、代谢、排泄、呼吸、运动、生长、生殖和反应性功能的系统”[①]，显然是把生命作为生物的本质，是生物本质主义的。本质主义是一种思维方式，以一般和个别、普遍和特殊、本质和现象为范畴体系，主张从诸多个别现象中抽象出一般、普遍或者本质。抽象是舍弃那些所谓的非本质的特点，保留本质性的特点，实际上是以某种认识为前提的剪裁。从这种意义上说，这种思维方式还包含着循环论证的缺陷。在达到一般或者普遍之后，本质主义会把这个“一

①中美联合编审委员会编译：《简明不列颠百科全书》（第7卷），第165页。

般”作为理解其他所有个别的“钥匙”或者关键，其实是用一般代替对所有具体的、个别的理解和研究，无视或者抹杀个别的特点。这种思维方式，存在以一般代替个别的缺陷，个别的具体性在这种思维方式下会被认为是无意义的而被抹杀掉。用一般代替、甚至抹杀个别，可谓本质主义的暴力倾向所在，把某一具体的个体作为普遍或一般来代表所有个体的做法尤其荒谬。个别的那些非一般意义的特点，对于个别来说，并不是可有可无的，而是十分重要的。

本质主义的生命概念认为生命是生物体所具有的一种性能，把生命作为生物体的本质来看待，并以这一本质来规定生命，尤其是以人类作为生命的典范。这一概念所导致的问题是对所谓非生命存在物、部分生命存在物的不尊重，导致物种灭绝、环境污染、生态恶化。所以，突破和超越本质主义生命观，对生命进行新阐释势在必行。生命的家族类似性概念，把生命看作一个没有唯一的、固定的、决定性的本质的“家族类似”概念。

“家族类似”概念是维特根斯坦在说明各种各样的“游戏”（game）时提出的，[①]对于突破本质主义思维方式十分有效。不过，维特根斯坦并没有对这一概念进行定义。我们可以这样理解“家族类似”：设某一家族 J，有成员 M、N、O、P 等，其中 M 有 a、b、c 等身体特征，N 有 b、c、d 特征，O 有 d、e、a 特征，P 有 c、d、e 等特征。如果我们看到一个 X 个体有 a、b、c、d、e 特征中的若干项，我们会倾向于认为，这个X属于家族J。我们做出这个判断，仅仅是出于类似，而不是，也不能把 a、b、c、d、e 中的一项、若干项或者全体认作这一家族的本质特征，认为只要某个X有了这一项或者若干项，就一定属于这个家族。家族类似排斥本质主义的归约主义，使我们能够更加专注于研究而不是抹杀个体的具体性。

从家族类似性来看，生命的最简单、最普遍的含义是存在和不存在。不存在可以是本来就没有，我们这里所说的不存在是从存在到不存在，是存在的消亡、消失，也就是死亡。任何事物，只要具备从存在到消亡的过程，无论是自我发展的结果还是外在影响所造成的，都可以说具有一定意义的生命。泥土是最不被认为具有生命的东西，但是，生活经验告诉我们，泥土可以被烧制成砖瓦，从而失去它的性质，这其实就是泥土的“死”和砖瓦的“生”。死去的泥土再也不能发挥泥土孕育和促进万物生长的作用了，它不是死了又是什么呢？现代物理学把这个过程称为熵增的过程。泥土被烧制成砖瓦，毕竟还包含着一个砖瓦的生成过程，砖瓦还是有用

① ［奥地利］维特根斯坦：《哲学研究》，李步楼译，陈维杭校，第48页。

的物件。这里面包含着自然的转化，用庄子的话说，乃是道通为一的万物禅形，成毁一如，“其分也，成也；其成也，毁也。凡物无成与毁，复通为一。唯达者知通为一”（《庄子·齐物论》）。但是，现代工业产生的化学垃圾、电子垃圾等污染物把泥土污染以后，泥土就彻底失去了参与万物禅形死而复生的循环的条件，就彻底死亡了，植物、动物从此失去家园，真可以说是泥土的悲哀。泥土还包含有能量的吸收、积蓄、储存和输出过程。泥土的能量乃是广义的土地的肥力，它把能量输出到赖之以生的植物中，各种作物、果实，则是泥土的产出。泥土的能量交换过程也是和生命的能量交换过程一样的化学反应过程。利奥波德提出，“土地不仅仅是土壤，它是能量流过一个由土壤、植物，以及动物所组成的环路的源泉。食物链是一个使能量向上运动的活的通道，死亡和衰败则又使它回到土壤。这个环路不是封闭的，某些能量消散在衰败之中，某些能量靠从空中吸收而得到补充，某些则储存在土壤、泥炭，以及年代久远的森林之中。这是一个持续不断的环路，就像一个慢慢增长的旋转着的生命储备处。”[①]利奥波德提出了“健康的土地”[②]“土地伦理”等概念，扩大了道德共同体的界限，使“它包括土壤、水、植物和动物，或者把它们概括起来：土地”[③]。利奥波德的论述在一定程度上支持了我们主张的土地具有生命的观点。

我之所以提出生命的广泛性、层级性和家族类似性的新生命观，是因为近代以来的生物本质主义的生命观有极大的片面性，给环境和生态带来了毁灭性的破坏。新生命观的意义在于给予大地、山岳、河流等一定的生命意义，维持它的生命，维护它的权利，把它作为伦理主体，促使人类改变与自然界的交往方式，把道德共同体的范围扩大到自然界的其他生物、非生物界，由此建立人与自然的新型关系。对于我们的课题来说，最重要的还在于，只有在新生命观下，我们才能确立河流的文化生命的概念。传统生命观会倾向于把“河流的文化生命”看作一种比喻、拟人化的用法，不具有知识价值。死的可能性普遍存在于生的现实性之中，也突破了生命和死亡的生物本质主义，使我们对于大地山川的死亡始终保持高度的警觉。“生命”是一个动态的、开放的家族类似概念。由此出发就会发现，自然中许多事物都具有生命的某些或不少特征，它们无疑都是一定限度的生命形式。这使我们对生命

① [美] 奥尔多·利奥波德：《沙乡年鉴》，侯文蕙译，第205页。
② [美] 奥尔多·利奥波德：《沙乡年鉴》，侯文蕙译，第193页。
③ [美] 奥尔多·利奥波德：《沙乡年鉴》，侯文蕙译，第187页。

的认识扩大化，把许多事物都纳入生命的范畴进行考察，重新确立与它们的关系。需要说明的是，我们这么定义生命，和传统的万物有灵论和物活论是有所区别的。我们并不认为万物都有神灵，也不认为所有物质都具意识能力。我们的论证更多的是基于科学发展的成果和哲学的论争，而不是臆测或宗教的玄想。

关于文化定义，到目前为止，已经达到200多个。把这些定义都捋一遍，就足够写成一本专著了。我把文化定义为广泛地反映在器物、制度、思想、生活方式各个层面的精神和价值。有对于生命、文化的新理解，我们就可以定义“河流的文化生命”（the cultural life of rivers）了。我的定义是：“河流的文化生命是河流不作为纯粹自然现象而作为人类文明史的一部分所具有的生命，是河流对人类精神生活、文化历史和文明类型的积极的启示、影响和塑造。河流的文化生命不是河流静态、单向地对人类文化产生影响，而是人与河流相互交往、对话、诠释的产物。河流的文化生命表现为人与河流的相互交往所形成的理念，是人与河流关系的升华，表达了人与河流的互动和同构。”关于河流的文化生命，其核心是人和河流的交往与诠释，我们的交往包含着“实践”，但不限于实践的内涵。

“河流的文化生命”与“河流文化学”“河流文化”或者“河流文明”是不同的概念。河流文化总体上属于历史学的范畴，重点是把流域范围内的文化全貌呈现出来。所谓河流文化学，则是针对河流流域地区文化的性质、特征和特点的研究，它不探讨河流和文化之间的内在性、本质性联系，这样的学说属于文化学。所谓“河流的文化生命”，恰恰是要探索河流和文化之间的内在的和本质的联系，探讨的是作为自然现象的河流对于它所流经的地区的文化的影响，即它在流域文化中的投影、它给流域文化带来的印记。这种影响、投影或者印记是本质性的，对这一地区的文化形成了塑造作用，使它不同于其他地区的文化。河流对文化的这种塑造作用就是河流的文化生命。

问：河流的文化生命在中国文化中有什么表现呢？

答：表现是多方面的。我们可以分四个方面来说明。

首先是中国文化对于河流的文化生命的一般认识，在这方面有两个重要命题，一是“川，气之导也”（《国语·周语下》），二是“川竭国亡”（《国语·周语上》）。

据《国语》记载，周灵王二十二年，王城西部的谷水泛滥，南入洛水，淹及王宫西南。周灵王要堵住谷水（壅川），即修筑堤防，使谷水北流。太子晋的观点是，不能开山、毁山，不能加高渊薮（渊薮是没有水的塘泽），不能给河流设置坝防。因为山是土的聚积、薮是物的归宿，泽是水的集中，川是天地的导气之所。太子晋说："古之长民者，不堕山，不崇薮，不防川，不窦泽。夫山，土之聚也。薮，物之归也。川，气之导也。泽，水之钟也。夫天地成而聚于高，归物于下。疏为川谷，以导其气；陂塘污庳，以锺其美。是故聚不阤崩，而物有所归，气不沉滞，而亦不散越。是以民生有财用，而死有所葬。"[①]这里"气之导"的"气"，是一个哲学概念，不是物质概念。当然，它也指称物质，如现代意义的大气、水蒸气、风、呼吸等。但是，它遍指一切气而不限于某一方面。这也是哲学概念的特点所在。天地之气的交通是中国哲学的根本观念，交通而和，万物阜生。川，作为一种自然现象，正发挥着导气促和的作用。这意味着河流是促进万物生长的一个不可或缺的环节。所以，在太子晋看来，对于川谷，只能疏导以通其气。

所谓"导气"，用科学语言说就是气的循环。其背后的哲学思维有《老子》第四十章的"反者道之动"和《周易》的"复"。老子的"反"，指向相反方向运动最终回到出发点，这恰好就是循环。"复"，是回复。《周易》复卦卦象是震下坤上，雷在地中，一阳来复。《复卦》说"反复其道，七日来复，利有攸往"，《彖》辞说"反复其道，七日来复，天行也。利有攸往，刚长也。复其见天地之心乎"？复，也可以说是循环。《周易》认为这是"天地之心"，也就是说，是天地最根本的原则。关于循环，罗尔斯顿曾经指出："生态学教导我们，应该大大扩展我们对于'循环'一词的理解。人类生命是浮于以光合作用和食物链为基础的生物生命之上而向前流动的，而生物生命又依赖于水文、气象和地质循环。"[②]罗尔斯顿所说的水文、气象、地质的循环，都可以包含在中国古代的气的循环之内。

"川，气之导也"把河流与自然的其他部分视为统一的整体，具有整体性和统一性的观念；又以阴阳观念为基础，说明了河流与自然的其它部分的联系、河流在自然中的作用；强调了河流对于人类的重要意义。这些认识都是现代科学所不具有的。近代以来的科学理论把河流作为索取和斗争的对象，重视的是河流的工具性价值。以"川者气之导"为代表的中国古代河流学说重视的则是河流自身的内在价值、它在自然体系中的意义和对于人的超出工具性的神意价值。

"川竭国亡"也出自《国语·周语》。周幽王二年，西周发生地震。伯阳父说地震预示着周将灭亡。"夫天地之气，不失其序，若过其序，民乱之也。阳伏而不

① 〔清〕徐元诰：《周语下》，《国语集解》，王树民、沈长云点校，第92—93页。
② [美] 霍尔姆斯·罗尔斯顿III：《哲学走向荒野》，刘耳、叶平译，第104页。

能出，阴迫而不能烝，于是有地震。今三川实震，是阳失其所而镇阴也。阳失而在阴，川源必塞，源塞，国必亡。夫水，土演而民用也。水土无所演，民乏财用，不亡何待？昔伊、洛竭而夏亡，河竭而商亡。今周德若二代之季矣，其川源又塞，塞必竭。夫国必依山川，山崩川竭，亡之征也。川竭山必崩。若国亡不过十年，数之纪也。夫天之所弃，不过其纪。”[①]伯阳父的逻辑思路为天地之气失序—地震川塞（河竭）—国亡。天地之气失序是阴阳失所，阳伏而不能出，阴迫而不能蒸发，导致地震、川塞。演，为“润”；土演，即润土，水曰润下，水土通气。百姓因水土通气而得到财用，因川塞、河竭而造成财用匮乏，所以十年之内国家必然灭亡。《国语》提出的“川竭国亡”的说法，除了阴阳之气的解释不太符合现代科学之外，其他几方面都是非常有道理的。所以，“川竭”在传统文化中是一个值得时刻警惕的事情，不少典籍都提到了这个问题，《淮南子》等典籍都有记载。川竭国亡是一气循环的结果，类似今天所谓“蝴蝶效应”。“川，气之导也”和“川竭国亡”等命题内涵极其丰富，表达了对于河流的自然生命和文化生命的深刻体认，其意义超越了时代，直到今天仍能发人深省，对确立人与河流的新型关系、构建河流伦理学体系、建立新型的生态文明具有重要意义。

河流的文化生命表现的第二个方面是在语言文字中。中国的文字是象形文字，其中的水部、川部等文字都是河流的文化生命的凝聚。根据我的统计，东汉许慎的《说文解字》收录篆字9353个，分为540个偏旁部首，其中水部文字469个，占《说文解字》所收全部汉字的4.91%。每个偏旁平均合17.32字，水部文字是平均比例的27.1倍。如果加上川部、泉部、永部等，则水系文字有522字，占《说文解字》全部汉字的5.46%。据郭宝钧统计，甲骨文中表示河流、山川方位的字占总字数为7%，[②]这与《说文解字》中水系词汇的比例大致相当略多。《康熙字典》收录汉字47035个，仍是迄今为止收录汉字最多的字典之一，其中水部文字1655个（包括异体字），占所收全部汉字的3.52%。如果加上川部、冫部139字，则水系文字达到1794个，占3.814%。《康熙字典》共有204个部首，每个部首合230.564个字，水部文字达到1655个，是平均值的7.178倍。除了文字外，还有词汇的构成方面，如“永恒”的“永”属于水部，这表明了中国文化中的时间概念与水的联系等等。

第三个方面表现在对本原进行探究的哲学思维，五行水为先，八卦中兑卦、坎

---

①〔清〕徐元诰：《周语上》，《国语集解》，王树民、沈长云点校，第26—27页。

②郭宝钧：《中国青铜时代》，第241页。

卦都是水；以因、无为为具体内涵的天人合一概念就来自于治水，治水或者说与水的交往是中华民族智慧的根源。中华民族的根源性智慧决定了中华民族对待自然的基本态度是了解自然，遵循自然规律，与自然和谐相处、共生。根源性智慧跨越儒道各家，比如说，无为一般被认为是道家的概念，但《诗经》《论语》《孟子》中都有这个概念。有人认为，《论语》是汉代编撰的，其中的“无为”概念和思想是汉儒受到道家思想的影响而加进去的，这其实是不对的。《论语》中的无为是孔子对于中华民族根源性智慧的运用。《孟子》中的“无为”是“无事”。孟子说：“禹之行水也，行其所无事也。”（《孟子·离娄下》）无事，正是无为的内涵之一。《老子》中屡屡出现这个概念。“我无为，而民自化；我好静，而民自正；我无事，而民自富；我无欲，而民自朴。”（《老子》第五十七章）荀子借孔子之口说：“夫水遍与诸生而无为也，似德。”（《荀子·宥坐》）总之，作为治水经验的积淀，水、因、无为无论是在逻辑上还是在实践中都是统一的。同样一种智慧，儒道各家进行了不同方式的使用和发挥。

第四个方面表现为人生的境界与修养。儒道哲学的功夫论都与水和治水有密切关联。举例说，古人常常拿水来比喻心。《尚书·周书·酒诰》篇中有“古人有言曰：‘人无于水监，当于民监。’今惟殷坠厥命，我其可不大监抚于时！”的话，《庄子》记载孔子的话说：“人莫鉴于流水而鉴于止水。”（《庄子·德充符》）《尚书》引用古人之言说“无于水监”，说明当时以水为镜是十分普遍的，否则不会成为谚语。既然心和水一样，那么，关于水的认识、对于水采取的措施，直接运用到具有认识功能的心上来也是顺理成章的。水最显著的特点是有清浊、有动静；清、静能映照，浊、动不能映照。老子提出了“涤除玄鉴”（《老子》第十章）和“心善渊”（《老子》第八章）的方法。他说：“涤除玄鉴，能无疵乎？”（《老子》第十章）要求心做到纯、净。又如，“渊”具有静、深的特点，“心善渊”即是保持认识的玄深。庄子也提到，人心在安静的时候是“渊而静”（《庄子·在宥》）。“涤除玄鉴”在庄子那里更为明确地发展为“明镜止水”。为了做到心如明镜止水，庄子提出了许多方法，有“心斋”“不撄心”“澡雪”等。心斋，顾名思义，就是心的斋戒。照庄子所说，也就是思虑集中，不听以耳而听以心，不听以心而听以气。庄子反对“撄心”，即搅混人心。在庄子看来，儒家所谓仁义礼智就是搅混人心的东西。庄子借老聃之口说，黄帝以仁义扰乱人心，所以尧舜辛苦地奔走于天下，大腿、小腿上的汗毛等磨光了，煞费苦心为仁义，耗尽心机制定各种法度，然而终究不能改变人心。于是，尧把驩兜流放到崇山，把共工流放到幽都，把三苗驱逐到三危等等，天下仍然不能平静。到三王时，天下受到了更大的扰乱。儒墨并起，相互猜忌；下有桀纣、盗跖，上有曾参、史鱼。庄子怀疑，这样怎能知道仁义不为桎梏，不为曾参、史鱼，不为桀纣、盗跖。“无撄人心”，他认为，“绝圣弃知，而天下大治”（《庄子·在宥》）。儒家的理欲之辩，也与水有关。

问：既然河流的文化生命缘起于黄河，您是不是也研究了黄河的文化生命？它的内涵是什么？

答：在中华民族五千年的历史中，“黄河”始终不是一条普通的河流，她有超出单纯自然现象的“神性”，这是由中华民族在历史上与黄河的交往史所决定的。在殷代，黄河被称为“高祖河”；在汉代，她又被称为“中国河”；她至今还被叫作“母亲河”，这些都表明了她的“神性”。这种神性，成为中华民族的集体意识，潜在地发挥着作用。我们仍能从语言使用习惯上看出这一点。在汉语中，与河相关的词汇都有永久性和肯定性的正面价值，与江相关的词汇则不具有这方面的价值；与河相关的词汇的内涵的深刻性要远远超过与江相关的词汇。如“河山”“江山”之间就有一种非常隐秘、深刻的区别，反映了不同的文化心理意识。“江山”常常代表政权、朝廷，不具有永久意义，在古代，每一个朝代都有气数尽的时候，都是会或应该被取而代之的，“江山”不可能永久地属于一家一姓。“河山”则属于历史、属于永恒，不属于一家一姓。河山是普遍的、永恒的，江山是特殊的、短暂的；江山是属于人的，人却是属于河山的。与江山相比，河山无疑具有更本质的意义。这仅仅是一个方面，还有历代对黄河的祭祀，河出图、洛出书对于中华民族的哲学思维的启发等。黄河对于中华民族的国境范围具有指示意义。河源内属于中华民族，汉代认为河源为现在新疆罗布泊湖，汉代的边疆便被推进到了新疆；隋唐时期发现河源在青藏高原，便在那里设置了河源郡。广义地说，中华文化就是黄河文化。

问：这个题目的意义是什么？还有什么地方是您希望进一步研究的？

答：我想，意义是多方面的。中华民族的历史是从治水开始的，首先，与水的交往为我们的研究提供了一个可以真正了解这种文化的视角。前面我已经说过，治水包含着中华民族的智慧根源，这样看，无疑加深了对中国文化的理解。其次，为我们认识中国文化的普世价值提供了一个切实的角度。天人合一是一种普世价值，这一价值将成为环境哲学的根本原则。十年前我对后现代思想还是很不赞成的。毕竟，那时中国刚刚开始发展，奢谈后现代，总是让人觉得迂远而阔于事情，甚至有些别有用心。随后的十年，中国的GDP已经跃居世界第4，人均年收入达到1700美元以上。中国充分展示了一个民族在焕发了她的青春和活力之后所能达到的成就。可是我们也为此付出了沉重的环境代价：太湖污染、滇池水体恶化、白鳍豚灭绝、地方病流行……这块土地被我们的祖先呵护了几千年，交给我们时，它被我们折腾得还能养人吗？我们还能在这块土地上生存下去吗？

2006年4月底，我和李肖强处长一道考察黄河。汽车在一个山谷中行驶了很长时间，路的右边有一条河道，石头底，中间有一条不宽的凹槽，流着很少的水。沿着这条河走了很长时间，我都没有意识到这是黄河主干河道，还以为它是黄河的一条支流。到了壶口瀑布，才发现原来我经过的是举世闻名的晋陕大峡谷，身边那条河就是黄河。命悬一线，这个词在我脑海中立刻涌现。李肖强处长说，这时是黄河的枯水期，大概有600个流量，适宜观赏壶口瀑布。这时的瀑布气势壮观，一如我的想象。可是，我却始终惦记着黄河命悬一线，靠河水为生的沿河各地命悬一线，华北地区命悬一线。我的心愈发沉重了，也感到了研究的紧迫性。一个声音在我心底隐然响起，越来越大，那是母亲河的呼唤——把河流作为一个有生命的主体对待吧！

赋予河流以主体地位，建立人与河流的伦理关系，不仅使我们站在国际学术的前沿，为人类提供未来的参照，也为我们的现代化进程提供一个有益的参照。关于需要进一步研究的问题，如自然的目的与生命、价值问题、人与自然的双焦点关系都是，这也进一步深入到了环境伦理本身。关于河流的文化生命，还需要进一步探讨其传承与发展的机制，在方法论上，还需有所突破。

儒家生态哲学对生态文明建设以及人类文明未来发展的启示

『是』和『应该』或者说事实和价值的分离是西方伦理学的一个基本认识，如何让二者统一则成为道德哲学的一个难题。从生态的视角看，在儒家哲学中事实和价值是统一的。仁是事实和价值的统一。仁既是爱、是价值，也是本体、是事实，是主体，也是客体，是主客的辩证统一。未来中国文化应回归到以仁为本体的传统上。基于『仁』的绿色、和平是人类文明的发展方向，当代国际生态哲学的最前沿在不少哲学问题上已经呈现出向中国哲学靠拢的态势。中国生态哲学研究具有多层意义：加深对人与自然的关系的理解，推进对中国哲学、中国文化的重新理解，参与世界层面的环境伦理、环境哲学、生态伦理、生态哲学的对话与建构，深化对人的存在本身的认识。生态是基础性的存在，生态哲学也是对人类存在的研究；由生态可以扩展到如何对待人才，如何进行企业经营管理。

价值学中"是"与"应该"的统一及儒家价值观

引言

价值起初是一个经济学范畴。马克思在《资本论》中指出，价值是凝结在商品中的无差别的社会劳动，是不同商品可以进行交换的基础；与价值相对应的是使用价值，即商品的有用的属性。价值一词后来被引申到人文学科，广泛应用于道德、宗教、艺术、科学、经济、政治、法律等领域。价值学认为价值是"任何有益的事物"[①]。由于"有益"是相对于人而言的，所以价值学的"价值"概念天然地带有人类中心主义的色彩。价值学认为价值又有内在价值和工具性价值的区分。工具性价值是一个实体对于另一实体（实际上通常是对人类）的作用；"如果一个实体因自身的缘故而有价值或它的价值与对它的使用无关，那么这个实体就具有内在价值"[②]。价值学说认为，外部客观事物只是对于人而具有某种有用性，从而具有价值，故其价值终究不过是工具性价值、使用价值。只有人才具有内在价值，即因人自身而不是因为其对于其他目的而具有价值。价值学把这种工具性价值作为外部客观世界的价值，也就是经济学所说的使用价值。

由于事实是客观的，而价值被认为是主观的，这样在哲学中又产生了事实与价值、是与应该的区分。鉴于价值的意义过于广泛，本文将其分为劳动附加价值、存在论（天道论）价值和道德引导价值三种，分别进行论述。

---

①中美联合编审委员会编译：《简明不列颠百科全书》（第4册），第306页。

②［美］尤金·哈格洛夫：《环境伦理学基础》，杨通进等译，重庆出版社2007年版，第157页。

一、价值的三重含义和“是”与“应该”统一

（一）劳动附加价值

一件物品，若是产品或人造物，则具有劳动附加价值，否则不具有此种价值。这里的劳动可以是体力劳动，也可以是脑力劳动。洛克说荒野未经治理便没有价值，其实不过是说它没有劳动附加值。从自然本身来看，荒野作为生态的一个环节、作为野生动植物的生长园地，是有价值的。对于人类来说，荒野作为审美对象，也是有价值的；作为潜在的食物生长地，同样是有价值的。

就人造物而论，因物品通常是为了某一目的而制造出来的，故总具有有用性或实用性，即具有工具性价值，如面包可以充饥，电视机可用来收看节目等。因为“有用”是对于人而言的，所以工具性价值都具有一定的人类主观性，同一物的工具性价值或使用价值可因人而异，比如毛巾可以洗脸，也可以进行娱乐。非制造物作为使用价值，也具有这样的特点。相比之下，劳动附加价值则具有一定的客观性，它是人类劳动和商品的自然属性的结合。劳动是一个客观外在的过程，商品的自然属性也是客观的，两者凝结在产品上，所以说，物品是否具有劳动附加价值，是可以进行客观判断的。

（二）天道论价值

那些非劳动产品的自然物，如河流、山脉、森林、野兽等，相对人类来说，不言自明是具有工具性价值的。但它们是否也具有内在价值呢？如果把“价值”定义为事物对人的有用性——这实际上是用事物的工具性价值来取代价值，再来问自然事物是否具有内在价值，那在逻辑上就是自相矛盾的。这表明，在人类中心主义的框架下，根本无法追问事物是否具有内在价值，因为在这种思维中只有人才具有内在价值。所以，在方法论上，我们必须突破人类中心主义价值定义的这种局限性，进一步基于生态过程，把事物放在存在论的高度来论述它的价值。在此，我们可以提出事物的存在论价值的概念。事物的存在论价值也是自然物的内在价值，是它对于自然本身的意义，而它对于人的意义则是它的工具性价值。一个自然物对于它自身、另一物、整个自然过程的意义或作用，都是自然范围内的事情，故可视为因其

自身的缘故而具有的价值，也就是它的内在价值。如果说存在论是一种天道论，那么我们可以说，存在论价值也就是天道论价值。天道论价值就是从天道来看自然事物，从其作为天道的一个环节来确定其价值。

天道论价值超越了人类中心主义的价值论。据此而论，事物之具有内在价值，根据不是理性、不是自我意识、不是自律、不是作为目的，否则任何非人之物都不具有内在价值。事物的内在价值是它作为道的过程的一个环节的价值，包括自我同一性、对于其他自然物的意义等，这些都是在道的过程之内的，所以都是事物的内在价值。

对于生命体来说，生命本身就是一种价值。诚如泰勒所说："所有有生命的物体都有其自身的善，所有生命都是'生命目的中心'（teleological centers of a life）"①，"每个生命都有其善，因为作为生命，它有方向，有目标，有目的"②。所以，任何有生命物都是具有内在价值的。对于非生命物、无机物来说，它的内在价值来自它的自我同一性，它的利益表现为它的自身同一性的保持。比如，山脉保持自己是山脉，河流保持自己是河流。这种保持虽然不像人的自我同一性的保持那样是一种有意识、有目的的活动，但它在自然的发展过程中仍然是十分明显的。就河流而言，一定的水量、一定的水质、一定的行洪空间，都是它的利益所在，也是它的内在价值所在。如果我们不尊重和维护河流的权利，就必然会遭到自然的惩罚。

对于事物自身的善这一概念我们还须全面地看待。事物自身的善其实是一事物自身的利益，这种善往往具有一定的自私性和狭隘性。按照这个逻辑推理，没有自身的利益就没有价值，那么上帝或许是最无价值的了。其实，在自然的进化过程中，事物是相互联系的，没有哪个事物可以仅仅依靠自身的善而生存下来。所以，对于任何事物，在肯定它自身的善的同时，也应肯定它对于其他事物的善或价值；一事物对他物的意义，看似是工具性价值，但若放到天道的过程中，仍然是它的内在价值。

美国学者布拉克雷在分析儒家的动物价值论时提出了一个三元价值矩阵模型，值得借鉴。他说："从《论语》中可以看出，孔子认为动物有三种价值等级：（1）自身作为生物；（2）为了他物；（3）作为运转着的道的整体的一部分。上

---

① [美] 戴斯·贾丁斯：《环境伦理学》，林官明、杨爱民译，第157页。

② [美] 戴斯·贾丁斯：《环境伦理学》，林官明、杨爱民译，第159页。

述三者构成一个价值矩阵。这个矩阵一方面可能是以人为中心的，因为人可以吃动物；另一方面，整体的天道高于一切。”[①]我们把这个价值矩阵进一步推广到无机物，同时，把三元矩阵简化为内在价值的天道价值和对于人的工具性价值二元矩阵，与目前通行的内在价值与工具性价值的二元分类相一致。内在价值或天道价值包括事物作为天道的一个环节和它对于其他自然事物的价值两部分内容。我们也接受布拉克雷的“天道高于一切”的结论。这样，人对自然的评价和使用就应该服从于天道，这就可以摆脱人类中心主义的束缚。这也是布拉克雷的结论：“在人、动物和环境三者的关系中，一个人把他人之为人的利益视为最高的企图，应被放在既定的自然模式的界限之下（矩阵三）。”[②]同时，需要指出的是，在万物一体的原则下，一切有机物和无机物的对于天道的使用价值其实仍是其价值的一部分。在天道之下，一切价值都是内在的。当然，人类中心主义者仍可能会认为，“即使我们把非人类中心主义的价值赋予了非人类的动物和自然客体，价值仍然是人类中心主义的或‘人类’的，因为它们仍然是被人类价值者所创造出来的价值”[③]。这种说法实际上涉及的是认识论的人类中心主义。诚然，任何认识必定是人的认识，但是不能因此认为认识的对象是我们赋予的。价值不过是被人类所认识到和承认的，而不是人类赋予事物的。价值是一种客观存在。

（三）作为道德导向的价值：由“是”到“应该”

由于价值是善，[④]善是伦理学的目标，这样，价值又是道德的导向，是“应该”。自然界事物是客观事实，是“是”；人的行为领域的导向是善，是“应该”。由“是”能不能推出“应该”，成为哲学中事实与价值的区分问题。休谟首先提出了这个问题，并作了否定性回答。按照康德伦理学的说法，“应该”是人的有意识的选择，是自律。追问自然有没有价值，实际上是追问自然有没有道德引导作用，能否提供道德启示。结论是否定的，“是”不包含“应该”。康德把人和自然分割开了，造成自然不能对人类提供道德启示。摩尔提出，从“是”中推出“应

---

①Blakeley, “Listening to the Animals: The Confucian View of Animal Welfare,” 142.

②Blakeley, “Listening to the Animals: The Confucian View of Animal Welfare,” 142.

③［美］尤金·哈格洛夫：《环境伦理学基础》，杨通进等译，第159页。

④笔者认为，在西语中，好和善都是“good”，两者的一致导致了价值从自然属性的概念转化为道德导向概念。

该”，是“自然主义谬误”（the naturalistic fallacy）。但是，自然真的不包含价值导向吗？当代生态哲学家如泰勒、罗尔斯顿等人对此问题进行了研究，做出了肯定的回答。

如前所述，泰勒认为，所有的生命都是“生命目的中心”，生命的目的是“生长、发展、持续和繁衍”，生命都是朝着这个方向发展的。可见，生命是有方向性的。这是生命自身固有的善①。“说某物体有固有价值就是要超越它们有利益这样的实际要求，并做出规范性的论断说它们需要道德关注，道德主体对其负有义务。”②这样就从事实进入了价值。泰勒提出了人对于生物的四个一般性责任，分别是“无毒害法则”，即不伤害生物；“不干涉法则”，即不干涉生物的自由；“忠诚法则”，即不欺骗或背叛生物；“公平法则”，即对受伤害的生物体进行补偿。③

成中英也提出了一个基于形而上学的事实与价值统一的论证，其核心是从事物被创造的源头和事物之间的相互关联的框架来确定其价值。他说：“一个价值之所以成为价值，不是因为它是被创造为实在的，而是因为它在诸事物的格局中有内在的位置，能够被关联、被发展、被增强。价值也与人心有特殊的关系。它既包含在感觉中，也包含在事物的被感觉到的性质中，是欣赏、认知、肯定或否定、探索、发展、重建的对象。事物皆有价值，因其兴起于创造的源头，形成于创造的过程，所以才会有‘继之者善，成之者性’这样的表述。善是性的表现，因而是理解世界的整体性质的基础，或曰价值的理想形式。价值既如此，则就该人去发现事物或情境的真实价值，唯其如此，他或她才能进行价值的创造性建构或重建。”④

由“是”到“应该”，罗尔斯顿提出的论证可以说是最为系统和深入的。他肯定“生态系统的机能整体中存在着固有道德要求”⑤，提出了从科学规律转化为“切近的道德义务”，即“是”中推出“应该”的论证过程。所谓切近的道德义务，“指由某种终极的、较高层次的道德原则（道德义务前提）派生出的、在具体

---

①［美］戴斯·贾丁斯：《环境伦理学》，林官明、杨爱民译，第159页。
②［美］戴斯·贾丁斯：《环境伦理学》，林官明、杨爱民译，第157页。
③［美］戴斯·贾丁斯：《环境伦理学》，林官明、杨爱民译，第160—162页。
④Chung-ying Cheng, “The Trinity of Cosmology, Ecology, and Ethics in the Confucian Personhood,” in *Confucianism and Ecology: The Interrelation of Heaven, Earth, and Humans*, 221.
⑤［美］霍尔姆斯·罗尔斯顿III：《哲学走向荒野》，刘耳、叶平译，第7页。

事情上指导人们行为的义务”①。比如，动态平衡是生态学首要的规律，如何把这个规律变成“切近的道德义务”？罗尔斯顿提出了如下两个三段论过程（详见表1、表2）。②

技术性义务	生态规律	条件性前提
你们应该促进自然的循环	因为维持生命活动的生态系统必须循环，否则将趋毁灭	如果你希望保护人类的生命的话

表1

切近的道德义务	生态规律	道德义务前提
你们应该促进自然的循环	因为维持生命活动的生态系统必须循环，否则它将走向毁灭	而你们应该保护人类的生命

表2

在这个三段式中，借助于“条件性前提”，罗尔斯顿把“生态规律”转换成了“技术性义务”。罗尔斯顿进一步用“切近的道德义务”代替“条件性前提”，从生态规律中推导出了“切近的道德义务”。

罗尔斯顿指出，在这个三段式中，描述生态规律的“必须”是一种物理学意义的“必然”，“这个生态规律与促进生命的义务结合在一起时，就使这个‘必须’成了一种道德意义上的必然”③，从而由“是”（必须、必然）推出“应该”，“即切近的道德义务”。

罗尔斯顿又引用考韦尔的话指出，由动态平衡规律可以推出道德规范理论：

① [美] 霍尔姆斯·罗尔斯顿III：《哲学走向荒野》，刘耳、叶平译，第8页。
② [美] 霍尔姆斯·罗尔斯顿III：《哲学走向荒野》，刘耳、叶平译，第9—10页。
③ [美] 霍尔姆斯·罗尔斯顿III：《哲学走向荒野》，刘耳、叶平译，第10页。

"自然平衡可不仅是我们一切价值的源泉，它是我们可以建立的所有其他价值的唯一基础。换句话说，自然平衡是一种终极价值……这里是把人类的价值看作由可以客观地加以确定的人与自然的生态关系决定的。我们确定的人类目的，必须与自然的生态系统相协调。"[①]他的话表明，当我们把自然的平衡作为人与自然关系的最高事实时，它也就成为一种具有道德引导意义的价值。

笔者肯定罗尔斯顿等学者的认识，同意事实的确包含着价值即道德引导意义的结论。笔者在此提出三个论据：

一是日常语言证据。在日常语言使用中，"是"包含着"价值"，如，英语从nature（自然）到natural（自然的），德语从*Natur*（自然）到*natürlich*（自然的），中文从"自然"到"自然的"等，日语、韩语与中文类似，都包含着从事实转换到价值的意味。

二是生态规律本身就是行为律令。生态规律通常用"必须"来表示，如"生态必须是循环的"，这里的"必须"不仅表示一种"事实"，同时还有极强的命令意味：一定如此，非如此不可，否则就会毁灭。关于"必须"的用法，可以以部队的例子说明。在部队中，长官对下属的命令是"必须"，这个"必须"同时也是下属的义务，下属应该服从，所以，在这里"必须"也是"应该"。当然，长官命令的内容是不是符合道德，则是另外一回事。比如，长官命令杀死俘虏，下属也应该服从。但是，杀降是不道德的。"生态必须是循环的"是规律，也是命令。这个命令的发出者当然是自然，人只是认识到这个自然的命令而已。自然所发出的命令对于自然中的一切存在者都是有效的，包括人。所以，自然的"必须"对人来说是一种命令，同时也是人应该服从的义务，是人的"应该"，人应该按照此命令去做。这样，生态规律换个角度来说就是人的道德义务。"是"也就成为"应该"。这在形式上是正确的。至于"生态必须是循环的"作为一种规律是不是道德的，则是另外的问题。拉尔夫·杰勒德认为，"大自然中的明显模式或显而易见的趋势给人类提供了'应有的义务'所需的全部答案。如果发现大自然是一个相互依存的世界，那么人类将不得不把这一特征看作是一种道德宣言"[②]。"虽然'应有的义务'和'客观存在'是两个明显不同的独特概念，但任何将其严格分开的企图可能都是误

① [美]霍尔姆斯·罗尔斯顿III：《哲学走向荒野》，刘耳、叶平译，第13页。
② [美]唐纳德·沃斯特：《自然的经济体系——生态思想史》，侯文蕙译，第391页。

导人的。”[①]我们同意这个观点。

三是本体论的论据。从本体上说，最高的事实或者原则同时也就是价值，真、善、美在终极意义上是统一的。金岳霖曾经指出，太极是真善美如的统一，“太极至真，至善，至美，至如”[②]。本体论要求我们从总体或全体的角度来看待自然，或者说从道体来看待自然。如就道体来说，最高的事实是生生的合目的性，这个事实具有必然性，不是那种被决定的被动消极和无奈的因果性必然，而是一种一定如此的积极趋势。我们必须改变观察和思考的方式，从只见树木的观察上升到同时也见森林的观察。就某处森林来说，也许发生了很多的死亡事件，一些树木已经枯萎，一些猛兽正在衰老，从这之中看不到自然的生生之德；又或者一年四季，春生、夏长、秋收、冬藏，是一个循环不已的过程，从这些具体事件中或许也看不到自然的生生之德。可是，当我们把目光放大到整个生态圈，放大到由无数个春夏秋冬组成的自然过程，就会发现生生不息毫无疑问是自然的必然趋势。这种必然对于自然中的一切存在来说都是必须，也都是应该，对人亦然。罗尔斯顿说：“自然价值还在于事物的生机里，在于它们为生存而进行的斗争和对生命的热忱中。正是在这种意义上，我们才常说要尊重生命，不管它是否体现在一种可爱的物种中。”[③]可见，自然的生机也就是自然的价值。他又说：“我们爱自然中那一致性与自由的融合。”[④]所谓“一致性与自由的融合”，其实也就是《中庸》所说的“鸢飞鱼跃”。

自然含有的价值，也可以从自然演化史方面得到证明。唐纳德·沃斯特认为，“对生态系统概念的分析是新生态学最重要的依据；它表明，即使从这个被认为是完善而客观的关于自然的严守中立的描述角度看，道德价值观也是题中原有之义”[⑤]。“在没有超自然力量的指引下，对自然界的科学解释事实上是我们的道德观念剩下的唯一源泉。”[⑥]

---

①［美］唐纳德·沃斯特：《自然的经济体系——生态思想史》，侯文蕙译，第393页。
②金岳霖：《论道》，商务印书馆1987年版，第213页。
③［美］霍尔姆斯·罗尔斯顿III：《哲学走向荒野》，刘耳、叶平译，第67页。
④［美］霍尔姆斯·罗尔斯顿III：《哲学走向荒野》，刘耳、叶平译，第67页。
⑤参见［美］唐纳德·沃斯特：《自然的经济体系——生态思想史》，侯文蕙译，第304页。“原有之义”原作“原有主义”，据文义改。
⑥［美］唐纳德·沃斯特：《自然的经济体系——生态思想史》，侯文蕙译，第39页。

二、事实与价值的统一：儒家哲学的态度

儒家哲学典籍中没有叫作“价值”的词汇，但据《孝经·圣治》记载，孔子说：“天地之性，人为贵。”这个“贵”，照张岱年先生所说即表示价值。类似的说法还有《尚书·周书·泰誓上》中的“惟天地，万物父母；惟人，万物之灵”，《礼记·礼运》篇中的“人者，天地之心也”以及“人者……五行之秀气也”等说法，都是对于人的价值的不同说明。可以说，儒家哲学认为人是有价值的。不过，在儒家哲学中，万物同样是有价值的。儒家哲学尊重万物的生命，重视天地的生生之德，要求任何事物都能“尽性”，即实现自己的本性，反对“暴殄天物”，这实际上肯定了万物的价值。这种价值是事物的内在价值，而不仅仅是对人的工具性价值。同时，在儒家看来，自然世界也具有道德引申意义。首先，自然本身是道德性质的。《易传·系辞上传》说：“一阴一阳之谓道，继之者善也，成之者性也。”这里的善，即可以理解为天道即善。天道既是一种客观存在，也是一种道德价值，两者是一体的。就自然的道德引导价值而论，儒家哲学认为，事实和价值是统一的，天道即是人道，物理即是道理。程颐说：“道一也，岂人道自是人道，天道自是天道？”[①]朱熹说：“格物者，欲究极其物之理，使无不尽，然后我之知无所不至。物理即道理，天下初无二理。”[②]天道与人道的统一，也是由天人合一的基本结构所决定的。人与自然的关系，是一种道德关系；遵从自然，是一种有道德意义的生活。这是儒家的基本态度。就宋明哲学来说，天道和人道的内涵是仁、是生生。黄勇说：“二程说性、理、道或天为包括人在内的万物的根本实在，他们不是说，这种实在存在于万物之外、之下或之后，而是说就是事物的生生（life-giving activity）本身。换句话说，自然、理、道或天不是某种给予事物生命的形而上存在，而是万物所展现的生生活动本身。”[③]这个结论是值得肯定的。儒家的自然价值论思想对于生态哲学具有重要的意义，值得重视。

〔原载《哈尔滨工业大学学报（社会科学版）》2012年第6期〕

①〔宋〕程颢、〔宋〕程颐：《河南程氏遗书》卷十八，《二程集》，王孝鱼点校，第182页。
②〔宋〕朱熹：《大学二·经下》，〔宋〕黎靖德编：《朱子语类》卷十五，王星贤点校，第294页。
③黄勇：《程氏兄弟的新儒学德性伦理》，《中国哲学季刊》2003年第30期。

关于文明的本质的思考

一、从“文明”到“反文明”：“文明”的多重含义

“文明”是一个和“文化”一样的多义术语。在我们的日常语言中，“文明”至少有五种含义。

第一种含义是人类发展过程中所积累的物质与科技、体制与礼仪、精神与文化等方面的成果的总和。在这种意义上，语言、文字、文学、历史、哲学、宗教、制度、法律、礼仪等都是文明的表现形式。在这一框架下，作为非文明的对立面而存在的“文明”，主要表现在三个方面：一是文明是人类脱离自然的束缚形成的一种基于自然而又超越自然的物质生命支撑体系。在这种意义上，“文明”与“自然”对立。二是文明是人类摆脱散漫无序的人际关系，形成一定的国家制度、社会制度和礼仪体系。在这种意义上，“文明”与“野蛮”对立。三是文明是对人类精神生活的记录体系，如语言、文字、哲学、宗教等，人类的心智得以开发。在这种意义上，“文明”与“蒙昧”对立。

第二种含义是不同文明的载体——文明体、文化区域、国家、民族等。国家是后于文明体发展起来的社会组织形式，所以和文明体不一致。现在的一个国家其国土范围内在历史上可以有几个文明体，现在的文明体也可以跨越若干个国家。西方文明、阿拉伯文明、儒家文明都是跨越国家和地区的。中华文明就包括中国大陆，港澳台地区以及日本、韩国、越南等国家。

第三层含义是价值观。文明成为一种价值观，“文明的”就是“好”的，是值得肯定的、值得期许的、标志人类社会未来发展方向的。由文明的第三个含义可以引申出文明的第四个含义，文明成为一种判断一个民族、一个国家、一个区域先进或落后的标准。文明的就是先进的，不文明的、野蛮的就是落后的。由此进一步引申出文明的第五个含义——霸权意义，即文明对于落后和野蛮具有合法的征服权。近代以来西方帝国主义对于落后民族的侵略，都是打着文明对于野蛮的征服的旗号的。殖民、侵略意味着杀戮。人类摆脱自然的束缚是进入文明的一个标识，而到了文明阶段，反而陷入了有计划的、大规模的、残忍的杀戮之中，这可以说是文明的

异化。文明可以发展到不文明、反文明，又可以说是人类文明史的一个悖论。

二、文明的本质是和谐

那么，文明的本质是什么？应当是各种关系的和谐共存。人，约略地说，不外乎存在于和自然、他人、自我心灵、神灵这几大关系之中。所谓人类文明史，无非是人类处理这几种关系的历史。人和自然、人和他人（包括社会、国家、不同民族、不同文明）之间，都应该是相互理解、相互尊重、和谐共存的，这样才是文明的状态。生产力是不断发展的，不宜作为文明的判断标准。

人和自然的关系是人类存在的最直接、最基本的关系。在农业文明时代，人与自然的交往是一体的、亲近的、感恩的、敬畏的。要想有好的收获，就必须善待土地，用心呵护土地，适应和敬畏自然。这种生存方式的弊端是人附着于甚至臣服于自然，缺乏摆脱自然束缚的自由，这无疑是不“文明”的，但其中包含的人和自然的和谐共存共生的理念，却可以说是“文明”的。近代以来，随着“我思故我在”[①]的主体性原则的确立，自然的神性或自然之魅被彻底解构，自然沦为一团可以利用机械工具进行征服、控制的物质堆积。工业对待自然的方式和农业迥异。工业活动超出气象的局限，工业品不是自然的生命力的产出，而是人工“制造”的结果。在工业活动中，必须把自然作为“对象”进行征服和控制，才可以制造出成品。工业活动，如开挖矿井、采掘矿石、加工制造等都具有侵略性；而且这种征服和控制越深入、越强大、越具有侵略性，也就越能成功。在工业文明中，人对于自然不再有敬畏之心，自然成为有待征服的对象。工业文明大大地提高了人类的生存质量，这是它的“文明”性；可是，在主客对立的框架下，没有把自然作为一个具有自我生命和自主性的存在来对待，导致全球性的生态危机，这又是其不“文明”的一面。所谓绿色，其实质是生态文明，是在工业文明对农业文明的否定的基础上对工业文明的辩证否定，是人类文明发展的新阶段或新形式，是现代生产力与自然和谐理念的辩证统一。它“作为完成了的自然主义，等于人道主义，而作为完成了

---

①［法］笛卡尔：《谈谈方法》，王太庆译，商务印书馆2000年版，第27页。

的人道主义，等于自然主义，它是人和自然界之间、人和人之间的矛盾的真正解决”[①]。“文明”作为价值观在发展模式上是绿色，只有“绿色”的模式才是文明的模式，才具有人类性、未来性和生命力，只有从这个角度才能深刻理解绿色发展理念的深远意义。

关于人与自然和谐相处，中国传统社会形成了许多至今仍闪耀着智慧光芒的说法，如“天人合一”“仁，爱人以及物”[②]“仁者，以天地万物为一体”[③]“德至禽兽”“泽及草木”[④]“恩至于土”“恩至于水”“德至深泉”“川，气之导也”（《国语·周语下》）等。所谓“与天地万物为一体”，就是把自然作为“人的无机的身体”[⑤]，善待自然，“参天地”、“赞化育”、尽己之性、尽人之性、尽物之性（《中庸》）、“延天佑人”[⑥]，和自然协同进化、共生共荣，这些都可以创造性地转化为当代绿色发展理念。

和平、和谐在中国文化中是有深厚根基的。“和”是中国文化的核心、普遍原理和根本价值观。作为普遍原理，它是事物生成与发展的本体原则；作为核心，它是事物存在与发展的内在动力；作为价值观，它是中华民族最为永恒和深沉的精神追求。《国语·郑语》提出了“和实生物，同则不继”的认识。这里的“和”是不同元素配合，“同”则是同一元素的叠加，“以他平他谓之和，故能丰长而物归之；若以同裨同，尽乃弃矣。故先王以土与金木水火杂，以成百物”（《国语·郑语》）。《左传·昭公二十年》中齐国上大夫晏子说：“和如羹焉，水、火、醯、醢、盐、梅，以烹鱼肉”“声亦如味，一气，二体，三类，四物，五声，六律，七音，八风，九歌，以相成也”“若以水济水，谁能食之？若琴瑟之专一，谁能听之”。不同元素的配合是和合、和谐，和谐方能产生事物：“万物各得其和以生，各得其养以成。”（《荀子·天论》）《易传》把“和”上升到了“天道”的高度，说道：“乾道变化，各正性命，保合太和，乃利贞。”（《易传·彖传上·乾

---

①中共中央马克思恩格斯列宁斯大林编译局编译：《马克思恩格斯文集》（第1卷），人民出版社2009年版，第185页。

②〔汉〕郑玄注，〔唐〕贾公彦疏：《周礼注疏》卷十，〔清〕阮元校刻：《十三经注疏》，第707页。

③〔宋〕程颢、〔宋〕程颐：《河南程氏遗书》卷二上，《二程集》，王孝鱼点校，第15页。

④〔唐〕魏徵等：《汉书六》卷十八，《群书治要》，中华书局1985年版，第293页。

⑤中共中央马克思恩格斯列宁斯大林著作编译局编译：《马克思恩格斯全集》（第42卷），人民出版社1979版，第95页。

⑥〔明〕王夫之：《周易外传》，第167页。

卦》）乾道即是天道，“保合太和”使“和”具有了本体意义，“太和”也是宇宙万物、人类社会的普遍原则，是一种普遍和谐的思想。

中国文化还深入研究了和谐形成的内部动力或机制。《易传·系辞上传》提出“一阴一阳之谓道”，把对于和谐的认识从表面引向了事物的内部结构。“一阴一阳”的含义，首先是事物包含阴阳两个方面，阴阳具备，事物才能形成和发展；其次是阴阳互相依赖于对方而成为自己，相反相成；最后是阴阳的推移和变化是事物运动的法则。关于此，张载提出了“一物两体”论。他说：“一物两体，气也；一故神（自注：两在故不测），两故化（自注：推行于一），此天之所以参也。”[①]他又说：“两不立则一不可见，一不可见则两之用息。”[②]的确，在中国哲学中，独阴独阳是不能存在的，阴阳不能相互吃掉对方。一物两体的“两”是对待、推移、相成。“和”是中华文化的价值观。

这种和谐的价值观表现于人与人之间，是“己所不欲，勿施于人”（《论语·颜渊》）的忠恕的人己和谐观；表现在社会上，是“君子和而不同，小人同而不和”（《论语·子路》）的“和为贵”（《论语·学而》）、“大同”和“民胞物与”的理想社会；表现于个人修养，是《中庸》的“喜怒哀乐之未发，谓之中；发而皆中节，谓之和”的心灵和谐观；“中和”不仅是个人的心灵和谐观，也是天下的大道，“中也者，天下之大本也；和也者，天下之达道也。致中和，天地位焉，万物育焉”（《中庸》）。

“和”表现于国际关系，是“万邦和谐”“万国咸宁”的睦邻友好关系。在道家那里，“和”是一种高级智慧。《老子》第五十五章说：“知和曰常，知常曰明。”“明”是对道的体认。习近平总书记指出：“中华民族历来是爱好和平的民族。中华文化崇尚和谐，中国‘和’文化源远流长，蕴涵着天人合一的宇宙观、协和万邦的国际观、和而不同的社会观、人心和善的道德观。在5000多年的文明发展中，中华民族一直追求和传承着和平、和睦、和谐的坚定理念。以和为贵，与人为善，己所不欲、勿施于人等理念在中国代代相传，深深植根于中国人的精神中，深深体现在中国人的行为上。”[③]这一概括是相当准确的。

---

①〔宋〕张载：《正蒙·参两》，《张载集》，章锡琛点校，第10页。
②〔宋〕张载：《正蒙·太和》，《张载集》，章锡琛点校，第9页。
③习近平：《在中国国际友好大会暨中国人民对外友好协会成立60周年纪念活动上的讲话》，《人民日报》2014年5月16日02版。

三、文明的力量：软实力、硬实力、感召力

从历史上看，主权平等是近代国际关系的准则。可是，国家之间的平等与和平并不是天然状态，而是武力抗争的结果。国家自产生以来就讲究“硬实力”（hard power），尤其是军事力量，没有实力就没有平等。文化、文明、经济、科技、军事实力的差异使得发达国家往往假借文明之名侵略没有进入现代化的落后国家，美其名曰文明对野蛮的征服。这其实是近代文明野蛮的一面。中国古代的册封制被认为是非近代性的、不文明的，可是，在册封制下，朝鲜半岛的李氏王朝历经明清一直存在，这难道不是所谓的野蛮中的文明？而在所谓近代国家观下，日本从1868年明治维新时期兴起，到1915年即消灭了李氏王朝，“合并”了朝鲜，难道这就是文明？

就当今来说，西方文化仍主导世界话语，“力量”思维根深蒂固。约瑟夫·奈（Joseph Nye）提出“软实力”（soft power）的概念，但仍然有“力量”（power）在。力量自身就不“软”（power有强制性的内涵），所以，把“软”和“实力”结合起来，在一定程度上是自相矛盾的。这种用法可能是“欧洲大国崛起后遗症”的反映，因为没有哪个欧洲大国是和平地崛起的，欧洲近代史就是国与国之间力量较量的历史。中国哲学史上有“其知于善深则来善物，其知于恶深则来恶物”[①]的说法，可称为“知来论”。心中有鬼则招鬼，出于对某一事态出现的恐惧而预先采取抵御它出现的措施反而会招致它的出现。修昔底德陷阱其实是皮格马利翁效应。习近平指出，世界上本无修昔底德陷阱，若大国发生战略误判，则易陷入修昔底德陷阱。他还提倡建立新型大国关系，“不冲突不对抗、相互尊重、合作共赢”。

现在的世界和平，是一种力量均势的和平、强权压制其他国家的和平，还不是各个国家、各种文明发自内心、源自文化基因的和平，其思想基础是薄弱的；世界迫切需要中国“和”的文化的再启蒙，建立基于内心真诚的和平文化的思想基础。中国文化的“中和、泰和、求同存异、和而不同、和谐相处”作为国际关系原则，跨越时空，超越国度，具有永恒魅力。

---

①〔汉〕郑玄注，〔唐〕孔颖达疏：《礼记正义》卷十七，〔清〕阮元校刻：《十三经注疏》，第1673页。

历史上，中国真诚地把和谐和“忠恕之道”作为国际关系准则。从汉代直到清中叶，中国在经济科技方面保持世界领先长达1500年，但中国从来不靠“力量”进行扩张，陆地和海上丝绸之路、郑和下西洋，都是文化、文明的和平传播，而不是炮舰文化的强迫和杀戮。中国文化强调“以文化人、以德服人”。孔子说：“远人不服，则修文德以来之。既来之，则安之。”（《论语·季氏》）孟子说：“以力服人者，非心服也，力不赡也；以德服人者，中心悦而诚服也。”（《孟子·公孙丑上》）又说：“仁者无敌。”（《孟子·梁惠王上》）中国文化讲究的是怀柔、感化；感化是感动、打动人心，使经济文化落后的民族能够倾心于先进文明，发自内心地真诚地学习和接受先进文明，成为先进文明的一部分。《易传·彖传下·咸卦》说：“天地感而万物化生，圣人感人心而天下和平；观其所感，而天地万物之情可见矣。”《尚书·虞书·尧典》提出：“平章百姓，百姓昭明；协和万邦，黎民于变时雍。”“感”是心灵的相通和回应，是不同人、不同民族或族群之间的心悦诚服的一致。“感”靠的不是“力量”，而是“魅力”（charming），这是文明的魅力。日本多次派出“遣唐使”；日本留学生晁衡（阿倍仲麻吕）、新罗留学生崔致远都参加了唐朝的科举制，高中进士，在唐朝担任官职，这些都是文明的魅力吸引的结果。鉴真、隐元和尚东渡，都不是军事侵略而是文化传播。习近平指出：“中华民族历来是一个爱好和平的民族，爱好和平在儒家思想中也有很深的渊源。中国人自古就推崇‘协和万邦’‘亲仁善邻，国之宝也’‘四海之内皆兄弟也’‘远亲不如近邻’‘亲望亲好，邻望邻好’‘国虽大，好战必亡’等和平思想。爱好和平的思想深深嵌入了中华民族的精神世界，今天依然是中国处理国际关系的基本理念。”这是一个负责任的大国对于世界的庄重承诺。

在当今世界，基于中国传统文化，以“和谐”的价值观为核心，以“和平发展，合作共赢”的理念为国际交往准则，以不同文明的平等包容、相互借鉴和学习为基础，逐步打破民族、国家的限制，建立民主正义的国际秩序，形成全球经济与政治、文化与文明、命运与生命共同体，从而实现“为万世开太平”①的人类永久和平愿景，将是中华文明对人类文明史的伟大贡献。

（原载《中原文化研究》2017年第5期）

---

①〔清〕黄宗羲：《横渠学案》，《宋元学案》，中华书局1982年版，第664页。

回归仁的本真存在
—— 一个基于中国传统的生态哲学创新思考

一、对于根源性存在的持之以恒的探究，是最为深沉的哲学创新

生态哲学是以本体的思考为基础的。本文用根源性存在统称本体和本原、宇宙论和本体论的概念。“本体论”是对于存在的本根或根源的把握与追寻的思维活动，这种思维活动不仅存在于古希腊哲学对于“作为存在的存在”（being as being）[①]的探究中，也存在于儒释道各家的思维之中。这种思维活动就是哲学本身。倘若各种思维传统中的这种本源探究的结果都可以称为“本体”的话，那么毫无疑问，中国哲学有自己的本体论传统是可以成立的。关于这一点，朱伯崑先生在其《易学哲学史》中做出了令人信服的翔实论证。对于本源持之以恒的探究，是最为深沉的哲学创新；儒释道和西方哲学都有其本源性探究传统。生态哲学的理论创新应奠基于对于本体的重新思考。

二、古希腊哲学关于根源性存在的探究

古希腊哲学对于根源性存在的探究属于形而上学的范畴，其得到的结果是“作为存在的存在”。它的思维方式是通过分析抽象掉事物所有构成部分的所有属性，最后余下的那个不能再分析的东西，就是作为存在的存在，是本体，为一切事物所

---

①［古希腊］亚里士多德：《形而上学》，吴寿彭译，第56页。

共有。

这种思维方式的特点可谓原点思维，即对于事物进行拆散式的分析以寻求某个与事物的形成具有根源性联系的原初点。这个原初点在古希腊哲学中曾经为水、火、无定形者、作为存在的存在等。“作为存在的存在”是对任何事物进行分析，抽象掉其具体特点后剩下的某种“东西”，对任何事物而言都是共同的，所以是本体。本体是“有”而不是“无”，是“静”而不是“动”。但是因为这种“有”没有任何具体特性，所以又可以说是“无”。黑格尔在《小逻辑》中索性把纯粹的有直接等同于纯粹的无。但无论如何，这是一种“有”，是一种存在。只有“存在者存在，不存在者不存在”（巴门尼德）；无不能生有，不存在中不能产生出存在。这是古希腊以及整个西方哲学的传统。这种“有”就其没有具体物质规定性而言，也可以说是一个纯粹概念、一个精神产品。一个纯粹概念、一个精神产品如何产生出物质世界？这是西方哲学的一个难题。此外，超时间的东西如何“进入”时间，或者说如何获得时间性；静止的东西如何获得运动的特性，从西方哲学传统上来讲都是难题。

三、道家对于根源性存在的探究

道家哲学的本体是道，道涵有、无。“天下万物生于有，有生于无。”（《老子》第四十章）老子的“无”比较特殊。“无”作为一种空间，其实是由“有”组成的，“有”组成“无”。“无”形成后，会产生一种功能，这种功能尽管是“无”的功能，其实也可以说是“有”的功能。“有”产生“无”，“无”又产生“有”；“无”使“有”成为“有”，“有”使“无”成为“无”；有了“有”，“无”便不是空虚的消极的；有了“无”，“有”便不是呆滞的、僵死的。“有”“无”使对方各自获得了自己的意义。所以，在道家思想中，“无”具有生命力，不是一种纯粹的否定性。

道家的“无”和古希腊哲学的“无”或“不存在”不同。古希腊哲学的“无”是一个是纯粹的无，道家的“无”则是一个没有安放具体物件的空间。古希腊有时也用“无物的空间”来借喻“不存在”，王弼曾经也有以抽象掉事物的所有属性后的东西归为道的想法，不过，这两者在各自传统中都不是主流。“不存在”的

"无"和由"有"所组成的"无"是两个概念。后者严格地说仍是一种"有"，即有这个空间的无。老子的"天下万物生于有，有生于无"，在这层意义上是"有生于有"，不是"无"中生有，或者说不是在万物都还没有的时候从虚空中产生出物来，而且"虚空"本身也是由道所产生的。所以说，道家的无是积极的，古希腊的无是消极的。[①]在西方传统中，从不存在中产生存在，只能归结为上帝的创造，其他的问题都能借助上帝解决。在老子哲学中，"有"和"无"都只是道的一个方面，道则是包含有无在内的更为根本性的、本源性的本体。"道"作为本源具有永恒性，又具有时间性，它表现于时间之内又具有超出时间的特点。"道生一，一生二，二生三，三生万物。"（《老子》第四十二章）在万物包括时间都不存在的时候，道"生出"时间和万物。道超出有和无，包含有、无于自身。

四、佛教对于存在的本质的探究

佛教和古希腊哲学在思维方式上的共同特点是，对于事物进行拆散式的分析以寻求其形成的原初点。但同样是进行世界分析，古希腊哲学和佛教大乘空宗的目的根本不同。前者是为了建构世界，说明世界的构成；而后者却是为了解构世界，说明世界原本就不存在。所以，佛教的"空"不是古希腊意义的"不存在"，也不是道家意义的"无"，而是不仅在本体论、构成论上，而且在价值观上都具有否定意义的一种"观法"。《心经》上说"色不异空，空不异色，色即是空，空即是色"[②]，是说任何事物（色）都不是固有的，而是由各种部分组成的。这些部分没有一定的因和缘（原因和条件），就不能组成这样的事物。事物尽管形成了，但会随着时间的消失而毁灭、消散，不会永远存在下去。所以，物本身即是空，任何一个物经过分析都会呈现出这样的空的性质。换言之，任何事物自身中都没有一个能够决定它产生和永恒存在的本体，这就是空。当然，事物的确是存在的，但在佛教

---

①在德谟克利特的原子论中，虚空为原子运行偏离轨道提供了场所；偏离轨道象征着自由，所以，虚空为自由提供了存在的条件。从这种意义上说，虚空有其积极意义，这多少有一些道家哲学的色彩。

②方广锠编纂：《般若心经译注集成》，上海古籍出版社2011年版，第6页。

看来这种存在不过是“假有”，是一个走向消散的过程。“缘起”“性空”“假有”是佛教的空的重要含义。

本体概念的产生，有一个思维前提，就是事物的同一性，如一张桌子，西方哲学在分析过程中始终把它作为一个整体——桌子来对待，但在佛教空宗的思维中，没有整体性或同一性的概念。在佛教思维中，任何东西经过分析，分拆掉它的一个个构成部分后，就什么也不是了，作为整体的物的存在就被否定掉了。古希腊哲学的“存在”是一个聚集点，佛教的“空”则不是一个聚集点。在古希腊哲学中，存在是本体，存在和存在者即存在的事物是本体和现象的关系。而在佛教哲学中，“空”只能勉强地说是世界的本质，但“空”并不存在于世界中。“空”只是对于世界的一种看法，“空”是不存在的，否则，“空”就是“有”了。

五、本体的生成性

本体式思维推进的是对事物本质的研究。不过，任何事物的存在都不是静态的，都有一个动态发展过程。本体论哲学不能简单地把变化说成是不真实的，哲学不反映事物的动态发展过程，就不能说是完善的。所以，本体天然地应该具有生成性。探究本体，是从事物的现有状态去追溯它的原初状态或本源状态。如果我们立足于那个原初点，我们就会经历从原初点到事物形成或完成的过程。无论是抚今追昔地“以阅众甫”[①]，还是自古及今地“执古之道，以御今之有”（《老子》第十四章），我们都会发现，本体在这一过程中对事物的生成和存在的支撑作用；也就是说，本体必然具有生成性。不具有生成性的本体会与世界的存在之间存在隔阂或断裂，这也就是西方传统中“道成肉身”[②]的逻辑困境的表现之一。亚里士多德的“动力因”、黑格尔的理念外化出世界以及新实在论的“潜存”说，都是对这一断裂的弥合。动力因外在于本体，创世说需要上帝，但并不是每个人都信仰上帝，两者都不能说是一个好的方案。黑格尔的理念具有自我异化的力量，动力在其自

---

①陈鼓应：《老子注译及评介》，中华书局2009年版，第127页。
②［英］巴克莱：《约翰福音注释》上，胡慰莉译，（台湾）基督教文艺出版社1978年版，第27页。

身，这比动力因已经进步很多了；但理念外化出世界，仍然是一件费解的事情。

继空宗之后，大乘佛教发展为有宗，强调阿赖耶识、万法唯识、唯识无境，恐怕也是意识到空和世界的隔离以及空和成佛之间的逻辑断裂而进行的思维推进。到禅宗以后，对于“佛性”的强调的观点已经普遍被接受。佛性成为贯通个人和世界、现实和理想、凡俗和佛陀的枢纽，这也是佛性的生成性的表现。这是吸收中国哲学思维方式的结果，所以禅宗也被认为是中国化的佛教。

六、生成性与“生生”

道家哲学的道作为本体是具有生成性的。儒家哲学同样具有生成性的本体概念，这就是“生生”。“生生”是中国哲学的生态维度的本体基础。

儒家哲学较早地发现了自然的生成性趋势，强调“生”和“生生”。《易传·系辞下传》说：“天地之大德曰生”，“生生之谓易”。（《易传·系辞上传》）这种“生”和“生生”，《周易·复卦·彖传》总结为“天地之心”，说：“复，其见天地之心。”“生生”和四季循环中的生命现象不尽相同。每一个四季都包含有生死在内，其中的生死具有同样的价值。没有生就没有死，没有死同样也就没有生。而当我们把眼光放得足够长远，去看整个世界的进化过程，我们会发现，宇宙有一种朝着和谐和完美发展的趋势，这就是“生生”。“生生”是包含具体的生死在内的更高一层的生命和自然朝着完善、完美运行的趋势。这也是生成性。生成性不同于对事物进行层层分析后所剩余的那个具有普遍性的本体，如前所述，那种分析程序之后得到的仍是一个存在者，不具有生成性，和事物存在隔绝。海德格尔反对西方的形而上学传统，认为它混淆了存在和存在者，而没有真正地去探索存在本身。这一看法是十分深刻的。在儒家哲学中，“生生”不是一个存在者，而是一种呈现；不是实有，而是趋势。“复，其见天地之心”，“复”并不是天地之心。如果天地之心只是复，那么，在非“复”的时候是不是就没有天地之心了？所以，“复”只是最能体现天地之心的时刻。

七、仁的本体化：“生生”和仁的统一

儒家有本体的概念。仁在儒家哲学中是本体。[①]这是我们过去局限于把仁作为道德情感所没有注意到的内容。生成性和仁在先秦是两条不同的思维线索，两者在汉初达到统一，在宋明得到深化，完成了仁的本体化的过程，仁由此成为本体，也成为生态哲学的基石。

在先秦，“生生”和仁是两个概念。“生生”来自《易传》，仁在《诗经》《左传》中都有体现，在《论语》中成为最高范畴。“生生”的含义已如前述，仁在《论语》中是“爱人”，是表述人和人关系的范畴。《孟子》中提出了亲亲、仁民、爱物之说，其中涉及了人和物的关系，但还没有直接把仁和爱物结合起来。汉代董仲舒提出，“仁，天心”[②]。“天心”指《易传》的“天地之心”。这样，《论语》的线索和《易传》的线索汇合了，仁便和天地之心统一了，仁具有了天地生物的功能，宇宙论的内涵。[③]董仲舒在《春秋繁露》中说：“质于爱民，以下至于鸟兽昆虫莫不爱。不爱，奚足谓仁？”[④]非常明确地把动物纳入道德共同体的范围。郑玄指出：“仁，爱人以及物。”[⑤]这些说法都把仁和自然联系了起来。不过，这个时候，仁还不是一个本体性概念。后代的宋明儒家完成了对仁的本体化提升。

宋代学者把仁从一德之名上升为全德之名，此时仁成为最高概念，而义礼智信都只是仁的一个环节。程颢在《识仁篇》中说：“仁者，浑然与物同体。义、礼、智、信皆仁也。”[⑥]程颐也指出：“四德之元，犹五常之仁。偏言则一事，专言则包四者。”[⑦]朱熹说：“仁者，本心之全德。”[⑧]这样，仁成为德性本身，也就是所

---

①关于仁的本体化，笔者分别于2011年在《仁的生态维度》一文、2013年《儒家生态思想通论》一书中提出，可参考2013年陈来先生出版的《仁学本体论》一书，他在书中十分详尽地论证了仁体、仁本体的思想。

②〔汉〕董仲舒：《俞序》，〔清〕苏舆：《春秋繁露义证》，钟哲点校，第161页。

③仁、天心是一种宇宙论的表述，此为陈来先生观点。

④〔汉〕董仲舒：《仁义法》，〔清〕苏舆：《春秋繁露义证》，钟哲点校，第251页。

⑤〔汉〕郑玄注，〔唐〕贾公彦疏：《周礼注疏》卷十，〔清〕阮元校刻：《十三经注疏》，第707页。

⑥〔宋〕程颢、〔宋〕程颐：《河南程氏遗书》卷二上，《二程集》，王孝鱼点校，第16页。

⑦〔宋〕程颢、〔宋〕程颐：《周易程氏传》卷一，《二程集》，王孝鱼点校，第697页。

⑧〔宋〕朱熹：《论语集注》卷九，《四书章句集注》，第131页。

谓的“全德之名”。[①]宋代儒学家又把《易传》的“生生之德”作为仁的内涵，指出“仁”就是“生意”。程子说：“心譬如谷种，生之性便是仁。”[②]“生意”也是“生生”，“生生”即是仁。程子说：“万物之生意最可观，此元者善之长也，斯所谓仁也。”[③]清代戴震指出：“仁者，生生之德也。”[④]他又指出，“气化流行，生生不息”是仁。[⑤]清代易学家沈起元说：“果之仁，天地之仁也。”[⑥]现代汉语仍然保留着把植物的果核称为“仁”的用法，如花生仁、核桃仁之类。仁作为本体普遍地存在于万物，万物（包括人）都得到天地之心作为自己的心。“天地以生物为心，而所生之物因各得夫天地生物之心以为心。”[⑦]既然人也是得天地生物之心为己心的，那么，仁、生生之德、人心三者就是一致的，人心的生意与天地的生意相贯通，生生之德便从关于外部世界的本体描述进一步转化为表示人的德性的概念。天人合一的核心即在于此。

八、生意：海德格尔的“存在”的一种解释

“存在”（*Sein*）是海德格尔哲学的核心概念。他指出，存在和存在者不同，西方哲学自始至终都是用存在者代替存在的。什么是存在？他用无、澄明、*Ereignis*等进行说明。如存在不在场，存在不能被对象化，存在不能被本质化；存在如同密林中能够透射阳光的空隙，是“存在者整体中间有一个敞开的处所，一种澄明（*Lichtung*）”，澄明“决非一个永远拉开帷幕的固定舞台，好让存在者在这个舞台上演它的好戏。恰恰相反，……存在者之无蔽从来不是一种纯然现存的状态，而是一种生发”[⑧]。

---

①冯友兰：《中国哲学史》，中华书局1961年版，第101页。
②〔宋〕程颢、〔宋〕程颐：《河南程氏遗书》卷十八，《二程集》，王孝鱼点校，第184页。
③〔宋〕程颢、〔宋〕程颐：《河南程氏遗书》卷十一，《二程集》，王孝鱼点校，第120页。
④〔清〕戴震：《孟子字义疏证》，何文光整理，第48页。
⑤〔清〕戴震：《孟子字义疏证》，何文光整理，第48页。
⑥〔清〕沈起元：《周易孔义集说》卷六，《四库全书》（第50册），第144页。
⑦〔宋〕朱熹：《孟子集注》卷三，《四书章句集注》，第237页。
⑧〔德〕马丁·海德格尔：《艺术作品的本源》，《林中路》，孙周兴译，第38页。

海德格尔的存在概念得自里尔克的启发。他指出，在里尔克的诗中，“自然”一词“还蕴含着早期的希腊词语*φυσιζ*意义，也与我们译为生命*ζψη*的相当。但在早期思想中，生命的本质并不是在生物学上被表象的，而是作为*φυσιζ*的涌现者（*das aufgehende*）。里尔克……也把‘自然’称作‘生命’。在这里，‘自然’，也即生命，指的是存在者整体意义上的存在”[①]。海德格尔这里的存在不是直接的单个存在物的生命——这种生命无疑是稍纵即逝、有生有灭的，而作为存在的生命，对儒家来说，是一种生机、生意，是《易传》所说的“生生”，是“天地之大德”“天地之心”，是“易”。海德格尔进一步指出，这里作为存在者之存在的自然，不是一般意义上作为科学之对象的自然界，而是一种“原始的作用力”。他说：“我们在这里必须在宽广的和根本的意义上来思自然，也即在莱布尼茨所使用的大写的Natura一词的意义上来思自然。它意谓存在者之存在。存在作为原始作用力（vis primitive activa）成其本质。这是一种开端性的、集万物于自身的力量，它在如此这般聚集之际使每一存在者归于本身而开放出来。”[②]在我们看来，这种原始作用力其实也就是生命力。

如前所述，海德格尔认为大地和天空之间是人存在的维度；“人诗意地栖居”[③]，“诗意”是“度量”与“测知”，也就是对于“大地之上”和“天空之下”的测度。测度也是“采取尺度”。什么是“尺度”？海德格尔采用荷尔德林的诗指出，“神”乃是尺度。海德格尔这里所说的天空不是物理意义的天空（sky），神也不是上帝（God）、神灵、神祇，而是“神意”，其实也就是自然的生机，即存在本身。海德格尔指出，这个不可知的神通过天空和人的测度显现自身。“人以天空度量自身而得以贯通此尺度。人并非偶尔进行这种贯通，而是在这样一种贯通中人才根本上成为人。”[④]海德格尔又说：“惟有这种尺度测定着人之本质。因为人是通过贯通‘在大地上’与‘在天空下’而栖居的。这一‘在……上’与‘在……下’是共属一体的。它们的交合乃是贯通，只要人作为尘世的人而存在，他就时时穿行于这种贯通。”[⑤]我们可以做出这样的推断，海德格尔的“度

---

①［德］马丁·海德格尔：《诗人何为》，《林中路》，孙周兴译，第283页。

②［德］马丁·海德格尔：《诗人何为》，《林中路》，孙周兴译，第283页。

③［德］马丁·海德格尔：《人诗意地栖居》，《演讲与论文集》，生活·读书·新知三联书店2005年版，孙周兴译，第196页。

④［德］马丁·海德格尔：《人诗意地栖居》，《演讲与论文集》，孙周兴译，第205页。

⑤［德］马丁·海德格尔：《人诗意地栖居》，《演讲与论文集》，孙周兴译，第207页。

量”类似于儒家哲学中的对于世界的体会与感通，人通过与神意、生机的贯通而通达存在，成为人。海德格尔费尽心力所论述的就是天人合一。

而说到天人合一，儒家哲学比海德格尔思想更为亲切和宜人。儒家不仅与自然感通而达到一体，而且这种一体还带有亲切感和愉悦感，达到一种天地之乐；儒家比海德格尔更加富有“诗意”地栖居着。“浴沂咏归”[①]、鸢飞鱼跃，恰如海德格尔所说的存在者中的空隙，是存在的敞开；儒者通过对鸢飞鱼跃等自然现象的体会通达存在。观物、体察生意，达到物我一体的自然之乐，乃是中国哲学的“诗意”。正所谓生不离物，物不离生；理事无碍，事事无碍，“比物取象，目击道存”[②]，“青青翠竹，总是法身；郁郁黄华，无非般若”[③]，都是这般意思。愚以为，海德格尔尚未达到事事无碍的境界，仍在理事无碍之中徘徊。

九、人和自然的统一

天人合一是这般的诗意地栖居，也是人的存在的本真维度和生态哲学或环境哲学的本体基础。当然，我们知道，人类得到了物质的解放以后，再回到工业前的质朴已经不可能。目前的人类社会，处在一种类似怀恋儿童时代的天真和享受成年时代的物质的矛盾运动中，以及在人性的不断释放与自然的约束的矛盾运动中。发展如同不系之舟，本体之锚任重道远。回归存在的本义，人和自然统一，本体的回归，可能不是放弃当下的发展，而是深切地体会人和自然的本体同一性，从而把人的发展和自然的发展一致起来，走负熵发展文明模式，或负熵GDP经济模式。

（原载《云梦学刊》2017年第2期）

①〔元〕方回选评，〔清〕纪昀刊误：《春日类》，《瀛奎律髓》卷十，诸伟奇、胡益民点校，黄山书社1994年版，第175页。
②杜黎均：《二十四诗品译注评析》，北京出版社1988年版，第260页。
③〔宋〕道原：《景德传灯录译注》卷六，上海书店出版社2010年版，第388页。

“绿色”是人类文明的未来发展方向

中共十八届五中全会提出了“创新、协调、绿色、开放、共享”五大发展理念，这是中国共产党对于社会主义现代化建设规律认识的升华，是全面建成小康社会的“指挥棒”。这五大理念中，“绿色”发展的内涵是人与自然和谐共生的生态文明，是中国新型工业化道路的内在规定。绿色是人类文明发展的新形态或新阶段，只有绿色发展才具有生命力和未来性。绿色发展为实现中华民族伟大复兴的中国梦奠定了坚实的本体基础。

一、“绿色”是人类文明的新阶段

约略地说，人不外乎存在于和自然、和他人或社会、和自我心灵、和神灵这几大关系之中。所谓人类文明史，无非是人类处理这几种关系的历史。这是人类文明史的事实，也是“文明”的事实含义。除此之外，“文明”还有价值含义。当我们说一件事情“文明”或“不文明”时，“文明”就是价值判断的标准。“文明”意味着合乎理性，可以接受，具有生命力，能够指引人类未来的发展方向。文明的价值性是文明的本质，其内涵是关系双方或多方的和谐共存。

人和自然的关系是人类存在的最直接、最基本的关系。在农业文明时代，人与自然的交往是一体的、亲近的、感恩的、敬畏的。要想有好的收获，就必须善待土地，用心呵护土地，适应和敬畏自然。这种生存方式的弊端是人附着于，甚至臣服于自然，缺乏摆脱自然束缚的自由，这无疑是不“文明”的，但其中包含的人和自然的和谐共生的理念，却可以说是“文明”的。近代以来，随着“我思故我在”[①]的主体性原则的确立，自然的神性或自然之魅被彻底解构，自然沦为一团可以利用

---

①［法］笛卡尔：《谈谈方法》，王太庆译，第27页。

机械工具进行征服、控制的物质堆积。工业对待自然的方式和农业迥异。工业活动超出气象的局限；工业品不是自然的生命力的产出，而是人工“制造”的结果。在工业活动中，必须把自然作为“对象”进行征服和控制，才可以制造出成品。工业活动，如开挖矿井、采掘矿石、加工制造等都具有侵略性；而且这种征服和控制越深入、越强大、越具有侵略性，也就越能成功。在工业文明中，人对于自然不再有敬畏之心，自然成为有待征服的对象。工业文明大大地提高了人类的生存质量，这是它的“文明”性；可是，在主客对立的框架下，没有把自然作为一个具有自我生命和自主性的存在来对待，导致全球性的生态危机，这又是其不“文明”的一面。所谓绿色，其实质是生态文明，是在工业文明对农业文明的否定的基础上对工业文明的辩证否定，是人类文明发展的新阶段或新形式，是现代生产力与自然和谐理念的辩证统一。它“作为完成了的自然主义，等于人道主义，而作为完成了的人道主义，等于自然主义，它是人和自然界之间、人和人之间的矛盾的真正解决。”[①]“文明”作为价值观在发展模式上是绿色，只有“绿色”的模式才是文明的模式，才具有人类性、未来性和生命力，只有从这个角度才能深刻理解绿色发展理念的深远意义。

二、用“绿色”引领发展的整体转型升级

绿色思维在我国经历了一个发展过程，反映了我们对现代化以及中国特色社会主义建设规律的认识历程。20世纪90年代，与绿色发展理念对应的是“可持续发展”（sustainable development）理念。1992年中国政府制订了《中国21世纪议程——中国21世纪人口、环境与发展白皮书》，将“可持续发展战略”作为国家战略。此后党的十五大、十六大、十七大报告都强调实施“可持续发展战略”。但是，不可否认的是，由于整个社会仍处于解决温饱或由温饱奔向小康发展的现代化初期阶段，全社会基本上是把“可持续发展”作为“发展”战略，把“可持续”理解为发展的连续性的。其实“sustain”的根本含义是可支撑、可承受，连续是以可

①中共中央马克思恩格斯列宁斯大林著作编译局编译：《马克思恩格斯文集》（第1卷），第185页。

支撑为基础的。加上目前我国科技水平不高，在国际分工中仍处于价值链低端等因素，我国的工业化进程呈现出高污染、高能耗、高投入的特点，现代化进程在资源的开发和保护的矛盾运动中展开。现在，环境和资源因素的制约已使我们难以再大规模地承载“三高”产业。党的十七大报告提出了生态文明的概念，党的十八大把生态文明和经济、政治、文化、社会建设并列为“五位一体”的中国特色社会主义现代化事业总体布局，要求“把生态文明建设放在突出地位，融入经济建设、政治建设、文化建设、社会建设各方面和全过程”。习近平总书记多次强调：“生态兴则文明兴，生态衰则文明衰”“要正确处理好经济发展同生态环境保护的关系，牢固树立保护生态环境就是保护生产力、改善生态环境就是发展生产力的理念”“绿水青山就是金山银山”。中共十八届五中全会进一步提出了绿色发展理念，指出：“坚持绿色发展，必须坚持节约资源和保护环境的基本国策，坚持可持续发展，坚定走生产发展、生活富裕、生态良好的文明发展道路，加快建设资源节约型、环境友好型社会，形成人与自然和谐发展现代化建设新格局，推进美丽中国建设，为全球生态安全作出新贡献。”这是中国发展的“绿色思维”。绿色是发展的本质规定，以绿色为基础的发展才是基础牢固的发展；不是绿色的发展，最终都不是发展。当前我们正面临经济新常态，处在发展模式的整体转型升级的关键期，绿色应是新常态和转型升级指导方向，要用绿色来引领经济的转型升级。要把绿色放到全面建成小康社会的战略布局中，放到中国特色社会主义的布局中，放到实现中华民族伟大复兴的中国梦的布局中，放到世界格局中，放到人类文明的格局中，才能认识到它作为一种具有生命力的新型文明的意义。

三、提高生态承载力、发展负熵GDP

习近平总书记指出，“经济要发展，但不能以破坏生态环境为代价。生态环境保护是一个长期任务，要久久为功”。为了实现发展的绿色化，第一，我们要树立绿色发展的文化理念。中国传统社会关于人与自然和谐相处，形成了许多至今仍闪耀着智慧光芒的说法，如“天人合一”“仁，爱人以及物”[①]“仁者，以天地万物为一体”[②]“德至禽兽”“泽及草木”[③]“恩至于土”“恩至于水”“德至深泉”“川，气之导也”（《国语·周语下》）等。所谓“与天地万物为一体”[④]，就是把自然作为“人的无机的身体”[⑤]，善待自然，“参天地”、“赞化育”、尽己之性、尽人之性、尽物之性（《中庸》）、“延天佑人”[⑥]，和自然协同进化、共生共荣，这些都可以创造性地转化为当代绿色发展理念，融入社会主义核心价值观。第二，重塑生活方式，形成节约使用、循环使用资源的风气。第三，改进生产方式。能源是污染的主要来源，在提高现有能源使用效率之外，通过技术创新开发新能源、替代性能源、清洁能源，如沼气等清洁的循环能源技术，建立完善的零排放产业链。基于清洁能源提高生活水平。第四，通过提高资源税的方式对资源贡献地区进行生态补偿。第五，就全国范围来讲，最为根本的是提高生态承载力。生态承载力指生态系统在自我维持之外供给人类生活生产的能力。从物理学来讲，熵是一个系统无序的产生和损耗，负熵则是有序地产生。人类依附于生态系统，人类的生产生活活动使生态系统产生无序和损耗，这是一个熵增过程。各类污染和环境破坏都是熵增，人类经济活动的计量方式之一的GDP总体上也是一个熵增信息。本文提出负熵GDP或熵减GDP的概念。负熵GDP，顾名思义是经济活动不产生生态无序，而是产生有序，使生态系统向完善方向发展。负熵GDP是正生态意义的经济活动，而熵增GDP则是负生态意义的经济活动。绿色GDP也是负熵GDP（negentropy）。自然对人类生产生活的承载有一个“生态承载力均衡点”（equilibrium point of ecological capacity），这个点也是“生态承载力拐点”（turning-point of ecological capacity）。就中国目前来说，空气、土壤和水污染已经失去生态承载平衡点，向拐点的负方向发展。由于我国总体上仍处于社会主义初级阶段，提高人民生活水平，提升经济活动增量仍是重要任务。所以，负熵GDP是我们未来经济发展的一个方向，它是经济增量和环境保护、生态向好的统一，或

---

①〔汉〕郑玄注，〔唐〕贾公彦疏：《周礼注疏》卷十，〔清〕阮元校刻：《十三经注疏》，第707页。

②〔宋〕程颢、〔宋〕程颐：《河南程氏遗书》卷二上，《二程集》，王孝鱼点校，第15页。

③〔唐〕魏徵等：《汉书六》卷十八，《群书治要》，第293页。

④〔宋〕朱熹：《性理三·仁义礼智等名义》，〔宋〕黎靖德编：《朱子语类》卷六，王星贤点校，第117页。

⑤中共中央马克思恩格斯列宁斯大林著作编译局编译：《马克思恩格斯全集》（第42卷），第95页。

⑥〔明〕王夫之：《周易外传》，第167页。

者说是使生态改善的经济发展方式。广义地说，垃圾回收、废水处理以及循环使用等，都是负熵GDP的范畴。负熵GDP的最重要形式之一是植树造林。“万物莫善于木。”[①]植物具有吸收污染粉尘、平衡气候、涵养水分、保持水土、肥沃土壤、维持生物多样性等重要生态保护功能，扩大植物面积是提高环境生态承载力的根本途径。目前全国森林面积2.08亿公顷，森林覆盖率21.63%，一般来说，一个国家的森林覆盖率应达到30%以上，我们距离这个目标还很远。我国目前尚有荒漠化土地面积262.2万平方千米，占国土面积的27.4%。按荒漠化土地面积的1/5为宜林地计，则我国宜林荒漠面积为52.44万平方千米。宜林荒地实施绿化后国土绿化面积为27%，这是生态承载力正向拐点或生活生产活动和自然的自我修复能力之间的平衡的拐点。据计算，每公顷森林最高平均每年可吸收二氧化碳13吨，则这些新增林地能够吸收6.8亿吨二氧化碳；如果荒漠化土地262.2万平方千米都实现绿化，则能吸收34亿吨二氧化碳。森林也具有绿色生产的经济功能，如植树造林也属于经济活动，能够产生GDP；森林本身也具有经济价值。当然，如何绿化还需要科技手段以及政策配套。

总之，通过负熵GDP提高生态承载力，建设绿色文明，不仅是我们发展模式的整体转型升级，全面建成小康社会的生产方式定位，也是我们“形成人与自然和谐发展现代化建设新格局”，实践新型现代化道路，实现对人类文明的贡献。

（原载《湖南社会科学》2016年第2期）

---

①〔北齐〕魏收：《魏书》卷五十五，第1226页。

儒家文化与生态文明

一

每次回老家，车进河南，心跳都会加速，一股热潮周身奔涌。是那种就要到家的激动，也是对历史和文明的感慨，还有对大地的深深的感念。历史、文明、大地、伟人……不可名状地交织在一起。走在轩辕氏黄帝、大禹等无数伟人曾经走过的土地上，不由得思绪万千，也不由得对车窗外延展到天际的大地肃然起敬。这块土地已经哺育人类、滋养文明几千年了。坐在火车上，铁道两旁稠密的村庄和茂盛的庄稼似乎在真真切切地告诉我们，它还在承载着人类和中华文明的旺盛生长。环顾历史，不少文明都已逐渐消失了，流动过文明的河流干涸了，哺育过文明的土地变成荒漠了，承担过文明的人们也灭绝了。以儒家文化为主体的中华文明却在千劫万难之后，获得了复兴。是什么样的超越性智慧，使它能够历久弥新？

二

儒家文化的超越性智慧，集中表现在对生命的珍视和尊重方面。“生”在中华文化中的含义极其丰富，这正表明了古人对“生”的体验和认识具有深刻性和丰富性。

“生”的最基本的含义是生命。生命的出现是指诞生、出生，生命的存在状态是处于生中，生命的展开表现为生长、生活。生命在它展开的最初阶段无疑是稚嫩的、不成熟的，所以汉语有生与熟对立的说法。对于稚嫩的生命，儒家的基本精神是让它顺利地、饱满地生长和实现，这就是“使之生”的含义。《易传·系辞下传》说“天地之大德曰生”，《易传·系辞上传》说“生生之谓易”。“大德”是指伟大的性质、德性，天地伟大的德性是给予事物生命；“生生”就是使生命顺利地展开，这是天地的好生之德。这种思想在《中庸》中又发展为“尽己之性”“尽人之性”“尽物之性”之说。尽，就是发挥、实现。一个人，想要发挥、实现自己的本性，就要让他人能够发挥和实现自己的本性，也要让万物发挥、实现自己的本性。如何做到“尽性”，《论语·颜渊》和《论语·雍也》分别表达了孔子的经典观点：“己所不欲，勿施于人”；“己欲立而立人，己欲达而达人”。

尊重万物生命的思想，落实到对待动植物上，表现为“时禁”的观念，即动植物不到成熟之时，不得渔猎和砍伐，为的是“不夭其生，不绝其长”（《荀子·王制》）。孟子、荀子都把“时禁”作为仁政或圣王之制的内容；《礼记·月令》篇甚至详细地规定了渔猎砍伐的月份限制，如孟春之月“禁止伐木，毋覆巢，毋杀孩虫，胎夭飞鸟”。出乎我们意料的是，时禁也是儒家的孝的内容之一。曾子说“断一树，杀一兽，不以其时，非孝也”（《礼记·祭义》）。转瞬即逝的秦朝历来被认为刻薄少恩，不施仁义，可是，在湖北省云梦县睡虎地出土的《秦律·田律》，也以国家法律的形式明确规定“春二月，毋敢伐材木山林及雍（壅）隄水”，可见儒家思想影响之深远。

“生”也是生物体内在的根本动力，表现为生命力。这种生命力，儒家叫作“生意”，可谓对生命的最为深刻的体会。程颐把中国古代哲学的重要范畴“仁”解释为“生意”。他说：“心譬如谷种，生之性便是仁也。”[①]种子一定是包含有“生意”的，包含着生根发芽开花结果又重新成为种子的生生不息的整个过程。现代汉语还保留着这种用法——植物的种子大都叫作“××仁”，如“核桃仁”“花生仁”“玉米仁”，这里的“仁”就是作为生意的“仁”。“生意”包含着由小到大、由少到多、由弱到强的发展和增长的过程，所以，不知不觉中，“生意”成了经商、“做生意”。从“生意”的起源上看，企业一定得有内在生命，才有“生意”；有了“生意”，才有生意；没有“生意”，也就没有了生意。这就是企业的成长性，也是从“生意”中引申出来的生产、创造、增值的意义。

尊重生命的思想是中华文明根深蒂固的内容，渗透并扎根于百姓的生活之中。大约一千年前，理学家程颐就很不留情面地批评了北宋哲宗皇帝春日折柳的行为，这使皇帝十分尴尬。尊重生命的思想也是超越民族的。日军败退时留下不少孤儿，中国人并没有计较他们是侵略军的孩子，也没有计较他们的父母曾经屠杀过中国人，选择把他们都养活成人，这种骨子里的善良就是对于生命的尊重。尊重生命的

---

①〔宋〕程颢、〔宋〕程颐：《河南程氏遗书》卷十八，《二程集》，王孝鱼点校，第184页。

思想也超越通常的"生命"概念。王阳明曾经说，人的仁爱之心不仅应与将要掉到井内的孺子为一体，也要与鸟兽、草木、瓦石为一体。对于将要掉入井内的孺子，应有怵惕恻隐之心；对于鸟兽就死，要有"不忍"之心；对于草木摧折，要有怜悯之心；对于瓦石毁弃，要有顾惜之心。这样，珍视生命的态度就扩展到草木瓦石，超越了通常的生命。

尊重生命的思想在中国文化中并不是漂浮无根的东西，而是具有深厚的哲学根基的。这就是儒家所说的"与天地万物为一体"[①]的"天人合一"思想。"与天地万物为一体"在儒家哲学中首先是一个基本事实。儒家认为，天地万物与人，都是由气构成的，气贯通天地万物，所以天地万物从根源上看本来就是一体的，天人合一的"合"，简直是多余的。二程就说"天人本无二，不必言合"[②]。不过，一体并不意味着人和物完全一样，相反，儒家认为人禀受了气的精灵部分，和一般的物不同。《荀子·王制》说："人有气、有生、有知，亦且有义，故最为天下贵也。"《孝经·圣治》也说："天地之性，人为贵。"唐玄宗对"贵"的解释是"异于万物"[③]。宋明儒学明确把"贵"解释为人的天地之心。天地以生养万物为心，人禀受了天地的"生生之理"，所以天地之心在人。这样，人的生命和天地万物的生命就有了相关性和贯通性，天地的职责便转移到人，人就有了"替天行道"的道德职责。这样天人合一就变成了价值观。《中庸》的"参天地""赞化育"，张载的"民胞物与"，王阳明的"感应之几"，都是强调个体生命必须完成天地的生养万物的道德职责。从人必须完成天赋的职责来说，天人合一又进一步升华为最高的道德境界。

在儒家哲学中，人的灵和贵只是对人不同于万物的价值的肯定，是灵异而不主宰，和《圣经》所说的上帝按照自己的形象创造了人，把大地交给人类统治管理根本不同。在《圣经》中，尤其是西方近代文化中，自然是人改造、征服的对象，人类可以主宰自然的命运，而儒家的基本态度却是与自然共生共存。儒家文明自觉地把人的存在和自然环境结合在一起，把自然环境作为文明的一个要素或变项来考虑，认为人对天地万物承担有道德义务，所以，它不把人置于自然的对立面，而是注重两者的和谐。《中庸》的"尽性"最终落脚于"万物并育而不相害，道并行而

①〔宋〕朱熹：《性理三·仁义礼智等名义》，〔宋〕黎靖德编：《朱子语类》卷六，王星贤点校，第117页。

②〔宋〕程颢、〔宋〕程颐：《河南程氏遗书》卷六，《二程集》，王孝鱼点校，第81页。

③〔唐〕唐玄宗注，〔宋〕邢昺疏：《孝经注疏》卷五，〔清〕阮元校刻：《十三经注疏》，第2553页。

不相悖”；荀子希望达到的是“万物皆得其宜，六畜皆得其长，群生皆得其命”（《荀子·王制》）的和谐状态；《易传·系辞上传》也说“范围天地之化而不过，曲成万物而不遗”。在天人合一的思想支配下，中华文明对于自然还有一种超越功利的审美态度。陶渊明、王维以及后来的大小程、朱熹等人，都有不少脍炙人口的诗篇，陶渊明的“采菊东篱下，悠然见南山”，王维的“明月松间照，清泉石上流”，程颢的“万物静观皆自得，四时佳兴与人同”等，都不能单纯地作为吟诵自然的诗来看待，应该看到其中还渗透着自然对人的理智和情感的启发、自然的超自然的神性和人与自然的情感交融等丰富内涵。

三

人类文明发展到今天，环境恶化和生态破坏已经成为危及人类生存的迫切问题，生态哲学、环境伦理成为国内外学术界切实关注的问题，出现了非人类中心主义、弱人类中心主义、大地伦理学、深度生态哲学等学说。困扰当今生态伦理或环境伦理的基本问题，有道德关注的范围问题、生命的范围问题、价值的根源问题等，这些问题归根结底是关于如何认识和对待生命的问题。儒家重视“生生”的生态思想，为当今世界确立尊重生命、维护和保持生态的稳态平衡的义务提供了一个坚实的理论基础。当然，这不是说儒家的生态思想已经十分完善，也不是说中国古代不存在生态问题。曾几何时，“清且涟漪”的黄河水，变得浊浪翻滚；林木茂美的森林、草原，成了年复一年席卷大半个中国的沙尘暴的“策源地”。这些都是我们必须正视的生态问题。但是，儒家文明对生命的尊重、对自然和大地的珍视，使我们今天仍然能够生活在他们曾经生活的大地上，这正是我们要感恩于古人、感念于大地的地方。

（原载《中华读书报》2006年4月5日）

继承传统文化智慧，推进生态文明建设

本文主要围绕儒家生态智慧讲四个方面：一是介绍儒家生态基本内容；二是对“天人合一”的概念做一个探讨；三是对儒家关于自然的道德维度、对待自然的想法做个介绍；四是说明一下儒家生态文化的当代意义。

一、儒家生态智慧的基本内容

我们先讲第一个问题，儒家生态智慧的基本内容。儒学的生态思想可以用“一、二、三、四”来概括。一是“一个原则”，即天人合一；二是这个原则中“天”和“人”各是什么，什么是“合”，怎么合，这涉及人和自然的关系；三是儒家对待自然的“三种维度”，分别为宗教，道德、礼治，政治、法律；四是儒家对于动物、植物、土地、山川等“四种自然对象”的生态性认识。

二、“天人合一”的概念

首先，我们讲“天人合一”，这是我们中国文化的精粹概述。

关于天地人关系，儒家文化里面也有很多具体的说法。《易传》主张：“夫大人者，与天地合其德，与日月合其明，与四时合其序，与神鬼合其吉凶。”（《易传·乾卦·文言传》）

董仲舒说："天人之际，合而为一。"[①]张载提出："儒者因明致诚，因诚致明，故天人合一。"[②]这些都是十分明确的天人合一的思想。

我们先讲第一个说法。什么是"大人"？在中华传统文化里，大人是具有一定知识和道德，有一定官职，能够为社会服务的人。我们现在讲德才兼备，这也是传统文化的一种发展。领导干部之德是指要忠诚党的事业，践行全心全意为人民服务的宗旨。德里面包括"生生"的内容，这恰好就是生态的理念，所以领导干部的德里面也包含有生态文明建设的因素，包含着为社会提供良好生态环境产品的职责。

第二个说法，"天人之际，合而为一"，天和人是统一的。"际"是两个物体交界、相连的地方，这个命题说明，人和天是一体的。

第三个说法"儒者因明致诚，因诚致明，故天人合一"，这是讲人的修养。"因明致诚"是通过自身智慧去领会，去理解天道天德。我们讲德才兼备，在中华传统文化里面，德和才并不矛盾，德的修行可以启发才，启发智慧。

其次，我们讲"天"。天在古代汉语里面有时候称为"天"，有时候称为"天地"，单独称"天"的时候是包括天地的，就是我们讲的自然的含义。总体上讲，"天"指自然界，是指一个以生生不息为目的的过程。

"天人合一"的命题里面，人是一种德性主体、责任主体，承担着对天地万物的责任和使命。德性主体是一种和谐共存的关系。

什么是"合"？如何"合"？"天人合一"的"合"，它得是积极的。首先是参赞化育，就是通常说的"参天地""赞化育"，能够做到这一点，就可以与天地并列为三。其次，"合"还必须是主动地调整自然，延天佑人。在不利的生存条件下，在自然灾害面前，人应该发挥主动性。所以这个"合"，不是把人镶嵌在自然里面不动，也不是一切自然为我所用，以人类为中心，而是人和自然在相互交往、各尽其性的过程中的辩证统一。人和自然如椭圆形的两个焦点，两者共同构成大自然。

---

①〔汉〕董仲舒：《深察名号》，〔清〕苏舆：《春秋繁露义证》，钟哲点校，第288页。

②〔宋〕张载：《正蒙·乾称》，《张载集》，章锡琛点校，第65页。

三、儒家关于自然的宗教、道德维度

“三个维度”，分别为宗教维度，道德、德治维度，政治和法律维度。

1. 宗教维度。自然有其神秘的一面，我们应该对自然保持敬畏，要祭祀自然、人报答动物，这是宗教的维度。名山大川能够影响百里范围内的气候、环境，天子也通过祭祀表达对自然的敬畏和保护，这是我们讲的宗教的维度，跟通常意义的宗教不太一样。

2. 道德的维度。道德的维度从人的方面来讲，就是要用我们的仁心、仁慈对待自然；从自然的方面来讲，就是让自然能够实现自己的本性。《中庸》里面讲“能尽人之性，则能尽物之性”，万物都要实现自己的本性，我们要维护自然的价值，尊重自然的权利，顺应自然的生命。

讲到仁，大家都知道“仁者爱人”（《孟子·离娄下》），“己所不欲，勿施于人”（《论语·颜渊》），这些是表达人和人之间的伦理关系的名句。在儒家哲学中，仁的生态维度对于动植物、土地山川都有具体落实。对于动物，儒学主张“德及禽兽”“恩至禽兽”。《礼记·礼运》里面讲到大同的美好社会愿景，指出不光包括人和人，还包括人和动物、动物和动物之间，都是和谐相处的景象。

儒家对于植物也是持道德的态度。好的环境是产生好的万物的前提条件。儒家认为，“万物莫善于木”[①]，应“泽及草木”[②]“仁及草木”。董仲舒说：“恩及草木，则树木华美，而朱草生。”[③]这句话很有现实性，如果你给草木浇水、施肥，不乱砍滥伐，环境美化之后不止“朱草生”，各种各样神奇的动物，都会被吸引过来。

儒家把土地区分为土、地、壤、田四个层次。董仲舒提出了道德地对待土地的主张。他说：“恩及于土，则五谷成，而嘉禾兴。”[④]美国哲学家利奥波德提出了“健康的土地”“土地伦理”等概念，这与董仲舒的态度是一致的。

在儒家哲学中，山脉是一个活生生的存在，它是气的凝聚，同时又作为自然的一个环节，与河流一样起着导气的作用。古人反对过分毁林开采矿藏，认为这样会

---

①〔北齐〕魏收：《魏书》卷五十五，第1226页。
②〔唐〕魏徵等：《汉书六》，《群书治要》卷十八，第293页。
③〔汉〕董仲舒：《五行顺逆》，〔清〕苏舆：《春秋繁露义证》，钟哲点校，第372—380页。
④〔汉〕董仲舒：《五行顺逆》，〔清〕苏舆：《春秋繁露义证》，钟哲点校，第372—380页。

使得地气消散，不能含气出云，导致水旱之灾。董仲舒要求道德地对待山脉与矿产，主张“恩及于金石，则凉风出”[①]。

儒家对于河流的认识。第一是“国主山川”（《国语·晋语五》），就是说，一个国家的名山大川主导着这个国家的命运。第二是“川，气之导也”（《国语·周语下》），认为河流不仅能流水，而且能导气，即参与自然的循环。第三是“水曰润下”（《尚书·周书·洪范》），即河流具有滋润大地的性质。第四是“川竭国亡”（《国语·周语上》），儒家认为，若“水土无所演”，则“民乏财用”（《国语·周语上》），国家灭亡，这就需要转变思维，把河流作为有生命的个体，道德地对待。

再进一步对河流做更深入的认识，其实它不只是一种现象，也是我们各民族的血缘纽带，是中华民族精神的人文文化纽带。从这个角度来讲，我们对自然的保护，下游受益，上游就要做出牺牲。反过来如果上游出现地震洪涝，下游就要主动积极来支援，这就是人文精神的血缘纽带，是中华民族多民族共同体和谐共存的一种表现。

3.政治维度。儒家生态哲学的政治维度表现为政府设立自然管理部门和官职，颁布政令、法律保护动植物，把生态保护具体地落实到政治活动中。

四、儒家生态文明思想对于世界的再启蒙意义

儒家哲学对自然、社会和人类精神生活各个层次都有系统的认识，是一种全面而又深刻的学说，其精华是中华文明贞下起元，历久弥新，这是保持较高文明水平的内在动力和成为世界性思潮的根本原因。

儒家关于生态文明的思想，一方面是生态文明建设的重要理论资源，另一方面也是人类文明共同生存的基础。这种思想给人类社会重新提供启蒙思想资源，人和人之间的关系，国与国之间的关系，落后和发达的关系，不是侵略、掠夺和占有的关系，而应该是和谐共存、共同发展的关系。儒家生态哲学是一种突破主客对立，

---

①〔汉〕董仲舒：《五行顺逆》，〔清〕苏舆：《春秋繁露义证》，钟哲点校，第372—380页。

具有根本性变革的世界观，其中的合理因素经过创造性转化和创新性发展，可促使人类在全球范围内建立人与自然之间、不同文明之间的和谐关系，对于当今世界具有第二次启蒙的意义。这是儒家思想的世界性价值，也是我们确立文化自信、文明自信的坚实理论基础。西方文化应该了解、认识和吸收儒家文化的智慧，东西方文化应携手共建新的人类文明。

（摘编自2015年6月18日，“核心价值观百场讲坛”第24场活动的现场演讲实录）

仁的生态维度

国内外学界之所以长期把儒学简单地视为一种关于人际关系的伦理体系，与对“仁”的片面理解不无关系。诚然，“爱人”是仁最初和最基本的说明，但历史上“仁”的含义是不断发展的。汉儒提出了“爱人以及物”[①]的解释，使仁具有了规范人与自然关系的生态性内涵。宋儒把仁作为人心的德性、天地的“生生之德”，使仁成为万物的本体，实现了仁、天地生生之德与人心的统一和天与人的贯通。宋儒还进一步主张“为天地立心”[②]“与天地万物为一体”[③]，确立了人对于自然的生态责任。

一、“仁，爱人以及物”：生态道德共同体的形成

“道德共同体”是可以用道德态度对待的事物的范围。西方传统上尤其是近代以来，仅仅把人列入道德共同体的范围。亚里士多德在《政治学》中认为：“植物活着是为了动物，所有其他动物活着是为了人类。”[④]托马斯·阿奎那说：对于动物，“根据神的旨意，人类可以随心所欲地驾驭之，可杀死也可以其他方式役

---

①〔汉〕郑玄注，〔唐〕贾公彦疏：《周礼注疏》卷十，〔清〕阮元校刻：《十三经注疏》，第707页。

②〔宋〕张载：《张子语录·语录中》，《张载集》，章锡琛点校，第320页。

③〔宋〕朱熹：《性理三·仁义礼智等名义》，〔宋〕黎靖德编：《朱子语类》卷六，王星贤点校，第117页。

④［古希腊］亚里士多德：《政治学》卷一，吴寿彭译，第23页。此段译文略异于吴寿彭译文。转引自戴斯·贾丁斯：《环境伦理学——环境哲学导论》，林官明、杨爱民译，第106页。

使”[①]。康德主张，人对于动物“不负有任何直接的义务”[②]，道德身份只限于作为主体和目的的人。与西方思想颇为不同的是，“仁”作为指示道德共同体的概念，是包括整个外部世界的，不限于人，因而具有生态的性质。董仲舒在《春秋繁露》中说：“质于爱民，以下至于鸟兽昆虫莫不爱。不爱，奚足谓仁？”[③]又说：“泛爱群生，不以喜怒赏罚，所以为仁也。”[④]非常明确地把动物纳入道德共同体的范围。郑玄指出：“仁，爱人以及物。”物在中国哲学中是个外延最广的概念，包括人和外部世界的一切事物。所以，“爱人以及物”的道德共同体的范围是全部外部世界，“民胞物与”“与天地万物为一体”的“物”莫不如此。《宋史·道学传》提出：“盈覆载之间，无一民一物不被是道之泽，以遂其性。”[⑤]这可以作为儒家生态道德共同体的注脚。

二、“天地生物之心”：仁的生态本体化与内在化

《易传·系辞传》说：“天地之大德曰生”，“生生之谓易”。这里的“天地”是自然的总名；“生生之德”指自然运行中生命的诞生、完善与和谐的总体趋势，是宇宙演化过程的生态性本质，也可称为宇宙的合目的性。“合目的”是康德《判断力批判》中的一个概念，其实也具有本体论意义，反映了世界运行的可期待的结果，是事实，也是价值，还是宇宙演化的动力。“天地之大德曰生”的思想得到了当代生态科学和生态哲学的肯定。生态学家约翰·布鲁克纳说：自然中有“一种有机动力，……按照它的建造和意图把一切都结合成令人惊奇的一片”[⑥]。生态哲学家罗尔斯顿也说：“进化的生态系统中存在着一种创造性，它以我们还没有

---

①［美］戴斯·贾斯丁：《环境伦理学——环境哲学导论》，林官明、杨爱民译，第106页。
②［德］康德：《只有理性存在才有道德价值》，转引自何怀宏主编：《生态伦理——精神资源与哲学基础》，第343页。
③〔汉〕董仲舒：《仁义法》，〔清〕苏舆：《春秋繁露义证》，钟哲点校，第251页。
④〔汉〕董仲舒：《离合根》，〔清〕苏舆：《春秋繁露义证》，钟哲点校，第165页。
⑤〔元〕脱脱等：《道学传》，《宋史》卷四百二十九，第12709页。
⑥［美］唐纳德·沃斯特：《自然的经济体系——生态思想史》，侯文蕙译，第72页。

充分理解的机制，形成一切生物物种与生命过程。”[①]这里的“有机动力”“创造性”，也都可以说是“生生”或“生生之德”。

宋儒认为，“生生”也是仁。二程说：“万物之生意最可观，此元者善之长也，斯所谓仁也。”[②]朱熹认为，仁作为生意普遍地表现于一年四季，“春为仁，有个生意在，夏则见其有个亨通意在，秋则见其有个诚实意在，冬则见其有个贞固意在。夏秋冬，生意何尝息”！[③]这表明，元、亨、利、贞，春、夏、秋、冬都不过是生生之德的不同说法。清代戴震认为，“仁者，生生之德也”，“气化流行，生生不息”[④]是仁。以生生之德为内涵的仁，实际上也是天地万物的本体。《易传·象传上·复卦》有“复，其见天地之心”的说法；董仲舒提出，“仁，天心”[⑤]；宋儒认为，天地的生意或者生理也就是天地的生物之心。这样，仁作为本体，也是天地的生物之心。照宋儒所讲，这样的本体普遍地存在于万物，万物也包括人都得到天地之心作为自己的心。“天地以生物为心，而所生之物因各得夫天地生物之心以为心。”[⑥]“人得之遂为人之心，物得之遂为物之心，草木禽兽接着遂为草木禽兽之心，只是一个天地之心尔。”[⑦]拿植物来说，它成熟的时候，生意集中表现在它的果实中；它的果实就是天地的仁。朱子就说：“看茄子内一粒，是个生性。”[⑧]又说，谷种、桃仁、杏仁之类，种着便生，不是死物，所以叫作“仁”。清代沈起元说：“果之仁，天地之仁也。”[⑨]现代汉语仍保留着把植物的果核称为“仁”的用法，如花生仁、核桃仁。既然人也是得天地生物之心为己心的，那么，仁、生生之德、人心三者就是一致的，人心的生意与天地的生意相贯通，生生也是人的内在德性。

---

①［美］霍尔姆斯·罗尔斯顿Ⅲ：《哲学走向荒野》，刘耳、叶平译，第331页。
②〔宋〕程颢、〔宋〕程颐：《河南程氏遗书》卷十一，《二程集》，王孝鱼点校，第120页。
③〔宋〕朱熹：《性理三·仁义礼智等名义》，〔宋〕黎靖德编：《朱子语类》卷六，王星贤点校，第105页。标点有改动。
④〔清〕戴震：《孟子字义疏证》，何文光整理，第48页。
⑤〔汉〕董仲舒：《俞序》，〔清〕苏舆：《春秋繁露义证》，钟哲点校，第161页。
⑥〔宋〕朱熹：《孟子集注》卷三，《四书章句集注》，第237页。
⑦〔宋〕朱熹：《理气上·太极天地上》，〔宋〕黎靖德编：《朱子语类》卷一，王星贤点校，第5页。
⑧〔宋〕朱熹：《性理二·性情心意等名义》，〔宋〕黎靖德编：《朱子语类》卷五，王星贤点校，第62页。
⑨〔宋〕朱熹：《孟子集注》卷三，《四书章句集注》，第237页。

三、“为天地立心”：人对宇宙的生态责任

照前文所说，仁、天地之心是表现于一切人与物的。可是《礼记·礼运》上又说：“人者，天地之心也。”张载也说：“天无心，心都在人之心。”[①]还有，朱熹也强调：“天地间非特人为至灵，自家心便是鸟兽草木之心。”[②]这几种说法和前一种说法并不矛盾。照儒家的看法，“天地之性人为贵”（《孝经·圣治》），人的宝贵，就在于他有思考的能力，“心之官则思”（《孟子·告子上》），能够认识到天地生物之心，自觉地参天地、赞化育，帮助天地生物之心得到实现。换言之，没有人的时候，天地之心或天心是自在地呈现的；有了人之后，天心可以通过人心得到自觉地呈现与实现。所以张载主张天心都在人心的同时，也提出“为天地立心”的说法，这是要人自觉地体会天地之心养育万物的含义，帮助万物顺畅地完成自己的生命。这是对待自然的生态的态度。生命都有自身完善和完成的趋势，这样去思考和行动的人心，自然是与草木之心一致的，可以说就是草木之心。对人为天地之心，罗尔斯顿基于科学提出了一个解释：“生物进化产生出人类是自然唤醒了心智。”我们对自然的刺激的反应是，“超越其他生命形式”“将我与非我分离出来”“生态的刺激使人类的主体‘我’诞生了。大地的景物以我来对它进行沉思，我就是它的意识”。[③]他所说的“意识”和儒家的人心一样，都是一种生态之心。应当说，生态建设需要心灵建设，“为天地立心”可以为生态心灵的培育提供有益的滋养。

---

①〔宋〕张载：《经学理窟·诗书》，《张载集》，章锡琛点校，第256页。

②〔宋〕朱熹：《性理一·人物之性气质之性》，〔宋〕黎靖德编：《朱子语类》卷四，王星贤点校，第59页。

③［美］霍尔姆斯·罗尔斯顿III：《哲学走向荒野》，刘耳、叶平译，第409页。译文略有改动。

四、“与万物为一体”：仁的生态境界

如何做到“为天地立心”？儒学的要求是对万物有感应，能相通，痛痒相关，形成“与万物为一体”的境界。在宋儒看来，仁即是感，是能够对万物作出导向恻隐之心、生物之心的反应。“麻木不仁”里的“仁”即是感。关于感通，最为典型和形象的是程颢的说法，他指出，医书称“手足痿痹为不仁”[①]，说得很好。人通身是一气贯通的，如果气不能贯通，身体器官就不能感应，不属于自己了。王阳明的弟子曾经问他，人与万物都是异体的，怎么会是一体的？王阳明指出，从“感应之几”上看，人岂止是与禽兽草木同体，即使是与天地鬼神也是同体的。人往往被自己的身体这个躯壳限隔了，不能与天地万物相通。其实，人心与天地万物“便是一气流通的，如何与他间隔得？”[②]在儒家文化中，与天地万物为一体是人应该达到的境界。大程说：“仁者，浑然与物同体。”[③]又说：“仁者，以天地万物为一体。”[④]罗尔斯顿用“生命之流”的概念表达人与天地万物为一体。在他看来，生命是一种“流动”，其中不存在截然分明的固定界限。人与自然的对立在一定意义上是正确的，“但是，如果把它们置于一个更大的、呈现着人与自然、生物自然与物理自然的交流图景中，这些对立的看法就成了不完全的真理。自然赋予我们客观的生命，而个人的主观的生命不过是其中的一个部分的、内在的方面”[⑤]。

生态的存在是人类根本的存在方式。社会主义生态文明是人类存在的一个新阶段。在历史上，中国文化之所以能够贞下起元，历久弥新，保持较高的文明水平，一个重要的因素是儒家生态意识维持了中华民族生存地区的自然环境。这些生态智慧，仍可贡献于当今中国和世界的生态文明建设。

（原载《光明日报》2015年4月27日16版）

---

①〔宋〕程颢、〔宋〕程颐：《河南程氏遗书》卷二上，《二程集》，王孝鱼点校，第15页。
②〔明〕王守仁：《语录一·传习录上》，《王阳明全集》卷一，吴光等编校，第26页。
③〔宋〕程颢、〔宋〕程颐：《河南程氏遗书》卷二上，《二程集》，王孝鱼点校，第16页。
④〔宋〕程颢、〔宋〕程颐：《河南程氏遗书》卷二上，《二程集》，王孝鱼点校，第16页。
⑤［美］霍尔姆斯·罗尔斯顿III：《哲学走向荒野》，刘耳、叶平译，第106页。

钓而不纲，弋不射宿

黑格尔对孔子哲学的态度不很恭敬。他说："孔子只是一个实际的世间智者，在他那里思辨哲学是一点也没有的——只有一些善良的、老练的、道德的教训，从里面我们不能获得什么特殊的东西。"[①]他甚至说，为了保住孔子的名声，假如他的书未曾翻译过反倒更好些。本来，17至18世纪的欧洲知识界对中国文化和社会是很有好感的，中国哲学对欧洲启蒙运动产生了很大影响。但随着近代欧洲"我思故我在"[②]的理性主体原则的确立，主客对立的观念成为思想界主流，以及工业革命后生产力的迅猛发展，中国的形象在欧洲的视野中日渐衰落，沦为落后、野蛮、不开化的象征。黑格尔对孔子的评价代表了19世纪欧洲对中国文化评价态度的转变。

中国进入近代以后之所以落后，就哲学方面来说，没有确立主客对立的近代性原则不能不说是一个重要原因。冯友兰先生曾经把中国哲学史分为子学和经学两个阶段，并指出中国没有"近代哲学"，这是很有见地的。"近代"是modern，现在译为"现代"，也大可玩味。中国哲学没有把人和自然抽象为主客体范畴，其原则是人与自然和谐、天人合一，用近代哲学范畴来说是主客体的和谐共存。黑格尔研究中国哲学，还没有达到可以认识这一原则的深度。比如，他读过《论语》，就没有注意到"钓而不纲，弋不射宿"（《论语·述而》）表现的并不是人与人的关系，而是人与自然的关系，而且这种关系和西方近代哲学具有本质的区别。

"钓而不纲，弋不射宿"表明儒家哲学的视野是开阔的，包含了对于自然的维度，这促使我们重新认识到中国哲学的广度和深度。作为一种人对自然的伦理原则，"钓而不纲，弋不射宿"表达的是孔子对自然的仁爱的态度。纲是大网，大网所捞必多，对于鱼类，进而言之对于自然是多余的伤害，甚无必要。弋是带线的箭，宿是归宿之鸟，宿鸟归飞，幼鸟盼归，射杀宿鸟，幼鸟失怙，毁掉两代生命，断非仁慈之心所能忍受。直到现在，民谚还有"劝君莫打三春鸟，儿在巢中盼母

---

①［德］黑格尔：《哲学史讲演录》（第1卷），贺麟、王太庆等译，上海人民出版社2013年版，第119页。

②［法］笛卡尔：《谈谈方法》，王太庆译，第27页。

归”的说法，可以说是“弋不射宿”思想在民间生活的表现。

“钓而不纲，弋不射宿”毋宁说只表达了孔子动物观的冰山一角。打开视野来看孔子的相关文献，包括近年来真实性逐步得到承认的《孔子家语》《孔丛子》以及新出土的《孔子诗论》等材料，会发现孔子的动物观是丰富的，其基调是把道德共同体的范围扩展到动物，要求道德地对待动物，确立人对于自然的伦理关系。仁、恕、孝、义的德性都包括对动植物的关怀。《孔子家语·五帝德》记载宰我请教黄帝的事迹，孔子提到黄帝“仁厚及于鸟兽昆虫”①。此条又见于《大戴礼记·五帝德》。商汤有“网开三面”，给动物逃生机会的事迹。孔子评价说“成汤恭而以恕，是以日跻”②。《礼记·祭义》记载：“曾子曰：‘树木以时伐焉，禽兽以时杀焉。’夫子曰：‘断一树，杀一兽，不以其时，非孝也。’”这里，孔子强调按照时节规定伐木狩猎，把尊重动物的生命和价值、保护动物提高到了对天地之孝的高度。在这种观点之下，树木、动物成为和亲属一样值得进行道德关怀的对象。在《孔子家语·困誓》篇中，孔子把“刳胎杀夭”“竭泽而渔”“覆巢破卵”称为“不义”的行为。③对于死亡的动物，孔子抱有哀悯之情。《礼记·檀弓下》记载，孔子豢养的狗死了，他对子贡说：“吾闻之也，敝帷不弃，为埋马也；弊盖不弃，为埋狗也。丘也贫，无盖，于其封也，亦予之席，毋使其首陷焉。”孔子还有善于从自然中获得道德启示的移情的观点，如“岁寒，然后知松柏之后凋也”（《论语·子罕》）称赞的是松柏固守常青的坚定德性，“骥不称其力，称其德也”（《论语·宪问》）称赞的是良马的德性。古人认为龟龙麟凤等动物是社会和谐安详的象征，孔子继承了这一传统，指出“天子布德，将致太平，则麟凤龟龙先为之祥”④。他把自己比作麟、凤。他周游列国，道不行于世，晚年感慨“凤鸟不至，河不出图，吾已矣夫！”（《论语·子罕》）麟至鲁国国都之郊而亡，他为之流泪，说：“予之于人，犹麟之于兽也。麟今出而死，吾道穷矣。”⑤《春秋》即绝笔于“西狩获麟”。以德性比拟动物，把动物的德性和人的德性一致看待，在这种思维方式之下自然会对动物采取关爱的态度。当然，孔子没有关于食素食、提高动物权利的言论，他也食用动物。《论语·乡党》中“食不厌精，脍不厌细”“缁

①冯国超主编：《五帝德》，《孔子家语》，吉林人民出版社2005年版，第137页。
②冯国超主编：《弟子行》，《孔子家语》，第72页。
③冯国超主编：《困誓》，《孔子家语》，第131页。
④〔汉〕孔鲋：《记问》，《孔丛子》，中华书局1985年版，第32页。
⑤〔汉〕孔鲋：《记问》，《孔丛子》，第32页。

衣，羔裘；素衣，麑裘”等说法都是把动物作为食物、衣料来源的条目。孔子也不拒绝用动物进行祭祀。《论语·八佾》记载：“子贡欲去告朔之饩羊。子曰：‘赐也！尔爱其羊，我爱其礼。’”应该说，这些都是无可厚非的。就人类的生产力水平发展来说，我们至今还不能完全摆脱对动物的依赖。

孔子的动物观是他的自然观的一部分。他的自然观是“则天”，即效法天地。他说：“天何言哉？四时行焉，百物生焉，天何言哉？”（《论语·阳货》）这里的天是自然。《论语·泰伯》记载：“子曰：‘大哉，尧之为君也！巍巍乎！唯天为大，唯尧则之。’”《中庸》称赞孔子“上律天时，下袭水土”。朱熹解释说：“律天时者，法其自然之运。袭水土者，因其一定之理。”[①]则天是农业时代必须顺应天时、善待土地才能有所收获的生产方式在思维中的反映，其极致是与自然和谐相处，成为一种人生境界。“知者乐水，仁者乐山”（《论语·雍也》）“吾与点也”（《论语·先进》）都是这种境界的表现；这是在了解天人差异的基础上达到的较为高级的统一。经过工业时代后，我们发现，文明的本质其实是和谐共存，与自然和谐的绿色理念是人类文明的根本原则。中华文明自古以来就主张人与自然的和谐，这是其普遍性所在，也是我们确立文化自信的基础。

（原载《光明日报》2016年4月13日02版）

①〔宋〕朱熹：《中庸章句》，《四书章句集注》，第37页。

顺木之天，以致其性

“顺木之天，以致其性”出自唐代柳宗元的《种树郭橐驼传》。文章讲述了长安人郭橐驼善于种树，成活率高，果树不仅挂果早，还很茂盛，别人请教他有什么诀窍，他说自己并没有什么诀窍，不过是“顺木之天，以致其性焉尔”。

柳宗元所说的“天”是指什么呢？是道，是树木生长的基本环境和规律。柳宗元所说的“性”是什么？是树木的本性。“顺木之天，以致其性焉”，就是遵从树木生长的规律，让树木充分地实现自己的本性。“虽小道，必有可观者焉”（《论语·子张》），种树算不得大事，却包含“顺木之天，以致其性”的道理。郭橐驼是掌握了这个道理的人。他种树，讲究适度作为，避免过犹不及。他说，有的人种树，树根摆得不舒展，又换了生土，培土不是太松，就是太实；有的人种树，又“爱之太恩，忧之太勤”，“旦视而暮抚”，甚至掐掐树皮看看树木是不是还活着，摇摇树干看看枝叶是稠是密。这样种树，“虽曰爱之，其实害之；虽曰忧之，其实仇之”。他则不然，该照顾的时候就像对待孩子那样用心，该放手的时候则又果断地“弃之不顾”，让树木自己生长。这样，树木便能“其天者全而其性得”。照郭橐驼所说，他种树并不是特别地能让树木“硕茂”，而是“不害其长而已”，也不是特别地能让树木“早而蕃”，“不抑耗其实而已”。

种树和育人的道理是相通的。我们常说尊重知识、尊重人才。如何尊重？应该学习郭橐驼种树的办法。在科研方面，“天”是什么？是合乎人才成长规律的社会机制；“性”是什么？是科研成果的完成，是人的能力的提升和需求的满足。习近平总书记指出，“要按照人才成长规律改进人才培养机制，‘顺木之天，以致其性’，避免急功近利、拔苗助长”。我们的科研管理在不少方面还没有创造出合适的社会环境和氛围，不是缺位，就是越位，不太符合人才成长的规律，如科研经费不能及时到位，科研人员不能合理地获得劳动报酬，经费支出规定近乎荒唐地要求计划好今后5年要参加的会议等。另外，尊重科研工作者的知识劳动的价值，给精神劳动以合理报酬，“积极实行以增加知识价值为导向的分配政策”等也有待加强。

同时，要尊重人才成长的规律，给各类人才一个自我生长的空间，大幅度减少各种评估、评比，让科研工作者能够心无旁骛地从事研究。郭橐驼种树如果也像别人那样，不是让树木自我生长，而是天天去看、去掐、去摇，那他种的树木照样也得死亡！我们常常呼唤大师的存在，但我们可曾静心想过，是不是有些大师的苗子还没来得及长成参天大树，就被一些僵化的评价机制“看”“掐”“摇”给扼杀了？学术的事情归根结底还是要尊重学术研究者本人的意愿，“风物长宜放眼量”。只要是遵守学术道德和科研伦理的研究，就应当创造宽松的环境，让其获得内生的活力，让成果瓜熟蒂落。所谓“致其性”，说到底就是提供合适环境，让树木的自我生命力得以实现。

宋代哲学家陆九渊在《读书》一诗写道：“读书切戒在慌忙，涵泳工夫兴味长。”郭橐驼种树还包含对治国理政的深刻启迪，这是传统文化的永恒魅力和深厚底蕴所在。在文中，郭橐驼承认，种树的道理又似治国。“长人者好烦其令”，百姓应接尚且不暇，“又何以蕃吾生而安吾性耶？”《礼记·乐记》说：“土敝则草木不长，水烦则鱼鳖不大，气衰则生物不遂。”“烦”是频繁地搅扰，管理过度就会变质为控制，一些不健康的因素也会以体制的名义出现，遏制事物自身的生命力。所以，改革开放以来所采取的大政方针有一个共同的导向，那就是恢复和激发民间活力，扩大社会自由空间。事实证明，内生活力是健康的可持续的力量，已经在改革进程中转化成了经济社会发展的巨大动力。当前，我国面临经济社会全面转型升级，“必须在推动发展的内生动力和活力上来一个根本性转变”。党的十八大以来，中央力推行政审批制度改革，社会内生活力逐渐得到释放，正在为“两个一百年”奋斗目标的实现而努力。

需要特别注意的是，郭橐驼原本不叫这个名字，因为驼背，别人叫他橐驼，他也乐于接受。为什么偏偏是驼背的他掌握了种树的秘密？这其实是一个隐喻。科研人员大都有自己的个性和爱好，和常人相比，有棱角，有圭角，这是他们作为人的特点的一部分。在旁人看来或许显得特立独行甚至怪异，而他本人可能还浑然不知。整个社会尤其是管理者要理解，并包容他们的特点甚至缺点，要创造让有个性的研究者能够发挥其才能的社会机制。这不仅是体制的改进，而且也是管理者和研究者双方的解放。而人的解放，是最为根本的生产力解放。

（原载《光明日报》2017年7月10日06版）

同一个地球、同一个未来：厚重责任体现中国大国风范

——写在习近平总书记参加气候变化巴黎大会之际

习近平总书记前往巴黎参加世界气候大会开幕式并做演讲，阐述中国对全球气候治理的看法和主张。这将是世界上最大的发展中国家向世界传达走绿色、低碳、永续发展道路的坚定决心，承担着对于世界气候变化的责任的有力声音。

就全球性气候问题而言，“同一个地球，同一个未来”在一定程度上表达了当今人类的处境。气候变化是全球性的，没有哪个国家、哪个人能够置身于事外，这意味着应对气候危机需要全人类共同承担责任。1992年，《联合国气候变化框架公约》缔结，通过了“共同但有区别的责任”原则，奠定了全球气候治理的基本原则。我们希望这次会议仍然坚持这一原则，公平地划分各国的责任份额，根据各国的能力来承担自身的责任。必须指出的是，以美国为首的西方发达国家应当承担更大的责任份额。理由有三。第一，现在的世界气候危机是发达国家几百年工业化积重难返的结果，发达国家理应承担更多的责任。第二，发达国家现在仍是世界上碳排放总量和人均排放量最多的地区。比如，2013年美国的人均碳排放为20吨，是中国人均7.2吨的近3倍，比世界上最不发达地区的国家就多更多了。如果说，人人都有在地球上平等的生活权，显然发达国家在侵蚀着不发达国家人民的生存权利。第三，发达国家资金雄厚，技术领先，具备承担责任的能力。

在这里，也有必要提出“碳排放量”和“碳享用量”两个概念，前者指为生产某个产品产生的碳排放量，后者指这些产品为谁所使用，使用者才是这些碳排放的真正受益者。据一项统计，2013年中国的人均碳排放量超过了欧洲。假定这个统计是真实的，它与中国的生活水平比欧洲仍然落后很多的现实也很不符合。中国作为世界工厂，很多产品都为欧美发达国家所享用，如焦炭、服装等。欧美发达国家才是这些碳排放的享用者，这一部分碳排放量理应计算到他们的统计量上。

中国是一个发展中国家，至今仍面临着大量人口脱贫的艰难困境。即便如此，从20世纪90年代以来，中国也一直积极参与气候、环境方面的国际会议与议程，切实地采取环保措施。尤其是党的十八大以来，中国形成了包括生态文明建设在内的

“五位一体”的现代化理念。近年来，面临经济新常态的挑战，中国进行了结构调整。截至2014年底，中国的一、二、三产业结构比为9.2%：42.6%：48.2%，大幅降低了单位GDP的碳排放依赖。2014年中国的碳排放量比2005年下降了33.8%，同期发达国家单位GDP的碳排放量下降幅度为15%左右，而世界平均水平则基本未变。由于中国等国家能源消费模式的转变，2014年全球在经济未出现衰退的情况下实现了碳排放量零增长。这些成就是中国展示给世界的一份漂亮的环保答卷。

中国已经向联合国提交应对气候变化的“国家自主贡献”文件，其中规定于2017年启动全国碳排放交易体系，并把应对气候变化的行动列入“十三五”发展规划中。中共十八届五中全会提出的“十三五”规划建议，确定了“创新、协调、绿色、开放、共享”的发展理念。中国决心以创新驱动替代资源要素驱动，实施绿色发展的理念。据悉，中国这次还将设立规模为200亿元人民币的气候变化南南合作援助基金，支持其他发展中国家。这些都是中国主动为世界承担的一份厚重的责任，展现了一个负责任的大国的风范。

气候问题的解决，需要在全球范围建立民主、公正、合理的国际气候治理新秩序。所谓民主，是不论国家大小一律平等，在气候变化方面享有同样的发言权。所谓公正，是全世界人民的生存、发展权利一律平等，进一步言之，是资源权利的平等。所谓合理，是一个国家的责任和它的资源享用与现有经济科技水平相适应。发达国家在气候问题上的话语权是主导性的，在人均资源享用方面的优势是压倒性的，而在责任承担方面，则有相当大的提升空间。笔者建议在世界范围内确立人均碳排放量的标准，超过部分为过度排放。在联合国的框架下，对于人均过度排放国家征收碳排放税，转移支付给环境损害严重的不发达地区，改善那里的环境状况，由此带动整个地球环境的改善。这或许是建立公正的国际治理体系的一个范本。

（原载光明网2015年11月29日）

生意场里有“仁”意

一听到“生意”，首先会让人想到做买卖、搞经营。不过，在传统文化中这个词另有深意，指的是天地万物生生不息的本性，是“仁”。

唐代诗人张九龄的《感遇十二首·其一》诗云：“兰叶春葳蕤，桂华秋皎洁。欣欣此生意，自尔为佳节。谁知林栖者，闻风坐相悦。草木有本心，何求美人折。”诗中有两个词很重要，一是“生意”，一是“本心”；其实“生意”也就是草木的“本心”，表现为草木欣欣向荣的景象。这是中国文化中“生意”的本义。“生意”也是“仁”。“玉米仁”“花生仁”“核桃仁”都有一个“仁”字。这里的“仁”表达的是植物的生命和生长的本性。程颢说：“万物之生意最可观，此元者善之长也，斯所谓仁也。”[①]玉米、花生、核桃之所以有生命、能生长，就是因为有个“仁”在。朱熹说：“如谷种、桃仁、杏仁之类，种着便生，不是死物，所以名之曰‘仁’，见得都是生意。”[②]王阳明进一步指出：“仁是造化生生不息之理……譬之木，其始抽芽，便是木之生意发端处。抽芽然后发干，发干然后生枝生叶，然后是生生不息。”[③]《易传·系辞传》有“天地之大德曰生”“生生之谓易”的说法，这里的“生”“生生”也是“仁”。清代大学问家戴震提出：“仁者，生生之德也。”[④]众所周知，“仁”又是人的德性，是人心。《孟子·告子上》说：“仁，人心也。”朱熹也说：“仁者，本心之全德。”[⑤]可见，“仁”是人和天地万物共同的德性，人有帮助万物生长的道德责任，所以程颐指出：“心譬如谷种，生之性便是仁。”[⑥]儒家讲“与天地万物为一体”[⑦]“天人合一”，为什么能够“一体”，能够“合”？正是因为两者本来就统一于“仁”。“仁”是联结

---

①〔宋〕程颢、〔宋〕程颐：《河南程氏遗书》卷十一，《二程集》，王孝鱼点校，第120页。
②〔宋〕朱熹：《性理三·仁义礼智等名义》，〔宋〕黎靖德编：《朱子语类》卷六，王星贤点校，第113页。
③〔明〕王守仁：《语录一·传习录上》，《王阳明全集》卷一，吴光等编校，第26页。
④〔清〕戴震：《孟子字义疏证》，何文光整理，第48页。
⑤〔宋〕朱熹：《论语集注》卷六，《四书章句集注》，第131页。
⑥〔宋〕程颢、〔宋〕程颐：《河南程氏遗书》卷十八，《二程集》，王孝鱼点校，第184页。
⑦〔宋〕朱熹：《性理三·仁义礼智等名义》，〔宋〕黎靖德编：《朱子语类》卷六，王星贤点校，第117页。

天与人、人与物的核心和枢纽。

“做生意”的生意来源于天地万物的“生意”。宋代话本小说《错斩崔宁》以及清代通俗小说《儒林外史》都以“生意”表示经商，这两种用法的本质联系就在于两者都讲究生命力、生长性和持续的增长性。从生生之德的“生意”可以引申出基于中国哲学精神的商业伦理原则。既然“生意”是仁，那么，做生意、搞经营便是从人心之“仁”出发来完成天地生生之德，有其庄严性和神圣性。全社会都应给予工商业以足够的尊重，善待企业家；同时，工商业者也应自尊自重，对行业保持敬畏之心。

经营和管理是使企业获得生意的活动。企业如何获得生意？从内部看，企业是一个利益共同体，也应当是责任共同体。进一步，企业还须成为理想共同体、命运共同体，最为重要的，是成为仁爱共同体。仁是生意的源泉。从外来看，企业发展要符合国家产业、自然进化、人性发展、社会发展的方向，归根结底，符合向人间播撒仁爱的方向。仁爱的方向也是良知的方向、心的方向。朱熹的《观书有感》诗云：“半亩方塘一鉴开，天光云影共徘徊。问渠那得清如许？为有源头活水来。”王阳明也说：“与其为数顷无源之塘水，不若为数尺有源之井水。”[①]“源头活水”是什么？是心，是良知。这并不是说有条条道理现成地摆放在心中，而是说心如源泉，无论遇见怎样前所未有的局面，道理都能源源不断地涌出而应对自如，而每次自如的应对都会成为人们可以遵循的原则。所以，“心即理”本质上是心之所发即是理；找到了心，也就找到了生生不息的源头。

每个人都是一个小我，都应融入整个社会、整个世界之中，成就自己、成就他人、成就天地万物，从而把自己提升为一个与天地万物为一体的“大我”（SELF）。这次世界哲学大会的主题是“学以成人”。《孟子·告子下》说“人皆可以为尧舜”，程颐作过一篇文章，表明“圣人可学而至”，王阳明讲“满街都是圣人”，毛泽东的《七律二首·送瘟神》说：“六亿神州尽舜尧”。可以说，传统文化的精神一直活着。做生意就是把仁爱撒向人间，扩展仁心，成就大我，成为圣贤。生意呈现爱意，要带着对自然、对社会、对他人的爱意去做生意。仁心扩展了，爱意丰满了，生意也就生生不息了。这些道理，也正是儒商的根本精神。

（原载《光明日报》2018年08月28日02版）

① 〔明〕王守仁：《语录一·传习录上》，《王阳明全集》卷一，吴光等编校，第21页。

儒家生态伦理与情感观念
——乔清举教授与白奚教授对谈录

乔清举（以下简称“乔”）：在儒家生态哲学研究方面，蒙培元先生是老前辈，他很重视儒家情感观念，提出“德性主体”的概念，从情感角度解读生态问题。白奚老师对这个主题的研究也很早。

白奚（以下简称“白”）：蒙培元先生这方面的书我翻阅过，他给过我。但是我的研究和乔清举老师不一样。乔清举老师做的是一个全面的大的课题，我仅仅研究儒家“仁爱”的“仁”的思想，然后就跨到这个领域里来，比如生态问题、环境问题，我只是写了这么一篇论文，所以我肯定是没有乔清举老师这么全面。

说到情感问题，儒家是很重情感的一个学派。所以人与人之间靠的是情感。如果要和生态问题、环境问题联系起来的话，就是儒家认为对万物也要有情感，把人对人的情感扩大到对待万物，这就是生态伦理了。

我们知道，人能够移情，就是以对人的情感来对待万物。这种情感在儿童那里保留最多。儿童天然如此，会把一些动物类的小玩具，甚至非动物类的小玩具当成有生命的。成年人是不会相信这个的，小孩就会相信，他天然地保留了这些东西。但到了我们成年人这儿，就全都消失了。不过，成年人也乐于接受这样一种假定：万物和我们都有情感交流，就像宋明儒家讲的万物一体，我们都接受这些东西。这就是移情。

乔：对，我接着这个话题讲。二十多年前，在我儿子三四岁的时候，他看见冬天堆的雪人，邻居在一旁说“你亲他一下”，儿子就上去亲了那个雪人一下。当时我的感触是，在儿子心目当中那个雪人是活的。这是我当时的一个感触，就像白奚老师讲的，对儿童来讲东西都是活的、有生命的，它们都是朋友。我还想起另外一个小事，还是关于我的儿子，是关于他跟小狗玩的事。狗和小孩天然是朋友，那个小狗被我儿子折腾得，一会放到篮子里边，一会儿又拿出来，如果被折腾的是人，早就烦了。那条小狗却不烦，也不咬他，你会觉得他们天然就很亲近，是我们成人把亲近自然的东西丢了。但是刚才讲的移情其实在艺术家、画家那里它还保留着。我们讲中国哲学会讲到“天地之大德曰生”，这个“生”是一种生机，“仁者生意”。“生”这个概念在自然界中是如何体现的，朱熹和他之前的哲学家讲了很多。我就讲画家。画家在画一些树和山水的时候，能够反映出它的灵动性来。我偶尔会去香山，香山底下有个知松园，长了很多松树。有一天，我抬眼一看，突然感觉松树都是活生生的，像在跟你招手，当时我一下子感觉这可能就是所谓的“生意”，这个“生意”不去仔细体会的话或许感受不到。你看槐树、榆树，各种各样的树木的树皮，有的裂出了一道道的缝，看着不美、不光滑、也不平整，但是看的时间长了，你就会发现并感受到树的生长过程，这种感觉画家就能捕捉到。什么是气韵生动，这就是气韵生动的东西。你画得好不好，透过你的功夫就能够体现出那种笔力的强弱来，这个力量能够显示出自然的“生意”。

其实捕捉到这一点也不是很难，就像我说的那个知松林，也不是每次都能觉到它很活灵活现，你强迫自己说它是活灵活现的也不行，就是这种不经意的、突然觉得的，哎，这个东西是活灵活现的。就像过去有个电影中，槐树会开口说话的那个情节一样。

白：槐荫树嘛。

乔：对，《天仙配》里的那棵老槐树。你感觉就像松树招手，也不是说这一次感受到以后下一次还能感受到，但是感受过一次就会觉得确实是不一样。这种艺术的、哲学的感受是一体的，是最原始的情感。就看你国画去如何表达，哲学去如何表达。孔子讲：“岁寒，然后知松柏之后凋也。”（《论语·子罕》）他肯定也是在松树里看到了一种苍劲的、坚强的生命力，所以才会有这种感触，否则的话，光只看一棵松树，他也不一定会有这么深的感悟。

白：其实这种感受是非常重要的，看一个生物、一个动物，高级动物可能会有一定程度的交流，像植物，你能看出它的“生意”，而且你认为像你说的“活灵活现”还和你有沟通，那你实际是把他当成了自己的同类，当成了类似我们的同类，可以进行情感交流。它是有生命的，而且这种生命是可以和我对话的，你要能把外界的事物提到这个层次，你不可能去伤害它。就像我们刚才说的儿童，我们也知道小动物怎么样，但是他会知道小动物是朋友，我们就会从理性上来看待这个事。刚才讲到小孩，我的孩子小的时候，有一次我带他玩，他看见有一条狗，一条大狗，他跑过去了，那条狗站起来比他还高，那狗完全可以咬他，太轻松了。我一下没看住，他就跑到那，一点不害怕，搂着狗亲它。看见孩子搂着那么大一只狗，我特紧张，万一咬一口，非常危险。他就不知道害怕。在他心目中和在我心目中是不一样，他不会想狗会伤害他，他会想到我是善意对待这只狗，狗也会和我是朋友。

乔：对，我就想起我儿子小时候，也经常看到他对一件事情的感受和我们是不一样的。有一个古希腊的寓言故事，是讽刺一个人说大话的。说有一个青蛙对着牛呱呱叫，牛一脚就把他踩死了。如果是成年人的话，都会觉得表达的是青蛙太聒噪了。我就问儿子这牛好不好啊，他说不好。我问为什么，他说它把青蛙给踩死了。当时我一下子很震惊，这对我来讲整个是反过来了；孩子的价值观跟成人是不一样的。青蛙是太吵，但它也不至于该死啊。牛要把它踩死了，他觉得这太不公平了。他不会说生命毁灭了，但他觉得青蛙是不应该死的，它的判断和成年人的判断是不一样的。

白：我儿子小的时候看电视，他就会发表一些感慨。看到大灰狼就觉得很可恶，他要吃羊、吃兔子什么的，怎么那么残忍！他认为不可接受，太坏了。后来他又继续看，看到狼叼了小动物回去喂自己的幼崽，幼崽在那嗷嗷待哺，后来他就说：原来是这样，这还差不多。它也不是残忍，要害其他动物的命，它要养活它的后代，所以可以理解。我想这些评价都不会发生在大人身上。所以话题从这开始，实际上，这是最后我想说的，现在进行环保教育能把道德情感引进来是非常有用的。我们现在的环保教育和环保知识普及都是科学式的和法律式的，给你讲科普知识，讲一些道理。但这还是一种功利伦理的立场，考虑到人类自身的利益或是长远利益，如果不这样做，我们就会遭到自然界的报复，而不是我们对自然界有情感，担心要是不保护森林，将来就没森林了。而是从科学或从法律角度来讲，砍伐树木的人是要被治罪的，都是从这些方面来做的，缺少一种爱。

乔：我接着这个话题谈一下人类中心主义的问题，这是对生态环境伦理、环境生态哲学的最大挑战。现代的生态伦理总归是人类提出来的，不是自然提出来的，都是为了自己更好地生存，而不是为了自然的生存。怎么能够代表自然呢？这里就有我们刚才讲到的几种人类中心主义：一种认识论的，一种伦理学的。伦理学认为人是主体，认识论觉得所有的认识都是通过人来认识的。这必然只是人的认识，客观不客观还不好说。

然后，还有一种就是形而上学的，就是无论怎么讲你都离不开人，这样你的生态伦理和环境哲学根本就不是一种本真意义上的，就是一种变形的自私自利。哈格罗夫提出过一个美学的论证，他说我们保护自然，比如保护了自然的美，美是超功利的。西方哲学在讲到美的时候，讲美是超越利害的、超越功利的精神愉悦，所以讲到美学的时候就超越人类中心主义了，这是我看到的一个比较巧妙的论证，就是说用得比较巧妙的逻辑论证。但是我们说讲到“情感”的，可能比那个还要巧妙。“情感”的确是人提出的，这时候的人已经不再是跟外界对立的或者跟外界不再是两个部分，而是与外界完全融为一体了，是一种超越性的、一体的人。在这种情况下去论证的话，是不是一种更原始的、更基础性的东西？西方还没有从情感这方面来论证的，边沁提出感受性还是指动物对于痛苦的感受，就是动物是能够感受痛苦的，所以应该给他们道德的对待。但是，我们现在讲这个，实际上偏重于中国哲学的交互和一体这种原初的一体性，这就是我们讲的仁者天地之心，以天地万物为一体。这是它的内涵，我们可以从这个角度发现他的一种或者一方面的内涵。

人在出生时就已经产生了这种情感自觉。没有人的自觉的话，至少语言不会产生。有了语言，人不就和自然分离了吗？人类的发展过程就是和自然不断分离的过程，有了语言、有了文字、有了科技就更了不得了。仁也是这样的，它有原始的情感的基础，但也是自觉和升华，它还是一种不断的反思，一方面在反思上不断进展，另一方面在根源的层次上越来越紧密。我在路上跟你讲的，先秦时期是“仁者爱人”（《孟子·离娄下》），然后到董仲舒时讲“仁，天心”①，到郑玄讲“仁，爱人以及物”②，这是两汉时期的，内涵越来越丰富了，但实际上是让我们对统一性认识得越来越深入。接下来到宋明时期，以仁为“本心之全德”③，将“义”“礼”“智”都纳入“仁”的范畴之内，“仁”是最高概念，不像以前“仁”是四分之一，和“义”“礼”“智”是对立概念，现在的“仁”“义”“礼”“智”都算是“仁”的内涵之一，这样“仁”就是最高概念了。那么，跟“仁”对应的就是天地万物的“生意”。如果人心之“仁”是一种东西，“生意”又是一种东西，这就是两本了，就是孟子讲的两种东西。所以，这个本原的东西肯定是统一的。所以宋明时期讲“仁者生意”，二程说“万物之生意最可观，此元者善之长也，斯所谓仁也”④，朱熹讲“生底意思是仁”“浑沦都是一个生意”⑤，这样就把统一性贯穿起来了，等于是“仁”展开得越来越丰富了，但是我们看到的它的根源性、一体性也越来越深入了。

白：中国古人认为仁爱是一步一步递进的，先“亲亲”，后“仁民”，再爱万物。《孟子·尽心上》说：“亲亲而仁民，仁民而爱物。”对待自己的同类，应该持一种什么样的态度，这是一个仁民层次的问题，因为从“亲亲”开始到“仁民”，“亲亲”是爱自己的亲人，是血缘亲情，到“仁民”就是对所有民众都要爱，这已经超越亲情了。然后再到爱物，那就又超越了人类了，人类之外的万物我们都要去爱。这三步是不能颠倒的，首先要“亲亲”，在这基础上才能谈得上“仁

---

①〔汉〕董仲舒：《俞序》，〔清〕苏舆：《春秋繁露义证》，钟哲点校，第161页。

②〔汉〕郑玄注，〔唐〕贾公彦疏：《周礼注疏》卷九，〔清〕阮元校刻：《十三经注疏》，第707页。

③〔宋〕朱熹：《论语集注》，《四书章句集注》，第131页。

④〔宋〕程颢、〔宋〕程颐：《河南程氏遗书》卷十一，《二程集》，王孝鱼点校，第120页。

⑤〔宋〕朱熹：《性理三·仁义礼智等名义》，〔宋〕黎靖德编：《朱子语类》卷六，王星贤点校，第107页。

民”，“仁民”就是仁爱全人类了，爱所有的人，爱自己的同类，在做到这个的基础上，你才可能谈爱万物。如果连自己的亲人都不爱，爱他人、爱万物更是无从谈起的。连自己的同类都伤害，你怎么能去爱护其他的万物呢？这个话题是伦理学的问题。

刚才咱们说的对待小动物的例子，基本上说的是儿童。儿童更容易产生动物是他的朋友、是他的同类且有情感沟通这种现象，他看见小动物死亡会掉眼泪、会伤心，我们大人一般很少这样，小孩却很容易。刚才的话题还没说完，就等于是把伦理道德情感引入生态保护这个工作里来，这应该从娃娃抓起，多教育小孩。对自然万物充满爱心，不是出于人类的利益，而是从道德情感上就应该这样。人和万物应该建立起这样一种关系，小孩是容易接受的，而且小孩如果持续接受这种教育，就会在他心里留下很深的观念，有可能影响他的一生。如果小孩都接受这种观念，都反复接受这种教育的话，这批孩子长大了之后，世界就会好一些。

当前的环保教育、生态教育还只是宣传要考虑人的利益，只是讲自然资源是有限的，破坏了会对人类产生不良的影响。这种理性的教育肯定是必要的，而且在法制层面，破坏了自然资源要受到惩戒；但是这些还不够，应该再加上道德情感。

乔：但是现实中也存在人对人的伤害，甚至比对动物还要残忍。不少哲人都讲，人类最大的敌人是自己。

白：霍布斯讲的，人对人像狼。

乔：这次我提交的论文正好有这样一个内容。人类从原始蒙昧状态到文明状态，文明算是一个标志，标志着人类从蒙昧状态的提升。文明有这样几个内涵：文明是跟野蛮相对应的整个物质、社会风俗的提高，接下来它是经济发达的一种状态，继而成为价值观，然后变成一种标准，再经过推广和延伸，凝结为一种霸权。在西方文明史上是这样子的：其他民族都是野蛮的、落后的民族，先进的民族征服落后的民族是天经地义的。主客体关系在这里体现得很明确，文明的状态是主体，其他的非文明的客体是有待改造的，至于是用枪炮改造还是用书本改造就不好说了。近代殖民贸易对土著的杀戮都是在文明的旗号下干的，这就是文明发展到一定程度就异化到反文明了。究竟什么是文明？我们把浮于表面的东西去掉，拷问什么是核心的东西？吸收孔汉思研究的两条说法，一是尊重生命，一是“己所不欲，勿施于人”。这两条是大家普遍能够接受的。我们对人的尊重就在仁、义、礼、智的“仁德”概念里。我们中国历史上各个群体的战争也很多，尤其是在春秋战国时期，但是整体上那种殖民，那种对一个地区灭绝性的杀戮是没有的。我一直在思考这个问题，我们的文化里很早就确立了仁这一条，像日本、韩国能接受中国文化也是这一条，他们觉得这种对人的仁爱、慈爱、关爱的态度是很好的，大概地讲，中国是讲“仁”，日本是讲“忠”，韩国是讲“孝”。就中国来讲，只能讲“仁”，因为中国是大国，想吸引人就靠“仁”。我们古代讲“远人不服，则修文德以来之”（《论语·季氏》），心悦诚服不能靠武力，所以我们就没有把杀人作为美德的东西，这恰好是最基础的、讲情感的东西。

白：西方社会是以一套自以为是先进的或自以为是文明国度的文明、制度去改造或者是去消灭所谓的落后的野蛮的文明，这是典型的进化论的观念。这跟我们中华传统文化不一样。中国传统文化里，推崇我比较文明，你比较野蛮，我的文化优越，因此我可以影响你、感化你。所以，夷狄入中国之后，进到我们的文化圈里，就是文明的。中国人到夷狄的地方去，就被夷化了。进化论本身的观点是中性的、客观的。西方文化的文明进程和我们不一样，他们主张征服，我们的观点是相反的。

乔：我们历史上边界都是柔性的，学了东西可以加入我们文明圈。当然，夷狄入侵中原反倒是经常发生的现象。夏朝以后，商是东夷，周是西岐，也被作为蛮夷看待，包括到清朝，都是从边缘地区到中原，最后比较彻底接受这套东西。

白：刚才说为什么人对万物有爱心，为什么对同类残忍，我觉得还可以从另外一个角度来考虑。因为人与人之间才是真正直接的竞争者，所以他对同类残忍是因为要消灭竞争者。其他的万物对自己不构成竞争，所以人宁可对万物仁慈，反而对同类残忍，经常看到杀人如麻的人对宠物好极了，说穿了还是从自己的利益出发。

说到利益，我今天特别要重申一个观点：我们今天在提到人类中心主义时总是持一种批评的态度。当然，人类中心主义有各种各样的，有比较温和的，有比较绝对的，情况不同罢了。关于人类中心论，西方也在不断修正，提出各种各样的人类中心论。一提起人类中心论，大家首先还是持否定的态度，其实在我看来，首先要看是哪种性质的人类中心主义。人类中心主义有不同性质，并不是单一的。我们刚才说的所有的人类中心主义其实都是以利益为中心的，只要以人类的利益为中心，对万物就有可能构成伤害；但人类中心论并不都是以人类的利益为中心，比方说中国古代儒家的生态伦理思想。我认为它也是人类中心主义，也是以人类为中心的。现在很多学者谈到中国思想时，就有意说它不是人类中心主义，和西方的人类中心主义要做区分，要划界限，害怕把我们也说成人类中心主义，其实这个界限应该是，我们这种人类中心主义，不是以利益为中心，而是以人类道义为中心的。因此我提出来一个观点：儒家的生态伦理是一种以人类道义为中心的人类中心主义。不需要回避“人类中心主义”这个词，我们可以旗帜鲜明地说儒家思想就是人类中心主义，但是和西方的人类中心主义不一样，他们是以人类的利益为中心的，我们是以人类的道义为中心的。以人类的利益为中心就是考虑人类的利益，一切以利益为转移，一切要符合人类的利益，所以人对自然界就有掠夺。

至今我还没看到其他人有过这样的说法，或许有类似的，但是我的观点是非常鲜明的。儒家这种生态伦理思想就是人类中心主义，这个不用躲躲闪闪，应该旗帜鲜明地打出来，因为这个人类中心主义不是以人类的利益为中心的。以前我们说人类中心主义都是以人类利益为中心，但儒家的生态伦理思想是以人类的道义为中心，不是索取，不是控制，而是担当，它自己主动就要求，我就是天地之心，万物都是四肢百体，就是万物一体。人也是万物之一，都在天地之间，和万物都是一体的，但是人在这一体之中不是普通的一员，是特殊的一员，因为人是天地之心，万物都是四肢百体，万物的痛苦和危难都会传导到心这里来，心就会做出反应，心就会难受，不忍心看到万物受到伤害，要承担起养护万物的责任甚至“参天地之化育”（《中庸》）。万物生长繁育都和人类有关，这是人类自己担当过来的责任。人类要承担起万物的保护者这个责任，认为这是自己的责任，认为人类有责任、有义务让万物生长得更好，因为人是天地之心。这难道不是人类中心吗？这样的人类中心有什么不好？对不对？这样的人类中心主义不是获得控制万物的权力，他给自己做出这种天地之心的道德定位、价值定位的时候，是主动承担了照顾万物的责任。所以，我觉得称这种儒家伦理生态思想是人类中心主义，应该理直气壮地讲，而不需要躲闪，一定要打出来。这种人类中心主义一定不是以人类的利益为中心，而是以人类的道义为中心的。儒家持这个观点的人非常多，而且他们也非常鲜明地提出了看法，如果非说他不是人类中心主义，那也说不完全，还不如就坦率地承认我们就是人类中心主义，但是这是奉献型的，是道义型的，和利益型的不一样，这样的人类中心主义越中心越好，对不对？这对万物都是好的，都是利好消息。而且对人类来说，承担天地之心这个责任，是人的价值的提升、体现、实现，是人类人格的一种完善和升华。儒家思想从孔子开始到孟子，一路下来，到王阳明，也主张万物一体。我觉得要是这么定位的话，这个儒家生态伦理思想就是非常有价值的。

乔：我记得应该是2004年，还是哪一年，你有篇文章就谈到过这个问题。

白：这以前就有。

乔：对，我研究生态哲学的过程中，相关的文章不能说都看了，但我是尽量都找到看一看，这个道义的问题，蒙培元先生的哲学生态观的理念也谈到过，这个主体是什么，他说中国哲学的主体不是康德那个为自然立法的主体，在我的印象中，蒙培元先生提出来的这个主体是“德性主体”。

这里边涉及我们要对主体做一个新的认识，就生态伦理来讲，不可能是泯灭人和物的区别。把人混同于物也是不可能的，实际上也是做不到的。在这种文明状态下，人一出生就被抛在这种文明状态里了，到三五岁之后基本上就跟动物很不一样了，除非是生下来就放到动物群体中。所以，想泯灭到那个地步，或者说混同到那个地步都是不可能的，这肯定是在自觉的基础上的一种复归。这种复归是一种辩证的否定，是一种阶段，就是从原始的那种混同到自觉。其实这种自觉本身就有很多层次，然后到最后的一种，像这种原始的统一性的复归。但是这种原始的统一性也不是完全是我们讲的问题，其实西方生态哲学也在考虑这个问题。像咱们在路上讲到的霍尔姆斯·罗尔斯顿就是研究人和自然的关系，最后他得出一个结论就是“人是大地的意识”。

白：是万物之灵。

乔：罗尔斯顿的这个说法就是“人者，天地之心”（《礼记·礼运》），但是他应该是没看过中国哲学的，而且他对以中国哲学解决生态问题是持否定态度的。我在网上也都有看过他的这些文章。他在文章里面讲，西方还是要从西方的文化出来，东方的这种否定性的虚无性的东西是不行的。他这个说法尤其是指道家和佛教。他觉得包括道家，是那种否定性的虚无性的东西，不是一种建设性的东西，所以他最后就提到“人是大地的意识”，这就是人者天地之心。但是其实他还不知道他是在调动他的西方哲学、西方科学的知识论证一个中国哲学的结论。还有一个就是深生态学（deep ecology），他讲一个自我的概念，自我就是SELF，过去就是小写的self，他特意写成大写的SELF。大写的SELF是什么呢？他觉得人和自然是一体的，人和万物是一体的，在万物得救之前，人是不能得救的，他就是这么讲的。比如说一个灰熊、一只松鼠等在得救之前，人是不能得救的。所以人和大地是一体的，是一种大我，如果要是跟它分离的话，那你就是小我了，你个人的实现就是刚才白奚老师讲的，是一种自私的东西。所以他这种思想，跟《中庸》讲的尽己之性、尽人之性、尽物之性是一致的，是这天地万物都尽性实现的观点。

白：王阳明主张人要承担责任，原话是“仁者以天地万物为一体，使有一物失所，便是吾仁有未尽处”[①]。他说不能让万物中的任何一个流离失所，一定要得到很好的安置，一旦没有得到很好的安置，哪怕只有一件事情没有得到很好的安置，就是我没有尽到责任。朱熹也讲：“‘人者，天地之心。’没这人时，天地便没人管。”[②]

---

①〔明〕王守仁：《语录一·传习录上》，《王阳明全集》卷一，吴光等编校，第25页。

②〔宋〕朱熹：《论语二十七·卫灵公》，〔宋〕黎靖德编：《朱子语类》卷四十五，王星贤点校，第1165页。

乔：对，天地没人管是朱熹的原话，在这个层次上，朱熹和王阳明是没有区别的，是一致的，都认为人是天地之心。朱熹所谓“自家心便是鸟兽草木之心”[①]，就是本身来讲，他跟二程和张载的观点是一致的；王阳明说我的良知就是草木瓦石的良知，这完全是一致的。

白：对，理学里面，心学，包括理学，在其他的层面上有争论，但是在这些事情上，他们出奇地一致。

乔：对，所以这就是从生态的角度，再用稍微不那么时髦的话说，从人和自然的关系这个角度，我们看到的朱熹和王阳明的角度是一致的。这能启发我们重新认识我们原来哲学史的写法，因为原来的主观唯心和客观唯心，还有就是主观型和客观型，两项是对立的。这个对立我们不能说不对，但放在这个更大的背景中来看的话，我们觉得它不全面。

白：对，在很多问题上的看法和处理，他们是没有分歧的。

乔：原来的哲学史的写法是挑出了一部分东西特别强调了一下，最后给人的印象就完全是两个对立的方面。实际上他们都是儒者，只不过他这个方法论或者功夫论的角度不一样。

白：路数不一样。

乔：是路数不太一样，但基本的价值指向是一样的。这样的话，我们对中国哲学也会有一个新的认识，这个认识就同过去那个不太一样了，我觉得基础是一样的，得出的这个结论，尤其是处理的材料更全了。过去有些东西，一是不处理的，比如说天地就没有人照应、就没有人管了，这种思想就像朱熹讲的“自家心便是鸟兽草木之心”，这怎么能放到朱熹的客观唯心主义或客观框架里面讲啊！“自家心是鸟兽草木之心”这种内容，没法讲。还有，朱熹讲“仁者理即是心，心即是理”[②]。这些过去我们的哲学史和思想史都是没法处理的，放到生态哲学这个更大的框架里，突破主客对立这个框架以后，这些东西都可以得到处理了。

白：你就可以理解他为什么这么说，我原来也弄不懂，很多事情都是这样。其实你看就像从前读庄子，庄子有时候说的那些我们过去认为是诡辩的内容，现在看来是有深意的，没有这种眼光看不出来。例如，“毛嫱丽姬，人之所美也，鱼见之

---

①〔宋〕朱熹：《性理一·人物之性气质之性》，〔宋〕黎靖德编：《朱子语类》卷四，王星贤点校，第59页。

②〔宋〕朱熹：《论语十九·子罕下》，〔宋〕黎靖德编：《朱子语类》卷三十七，王星贤点校，第985页。

深入，鸟见之高飞，麋鹿见之决骤。四者孰知天下之正色哉？”（《庄子·齐物论》）你说她美，我看不一定，为什么鸟儿见她立刻就飞走了。还有“民食刍豢，麋鹿食荐，蝍蛆甘带，鸱鸦耆鼠，四者孰知正味？”（《庄子·齐物论》）是说动物吃的东西和人吃的东西不一样，人看了动物吃的东西觉得恶心。过去我们说这是诡辩论，现在用生态的眼光来看待的话，可知他是在批评人类中心论，就是说万物各有各的标准，人没有资格设立万物的标准，人的标准不能代替万物的标准，人没有资格宰执万物，因为万物的标准就是他们的天性，人其实没什么了不起的，不过是普通万物之一。这么一解读就明白了，其实这么说是有深意的。我们没有遇到生态危机，可能看不出来这一层含义。朱熹说没有人这天地没人管，过去看这也没什么思想价值，什么草木之心，这不是贬低人嘛？换一个视角，你就能明白，什么是境界，什么是圣人。

乔：从这个角度，你看生态哲学的思路可以升华出多少层意义来，一个就是生态本身的人和自然的关系这一层，当然它是非常直接的；再进一层，是对中国哲学、中国文化的重新理解；然后再进一层，西方的生态哲学，包括环境伦理、环境哲学、生态伦理、生态哲学，也是在形成中的学科。中国哲学，是可以参与到或者说和正在形成的生态哲学对话的，中国哲学也是正在构建的世界哲学的一部分，是完全有资格形成对话的。而且在这些过程中，也加深了我们对人与天地一体等思想的认识。那么，再深一层，就涉及人的存在本身的认识。通过一层一层地往前推进，我们发现这些东西是对人类的生存和存在的哲学的一种探究和探索。

白：刚才我们谈到，西方的一些理论，比如罗尔斯顿，逐渐得出和我们中国人的传统观点相似的结论，我想随着对问题思考的深入，虽然他们和我们就像在不同的路上走，但最后还是会相遇的，只不过他们没有这种古老的思想资源，而我们的古人就知道这么看了。中国人其实很早就用一种朴素的方式思考问题，那时候其实我们生态危机并不严重，但我们已经意识到这些问题了，圣贤们早就想到这些问题，这些东西恰恰是我们重要的思想资源，是中国人值得骄傲的东西。

乔：有人问我，中国古代没有生态危机，怎么会有生态哲学？我觉得这个问得很根本，你必须得面对这个问题。我是这么给他回答的：因为我们古代的农业文明和工业文明是很不一样的。农业文明对于土地肯定是采取亲近的态度，要想有好的收成，就必须照管好土地，比如浇水、除草、施肥等。我们古代都有这种土训之官、土会之法[1]和《周礼》讲的各种各样管理自然的观点，还有虞官、衡官、“草人”等各种各样的官职设置。其中，土训是进行土地管理的，土均就是管各地怎么平均税赋的。这些官不一定都有，但至少有这种思想。这些史料从思想上来讲是真实地发生影响了。在这里我们不考究原本史料的真实性，我们只考察思想史上发生的影响这一层的真实性。在农业文明中，要想有好的收成，一定得善待土地。在工业文明中，要有好的收获，一定是越具有侵略性、越具有征服性，就越能取得胜利。比如说炼铁、炼钢、挖煤都是对于自然的一种征服的过程，而且这个过程越来越彻底。

白：这是在改变自然的面貌，而中国的农业文明是要维持自然的面貌。

乔：对，所以在这方面来讲，他们对自然的态度是很不一样的。还有一个问题，有一个人给我提过一个很奇怪的问题。他说《庄子》里提到“一气”，所谓“通天下一气耳”（《庄子·知北游》）。讲子来要死的时候，他朋友子梨来了，说，这伟大的造化呀，下一步要把你变成什么呢？是要把你变成鼠肝，还是虫臂？就像刚才白奚老师讲的，这些东西听着很荒诞，天马行空，但实际上讲的是人和天地万物都是由气构成的，气是在不断地循环的，构成人的气消散以后，又去构成别的东西了，这就是气的一种循环。《沙乡年鉴》里面有一篇叫作《奥德赛》，就是讲物质的循环的。奥德赛就是荷马史诗中的奥德赛，象征物质的循环。

他讲到这个问题的时候，说某个“X”，这“X”是什么我们不说，也不用说，它相当于一个哲学概念。它在土地里面就长成了橡树的果子，松鼠吃了橡树的果子，成了松鼠的一部分；一个印第安人捕获了松鼠，吃了松鼠以后，这个“X”成了印第安人骨骼的一部分；后来这个印第安人死了，这个“X”又回到了土地里面，又重新开始了新的循环。看到这个时，我太惊奇了，这不就是庄子早就说过的东西嘛！这篇在西方学术界号称西方生态哲学的圣经，其实是中国哲学早已言之的东西。

白：老子讲的“夫物芸芸，各复归其根”（《老子》第十六章）。归根以后复命，开始下一次循环。

乔：我刚才说的，人本身就是与天地万物为一体的，这首先是个物理事实。你不想合一你也必须是合一的，为什么呢？你能不吃饭吗？你能不喝水吗？你能不呼

---

①土会之法，是指利用土地的特性与动植物及人的生态关系，辨别各种土地性质和山川形势的一种方法。出自《周礼·地官·大司徒第二》：“以土会之法辨五地之物生。一曰山林，其动物宜毛物，其植物宜阜物，其民毛而方。二曰川泽……”

吸空气吗？你能不存在在自然中吗？你能不排泄吗？人体的皮肤不就是最大的器官吗？皮肤是会呼吸的。像我刚才讲的，气不通的时候你想打饱嗝打不了，那就会呕吐，就出毛病了。不通气是一种不健康的状态。所以说，人是在天地万物的不断地循环之中的。有个朋友曾经向我提出了一个富有挑战性的问题：人吃不吃石头？我说，你要是吃石头的话，牙齿没有石头硬，估计牙齿就被硌掉了，因此人是没法直接吃石头的；但是人需要补钙，碳酸钙不就是石头嘛！所以说“X”是什么，其实这个“X”就是一个代号，它可以是钙，可以是各种自然元素，也可能是重金属。如果是重金属的话，参与到你的循环中，人消化不了它，最后沉积得多了，人就得病了，像癌症、肺病、肝病什么的。在生态哲学中如此重要的这个循环，其实就是老子“各复归其根”的思想，庄子的“通天下一气耳”。包括我们讲河流，古代认为河流不是流水的，是“川，气之导也”（《国语·周语下》），河流是导气的。这些都是我们古代已经讲过的东西。《沙乡年鉴》的作者利奥波德是一个林业管理官员，他写的这篇作品类似于随笔。罗尔斯顿是用科学的、哲学的、伦理学的、逻辑的东西在论证，实际上是在用科学的东西来论证中国文化里已经讲过的东西，我们在看了他的东西以后，再理解“以天地万物为一体”[①]就比原来深刻了很多。

白：既然是哲学问题，都可以殊途同归。哲学问题你可以想到，别人也可以想到，只是可能会有先后，中国人这么想，外国人那么想，但总是有一些归约性的、共同的问题得出共同的认识。古希腊智者的诡辩命题在先秦时期中国人都有，思路也相通。那么，两千多年前互不相识，各据一方的人，针对同样的问题，思考的方式都特别像，就像“飞鸟之景，未尝动也”（《庄子·天下》），“飞矢不动”，与西方的阿喀琉斯悖论是同样的问题。你能想到的，别人也能想到。他可能用西式的方式想到中国有这样的问题。中国人可能整体上的哲学思维水平不比西方人高，但是这种方向他容易先思考到这种问题。西方文化经过一圈之后，总归要思考到和我们类似的问题。

乔：从生态哲学的发展我们可以看出人类共同的命运，共同的哲学思维的发展。这是我们研究中国哲学的一个重要意义。

---

①〔宋〕程颢、〔宋〕程颐：《河南程氏遗书》卷二上，《二程集》，王孝鱼点校，第15页。

后记

序写得很长，后记除了感谢，已无多余可言。

感谢郭齐勇教授的推荐，感谢孔学堂对学术研究的支持，感谢责编张基强、黄文华二位朋友为编辑本书付出的辛勤劳动！感谢给予我关心和帮助的南开大学、中央党校的领导、老师、同事、朋友。这本文集中的文章有不少是在南开时写的。感谢一直给我理解和支持的妻子、儿子。感谢生命中的所有的相遇。

最后，我最想借这个机会说的是，感谢我的父亲。我把这本书献给他。他去年6月13号去世，我因为工作关系，没能及时赶回去陪伴在他身边；周年的时候又因为疫情没能回去祭奠。这一年多，我时常想起他。小时候跟他一起下地干活的场景还历历在目。他给我讲的那些生动有趣的故事和饱含哲理的谚语，我都还记得清清楚楚。在月朗星稀的夜晚，我和弟弟跟伙伴们在村里玩耍乱窜，他从郑州卖粉条回来，买了卤肉，喊我们回去吃，那香味至今还留在心田。可这一年，他却一次也没有来到我的梦里。是我不孝让他伤了心，还是城市太喧嚣不利于安静的灵魂，又或是他仍像过去一样不愿给我添麻烦？我时常惶惑不安。

小时候家里很艰难，受益于国家制度，我一口气上到博士。读博士期间待遇还不错，还出了国，拿了丰厚的奖学金。可是，我却没有更多地补贴家里，而是把大多的钱用来买了书。二十几岁买的书，不少到现在还没看。不顾父母之养，买那么多书也不看，现在回过味来，不过是为了炫耀藏书多而已，并不合乎天理，都是人欲。存天理灭人欲，诚非虚语。书看不完，更买不完。书非借不能读，到需要时再买也不迟，再说还有那么多图书馆。把钱给更加需要它的父母，方是正理。父亲不在了，才明白这个道理，太晚！太晚！子欲养而其不待，怅然！怅然！

如果说本书还有一些可取之处，请大家不要想着这是我的研究成果，而应记住，这是为中国哲学专业默默无闻地做出牺牲的一位老农的贡献！

乔清举

2022年10月13日